Paul · Neptun

HEINRICH HUGENDUBEL VERLAG

Kailash
Buch

Haydn Paul

NEPTUN

Der visionäre Träumer

Aus dem Englischen
von Clemens Wilhelm

Hugendubel

Die Originalausgabe erschien unter dem Titel
Visionary Dreamer: Exploring the Astrological Neptune
bei Element Books, Shaftesbury
© Haydn R. Paul 1989

Die Deutsche Bibliothek – CIP-Einheitsaufnahme
Paul, Haydn:
Neptun: Aspekte des visionären Träumers / Haydn Paul. Aus dem Engl. von
Clemens Wilhelm. – München: Hugendubel, 1992
   (Kailash-Buch)
   ISBN 3-88034-515-5

© der deutschsprachigen Ausgabe Heinrich Hugendubel Verlag,
München 1992
Alle Rechte vorbehalten

Lektorat: Irina Mamula, Hamburg
Umschlaggestaltung: Peter Strauss, Traunreut
Produktion: Tillmann Roeder, München
Satz: Uhl+Massopust, Aalen
Druck und Bindung: Spiegel Buch GmbH, Ulm-Jungingen

ISBN 3-88034-515-5

Printed in Germany

Inhalt

*Ich möchte lieber ein Träumer unter den Bescheidensten
mit realisierbaren Visionen sein als Herr unter
denjenigen ohne Träume und Sehnsüchte.*
Khalil Gibran

Dieses Buch widme ich meinem Vater Dennis Paul in Liebe und Dankbarkeit für seine unerschütterliche Gegenwart in meinem Leben, seine stille Fürsorge, Unterstützung und liebevolle Zuwendung. Für Dein Vertrauen in einen manchmal eigensinnigen Sohn möchte ich Dir schlicht »Danke« sagen und Dir alles Gute zum 70. Geburtstag und noch viele weitere Lebensjahre wünschen.

Träume

Nach der Entdeckung von Uranus im Jahre 1781 wandte sich die Aufmerksamkeit der Astronomen der westlichen Welt ganz dem Studium dieses neuen Planeten in unserem Sonnensystem zu. Nach einigen Jahren intensiver Erforschung seiner Bahn drängte sich die Vermutung auf, daß es noch einen weiteren unsichtbaren Planeten geben müsse. Berechnungen hatten nämlich gezeigt, daß die Störungen in der Umlaufbahn von Uranus sich nicht durch die Gravitation der bekannten Nachbarplaneten erklären ließen, weshalb man sich auf die Suche nach dem nächsten unbekannten Planeten machte.

Träume von Ruhm und Anerkennung für alle Zeiten und vom Beifall der wissenschaftlichen Gemeinde spornten Mathematiker und Astronomen zu intensiven Anstrengungen an. Die hypothetische Bahn dieses geheimnisvollen Planeten war schwierig zu ermitteln, weil Uranus sehr unregelmäßig umlief und der Planet aufgrund des damals noch beschränkten wissenschaftlichen Instrumentariums und der unzureichenden analytischen Werkzeuge immer wieder seiner vorhergesagten Bahn durch den Tierkreis entweder vorauszueilen oder nachzuhinken schien.

Nach Jahren konzentrierter und unablässiger Arbeit und genauer Erkundung der Bahnunregelmäßigkeiten von Uranus hatten der Engländer John Couch Adams und der Franzose Leverrier ihre Berechnungen so weit abgeschlossen, daß sie einen wahrscheinlichen Ort des geheimnisvollen Planeten vorhersagen konnten. Leverrier bat den deutschen Astronomen Johann Galle, eine bestimmte Himmelsregion abzusuchen, und dieser entdeckte tatsächlich am 23. September 1846 am Heinrich D'Arrest-Observatorium in Berlin einen riesigen Planeten in unmittelbarer Nähe des errechneten und vorhergesagten Orts.

Damit hatte sich Neptun zum modernen Pantheon der Planetengötter hinzugesellt. Da er etwa 1,5 Milliarden km weiter von der Erde entfernt ist als Uranus, konnte er mit bloßem Auge nicht wahrgenommen werden. Er gehört mit Jupiter, Saturn und Uranus zu den Riesenplaneten, auch wenn er kleiner ist als diese. Aufgrund des großen Abstands von der Sonne beträgt seine Umlaufzeit 165 Jahre. Es weist einiges darauf hin, daß Galilei 1613 die Position Neptuns bereits festgestellt hatte, doch erkannte er in ihm kein Mitglied unseres Sonnensystems, sondern hielt ihn für einen Fixstern. Die Raumsonde *Voyager*, die nach ihrem Vorbeiflug an Pluto in den Tiefen des Raums verschwinden wird, passierte Neptun im August 1989.

Neptun trat zu einem Zeitpunkt in das kollektive Bewußtsein, als die westliche Gesellschaft in der Frühphase der Industriellen Revolution stand. Gewaltige soziale Umwälzungen waren im Gange; die neuen Impulse brandeten gegen die etablierte Gesellschaftsordnung, und Neptun war Ausdruck dieser Träume und Hoffnungen der Massen, die von der amerikanischen und Französischen Revolution inspiriert waren. Die gesellschaftlichen Strukturen der westlichen Staaten begannen aufzuweichen. 1848 waren wieder revolutionäre Ideen im Schwange und erschütterten Europa in einer Welle bürgerlicher Unruhen, deren Ziel es war, die vorhandene mächtige gesellschaftliche Elite aus den Angeln zu heben.

Die Veröffentlichung des Kommunistischen Manifestes im Jahre 1848 folgte der Konjunktion Saturn-Neptun im Jahre 1846 und wies einige typische neptunische Merkmale auf.

Hierzu gehören etwa Träume und Visionen von einem universellen Utopia, von der Gründung eines kollektiven Einheitsstaates und das Ideal der Schaffung einer vollkommenen Gesellschaft auf der Grundlage der Gegenseitigkeit und Solidarität, die von einem gemeinsamen Willen und Zweck geeint ist. Durch diese Betonung kollektivistischer, kommunistischer und pluralistischer Tendenzen steht Neptun in einem allgemeinen Zusammenhang mit »linken« politischen Auffassungen, die unter den Verheißungen und Illusionen irgendeiner politischen Philosophie die Durchsetzung idealistischer Prinzipien versuchen, oft zu Lasten des Menschen, seiner Freiheit und seiner persönlichen Entwicklungsmöglichkeiten.

Neptun hat mit Tendenzen zu Subversion und Täuschung, zu gerissenem manipulierendem Verhalten zu tun und mit der Taktik der Unterwanderung zum Zwecke der inneren Aushöhlung sozialer Gruppierungen. Dies sind Aspekte der Natur Neptuns, der dem alchimistischen universellen Lösungsmittel ähnelt, das alle Grenzen und Schranken auflöst. Wie Uranus zuvor die westlichen Staaten in ihren Grundfesten erschüttert hatte, so bewirkte Neptun die Auflösung der todgeweihten alten feudalen und aristokratischen Machttraditionen. Was sich nun in der Mitte des 19. Jahrhunderts geltend machte, war der Einfluß einer materialistischen und vorwärtsstrebenden Klasse von Händlern und Kaufleuten einerseits und einer unterdrückten Schicht von Proletariern und Arbeitern andererseits – Konsequenzen der vorangegangenen industriellen Veränderungen in der Gesellschaft. Der marxistische Kommunismus profitierte auch von der Desillusionierung über die Rolle der Kirche aufgrund ihrer Aufrechterhaltung elitärer Traditionen und versuchte, durch Erzeugung eines antireligiösen Gefühls der Verzweiflung eine gewaltsame Erhebung der Massen zu schüren – Marx bezeichnete die Religion als Opium für das Volk.

Was sich während dieser Phase wirklich regte, war die Geburt eines sozialistischen Geistes, einer kollektiven sozialen Gruppe mit Träumen und Visionen von einer idealen Gesellschaft. Dieser weitere Impuls zur Förderung der uranischen politischen Visionen richtete sich jetzt aber mehr auf die Herz-Ebene des menschlichen Lebens und der menschlichen Beziehungen. Neptun steht für das Bedürfnis des Kollektivs nach hohen Zielen und die Hoffnung auf das vollkommene Leben. Diese frühen politisch eingeforderten Ideale waren die erste Reaktion des Menschen auf diese transpersonalen planetarischen Einflüsse auf die kollektive Seele und das kollektive Herz. Eine andere Reaktion war die Romantik, in deren Mittelpunkt Gruppen wie etwa die englischen Präraffaeliten standen, und die Keime der dieses Jahrhundert bestimmenden Kultur begannen an die Oberfläche durchzubrechen.

Der Sozialismus selbst trat während der nächsten Saturn-Neptun-Konjunktion um 1882 auf, gefolgt von der Oktoberrevolution im Jahre 1917 unmittelbar nach einer weiteren Konjunktion. Die Konjunktion im Steinbock im Jahre 1989 soll einen weiteren entscheidenden Schritt für die Menschheit markieren, der sich in der Weise äußern dürfte, daß Neptun die traditionellen saturnischen Denkmuster und Haltungen bezüglich der Ausbeutung der Erde auflöst. Es wird zu einer ökologischen Einsicht kommen, die das künftige Denken des Menschen verändern wird, zu einer bewußteren Wahrnehmung unserer globalen Realität und der wechselseitigen Abhängigkeit derjenigen, die in *einer* Welt leben.

Parallel zu diesen frühen und die Gesellschaft transformierenden politischen Reaktionen durch den Einfluß Neptuns stehen zwei weitere eng miteinander verknüpfte Ereignisse, in denen sich zwei Ebenen der menschlichen Reaktionen auf die Qualität dieses Planeten als »visionären Träumer« ausdrücken. Es sind dies das Auftreten einer Herzensreaktion auf das Leiden anderer wie zum Beispiel in der Entwicklung eines altruistischen Humanitätsgedankens, eines christlichen Sozialismus, der Bewegung des Internationalen Roten Kreuzes und der Menschenrechtsbewegung, und die plötzliche ursprüngliche Integration einer neuen Spiritualität in der Gesellschaft im Gefolge des Eindringens von Weisheitslehren aus dem Osten.

Ab dem Beginn der vierziger Jahre des vorigen Jahrhunderts begannen neptunische Tendenzen in der Wahrnehmung der ungreifbaren Einflüsse im Leben in den Vordergrund zu drängen – ein Gegengewicht gegen die grassierende materialistische Einstellung, die sich rasch ausbreitete und gegen die die Kirche offenbar kein Mittel fand. In der Chirurgie wurden Anästhesieverfahren eingeführt, die Operationen für den Patienten weniger belastend machten. Durch den verstärkten Einsatz von Mesmerismus und Hypnose (der Name entstand 1843) nahm in der Gesellschaft das Interesse an der Komplexität der menschlichen Seele zu, ein Trend, der schließlich in die Geburt der Psychoanalyse mit Sigmund Freud mündete.

Neue Dimensionen des Lebens wurden durch den Spiritismus entdeckt, der enormen Zulauf fand und in dem sich der Versuch ausdrückte, die beengenden Grenzen des Körperbewußtseins durch Kontakt mit »Verstorbenen« und unsichtbaren Führern aufzulösen, die durch Medien sprachen – auch dies ein neptunisches Phänomen. Im Jahre 1848 erregten in Amerika die Fox-Schwestern Aufsehen, und das allgemeine Interesse an Tischrücken, ektoplasmischen Projektionen und Botschaften verstorbener Angehöriger schuf die Voraussetzungen für ein stürmisches Eindringen der zeitlosen Weisheit in das darniederliegende spirituelle Leben der westlichen Länder. Am Rande sei hier auch vermerkt, daß hundert Jahre nach den Fox-Schwestern 1948 erstmals Ufos gesichtet wurden. Auch dies eine »Botschaft aus dem Jenseits« in einem zeitgenössischeren Erscheinungsbild und Kontext?

Amerika wurde mit Impulsen wie dem Spiritismus, der *Christian Science* von Mary Baker-Eddy und Madame Blavatskys Theosophischer Gesellschaft, die sie mit Olcott und Judge im Jahre 1875 gründete, zur Keimzelle neuer Bewegungen. Madame Blavatsky nutzte zunächst das vorhandene Interesse am Spiritismus, um sich in den Blickpunkt der Öffentlichkeit zu rücken, und erlangte Anerkennung durch ihre medialen Fähigkeiten und die angeblichen Materialisierungen der späteren Mahatma-Briefe. 1877 erschien die *Entschleierte Isis*, die eine Sensation auslöste, später gefolgt von der *Geheimlehre*, die seither Generationen von esoterischen Suchenden fasziniert hat. Wie es einer unter neptunischem Einfluß entstandenen Gesellschaft gut ansteht, wurden die Theosophen immer wieder von Skandalen erschüttert – von Madame Blavatskys »echten Materialisierungen« und Leadbeaters homosexuellen Tendenzen und Masturbationspraktiken mit Knaben bis hin zur Weigerung Krishnamurtis, in die Rolle des neuen Messias Maitreya zu schlüpfen.

Neben dem theosophischen Eintreten für die Weisheit des Ostens und der Relativierung der Einzigartigkeit der christlichen Lehre sah diese Epoche im ausgehenden 19. Jahrhundert den ersten Zustrom heiliger Männer aus dem Orient nach Amerika und Europa, ein Zustrom, der sich heute zu einer Flut ausgewachsen hat. An die Stelle einer Geringschätzung der östlichen Kultur als unterentwickelt und weniger hochstehend trat die Erkenntnis, daß dieser Kulturkreis dem Westen spirituell sehr viel zu bieten hatte; hinzu kam freilich auch der Reiz einer faszinierenden, bunten und märchenhaften Kultur, die Abwechslung in das Leben zu bringen vermochte. Lehrer wie Vivekananda oder die Ramakrishna-Vedanta-Bewegung und der Buddhist Angarika Dhammaphala legten zu ihrer Zeit Samen, die heute zu mächtigen, fruchttragenden Bäumen emporgewachsen sind.

Vor diesem Eindringen östlicher Mystik in die westliche Gesellschaft war im Nahen Osten eine Parallelbewegung zum ursprünglichen Kommunismus entstanden, die die kollektive menschliche

Bestimmung mit einer spirituellen Basis unterbaute. Es scheint, als ob sich der überschattende Neptun-Einfluß sowohl im politischen wie im religiösen Kontext verankert hätte, wobei das visionär geschaute Ideal eine Weltgesellschaft war, deren wesentliches Merkmal die universelle Brüderlichkeit verkörperte. Diese Baha'i-Religion war in mancherlei Hinsicht Vorläufer vieler Gedanken, die heute bezüglich einer neuen weltweiten Politik für das 21. Jahrhundert und im Anbruch des Wassermann-Zeitalters im Schwange war.

Im Mai 1844 erklärte der Persische Prophet, der Bab, daß die Ära des Islams zu Ende ginge und verkündete, Johannes dem Täufer ähnlich, daß die Ankunft des Kommenden nahe sei. 1863 erhob ein in einem türkischen Gefängnis Inhaftierter, der keinen Kontakt zur westlichen Gesellschaft hatte, den Anspruch, daß er, Baha Ullah, der Erwartete sei, und verkündete seine Vision. Was Baha Ullah ausrief, war eine Proklamation einer neuen weltweiten Gesellschaft, die Grundprinzipien einer neuen Weltordnung. Er schuf ein umfassendes System einer Weltgesellschaftsordnung und gab genaue praktische Anweisungen, die die Menschen einhalten sollten – und dies aus einer Zelle! Transpersonale Kanäle können sich überall manifestieren, und zwar durchaus auch an ungewöhnlichen Orten.

Die Baha'i-Bewegung, die auf einem sozial orientierten religiösen Fundament ruht, besteht heute noch, und es ist interessant zu sehen, wie heute Anhänger des New Age und progressive Menschen nach wie vor an der Verwirklichung der Baha'i-Vision arbeiten. Die Bewegung hat ein schlüssiges Konzept der sozialen Einheit und Integration und stellt einen religiösen Versuch dar, die Menschheit mittels einer allumfassenden und unpersönlichen Liebe und durch die Kraft des Glaubens und spiritueller Bewußtheit zu einen. Zu den Grundprinzipien der Bewegung gehören die Einheit der Menschheit, eine unabhängige Erforschung der Wahrheit ohne verzerrende Vorurteile, die Anerkenntnis, daß alle Religionen dieselbe Wurzel haben, die Überzeugung, daß Religion zur Einheit, nicht zum Zwiespalt führen sollte, das Bewußtsein, daß Religion, Wissenschaft und Ratio in Einmütigkeit nebeneinander bestehen sollten, weil sie Ausdruck derselben grundlegenden Wirklichkeit sind; daß alle Arten von Vorurteilen überwunden

werden müssen; daß eine Zielsetzung der Menschheit der universelle Friede sein muß; daß ein weltweites Bildungssystem entwikkelt werden muß; daß durch wirtschaftliche Verflechtung eine
spirituelle Lösung der weltweiten Wirtschaftsprobleme herbeige-
führt werden muß; daß für das gegenseitige Verstehen und Verständnis eine Weltsprache geschaffen werden muß und daß für die
Behandlung individueller Klagen und internationaler Streitigkeiten ein Welt-Gerichtshof geschaffen werden muß. Neben diesen
Zielen gehörten die Anhänger von Baha Ullah zu den ersten, die
die Befreiung der Frauen forderten und ihnen in allen sozialen und
religiösen Angelegenheiten gleichberechtigte Teilnahme gestatte-
ten. Keine Priesterschaft tritt bei dieser Religionsgemeinschaft
zwischen Gott und den Menschen, und sie vertritt die Auffassung,
daß für eine weltweite Einheit der Rassen die Beseitigung rassischer Diskriminierung und Vorurteile eine notwendige Bedingung
ist.

Dies ist ein beachtliches Programm, das die Menschheit noch zu
bewältigen hat, und es ist ein Hinweis auf die Art neptunischer
Visionen, die zu jener Zeit in das kollektive Denken eindrangen.
Die Baha'i-Bewegung wird nach wie vor von islamischen Funda-
mentalisten als häretisch verfolgt; trotzdem ist der Glanz der Baha'i-Vision bis heute ungebrochen, weil sie holistisch und im Einklang mit dem Evolutionsplan ist.

Neptun hat in den vergangenen 150 Jahren bemerkenswerte
Wirkungen hervorgebracht, und in diesem Buch soll versucht
werden, einige der Themen und Charakteristika ausführlicher zu
behandeln, damit wir die positiven wie die negativen Tendenzen
Neptuns, denen wir selbst und die ganze Gesellschaft unterliegen,
besser verstehen lernen. Der Einfluß Neptuns auf unsere Bilder-
welt, auf die Mode und die Kunst war und ist tiefgreifend, insbe-
sondere durch die Entwicklung von Fernsehen, Fotografie und
Filmkunst. Design und äußere Aufmachung sind in der heutigen
Gesellschaft der Schlüssel zur Steuerung des Kaufverhaltens. Die
Verlockung der Bilder und die kollektive Mode der Nachahmung
erzeugt soziale Trends und Projektionen übernommener Wünsche,
Ideale und Phantasien, die sich anderen durch das Medium der
Kleidung und der äußeren Erscheinung sogleich mitteilen. Das
Image spielt die beherrschende Rolle in der Gesellschaft und wird

oft als leitliniensetzende Verkörperung kollektiver Träume und Obsessionen benutzt. Durch Film und Popmusik werden die unbewußten Archetypen der Menschheit übertragen, und in einer echt neptunischen Manier erliegt unsere Kultur immer mehr der Faszination anderer Welten und alternativer Wirklichkeiten. Eskapistische Filme wie *Star Wars, E.T., Unheimliche Begegnung der dritten Art* und die Flut von Fantasy-, Science-fiction- und Horrorfilmen, Romanen und Comics bezeugt den kollektiven Drang zur Erkundung imaginärer Welten.

Die Phantasie räumt falsche Barrieren und hemmende Beschränkungen beiseite, indem sie fragt: »Warum nicht darüber nachdenken?« Die Befreiung der menschlichen Phantasie ist einer der Hauptschlüssel zur Transformierung des Lebens in der ganzen Welt. Wenn wir, von persönlichen Träumen von einer besseren Welt ausgehend, zu Visionen der globalen Einheit und Fülle fortschreiten, können wir zu effektiven und transformierenden visionären Träumern werden.

I

Die Neptun-Mythen

Er taucht aus den Wogen des Ozeans auf, erhebt sich turmhoch über die rasende See, Tang und Wasser von seinem gewaltigen Leib abschüttelnd. Wassertropfen blinken in seinem wirren langen Haar und Bart, wenn der Majestätische den Blick über sein Reich schweifen läßt. Die Augen von göttlichem Wahnsinn und göttlicher Inspiration umdüstert, prüft er, ob sich ihm jemand nähert, einer jener kühnen Schiffer auf dem Astralmeer, die der Ruf der von seinen hübschen Seenymphen geblasenen Muschelhörner in Trance versetzt hat. Wenn sie bei ihm ankommen und seine glorreiche Göttlichkeit erblicken, verfallen die einen dem Wahnsinn, während andere spirituelle Inspiration empfangen; dies hängt von seiner Laune und davon ab, ob der Seefahrer seine Gegenwart ertragen kann. Sein Dreizack schimmert im Sonnenlicht wie ein Leuchtfeuer der Hoffnung oder eine Quelle verblendeter Verzweiflung, vom Licht erleuchtet oder vom Licht geblendet. Seine Aufgabe ist es, das Licht bereitzustellen; gefühllos trägt er keine Verantwortung dafür, wie gewöhnliche Sterbliche auf jene erschütternde Begegnung mit der Erkenntnis reagieren, die das Herz erweckt.

Dies ist Poseidon in der griechischen Welt, Neptun im römischen Pantheon. Die Berichte über diesen Gott findet man überwiegend in den älteren griechischen Mythen; die Römer übertrugen meist die griechischen Sagen auf ihre eigenen Götter, wobei Neptun bei ihnen zunächst ein relativ unbedeutender Seegott war, bis sie selbst zu einer seefahrenden Nation wurden. Als das Meer für sie an Bedeutung gewann, wurde Neptun mit der Macht und Bedeutung Poseidons ausgestattet, damit man von ihm mit Aussicht auf Erfolg eine sichere Reise erflehen konnte, wiewohl sich in Rom nie ein großer Kult um Poseidon/Neptun entwickelte.

Den frühesten griechischen Quellen zufolge war Poseidon ursprünglich eher ein Erdgott. Sein Name soll »Gefährte der Da« (der vorhellenische Name der mächtigen Erdgöttin Da oder Demeter) bedeuten, was auf ein Überwiegen eines matriarchalischen Bewußtseins hinweisen würde. Als die frühen Griechen die Seewege zu erkunden begannen, wurde Poseidon zu einem Beherrscher der Meere, so daß sie an Land den Schutz und die Gnade ihrer vertrauten Mutter Erde und zur See ihren Gemahl anrufen konnten. Die relative Bedeutung Poseidons zeigt sich an seinem Titel »Gatte der Mutter«.

Die Poseidon-Mythen bilden in verschiedener Weise eine Parallele zu denjenigen des Uranos, wenn auch auf einer früheren Umdrehung der sich einrollenden Spirale. Uranos wurde der Erste Vater genannt und war der »Gatte« der Ur-Erdenmutter Gaia; er war der Ursprung der göttlichen Ideation des Universums.* Mit Uranos und Gaia verbanden die Elemente von Luft und Erde Geist und Körper, während mit Poseidon und Da Wasser und Erde oder Empfindungen und Körper verschmolzen wurden, so daß eine dreifache Gliederung des Menschen entstand. Wie Uranos von seinen Nachkommen gestürzt wurde, so sollte Poseidon mit seinem Bruder Zeus seinen Vater Kronos stürzen, den Sohn des Uranos. Es scheint, daß diese alten kosmologischen und Evolutionstheorien, die in den Frühphasen der griechischen Zeit entwikkelt wurden, parallel zu den tatsächlichen Erfahrungen der Griechen entstanden. Als diese noch auf das Festland beschränkt waren, nahmen sie nur die physische Erde und den Himmel wahr und statteten sie mit einer überhöhten Bedeutung aus, woraus sich die Vorstellungen zugehöriger Götter und Göttinnen der Erde und des Himmels bildeten; als sie zu furchtlosen Seeleuten wurden, gehörte auch das Meer zu ihrem Erfahrungsbereich, weshalb in ähnlicher Weise Wassergötter geschaffen beziehungsweise als existent betrachtet werden mußten.

Aufgrund der einstigen Zusammenhänge Poseidons mit dem Land wies er auch später noch Attribute von Erdmächten auf. Er galt als der Herr über Erdbeben, Fruchtbarkeit und Vegetation und trug den Beinamen Erderschütterer, wenn auch diese Entsprechungen hinter den ozeanischen Attributen zurücktraten, die ihm heute beigelegt werden. Er war einer der Olympier, die der Rhea

---

* Näheres hierzu in Paul, *Revolutionary Spirit: Exploring the Astrological Uranus* (bisher nicht ins Deutsche übersetzt).

und dem Kronos geboren wurden, und auch ihm drohte das Schicksal seiner Geschwister, die Kronos verschlang, um jede Möglichkeit auszuschalten, daß es ihm ebenso erginge wie Uranos, den er selbst einst kastriert und entmachtet hatte. Rhea wurde es leid, so viele Kinder zu gebären, die doch von Kronos wieder verschlungen wurden, weshalb sie Poseidon unter eine Herde grasender Schafe legte und Kronos statt dessen ein Fohlen anbot. Da Kronos oft selbst die Gestalt eines Pferdes annahm, schöpfte er bei diesem Nachkommen keinerlei Verdacht und verschlang das Fohlen. So konnte Rhea Poseidon und Zeus vor Kronos retten, die schließlich die Rebellion anzettelten, Kronos vergifteten und ihn und die Titanen stürzten.

Eine weitere Parallele zum Sturz der alten Götter durch neue entstand dadurch, daß Poseidon und Zeus Kronos und die Titanen in den Tartaros verbannten und diesen mit riesigen Bronze-Türen verschlossen, die der kunstfertige Poseidon schuf. In einem früheren Zyklus war Kronos von seinem Vater Uranos im Tartaros eingesperrt worden, und dieser Zyklus wiederholte sich jetzt.

Die drei siegreichen olympischen Brüder warfen das Los, um sich die Weltherrschaft zu teilen. Zeus wählte den Himmel, Hades die Unterwelt, und Poseidon bekam das Meer. Die Erde und der Olymp, das Reich der Götter, waren gemeinsamer Besitz, doch wurde Zeus als oberster Gott anerkannt – eine Entscheidung, die immer wieder an Poseidon nagte und zu Streitigkeiten Anlaß gab und dazu führte, daß sich Poseidon an Sterblichen je nach deren Beziehung zu ihren Schutzgottheiten rächte beziehungsweise sie gerade unterstützte.

Poseidon konnte sich nie recht damit abfinden, der »Halter der Erde« und der Gott des tiefen Wassers zu sein und neigte daher dazu, seiner Unzufriedenheit Luft zu verschaffen, indem er sich in das Leben der Sterblichen einmischte, insbesondere dadurch, daß er ihre Frauen verführte, oder indem er sich mit seinem Bruder Zeus um die Herrschaft über die Götter stritt. Manchmal rivalisierte er mit seinen Mitgöttern und -göttinnen darum, als die Schutzgottheit bestimmter Gebiete anerkannt zu werden und sich Tempel und Gebiete weihen zu lassen. Götter brauchen immer Aufmerksamkeit; wenn sich die Menschen von ihnen abwenden, schwindet ihre Macht dahin.

Bei den Griechen gab es eine Sage, der zufolge Poseidon einen Inselkontinent mit einem gewaltigen Berg in der Mitte des Landes bekommen hatte, auf dem Euenor mit seiner Frau Leukippe und ihrer Tochter Kleito lebte. Poseidon verliebte sich in die schöne Kleito, verführte sie und zeugte mit ihr zehn Söhne. Einer von ihnen war Atlas, der schließlich Herrscher des Landes wurde, das zu seinen Ehren Atlantis genannt wurde. Eine der größeren Städte auf Atlantis soll den Namen Poseidons getragen haben und dem Gott des Meeres geweiht gewesen sein. In den Sagen über den Untergang von Atlantis ist vom Zorn Poseidons die Rede, des Erderschütterers und Herrn der Meere. Die Wasserflut überschwemmte den Kontinent, der unter den Wellen versank, vielleicht aufgrund der Gottlosigkeit der Atlantier und ihrer Unfähigkeit, die Ergebnisse ihrer Astralmagie unter Kontrolle zu halten.

Poseidon war mit Amphitrite verheiratet, ursprünglich eine Personifikation des Meeres, doch übernahm Poseidon diese Rolle, der dann dem Meer eine unruhigere Natur verlieh. Amphitrite war eine sanftere und gutmütigere Gottheit, die die vielen außerehelichen Affären ihres Gemahls resigniert duldete. Einer ihrer Söhne war Triton, ein weiterer Meeresgott.

Poseidon war berüchtigt wegen seiner Fähigkeit zur Gestaltverwandlung, ein unwiderstehlicher Liebhaber, der ähnlich wie viele andere griechische Götter in einer Vielfalt unterschiedlicher Verkleidungen erschien. Meist nahm er die Gestalt von Tieren an und führte damit das Thema der in Tiergestalt gekleideten oder symbolisierten Gottheiten fort, eines religiösen Musters, das vermutlich schon in griechischer Zeit sehr alt war. Die ägyptischen Götter werden mit Tierköpfen dargestellt, und die Sphinx verband einen Löwenkörper mit einem Menschenkopf. Auch heute noch werden die meisten magischen und astrologischen Annäherungen an die Götter und Planeten durch assoziative Bilder vermittelt, die Verwendung von Göttergestalten und Archetypen – ohne jeden Versuch, sich den inneren Mysterien direkt ohne die Transformationen und Reduktionen von Filtern zu nähern. Wie im Alten Testament wird davor gewarnt, Gott direkt anzuschauen, um nicht mit physischer oder spiritueller Blindheit geschlagen zu werden.

Die von Poseidon bevorzugten Tiergestalten waren Hengste,

Schimmel, gewaltige Stiere, Widder, Delphine, gelegentlich auch Vögel und Menschen. Er war meist stattlich anzusehen und gewann die Gunst vieler Frauen, die seinem verführerischen Zauber erlagen. Er zeugte zahllose Kinder und seltsame Mischgeschöpfe aus Mensch und Tier. Mit Theophane, der er sich als Widder näherte, zeugte er den berühmten leuchtenden Widder mit dem Goldenen Vlies, das die Argonauten auf ihrer berühmten Fahrt holten. Poseidon war auch der Vater eines Teils der Mannschaft der Argo wie auch des Helden Theseus. Neben seinen weiblichen Eroberungen war er, worin sich wohl auch der griechische Geschmack ausdrückt, nicht immun gegenüber den Reizen hübscher Knaben und hielt sich vielfach auch männliche Liebhaber.

Poseidon war es, der König Minos von Kreta einen schönen weißen Stier als Opfergabe für die olympischen Götter schickte. Poseidon wurde auch als »Herr der Stiere« bezeichnet, und Minos war töricht genug, diesen Stier für sich zu behalten und einen gewöhnlichen Stier zu opfern. Die hierüber erzürnten Götter bestraften Minos, indem sie seine Frau Pasiphae sich in einen gewöhnlichen Stier verlieben ließen. Aus dieser Verbindung ging der Minotaurus hervor, ein Geschöpf mit dem Körper eines Menschen und dem Kopf eines Stiers. Man kann in diesem Mythos einen Ausdruck des Stierzeitalters erblicken, was auf einen Zeitraum vor etwa 6000 Jahren hinweist, so wie die ägyptische Sphinx das noch weiter zurückliegende Zeitalter des Löwen anzeigen könnte. Minos schämte sich der Folgen seines Tuns und versteckte den Minotaurus in einem Höhlenlabyrinth nahe seiner Hauptstadt Knossos, wo er ihn mit Knaben und Mädchen aus Athen fütterte, die als Tribut nach Kreta geschickt wurden. Schließlich wurde Theseus als Opfer nach Kreta geschickt. Bei seiner Ankunft im Königspalast erblickte ihn Ariadne, die Tochter des Minos, die sich in diesen Helden verliebte. Sie half ihm wieder aus dem Höhlenlabyrinth heraus, indem sie ihm einen Faden gab, mit dessen Hilfe er den Weg zurück aus der Höhle fand, nachdem er den Minotaurus mit einem Schwert getötet hatte, das sie ihm ebenfalls heimlich zugesteckt hatte. Theseus heiratete Ariadne, doch berichteten spätere Sagen, daß sie kein glückliches Paar wurden. Theseus soll sie auf der Insel Naxos zurückgelassen haben, wo sie schließlich von Dionysos aufgefunden und dessen Gemahlin wurde.

Schließlich entwickelten sich die dionysischen Kulte, jene ekstatischen Fruchtbarkeits-, Natur- und Weinkulte, die oft in einem Zusammenhang mit den Mysterien und dem Zauber der Musik und Dichtkunst wie auch mit dem inspirierten oder besessenen schöpferischen Geist standen. Dionysos wurde als das göttliche Bildnis des »schöpferischen Wahnsinns« oder des »irrationalen Weltengrundes« bezeichnet. Im römischen Gewand ist er Bacchus, der Herr der Bacchanalien, dessen trunkene Feste und Orgien beim degenerierten römischen Adel so sehr im Schwange waren.

Dionysos wird mit dem Gedanken der instinktiven Einheit und der mystischen Teilhabe an der Natur und dem Tierreich verknüpft, was, oft unter der berauschenden Wirkung von Drogen und Wein, zu einer Ekstaseerfahrung führte, die offenbar psychische Türen zu einer gesteigerten Wahrnehmung öffnete. Letztlich bestand diese Erfahrung in einer Fühlungnahme mit dem kollektiven Empfindungsleben, durch die das Bedürfnis nach einer Transzendierung der getrennten Identität durch eine Hineinversetzung in das Ganze befriedigt wurde. Die Inspiration zum anfänglich spirituellen dionysischen Kult bestand (vor der späteren Degenerierung) in der Reinigung und Reinwaschung der Psyche durch ein völliges Eintauchen in den Ozean des Unbewußten, ein Vorgang, der als religiöse Bekehrung erfahren wurde und später in Gestalt des christlichen und essenischen Taufrituals als einem der ältesten Mysterienrituale wiederkehrte.

Poseidon hatte ein gespanntes Verhältnis zur Göttin Athene, der Tochter des Zeus und Göttin der Weisheit, des Krieges und des Gewerbes, deren Symbol die Eule war. Einstmals hatte sich Poseidon mit Athene und Hera, der Gemahlin und Schwester des Zeus, in einer Verschwörung zusammengetan, um die Herrschaft über den Olymp und den Vorsitz über die Götter an sich zu reißen, was jedoch kläglich scheiterte. Gelegentlich geriet Poseidon mit Athene aneinander, wenn es darum ging, wen von beiden sich Städte als Schutzgottheit erkoren. Wenn die Wahl auf Athene fiel, geriet Poseidon in unbändigen Zorn. Er raste mit seinem zweispännigen Seewagen wütend über die Wellen und löste dadurch schreckliche Stürme und Unwetter aus, die Schiffe zerschmetterten. Im Inland liegende Gebiete entschieden sich eher für Athene, da sie auf die Schirmherrschaft des Meeresgottes nicht angewiesen waren, während Küstenstädte so klug waren, sich des Wohlwollens und der Unterstützung Poseidons zu versichern.

Poseidons Fähigkeiten als Verführer hatten manchmal fatale Folgen für die armen Frauen, die sich ihm ergaben. Dies gilt insbesondere für die Medusa, die als Gorgo verewigt wurde, die böse und häßliche Frau mit dem Schlangenhaar, deren Blick jeden in Stein verwandelte. Poseidon verführte die junge, unschuldige und schöne Frau im Tempel der Athene, woraufhin die über diesen Frevel erzürnte Göttin Medusa in die Gorgo verwandelte, ein gräßliches Scheusal mit bösem Blick. Eine andere Version dieser »Verführung« lautet, daß Poseidon Medusa vergewaltigte und daß der furchterregende Ausdruck, in dem ihr Gesicht erstarrte, von ihrem Entsetzen und ihrer Empörung über Poseidons Tat herrührte. Dies erinnert an die Entführung und Vergewaltigung der Persephone durch Hades/Pluto.*

Aus der Verbindung von Poseidon und Medusa ging das Flügelroß Pegasos hervor, das jedoch wegen des Hasses der Medusa auf Poseidon erst geboren werden konnte, nachdem der Held Perseus die Medusa tötete, indem er ihren Basiliskenblick mit seinem Schild auf sie selbst zurückspiegelte. Daraufhin sprang Pegasos voll ausgewachsen aus ihrem verstümmelten Körper hervor. Als geflügeltes Pferd symbolisiert er die Schaffung einer Brücke zwischen den Gegensätzen, durch die den Geschöpfen der Erde jetzt der Aufstieg zu den spirituellen Welten eröffnet wurde.

Im Sagenkreis, der mit dem Initiationszyklus der Herakles-Mythen verknüpft ist, half Poseidon dem Helden, indem er ihm starke Pferde zum Geschenk machte. Das Bild der Pferde mit Wagen taucht auch im Tarot-Trumpf VII auf, auf dem der Wagen des Königs von den seiner Lenkung gehorchenden Pferden gezogen wird. In Alice Baileys Buch *Die Arbeiten des Herkules*, das den Initiationsweg des spirituellen Aspiranten und Schülers durch die Tierkreiszeichen darstellt, symbolisieren Pferde und Poseidon/Neptun als die Gottheit der wässerigen, flüssigen, emotionalen und astralen Tiefen die Neigung des Menschen, durch gedankliche Obsessionen oder die Leidenschaft emotionaler Reaktionen in die

---

* Näheres hierzu in Paul, *Phoenix rising: Exploring the Astrological Pluto* (bisher nicht ins Deutsche übersetzt).

Irre zu gehen und die Kontrolle über sich selbst zu verlieren. Der positive Aspekt dieser Tendenz – symbolisiert durch den König, der die Pferde lenkt – besteht darin, daß eine in rechter Weise genutzte und eingegliederte Emotionsnatur die bereichernde Kraft der Empfindung und Sensitivität beinhaltet, die unter dem steuernden Einfluß der inneren Seele eines der größten Potentiale des Menschen, andererseits aber im nichtintegrierten Menschen auch die Hauptquelle seiner vielfältigen Probleme ist. Durch emotionale Sensitivität können wir empathisch auf unsere Welt und unsere Mitmenschen eingehen. Poseidons Geschenk an Herakles war außerordentlich wertvoll, wiewohl Herakles zuerst lernen mußte, die Pferde unter Kontrolle zu halten, indem er sich von seinen flüchtigen Emotionen reinigte.

Poseidons Machtsymbol und Amtssiegel ist der Dreizack; das astrologische Symbol besteht aus dem Halbkreis der Seele und des sich entwickelnden menschlichen Geistes, der vom Kreuz der Materie durchbohrt wird, wodurch eine dreizinkige Gabel entsteht. Diese Gabel symbolisiert die drei Ebenen des Menschen, die durch die göttlichen Wasser Neptuns gereinigt werden müssen: den physischen Körper und die Sinne, die astralisch-emotionale Begierdennatur und das niedrigere getrennte Ego-Zentrum. Wenn dies gelingt, verwirklicht man das Ideal, daß der Halbmond der Seele sich von der Kreuzigung der Materie befreit, wobei sich das Formlose hoch über die Welt der Form erhebt und die kristallisierte Materie aufgelöst und durch die erfolgreiche Erfüllung einer evolutionären Aufgabe befreit wird, die zur Transzendierung der physischen Ebene und auf den Weg der transpersonalen Entwicklung führt.

Das Dreizack-Symbol erscheint auch bei der indischen Gottheit Shiva und der britischen Britannia, war aber auch eine Waffe bei den römischen Gladiatorenkämpfen. Im Hinduismus spiegeln sich die Attribute Poseidons in drei Gottheiten wider: Idapati ist der Herr der Gewässer, Narayana der Beweger der Gewässer, Varuna der Herr der Meere. Dies sind auch Aspekte Vishnus, der mit dem Zeus/Jupiter-Prinzip gleichgesetzt wurde. Tatsächlich galt bis zur Entdeckung Neptuns Jupiter durch das Zeichen Schütze als Herrscher über die Pferde und in der traditionellen Zuordnung auch als Herrscher der Fische; jetzt wird das Zeichen Fische gemeinsam von

Jupiter und Neptun regiert. Die transpersonalen Planeten Uranus, Neptun und Pluto waren den Alten sämtlich physisch unbekannt, doch erkannten und erfaßten sie intuitiv die Kräfte und Prinzipien dieser verborgenen Planeten in ihren Mysterientempeln, weshalb sie in den Mythen und Sagen erscheinen.

Poseidon und Neptun werden in Kulten und Mythen als kraftvolle Gottheit dargestellt, während Neptun heute als Planet mit ausgeprägt weiblichen Eigenschaften aufgefaßt wird. Offensichtlich sind diese Planetengötter und Archetypen asexuell und im besten Fall androgyn oder zwitterig und letztlich jenseits unseres begrifflichen und physischen sexuellen Dualismus; trotzdem kann es nützlich sein, sich ihnen über einen »sexuellen Filter« zu nähern. Wir können den Saum ihrer komplexen Naturen fassen, die bei den transpersonalen Planeten zu einer Göttertrinität zusammenfließen, deren Funktion es ist, die Menschheit auf den vereinigten und transpersonalen Pfad zu führen. Es ist eigentlich nicht möglich, genaue Grenzen zwischen Uranus, Neptun und Pluto zu ziehen; trotzdem ist es aufschlußreicher, auf ihre jeweils unterschiedlichen Wirkungsarten und -ebenen und ihren Einfluß auf den Menschen hinzuweisen. Die Berührung mit diesen Ebenen führt uns in das Reich der Paradoxa und Widersprüche; mit einer Hand spenden sie einen heiligen und göttlichen Segen, mit der anderen zerschmettern sie Leben und Gesellschaften; auf einem Gesicht nimmt der Mensch das Leuchten »Gottes« wahr; wenden sie uns das andere zu, sieht man das bösartige Grinsen des »Teufels«. Freilich sind sie weit jenseits unserer unzulänglichen Vorstellungen von Gut und Böse, jenseits aller unserer dualistischen Denkmuster. Nur dann, wenn wir uns ihnen aus einem vereinheitlichten Bewußtsein nähern, können wir einen Blick auf ihre wahre Natur erhaschen.

Wenn wir uns wieder auf eine Personifizierung Neptuns als eines weiblichen Planetenprinzips zurückziehen, erkennen wir, daß er vielfach mit archetypischen Frauenbildern verknüpft ist, manchmal als Märtyrer, manchmal als Opfer, immer aber vor einem Hintergrund der Verletzlichkeit und des Leidens. Das Bildnis der Jungfrau Maria vermittelt dies in einer Weise, die viele anspricht. In ihm finden wir die Aspekte positiver weiblicher Qualitäten – empfängliche, freudige und aufopfernde Liebe. Diese hochentwickelte und selbstlose Natur der Liebe erreicht ihre Apotheose in der Romantik und im spirituellen Ideal des Gralsmythos. Neptun ordnet man die Inspiration zum Pfad der mystischen Hingabe zu, und er verkörpert den Liebesakt des Grals. In Uranus andererseits drückt sich die geistige und Lichtebene aus, in Pluto die physische Verankerung in der Gralsritterschaft, die zur spirituellen Wiederbelebung des öden Landes des Erdenlebens führen soll.

In jedem von uns sind die tiefen ozeanischen Wasser von Poseidons Reich in unaufhörlicher Bewegung. Das Eintauchen in diese Tiefen auf der Suche nach dem untermeerischen Palast des Gottes ist für viele reizvoll, für Künstler wie Mystiker, doch kann diese Reise für viele mit dem Ertrinken enden, vor allem, wenn sie an ihren alten Persönlichkeitsmustern festhalten. Wenn wir in Poseidons Tempel vor seinem Thron stehen und um jene kostbare Perle bitten, können wir nichts anderes tun, als uns seinem wässerigen Reich zu unterwerfen, wissend, daß Wasser die Kraft der allmählichen Erosion von Erde und Fels hat. In diesem Tempel bleibt uns nichts anderes übrig, als die transformierende Wirkung zu akzeptieren. Poseidons Verführung ist bedingungslos, aber bedingungslos ist auch das Geschenk, das er bereithält.

II

Erscheinungsformen des astrologischen Neptun

Von den transpersonalen Planeten hat Neptun den subtilsten und am schwierigsten zu definierenden Einfluß, und doch hat dasjenige, was als sanfte Berührung erscheinen mag, als milde Meeresbrise, die die Sinne belebt, eine außerordentlich starke und transformierende Wirkung. Wenn Neptun aktiviert ist, gibt es keine beständigen Schranken mehr, die man gegen seine erodierende Gewalt aufrichten könnte. Wenn das Wasser auf der physischen Ebene Kontinente neu schaffen kann, indem es die Küstenlinie zerfrißt, indem es Land überschwemmt, oder indem sein Fehlen eine fruchtbare Gegend durch Trockenheit ausdörrt, wie könnten wir da dem Einfluß der kosmischen Wasser des Lebens entgehen?

Im Koran heißt es: »Aus dem Wasser kommt alles Leben«, und in der Bibel lautet eines der ersten Gebote Gottes, daß Wasser das Antlitz der Erde bedecken solle. Hier finden wir einen Hinweis darauf, daß das Urleben mit den Tiefen des Meeres zu tun hat und daß das Geheimnis des Lebens mit seinen Anfängen und möglichen Zielen von diesem untermeerischen Reich ausgeht. Die moderne Wissenschaft neigt ebenfalls zu der Auffassung, daß das Leben irgendwie aus einem Urmeer stammt, und nimmt an, daß chemische Reaktionen auftraten, die die biochemischen Bausteine für das spätere physische Leben schufen.

Die Bildinhalte des Wassers und des Meeres, die um den astrologischen Neptun versammelt wurden, sind sehr passend und werden in der modernen Astrologie mit den Jungschen Theorien über das kollektive Unbewußte verknüpft. Hier finden wir Bilder von gewaltigen inneren Meeren und Reiche des Paradoxons und der Doppeldeutigkeit, eine psychologische Welt, die unerkannt und unerforscht ist, in der wie auf alten Landkarten Drachen lagern, Bereiche heftiger Sturmwinde eingezeichnet sind und die Gefahren des alles verschlingenden Seeungeheuers Scylla und des Strudels Charybdis lauern – Herausforderungen, die furchtlose Seeleute bei ihrem Versuch bestehen müssen, die Meerenge zu durchfahren.

Die Weltmeere symbolisieren auch den weiblichen Schoß, die physische Quelle des Lebens und das Bild der mütterlichen Frau oder des göttlichen Weiblichen, der Pforte des Lebens, durch die man von einer anderen Welt oder Ebene in die unsere hereintritt. Wiewohl also Neptun in der griechischen patriarchalischen Kultur als dominierender Mann dargestellt wird, ist seine Symbolik – als Wassergottheit – primär weiblich, und das Wasser wurde und wird daher mit dem Reich der Empfindungen, Gefühle, der Liebe, der Phantasie und der künstlerischen Schöpferkraft in Verbindung gebracht.

Die Schwierigkeit beim Eintritt in Neptuns Welt besteht in der Kunst zu überleben: Schwimmen in aufgewühltem Wasser ist nur möglich, wenn man an der Oberfläche bleibt, und auch der Blick in die Tiefe enthüllt uns nur einen Zipfel seines Königreichs – genug, um uns zu faszinieren, aber nicht genug, um uns zu erleuchten und zu inspirieren. Es verhält sich so, wie wenn man einen geraden Stock in das Wasser taucht: Wir wissen, daß er gerade ist, und doch erscheint uns der Teil des Stocks unter dem Wasser als geknickt – das Problem der Illusion und Wirklichkeit. Die einzige Möglichkeit, wirklich zu einem wenigstens anfänglichen Verständnis der Komplexität Neptuns zu gelangen, besteht darin, sich dem alten Ritual der Taufe in Wasser zu unterziehen (siehe Kapitel 7), wodurch das Wasser die beschränkte Persönlichkeit auflöst und uns reinigt. Der Intellekt und das getrennte Selbst ertrinken in den inneren ozeanischen Tiefen und lassen das ganz gewordene Selbst wieder auferstehen.

Neptuns Funktion

Neptun besitzt die Kraft der Auflösung und wirkt in der Weise, daß er antiquierte Lebensformen und -strukturen auf der physischen, emotionalen und geistigen Ebene zerbricht. Dies geschieht durch Transzendierung hemmender Schranken, wobei man falsche Beschränkungen beseitigt und in eine umfassendere Sphäre der Universalität und Ausdehnung eintritt, um das gefangene Selbst und den gefangenen Geist zu befreien und eine angemessenere Form entstehen zu lassen, die den nächsten Entwicklungsschritt verkörpert. Neptun zerstört die von den saturnischen Barrieren aufgestellten Definitionen und Beschränkungen, jene Denkmuster, Überzeugungen oder Identifizierungen, die Saturn als akzeptierte Wirklichkeit und kollektive Lebensauffassung darstellt. Neptun versucht, diese zur rechten Zeit, wenn ein einstmals progressiver Schritt zu einer reaktionären und verhärteten Form geworden ist, in umfassendere, ganzheitlichere und universelle Systeme zu transformieren.

Neptun symbolisiert den Drang nach Transzendenz, das Über-sich-selbst-Hinausgehen, das dem menschlichen Geist unauslöschlich eingepflanzt ist und in dem sich der einprogrammierte evolutionäre Impuls spiegelt. Es ist dies eine Suche nach Befreiung aus den Beschränkungen des persönlichen und getrennten Selbst und der materiellen Umgebung, eine Antwort auf den inneren Anruf der Undinen (Wassergeister), zum Bewußtsein der Einheit zurückzukehren und sich wieder mit dem Ganzen zu verbinden. Neptun ist ein Prinzip der Repolarisierung, dessen Zweck die Selbsterrettung mittels einer transformierten Beziehung zwischen Selbst und Gesellschaft ist.

Neptun integriert durch einen Prozeß der Desintegration, indem er ganz allmählich Schranken und psychologische Verhaltensmuster auflöst. Uranus bewirkt einen Integrationsprozeß eher durch Erschütterung und Befreiung von Strukturen, möglicherweise durch eine plötzliche Erfahrung, die einen statischen Lebensstil ändert; Pluto wiederum wirkt unterschwellig durch tiefgreifende Unterminierung, die schließlich zu einem transformierenden Loslassen und zu einer Wiedergeburt führt. Neptun versucht grundsätzlich, die Form selbst aufzulösen und sie auf ihre formlosen Ursprünge zurückzuführen, worin sich das alchimistische Prinzip des *solve et coagula* ausdrückt. Die ewige Botschaft Neptuns besteht darin, den Blick über die physischen Erfahrungen in den Welten der Stofflichkeit und der psychologischen Strukturen hinaus auf jene subtile und unsichtbare grundlegende Welt des höheren Geistes und universellen Selbst zu richten und die persönlichen Emotionen und das Nervensystem auf eine Ebene zu heben, auf der Sensibilität, Einklang und Intuition wahr werden können. Von diesem Punkt ausgehend ist es wiederum möglich, Inspiration in die Welt hineinzutragen.

Bei diesem Prozeß wird die persönliche Phantasie an der archetypischen Dimension ausgerichtet, insbesondere im Zusammenhang mit dem kollektiven Empfinden und auf der emotionalen Ebene – dem Weltherzen –, und dieser Kontakt wird anschließend in schöpferischen künstlerischen Ausdruck umgesetzt. Wenn dieser inspiriert ist, zeigt sich dies am Grad der gemeinsamen emotionalen empathischen Affinität wie zum Beispiel in der Musik, Literatur, Malerei, Schauspiel und Tanz, die im Reich der gemeinsamen kollektiven Erfahrung tiefen Widerhall finden. Dabei sind die ausgedrückten Emotionen entweder vertraut und rufen Erinnerungen wach, oder es werden kollektive Bilder eingesetzt, um eine vorhersagbare Reaktion zu erzeugen. Diese innere Kontaktnahme hat aber ihren Preis, nämlich die Transformation oder Aufopferung des getrennten Ich in dem Maße, wie der Mensch in seinen Wirkungen und in seinem Bewußtsein universeller wird. Seine Wahrnehmung richtet sich mehr auf dasjenige, was ihm mit allem Leben gemeinsam ist, nicht mehr auf Illusionen hinsichtlich seiner getrennten Herausgehobenheit und Leistung. Er nimmt wahr, daß er ein schöpferischer Kanal, kein Schöpfer ist, und erkennt den Vorrang des Ewigen Künstlers an.

Es scheint, daß diese inneren Kanäle durch die rechte Gehirnhälfte geöffnet werden, und daß der Kontakt mit jedem der transpersonalen Planeten Uranus, Neptun und Pluto durch Aktivierung dieses Gehirnteils erfolgt. Die Folge ist die Auflösung der individuellen Saturn-Muster, die überwiegend der Aktivität und den Merkmalen der linken Gehirnhälfte zuzuordnen sind. Wenn die transpersonalen Einflüsse im Menschen erweckt sind (durch eine künstlerische oder spirituelle Orientierung), dann kann allmählich ein Brückenschlag zwischen den Hälften erfolgen, der zu einer Synchronisierung führt. Im nordischen Mythos ist dies *Bifröst,* die Regenbogenbrücke. Schließlich formt sich der Kanal der Inspiration und Kommunikation, und das Mittelhirn koordiniert die ganzheitliche Wahrnehmung. Ausführlicher habe ich dies dargestellt in meinem Buch *Revolutionary Spirit: Exploring the Astrological Uranus.*★

★ Liegt bisher nicht in Deutsch vor.

Neptun als universelles Lösungsmittel

Diese spezielle Eigenschaft Neptuns wird dann zunehmend aktiviert, wenn innerhalb der persönlichen oder kollektiven Psyche eine langdauernde Hemmung oder Unterdrückung vorliegt. Es ist, als ob der Prozeß der Auflösung automatisch einträte, wenn einmal ein bestimmter Grad der Verfestigung erreicht ist. Astrologisch tritt dies oft bei Transiten in neue Häuser, transitierenden Aspekten oder Progressionen und bei anderen Zyklen verschiedener planetarischer Einflüsse auf.

Jede Persönlichkeit hat eine Achillesferse in irgendeinem Bereich, in dem die Keime der persönlichen Auflösung verborgen liegen, in dem ein Nebel falschen Scheins die Klarheit der Selbstwahrnehmung trübt oder Persönlichkeitsmerkmale – wenn man ihnen unbewußt anhängt – schließlich zu einer traumatischen Auseinandersetzung führen. Durch eben diesen blinden Fleck kann die neptunische Forderung nach Opferung zugunsten des Kollektivs gestellt werden.

Nach Auffassung vieler Psychologen gibt es in den meisten Menschen einen latenten Todestrieb (der Freudsche *Thanatos*), der primär ein Impuls zur Desintegration des individuellen Bewußtseins ist. Die saturnischen Ich-Schranken dienen dem Selbsterhaltungstrieb, und auf den Gedanken oder die Drohung einer möglichen Auflösung reagiert man mit Angst und innerer Erschütterung, indem eine Verknüpfung mit dem endgültigen physischen Tod hergestellt wird und solche Gedanken in das Unbewußte verdrängt werden. Neptun und Saturn wirken als Polaritäten; der ewige Konflikt zwischen ihnen besteht darin, daß Neptun in Einheit und Universalisierung Freiheit zu finden versucht, während Kronos/Saturn versucht, eben dies zu verhindern, indem er die ersten Regungen eines unabhängigen Lebens bei Poseidon/Neptun verschlingt.

Die saturnischen Ich-Mauern können durch eine uranische Erschütterung aufgebrochen werden, wenn man an einen Wendepunkt in seinem Leben gelangt; dann führt der neptunische Einfluß den Prozeß fort. Als Planet, mit dem man metaphysisches Denken, Zwiespältigkeit, Paradoxon, Widerspruch, nichtlineare Gedankenfolgen, Bilder und Symbole assoziiert, wirkt Neptun bei seiner

Aktivierung in der menschlichen Seele so, daß er die Ordnungsmuster des Bewußtseins und des rationalen Geistes auflöst.

Das »universelle Lösungsmittel« ist ein alchimistischer Begriff, unter dem man sich eine hochwirksame »Säure« vorzustellen hat, die den Zusammenhalt unterdrückender Schranken und Grenzen auflöst und deren Wirkung unumkehrbar ist. Allmählich beginnt die Erkenntnis eines tiefgreifenden Wandels in das Bewußtsein zu dringen, wobei innere Welten sich zu überschneiden und zu überlappen beginnen und die Sicherheiten des Lebens weichen, je mehr eine unbekannte Welt in der Wahrnehmung auftaucht. Selbstversenkung und Introspektion gewinnen an Gewicht, und oft wandelt sich das Bewußtsein in Richtung einer verträumten und astralen Sensitivität, einer etwas jenseitigen, möglicherweise mystischen Gestimmtheit, wobei meist Anzeichen einer Zeit- und Raumlosigkeit auftreten. Eine Empfindung der Unwirklichkeit tritt auf, während das getrennte Selbst allmählich in den Welten versinkt und die Forderungen der äußeren Welt immer weniger wahrnimmt. Es kommt zu einer Verinnerlichung, einem gewissen Rückzug.

Was geschieht im Menschen, wenn dieser Prozeß auftritt? Der Neptun-Einfluß kann durch Transit oder durch Hausstellung im Geburtshoroskop über diejenigen Kanäle erfolgen, die die Planetenaspekte im Radix zur Verfügung stellen. Verwirrung, Desorientierung, Ziellosigkeit, Entscheidungsunfähigkeit, mangelndes Selbstbewußtsein und Unsicherheit sind häufige Wirkungen, und man hat die Empfindung, in einen inneren Zustand des Zerfließens zu geraten, wobei die vertrauten Lebensmuster von einer aufbrandenden Flutwelle fortgerissen zu werden scheinen. Es tritt ein psychologisches Zittern auf, ein Zustand der Angst, wenn in dieser Übergangsphase die vertrauten Stützen brechen und die alten Verhaltensmuster nicht mehr greifen. Wenn sich solche Dinge im Inneren ereignen, kann es zu einem Verlust des Interesses an der äußeren Welt kommen, verbunden mit einer Empfindung der Sinnleere und einem Mangel an Zielstrebigkeit. Häufig kommt ein Zustand der psychischen Isolierung hinzu, in dem die persönliche Wachheit bleibt und eher geschärft ist, während die Selbstwahrnehmung außerordentlich unscharf wird und an keiner klar erkennbaren Mitte mehr festzumachen ist.

Was kann man tun, wenn man sich dem Ertrinken nahe fühlt, wenn die Wasser des universellen Lösungsmittels alle Stützen wegschlagen, an die man sich klammern möchte, und das Wasser langsam bis über den Kopf steigt? Viele Menschen reagieren mit Panik und machen die Situation schlimmer, indem sie in Unkenntnis desjenigen handeln, was wirklich vor sich geht. Viele nervöse und psychische Erkrankungen können durch die Aktivität der transpersonalen Planeten in Persönlichkeiten ausgelöst werden, die über keinen haltgebenden Begriffsrahmen verfügen, der den Kontext für diese Erfahrung schafft. Neptun ist vielfach Auslöser von Hysterie und halluzinatorischen Erfahrungen und seelischen Erkrankungen verschiedener Art. Der transzendente irrationale Schock eines Reichs, in dem es keine Grenzen und keine auslotbaren Tiefen gibt, entzieht vielen sensiblen Seelen durch die Erfahrung der Öffnung gegenüber den Meeren des kollektiven Empfindens den Boden unter den Füßen; dies ist mehr, als die Persönlichkeitsstruktur tragen kann. Der einzelne wird in einer Aufwallung einer universalisierten emotionalen Empathie zugunsten einer Identifizierung mit der Einheit des Ganzen geopfert, und diese Erfahrung zerbricht die Integrität einer getrennten Persönlichkeit. Ein solcher Versuch der Selbsterlösung kann, wie auf dem mystischen Weg, willentlich unternommen werden; es kann aber auch ein ungewolltes und ungebetenes Ereignis sein. Für den Mystiker kann dies eine befreiende Erfahrung bedeuten, für den Unvorbereiteten die Verwüstung seines Lebens.

Das entscheidende Ereignis ist die Eintrittsphase in diese Erfahrung, und es ist wichtig zu wissen, daß Neptun-Erfahrungen in ganz unterschiedlicher Intensität auftreten können; es ist keineswegs gesagt, daß diese Erfahrung so intensiv sein muß. Gewisse Erfahrungen sind jedoch fast immer zu beobachten, und diese sind sich wiederholende menschliche Reaktionsmuster auf diese Energie.

Die schwierigste Phase innerer Verwirrung und Desorientierung liegt am Anfang, wenn man erkennt, daß etwas Beunruhigendes eingetreten ist, das man kaum wahrgenommen hat. Neptun ist ein Meister der Verkleidung und tritt oft ganz still hinter uns, berührt uns mit seiner auflösenden Wirkung und verschwindet wieder. Man bemerkt erst, daß etwas geschehen ist, wenn man nicken möchte und der Kopf abfällt. Es ist eine Zeit des Übergangs, in der man sich in einem Zustand des inneren Fließens befindet und nicht über genügend Anker verfügt, um sich in der Nähe der vertrauten Küste zu halten. Es fehlt meist der feste Untergrund, und man versucht immer wieder, diese neue Erfahrung anhand der alten Ordnungsmuster zu kategorisieren, indem man die eingefahrenen Haltungen, Denkschemata, Wertvorstellungen und Verhaltensgewohnheiten anwendet. Dies funktioniert aber nicht, und möglicherweise muß man erst durch ein Scheitern hindurchgehen, bevor man einsieht, daß es nicht gelingen kann.

Bei den meisten Menschen regt sich unvermeidlich Widerstand, doch ist dieser innere Kampf um die Wiederherstellung der alten Zustände ein vergebliches Bemühen, weil diese im Leben einfach keine Basis mehr haben. Es ist so, als wollte man den Deich mit dem Finger abdichten; der Druck nimmt immer weiter zu, und das aufgestaute Wasser dringt durch immer neue Risse, bis man am Ende doch einsehen muß, daß man so nicht unendlich weitermachen kann. Es ist der Kampf zwischen zwei polarisierenden Tendenzen; das Problem ist, wie man jene grenzenlose Energie innerhalb der begrenzten Saturn-Strukturen zusammenhalten kann, wie man den Zusammenbruch der saturnischen Mauern verhindern kann. Am Ende wird man einsehen, daß hierzu die Kraft nicht reicht und daß der neptunische Wandel unausweichlich ist.

Die Polarität Saturn–Neptun

Dies ist die Konfrontation zweier der wichtigsten alternativen Wege im Leben. Der eine besteht darin, jenes innere Drängen zu unterdrücken, jene wachsenden inneren Spannungen und Belastungen zu ignorieren, die Notwendigkeit eines Wandels zu leugnen und um die Erhaltung der altbewährten Muster in der Seele zu kämpfen, wobei man vielleicht sogar zu gewissen Formen der Abhängigkeit Zuflucht nimmt, um die Sinnlosigkeit des eigenen Zustandes nicht wahrnehmen zu müssen. Der andere besteht darin, sich auf den Weg zu einem ganzheitlichen und einigenden Sein und Selbstwahrnehmung zu machen. Man muß einen Weg zu positiver und konstruktiver Transformation finden.

Die Reibung und die Spannungen zwischen einem aktivierten

Neptun und einem Widerstand leistenden Saturn haben mehrere Konsequenzen. Wahrscheinlich ist ein Rückgang der körperlichen Vitalität und Motivation, wobei die Anforderungen des Alltagslebens größer und bedrohlicher erscheinen und man sich ihnen gleichzeitig weniger gut gewachsen fühlt. Das Selbstvertrauen nimmt ab, und man flüchtet sich vielleicht in ein Leben von Phantasien und Tagträumen und versucht, diese inneren Sehnsüchte und Wünsche durch Träume oder die Planung undurchführbarer Vorhaben zu erfüllen, die die eigenen Möglichkeiten weit überschreiten. Launenhaftigkeit kann sich einstellen, insbesondere Stimmungsschwankungen, wie wenn man auf einem Pendel zwischen Neptun und Saturn hin- und herschwingen würde; regelmäßige Begleiterscheinungen sind Angst, Unzufriedenheit und Desillusionierung. Euphorie lodert auf und sinkt wieder in sich zusammen, was das Durchhaltevermögen schwächt und Ziele schwer erreichbar macht.

Ausbleibende Befriedigung im Radix-Haus Neptuns oder in einem anderen Transit-Haus ist häufig, desgleichen eventuell in einem Haus, in dem der transitierende Neptun Aspekte zu einem persönlichen Planeten bildet. In dem betreffenden Lebensbereich tritt erhebliche Unruhe auf, wobei es gleichzeitig schwierig sein kann, die Natur des zu lösenden inneren Problems letztlich zu identifizieren; Neptun ist glitschig, und wenn man sich einer Teillösung nähert, versucht er, die Aufmerksamkeit abzulenken, damit man ihn nicht zu fassen bekommt, bevor man auf eine vollständige Transformation zugeht. Häufig fühlt man sich kreativ blockiert oder ringt man darum, seine Ziele deutlich herauszuarbeiten, und doch gelingt es nicht, zu klaren Entscheidungen zu gelangen, weil im eigenen diffusen Selbst tiefgreifende Schwankungen auftreten.

Viele ziehen es vor, sich auf ihre eigene Natur zurückzuziehen und versuchen, das Unbehagen zu verringern, indem sie sich aus dem Leben zurückziehen oder dem Ruf der inneren Tiefen nachgeben, die sie magnetisch nach innen ziehen. Dieser internalisierte Zustand hat aufgrund des teilweisen Todes des saturnischen Ichs viele negative psychologische Konsequenzen, die sich als Selbstzweifel, Antriebslosigkeit, Passivität, Verfolgungswahn, Beziehungsängste, möglicherweise auch in Neigungen und Tendenzen zu Märtyrertum, Aufopferung und Abhängigkeit äußern. Man ist der Komplexität der Wirklichkeit nicht mehr gewachsen, und es kann zu einem zeitweiligen teilweisen Sich-Abschließen kommen, und zwar sowohl in Form eines inneren Heilungsprozesses als auch eines Prozesses der Ablehnung und Abwehr, wenn man die Überlegenheit der saturnischen Strukturen zu festigen sucht, was zu Nervenzusammenbrüchen führen kann. Infolge von Unzufriedenheit und Mißbehagen kann im Lebensstil eine Desintegration auftreten. Es kommt zu einem Richtungsverlust, weil sich die alten Orientierungen aufgelöst haben und die damit unterbrochenen Bindungen erhebliche Ängste und die Sehnsucht nach jenen vertrauten, bisher sinnerfüllten Kontakten hervorbringen. Mechanisches Verhalten ist häufig und als Reaktion auf diese Phase wahrscheinlich, denn was kann man sonst tun, bis ein neues Licht aufscheint? Auf der physischen Ebene der Lebensführung können Streßsymptome zu beobachten sein, und man verliert oft den finanziellen Überblick, weil sich die Energien scheinbar in das unbewußte Selbst zurückziehen. Leere ist die Haupterfahrung, ein inneres Vakuum, das scheinbar mit nichts zu füllen ist, weil das Leben seine Buntheit und Farbe verliert und alle Kanäle früherer Erfüllungen blockiert oder energielos geworden sind.

Neptun – Saturn: Ein Weg zur Integration

Die Auseinandersetzung mit der Neptun-Saturn-Polarität in uns selbst kann mühsam und anstrengend sein, da diese Energien uns in entgegengesetzte Richtungen zu ziehen scheinen, was man als schmerzlichen spannungsvollen Zustand erfährt. Man muß die natürlichen Tendenzen dieser beiden Planeten klären und dann versuchen, wie man in seinem Leben ein natürliches Gleichgewicht schaffen kann, damit eine schöpferische Polarität entsteht anstelle von Spaltungen, wenn man sich einmal diesem, einmal jenem Planeten zuwendet; andernfalls kann es geschehen, daß man Neptun in das Unbewußte hinabdrängt. Man sollte letztlich versuchen, sich mit Hilfe der Eigenschaften Saturns die positiven Qualitäten Neptuns zunutze zu machen, und umgekehrt.

Hier ist es außerordentlich wichtig, einen Prozeß der Reorganisation und Neubewertung des Selbst einzuleiten, indem man alles, was man bisher geleistet hat, mit neuen Augen betrachtet. Dies gilt auch für die Selbstwahrnehmung, wobei man versuchen sollte herauszufinden, warum diese nicht mehr gültig ist oder versagt. Man ist zum Ödland geworden und braucht die befruchtenden, belebenden und vitalisierenden Wasser Neptuns, damit die Wiederauferstehung geschehen kann. Nachdem man dasjenige, an dem man bisher Sinn und Wert fand, verloren hat, muß man sich jetzt auf die Suche nach einem integrierten Ersatz machen, wobei man an weiter ausgreifenden Strukturen arbeiten muß, die für die nächste Stufe tragfähig sind.

Für diesen Prozeß kann es notwendig sein, einen nüchternen Blick darauf zu richten, wie man seine gegenwärtige Situation einschätzt. Die Antworten hängen oft von den gestellten Fragen ab, und man muß möglicherweise seine Wahrnehmung schärfen, um feststellen zu können, wo die lösungsbedürftigen Probleme eigentlich liegen. Ein solches inneres Fragen kann in unterschiedlicher Form geschehen, und es gibt viele Techniken, eine innere Führung und Unterstützung zu stimulieren, die man in Betracht ziehen sollte, um diese Phase erfolgreich zu bestehen. Als Spiegel für die Selbstbefragung können die folgenden Fragen dienen; mit ihrer Hilfe kann man vielleicht besser mit dem »universellen Lösungsmittel« umgehen, der Saturn-Neptun-Polarität und den Neptun-Transiten.

Wissen Sie, was Sie in Ihrem Leben wollen? Werfen Sie einen Blick auf Ihre körperlichen, emotionalen und geistigen Bedürfnisse und Wünsche und stellen Sie fest, was Sie zu wollen glauben.

Fehlen diese Dinge tatsächlich in Ihrem Leben, oder sind Ihre tieferen Bedürfnisse unerkannt und nicht realisiert? Prüfen Sie dies nach und stellen Sie fest, ob Sie Ihre Unzufriedenheit nicht auf die falschen Ursachen zurückführen; vielleicht kann ein Blick auf Ihr Leben aus einer neuen Perspektive Ihnen frischen Mut machen, indem Sie dasjenige mehr schätzen, was Sie haben.

Überprüfen Sie diese Bedürfnisse auf jeder Ebene Ihres Wesens – physische Bedürfnisse, emotionale und Gefühlsbedürfnisse, seelische und geistige sowie die tieferen spirituellen Bedürfnisse. Stellen Sie fest, wie sie sich unterscheiden und wo sie sich widersprechen und wo es ohne weiteres möglich ist, diese jeweils zu befriedigen.

Stellen Sie fest, was für Sie ganz persönlich sinnvoll ist, was Sie mit Ihnen selbst und dem Leben zufrieden sein läßt, was Sie liebevoller und glücklicher sein läßt. Fassen Sie dann den Entschluß, Ihr Leben so zu ändern, daß Sie diese Dinge häufiger erleben. Begeben Sie sich auf denjenigen Weg, der Ihnen am meisten Freude macht.

Stellen Sie fest, wie und warum Sie in Unruhe geraten. Welche Schlüsselbereiche betrifft dies? Wie kommt es, daß Sie diese Unruhe nicht beseitigen? Was können Sie tun, um sie bewußt aufzuheben? Drücken Sie sich um Entscheidungen, indem Sie für sich selbst innere Unruhe geltend machen? Handelt es sich um eine Verzögerungstaktik? Haben Sie den Willen, diese Unruhe zu transformieren und dynamisch und entscheidungsfreudig zu werden? Ist dieses Dilemma nur ein Mittel, um Veränderungen zu vermeiden?

Was ist es, das Sie von Veränderungen abhält? Ist es Furcht, Unsicherheit, fehlendes Vertrauen in Ihre Fähigkeiten?

Wenn Ihnen jemand den Schlüssel zur Erfüllung Ihres geheimen idealen Traums gäbe, würden Sie ihn ergreifen und im Schloß umdrehen? Oder würden Sie Ausflüchte über Ausflüchte erfinden, um der Herausforderung zu entgehen? Richten Sie den Blick auf die selbstgewählten Wege, auf denen Sie versuchen, sich die Erfüllung Ihrer eigenen Träume zu verwehren. Öffnen Sie Ihre Augen für die unbewußten Überzeugungen, Haltungen und Persönlichkeitsmerkmale, die Ihren Erfolg vereiteln. Dann fragen Sie sich, ob dies so sein muß. Entschließen Sie sich dann, ungeachtet jedes Einflusses vorwärts zu schreiten, und machen Sie sich klar, daß auch für Sie Erfolg und Befriedigung zu haben sind.

Welche Vorteile bringt es Ihnen, wenn Sie in Ihrer jetzigen Situation verharren? Vor allem dann, wenn sie Ihnen Sinn, Zweck und Freude in Ihrem Leben versagt?

Sind Sie auf der Suche nach der Essenz des Lebens, einer Qualität des Lebens und der Selbsterfahrung, die Sie erfüllt? Welcher Teil von Ihnen selbst hindert Sie daran, ein reicheres Leben zu haben? Sind Sie bereit, dieses Hindernis Ihr ganzes Leben lang bestehen zu lassen?

Verschaffen Sie sich Klarheit über Ihre Lebensziele. Machen Sie einen Plan, wie Sie sie erreichen können, und bleiben Sie wenigstens auf dem richtigen Weg zu ihnen. Was müssen Sie vielleicht am Wegesrand liegenlassen, um Ihre Last zu erleichtern, damit diese Träume auch erreicht werden? Sind Sie bereit, hierfür Opfer zu bringen? Wieviel sind Ihnen Ihre Träume wert?

Sind Sie bereit, Ihre vertraute Umgebung zu verlassen? Neues Land zu erkunden? Fragen Sie sich, ob nicht eine Veränderung Vorteile hätte!

Glauben Sie daran, daß positive Veränderungen eintreten werden, und stellen Sie sich vor, wie Ihre Traumziele verwirklicht und Sie auf jeder Ebene Ihres Lebens zufrieden machen werden. Rufen Sie den neptunischen Glauben in sich wach, daß dies so sein wird.

Allerdings müssen wir uns auch über die notwendige Rolle Saturns bei diesem Prozeß im klaren sein, wenn wir neptunischen Energien mehr Freiraum in unserem Leben geben. Saturn zeigt uns unsere momentanen Grenzen; ein rasches Hinausgehen über unsere natürlichen Fähigkeiten ist nicht immer ratsam und kann zusätzliche Probleme schaffen. Eine allmählichere Entwicklung ist sicher, und Saturn wird uns nötigenfalls bremsen. Darüber hinaus wird uns die form- und strukturschaffende Tendenz Saturns zwingen, unsere neptunischen Träume und Phantasien immer wieder zu überprüfen, indem er ihr verborgenes Potential auslotet und uns ermuntert, sie in konkrete Wirklichkeit zu verwandeln, indem wir diese Ideale und spirituellen Visionen ausleben. Saturn gibt uns die Disziplin, uns den Notwendigkeiten des planetarischen Bewußtseins Gaias zu unterwerfen, dem Zwang, Spiritualität auf der Erde zu manifestieren, während Neptun die Tendenz hat, die Forderungen und Beschränkungen des Formenlebens zu transzendieren. Neptun gibt uns die zündende Inspiration, die Energie, das Leben zu transformieren und Trägheiten zu überwinden, indem wir reizvolle alternative Träume als Wegweiser in Richtung neuer Potentiale träumen. Die Vereinigung von Saturn und Neptun in einer funktionierenden Partnerschaft kann eine tragfähige Plattform schaffen, einen zentralen Punkt, an dem sowohl den Forderungen des Idealismus wie auch denjenigen der Praxis Rechnung getragen wird und von dem aus klare Zielsetzungen möglich sind.

Begeben wir uns in einen solchen Prozeß, dann sind wir nicht einfach passiv, sondern treten in eine Zusammenarbeit mit den höheren Neptun-Impulsen und nehmen das persönliche Leben in unsere eigenen Hände, statt bloß das Opfer der kapriziösen Launen des Gottes zu sein. Neptun läßt sich nicht in unserem Unbewußten einsperren; er möchte in unserer Welt aufleuchten und als die schöpferische und inspirierende Kraft anerkannt werden, die er ist.

Letztlich geht es darum, den Entschluß zu fassen, dieser Transformation eine Richtung zu geben, damit sich ihre positive Intention in konstruktiven Veränderungen offenbart, die in unserer inneren Verfassung und in unserem äußeren Leben eintreten. Selbstannahme ist hierfür ebenso wesentlich wie eine Bereitschaft zur vollen Hinnahme der Umwandlung, die uns bevorsteht. Man muß sich eine neue Richtung und neue Zielsetzungen geben, damit die Energien problemlos in ein neues Ausdrucksmuster einmünden können, durch das es gelingt, persönliche und soziale Bedürfnisse miteinander zu vereinen, damit schließlich das Ganze davon profitiert. Der Blick zurück auf alte redundante innere Muster ist jetzt sinnlos; im Vorwärtsschreiten bauen wir an unserer neuen Zukunft. Viele, die in diese Transformationsphase eintreten, fühlen sich zu spirituellen und holistischen Lehren hingezogen (die in vielen Verkleidungen auftreten), insbesondere zu solchen unkonventionelleren Lehren, die mit der Erfahrung einer inneren Auflösung und Wiedergeburt verbunden sind. Langsam entsteht so eine neue Welt und Wahrnehmung, die wie die am Horizont aufgehende Sonne eines neuen Tages ihr Morgenlicht ausgießt und das Werk der Heilung und Integration dieses erschütterten inneren Zustands zu verrichten beginnt. Das Leben hat wieder einen Sinn, die Verwirrung weicht, und das Leben scheint wieder in geordnete Bahnen zu münden, während wir die Zeit des Chaos hinter uns lassen. Gewiß ist das Chaos ein schwer erträglicher Zustand, doch bahnt es uns den Weg von hemmenden Mustern hin zu einem Verhalten, das Fortschritt und neue Möglichkeiten bietet, und in diesem Sinne sollten wir das Chaos als Befreiung willkommen heißen und anerkennen.

Neptun und soziale Verantwortlichkeit

Die oberflächlichen Wirkungen Neptuns in der Gesellschaft zeigen sich in der Vergänglichkeit modischer Trends, in denen Kreativität dazu eingesetzt wird, das Interesse der Konsumenten zu wecken und um Gewinne zu erzielen, oder auf dem Gebiet der Freizeitindustrie oder der Massenunterhaltung wie in den Stilrichtungen der Popmusik. Diese sich ändernden externalisierten Ausdrucksmuster sind symbolisch für die unterschwelligen emotionalen Wünsche des Kollektivs, und eine der aufschlußreichsten modernen Bewegungen war das schnelle Wachstum der internationalen Jugendkultur während der letzten dreißig Jahre.

Beim Durchgang Neptuns durch die Zeichen werden im kollektiven Unbewußten die Leitbilder sozialer Phantasien, Ideale und Zielsetzungen wachgerufen; offenkundiger Ausdruck davon sind die Leitbilder einer Kultur, wie sie sich in Film, Musik, Theater, bildenden Künsten und Literatur ausdrücken. In der Flüchtigkeit der gesellschaftlichen Mode spiegelt sich die wandelbare, wirbelnde Natur fließenden Wassers wider, auch wenn – im Gegensatz zur Aussage Heraklits, daß man nicht zweimal in dasselbe Wasser steigen könne – die heutige Mode die Tendenz zeigt, frühere Geschmacksrichtungen im regelmäßigen Wechsel zu wiederholen. Viele, die jede Wendung der Mode getreulich mitmachen, bringen dadurch ihren inneren Drang zum Ausdruck, sich an einem kollektiven Leitbild zu orientieren – eine Form der Gruppenbildung.

Zwar regiert Neptun das Selbstbild und projizierte Bilder, doch scheint für viele auch eine Form sozialer Verpflichtung und Verantwortlichkeit wesentlich zu werden. Hier liegen Parallelen zum mystischen Impuls, auch wenn sich dies nun nicht unbedingt in einem religiösen Kontext ausdrückt, und es kann sich gerade als eine natürliche Reaktion auf das Solidaritäts- und Gemeinschaftsgefühl äußern und nicht als Impuls, sich in jenseitiger Spiritualiät aufzulösen. Dies kann auch die Form einer Unterwerfung unter eine schöpferische Energie annehmen, die sich des einzelnen als Mittel bedient, um einem im Gefühlsleben lebendig werdenden kollektiven Gruppenbild schöpferischen Ausdruck zu verleihen.

Häufige Reaktionen auf Neptun sind persönliche Empfindungen der sozialen Verpflichtung, Schuldgefühle, Gewissensbisse und bürgerliches oder spirituelles Pflichtgefühl. Wenn der Betreffende durch religiöse Lehren beeinflußt ist, sind diese wahrscheinlich der Weg, auf dem diese Empfindungen ihr Vorhandensein verkünden; ein ähnlicher geeigneter Weg können auch politische Konditionierung oder politische Ideologien sein. In der christlichen religiösen Symbolik spielt das Thema des Opfers eine zentrale Rolle, ein ebenso anziehendes wie abstoßendes Thema, zu dem viele in ihrem tatsächlichen Leben nur ein Lippenbekenntnis ablegen.

Ein Teil dieser inneren Unruhe entspringt der Notwendigkeit einer tieferen sozialen und kollektiven Integration. Hierin darf keine Rückwendung zu einer unbewußten Gruppenidentifizierung und eine Schmälerung der persönlichen Identität liegen; es muß vielmehr ein positiver Antrieb zu einer höheren Identifizierung mit dem Einssein allen Lebens sein. Es ist eine Empfindung der Einheit, befreit aus jener Einkerkerung in das soziale Unbewußte, die sich in der sozialen Tendenz zeigt, die Empfindungsfunktion der Menschen zu unterdrücken und zu hemmen. Eine solche Hemmung schafft sich in verzerrten und oft gewalttätigen Ausdrucksformen gegen den sozialen Frieden und die soziale Harmonie Luft.

Diese Empfindung einer sozialen Verantwortlichkeit, die Neptuns Aktivität stimuliert, kann für den Menschen verschiedene Probleme hervorrufen. Nicht selten wird die Quelle der inneren Unruhe nicht erkannt oder identifiziert; sie nagt lediglich unter der Oberfläche und gibt dem Betreffenden Anstöße, in eine bestimmte Richtung zu blicken. Manchmal enthüllt sie ihre Gegenwart durch eine Empfindung des *Taedium vitae*, der Existenzangst, wenn dem Leben etwas Lebenswichtiges zu fehlen scheint. Es ist eine Transformierung der inneren Ausrichtung und Selbst-Perspektive erforderlich, durch die der Dualismus zwischen dem Selbst und dem Anderen nach und nach durch die Entwicklung eines mitleidsvollen Geistes abgebaut wird.

Die Empfänglichkeit für die Nöte und Bedürfnisse anderer wird intensiviert, insbesondere im Hinblick auf diejenigen in der Welt, deren Lebensgestaltung durch die sozialen Umstände und fehlende Zuwendung eingeschränkt ist. Es mag zwar auch ein persönliches Element vorhanden sein, in der Teilnahme am Leid anderer Schuldgefühle oder Gewissensbisse abzubauen; trotzdem können im weiteren Gesellschaftsumfeld positive Ergebnisse erzielt werden. Viele werden durch die Erkenntnis in hohem Maße motiviert, daß sie etwas ändern und einen Ausgleich für das soziale Chaos schaffen können, wenn der Wille und die Bereitschaft vorhanden und in ihnen aktiv ist. Die Fortentwicklung dieser Neigung in der menschlichen Entwicklung ist in Kapitel 8 näher dargestellt.

Viele Menschen nehmen eine selbstaufopfernde Persona an und verschreiben sich dem Ziel, ganz für ihren inneren Impuls einer sozialen Verantwortlichkeit zu leben; dies geschieht vielfach aufgrund eines hochentwickelten religiösen Ideals wie zum Beispiel im Wirken der Mutter Teresa in Indien, die das Musterbeispiel eines christlichen Bildes selbstlosen Dienstes an den Ärmsten der Armen in den Slums ist. Für die Aufopferung an einen kollektiven Bedarf muß ein Aspekt des persönlichen Lebens aufgegeben werden, und hierin drückt sich letztlich aus, daß die Seele bereit ist, individuelle Wünsche zu transzendieren, um einen Nutzen für die größere Gruppe herbeizuführen. Im Dienst an den Bedürfnissen des Ganzen ist der Teil oft relativ entbehrlich. Neptun symbolisiert den Aspekt der emotionalen Reaktion der Masse, und die Einheit und Integration, die Neptun repräsentiert, ist diejenige der emotionalen Identifizierung und Empathie, insbesondere mit denjenigen, die durch die Lebensumstände an den Rand der Gesellschaft gedrängt wurden.

In den modernen Gesellschaften wird bei allen Fortschritten, die im Westen hinsichtlich der Rolle und des Status der Frauen erzielt wurden, vielfach von den Frauen noch eine lebenslange Aufopferung und Unterwerfung unter die männliche Dominanz erwartet, weil sie angeblich geringere Aufgaben im Leben haben, Kinder gebären und aufziehen müssen und ganz allgemein den Männern dienstbar sein sollen. Solche Rollen erhalten oft ihre Rechtfertigung durch religiöse Schriften und die soziale Konditionierung und schränken die Möglichkeit zur Selbstentwicklung und die Freiheit, im Leben einen persönlichen Weg zu gehen, erheblich ein. Viele Frauen opfern die persönlichen Bedürfnisse und Wünsche zugunsten des Familienganzen. Neptun gilt im wesentlichen als »weiblicher Planet«, da er mit dem archetypischen Bild der *Mediatrix* zusammenhängt, das oft mit dem Begriff der leidenden und sich dem Leiden der Welt öffnenden Frau verknüpft ist.

Neptun und die individuelle Reaktion

Für die meisten Menschen wirkt Neptun unbewußt, und er scheint in der Tat außerordentlich tiefsitzende Muster im Unbewußten zu aktivieren, die vielfach durch persönliche Verblendung und Illusionen gefärbt sind, wodurch eine klare Wahrnehmung außerordentlich erschwert ist. Dies liegt zum Teil daran, daß sich das Ich gegenüber einer Gegenwart in der Psyche, die die augenblickliche Realität des strukturellen Unterbaus des Ichs zu unterminieren droht, blind stellt, indem es diese Energie leugnet oder ignoriert oder aber mit tabuartigen Anordnungen und Gefahren umgibt.

Es ist sehr häufig, daß Neptun nicht integriert ist, und ein Anzeichen hierfür ist die Tendenz zur Projektion, wobei man Erfahrungen und Ereignisse unbewußt anzieht, so daß Neptun einen Weg ins Leben des Menschen finden kann. Dies geschieht in der Weise, daß der Mensch unbewußt gewisse Entscheidungen trifft, die ihn unerbittlich dorthin führen, wo Neptun ihn haben will. Bevor er noch recht begriffen hat, wie ihm geschieht, hat ihn seine Blindheit in eine außerordentlich ungünstige Position manövriert, in der ihm seine Waffen aus der Hand geschlagen werden und er wehrlos ist; der einzige Ausweg aus der Situation besteht darin, etwas zu opfern, das bisher sehr wichtig war. Dann hat Neptun sein Ziel erreicht: die alten Fundamente werden brüchig und lösen sich auf. Oft wird diese Erfahrung als etwas Schicksalhaftes erlebt, als das Wirken einer unbekannten manipulierenden Hand, gegen die man machtlos ist; wenn der Mensch von dieser Gegenwart angerührt wird, werden Empfindungen und Gefühle der Angst und der Furcht erregt. Neptun trug den Namen »der Erderschütterer«, und in der Tat erbeben die Fundamente des Ichs, wenn er auftritt.

Wenn Gefühle und Emotionen gegen die Oberfläche des Bewußten anbranden, erzeugt diese Gezeitenwoge das Gefühl, als ob ein innerer Deich geborsten wäre. In Beziehungen kommt man am leichtesten mit Neptun-Energien in Berührung, da er einer der Vermittler von *Anima-Animus*-Machtprojektionen ist (und zwar von noch machtvollerer Art, als wenn Mond oder Venus aktiviert sind). Der neptunische Aspekt des Paars Anima–Animus versucht, sich selbst in der Verschmelzung mit dem anderen zu verlieren, die

Trennung zu durchbrechen, während die beiden persönlichen Planeten Mond und Venus die Identität durch Widerspiegelung, durch Geben und Nehmen kräftigen. Neptun wird vielfach als die »höhere Oktave« von Venus betrachtet, als die universelle im Gegensatz zur persönlichen Liebe, doch setzt dies den Menschen sehr stark der Gefahr aus, von anderen ausgenutzt zu werden, die weniger skrupelhaft und liebevoll sind.

Enttäuschte Liebe ist ein Klischee, doch kennen es viele, die ausgenutzt wurden, und entsprechende Dispositionen sind anhand von Neptun-Aspekten in Geburtsbildern festzustellen. So können zum Beispiel kritische Aspektverbindungen mit Mars bei Frauen Schwierigkeiten in Beziehungen mit Männern anzeigen, weil sie ein liebevolles offenes Temperament haben und den Launen eines verführerischen Liebhabers wenig entgegenzusetzen haben. Wenn eine solche Frau nicht genau weiß, was sie wirklich braucht, und sich im Überschwang der Gefühle befindet, kann sie leicht betrogen und manipuliert werden. Aspektbeziehungen zwischen Neptun und Venus können auf eine übermäßig romantische Natur hinweisen, die nach dem idealen und vollkommenen Liebhaber sucht. Bei Männern können Aspektbeziehungen zwischen Neptun und Venus oder Mond die Tendenz anzeigen, die ideale Frau zu finden, eine Suche, die ein ganzes Leben lang zu Desillusionierung und Enttäuschung führen muß, wenn der Mann nicht außerordentliches Glück hat oder es ihm gelingt, seine Träume auf eine realistische Basis zu stellen.

Es gibt einen Untertypus, der dem Neptun-Impuls zur universellen Liebe zugeordnet werden kann, und dies ist der Liebes-Typus. Diese Persönlichkeit ist durch ein unbedingtes Bedürfnis gekennzeichnet, geliebt zu werden und Beziehungen zu haben, und dieses Bedürfnis prägt die gesamte Ausrichtung des Lebens. Empathische Umwelt-Sensibilität ist häufig, und vielfach ist das Zentrum der Identität nach außen projiziert, um Anerkennung und Bestätigung zu erlangen, so daß das Wohlergehen der Ich-Struktur daran hängt, was andere denken und sagen. Es besteht das Bedürfnis, sich persönliche Grenzen zu geben, die bis auf die Beziehungen ausgedehnt werden; das Ich kann auf Ablehnung sehr verletzt reagieren. Im Geburtsbild sind das vierte, siebte, zwölfte Haus oder die Wasser-Häuser betont.

Wir alle müssen lernen, mit diesen gewaltigen privaten Emotionen fertig zu werden. Das Ich haßt es, verletzlich und ungeschützt zu sein und fühlt sich unwohl, wenn innere Gefühle aus diesem Wirbel von Emotionen ausfließen. Gescheiterte Beziehungen und verschmähte Liebe schleudern uns oft in ein emotionelles Trauma und in paranoide Wahnvorstellungen, als wenn uns die ganze Welt im Stich gelassen hätte. Liebesleid bleibt den wenigsten von uns erspart, und die emotionale Integration ist ein lebenswichtiger Schritt für jeden, der ernsthaft bemüht ist, die Neptun-Schwingungen in sein bewußtes Leben zu integrieren. Wenn dies versäumt oder verweigert wird, kann dies letztlich zu Unzufriedenheit und psychologischen Störungen führen, insbesondere bei Menschen mit einer starken Neptun-Betonung in ihrem Geburtsbild. Hieraus können wiederum eine Empfindung der Energielosigkeit, Verwirrungszustände und Orientierungslosigkeit resultieren, wenn es den alten Kontakten zwischen dem Selbst und anderen an Vitalität zu mangeln scheint und dem Leben eine unangenehme Ungewißheit anhaftet, wenn der bisherige Gang der Dinge plötzlich nicht mehr befriedigt.

Wer die Notwendigkeit einer Integration nicht wahrhaben will, muß dies möglicherweise damit büßen, daß ihm Sinn, Zweck und Richtung abhanden kommen, und wenn dies geschieht, können gleichzeitig kompensatorische Phantasien auftreten, jene Träume vom idealen Job, der idealen Ehe, dem idealen Lebensstil, die als Ersatzbefriedigung herhalten müssen. Der eskapistische Zyklus verschärft sich, und je intensiver diese unrealistischen Träume werden, desto unerreichbarer wird die Befriedigung der Bedürfnisse, die sie repräsentieren, da die Wahrnehmung der Welt und der Menschen immer stärker verzerrt wird. Die Flucht vor innerem Schmerz kann viele Formen annehmen, doch führt der Weg aus dieser Phase, auch wenn es paradox erscheinen mag, nach innen, wo man eine neue Art des Umgangs mit schmerzlichen Erfahrungen entdecken muß. Manchmal kann ein aktivierter Neptun eine Phase der Introversion, der teilweisen Abschließung und des Rückzugs aus den Aktivitäten des Lebens und dem sozialen Umgang bedeuten. Innere unbewußte Strukturen steigen dann zum Bewußtsein auf, so daß persönliche Illusionen, Träume, Phobien und Neurosen in hellerem Licht betrachtet werden können. Wenn die Herausforderung angenommen wird, kann diese Zeit sehr produktiv und persönlich nutzbringend sein, da die inneren Nebel zerstreut werden und die höheren schöpferischen und visionären Aspekte Neptuns aufscheinen können. Während nicht integrierte Emotionen sehr schmerzlich sein können, können Emotionen auch helfen, alte Wunden zu heilen, Beschränkungen aufzulösen, und damit blockierte Energien für einen Neubeginn freisetzen.

Jene inneren Melusinen aus den Meerestiefen können die Menschen durch zwei verschiedene Kanäle ziehen, einen, bei dem sie in den Tiefen ertrinken, nämlich ihrem persönlichen Sträuben gegen die Änderung und einem zu tiefen Eintauchen in die Düsternis des persönlichen Elends, und einen, der zum mystischen Tod und zur Transformation führt, dem Weg, den zu beschreiten Neptun die Menschen ermuntert. Neptun flößt zwar dem Menschen in denjenigen Lebensbereichen, die er besonders beeinflussen kann, oft phantasievolle Träume ein, doch sind manchmal gerade in diesen Bereichen radikale Lösungen zu finden. Auf seiner Suche kann der Mensch, der wirklich einen Weg aus der Desillusionierung finden möchte, entdecken, daß man Ideale persönlich leben muß, um sie wahr werden zu lassen. Die Auflösung, die die äußeren Planeten herbeiführen, ist ein Ansporn, Idealismus und Inspiration zu verwirklichen, eine Ermunterung, diese Gewahrwerdung durch Verwirklichung im alltäglichen Leben auf der physischen Ebene zu verankern.

Von der individuellen Haltung hängt es ab, wie Neptun durch unsere persönlichen Wertstrukturen wirkt und ob wir jene Winde aus unbekannten Landen in unserem Leben wehen lassen wollen. Begrüßen wir diese Anrührung des Geheimnisvollen, oder halten wir sie fern von uns, weil wir glauben, daß wir alles »im Griff« hätten und das Leben verstehen, womit wir aber die ausgestreckte Hand Neptuns zurückweisen? Heißen wir aber diesen Gott willkommen, können wir in die Welt des Geistes gelangen, auf Ebenen archetypischer Wirklichkeiten und zur Inspiration einer Imagination, die sich am umfassenden Geist orientiert. Manche ergreifen diese Gelegenheit, begrüßen diesen Eingriff in ihr Leben und lassen die Salbung mit dem Dreizack zu. Sie erfahren dies als eine Herabkunft von Gnade und als ein tiefes spirituelles Geheimnis, wenn durch das Untertauchen die Wiedergeburt geschieht. Dane Rudhyar sagt: »Neptun ist auf jeder Ebene die heilende und erhaltende Kraft der Ganzheitlichkeit des Ganzen.«

Arbeiten mit Neptun

Der Platz Neptuns in einem Geburtsbild zeigt oft eine Quelle des Idealismus und eine mögliche schöpferische Vision. Neptuns Wert besteht darin, daß er die innere Wahrnehmung eines persönlichen Utopia anzeigt, das im einzelnen von seiner Position und den individuellen Bedürfnissen und Träumen abhängt.

Eine kontemplative Lebenshaltung ermöglicht oft ein Zusammenwirken mit der Neptun-Energie, so daß das Leben entsprechend der Natur des Elements Wasser gelebt wird – ohne Widerstand, im freien Fluß, ohne wertendes Urteil und aus einer inneren Unterwerfung unter das höhere Leben. Philosophien wie der Taoismus repräsentieren eine solche Haltung und eine solche Sicht des Selbst und der Welt, bei der eine tiefe Entspannung des Ich eintritt; durch eine umfassendere Wahrnehmung universeller Wirklichkeiten kommt ein Gespür für das Maß der Dinge hinzu. Dadurch handelt man aus einer neuen Mitte, einem Punkt der Ruhe, an den man durch inneres Schweigen und die Freiheit von einer Überbewertung der Persönlichkeit gelangt. Hier gibt es nur Gegenwart; die Vergangenheit ist verblaßt, und die Zukunft ist noch nicht aktuell, so daß man sich ihretwegen noch keine Sorgen machen muß; die Aufmerksamkeit richtet sich ganz auf den gegenwärtigen Augenblick, und das ganze Wesen öffnet sich dieser Erfahrung. Diesem verborgenen Selbst hat man sich unterworfen, nicht den Unbeständigkeiten des äußeren Lebens.

Aus einer solchen Haltung kann eine meditative Lebenseinstellung entstehen, durch die in der Stille Integration und mystische Sühne eintreten können und die Alphawellen des Gehirns sich auf die spirituelle und psychische Dimension einstimmen können. Das Traumleben kann aktiver sein, und Neptun bedient sich oft vielsagender und wiederholter Träume, um Botschaften oder Vorwarnungen zu übermitteln. So hatte ich selbst während meiner ganzen Kindheit einen regelmäßigen und ständig wiederkehrenden Traum, der mich immer beunruhigte und immer derselbe war, doch verstand ich seine Bedeutung nicht. Dies blieb jahrelang so, bis im frühen Erwachsenenalter eine konkrete Situation eintrat, die genau dem Traum entsprach und diesen wiederholte, wobei der Kerninhalt und Sinn des Traums durch den Wachzustand immer verschleiert geblieben war; die Zeit hatte schließlich das zeitlose Wissen von demjenigen eingeholt, was offenbar zu geschehen bestimmt war.

Neptun kann durch Phantasie, kreative Visualisierung, Tagträumen, Bilder und Symptome angerufen und erweckt werden. Astralreisen und »Pfadarbeit« sind wirksame Werkzeuge, um die Aktivität der transpersonalen Planeten zu stimulieren, und man kann solche Techniken erfolgreich dazu einsetzen, um ihre Energien in praktische Ergebnisse und schöpferische künstlerische Inspiration umzusetzen. Die Meditation über die sabischen Symbole eines persönlichen Geburtsbildes kann oft sehr wertvoll sein und unter Zuhilfenahme der Kreuzes des Lebens (Aszendent, Deszendent, Himmelsmitte/Zenit, Nadir) brauchbare symbolische Bilder für das Muster unseres Lebens liefern. Die beste Quelle für die 360 Bilder ist Rudhyars Buch *Astrologischer Tierkreis und Bewußtsein.*★

Neptun begreifen und definieren zu wollen, ist unmöglich. Letztlich muß man immer erkennen, daß es keinen fest umrissenen Neptun gibt. Er ist formlos und wohnt tief im Wesen von allem und jedem; er ist die Garantie dafür, daß keine Form oder Struktur ewig ist, sondern in der unendlichen Kreativität des göttlichen visionären Träumers entsteht und vergeht. Wir können Neptun als den Meister des Tanzes symbolisieren, in dem der Tänzer ganz in den Rhythmen der Musik und des Klangs aufgeht, wie der große Nijinski, völlig eins mit dem universellen Klang des himmlischen Musikers. Er ist der Meister unserer Träume, der Meister der Verkleidung, der sich in der Materie verbirgt und uns dazu inspiriert, unsere Beschränkungen zu transzendieren.

★ München: Hugendubel, 1984.

Neptun und der physische Körper

Die Neptun-Schwingung hat mehrere Entsprechungen in der physischen Struktur des Menschen, mit denen sie verknüpft wurde, wiewohl Neptun nach üblicher Auffassung die subtilsten und feinsten Energien aussendet, die das Instrument des menschlichen Leibes überhaupt auffangen kann.

Neptun ist der Herrscher der Zirbeldrüse (auch Uranus wird eine Wirkung auf diese zugeschrieben) und jener Teile des Nervensystems, die für weniger greifbare und subtile psychische Einflüsse besonders empfänglich sind. Die Zirbeldrüse ist der ungefähre Ort des traditionellen »Dritten Auges«, das durch spirituelle Entwicklung erweckt wird und mit dem man auf die verborgene innere Welt jenseits der materiellen Erscheinung blickt. Sie hat auch mit dem Ajna-Zentrum des Yoga zu tun, von dem aus spirituelle Energien nach außen in die Welt gerichtet werden. Wegen seiner Affinität zum Äther- und Astralbereich weist man Neptun häufig einen starken Einfluß auf das wandelbare Aura- und Chakrensystem (Energiezentren) des Menschen zu, dessen effektive Funktion entsprechend dem Grad der Integration von Neptuns Schwingungen in das pesönliche Leben stimuliert oder behindert wird. Darüber hinaus gibt es physiologische Entsprechungen zum Rückenmarkskanal des Nervensystems, in dem die Prozesse physischer, emotionaler und mentaler Nervenaktivitäten empfangen und weitergeleitet werden, und zu demjenigen Teil des Gehirns, der als Thalamus bezeichnet wird. Der Thalamus liegt im Zwischenhirn, in dem mehrere wichtige Sinnesnerven entspringen, unter anderem der Seh- und Riechnerv, und von wo aus auch Nervenverbindungen zur Hypophyse bestehen. Die Hypophyse spielt die Hauptrolle für die Weiterleitung und Koordination der chemischen Sekrete des endokrinen Systems, die die Rhythmen des menschlichen Wachstums und der körperlichen Entwicklung steuern. Das Wort *thalamos* bezeichnet im Griechischen einen inneren oder geheimen Raum, jedoch könnte auch ein Zusammenhang mit dem griechischen *thalatta* bestehen, was »Meer« bedeutet.

In bestimmten esoterischen Lehren gilt die Auffassung, daß man die Höhe der spirituellen Entwicklung des Menschen mittels einer Analyse der Drüsentätigkeit und anhand der Sekretion bestimmter chemischer Stoffe in die Blutbahn und bei der Gehirnaktivität ermitteln könne. Die Wissenschaft von der Bedeutung der großen menschlichen Drüsen ist noch relativ jung, doch liegt in der Tat in der Ausgewogenheit des Hormonhaushalts in vielerlei Hinsicht der Schlüssel zur menschlichen Entwicklung und für sein körperliches Wohlbefinden.

Aus astrologischer Sicht wird Menschen mit einem starken Neptun-Einfluß im Geburtsbild meist geraten, mit dem Gebrauch von Arzneimitteln, Alkohol, Beruhigungspillen oder Suchtstoffen Vorsicht walten zu lassen, da diese Menschen möglicherweise auf die chemischen Wirkungen besonders stark ansprechen. Neptun gilt als der Herrscher über Giftpflanzen wie Pilze, Psilocybin, Peyote, Cannabis sativa, Opiumsamen sowie Tabak, Kaffee und Tee, und ist mit dem Mond der Herrscher über diejenigen Arzneikräuter, die im menschlichen Körper heilkräftig wirken. Im Westen hat in den letzten Jahren das gesellschaftliche Interesse an den Wirkungen pflanzlicher Mittel auf das menschliche Bewußtsein und den menschlichen Körper wieder stark zugenommen.

Gelegentlich stellt man in Geburtshoroskopen einen verletzten Neptun fest, wenn der Betreffende an ständig wiederkehrenden Gesundheitsstörungen leidet, schwierig zu diagnostizierenden Krankheiten, einem allgemeinen Mangel an Vitalität, verminderter Lebenslust oder inneren emotionellen oder geistigen Störungen, die mit Passivität und einem Mangel an Selbstvertrauen einhergehen. In extremen Fällen kann die Tendenz bestehen, in eine anhaltende seelische Erkrankung oder in paranoide oder neurotische Verhaltensmuster zu geraten.

III
Von der Illusion zur Wirklichkeit?

Zwei der Hauptthemen von Neptuns Einfluß auf den Menschen sind der Impuls zum schöpferischen Ausdruck, der Weg des Künstlers, und der Impuls zur Selbsttranszendenz – der Weg des Mystikers. Der Künstler wie der Mystiker ringt mit dem Problem der Wahrnehmung, der Interpretation der Erfahrung des Lebens in einer Weise, durch die eine tiefere und unsere Wirklichkeit durchdringende »andere Dimension« jenseits des rein erdgebundenen Bewußtseins enthüllt werden kann; beide streben danach, die verborgene Numinosität in der Form zu enthüllen und freizulegen.

Der Künstler folgt einem inneren schöpferischen Drang und öffnet dadurch ein einzigartiges Fenster der Lebenswahrnehmung, durch das er auch anderen einen Blick auf etwas gewährt, das sich für ihn als Inspirationsquelle erwiesen und den künstlerischen Prozeß stimuliert hat. Künstlerische Kreativität kann natürlich sehr unterschiedliche Form haben und von einer großen Vielzahl persönlicher Bedürfnisse und von Zwängen geprägt sein, die in der Natur des Geschaffenen liegen, doch ist sie auch eines der einmaligen Merkmale der Menschheit, durch die sie sich vom Tierreich unterscheidet. Sie ist Ausfluß einer höherentwickelten Spezies, die zum Nachdenken über sich selbst gelangt ist und diese natürliche Gabe als Mittel zur Weiterentwicklung und zum Erkenntnisgewinn einsetzt. Musik, Malerei, Bildhauerei, Dichtkunst, Schauspielkunst, Tanz, Film und Fotografie sind sämtlich Formen künstlerischen Ausdrucks, die Neptun angehören, und sie sind oft die Grundlage für eine soziale, schöpferische und kulturelle Entfaltung.

In der heutigen westlichen Welt gibt es viele Möglichkeiten individuellen schöpferischen Ausdrucks, oft aufgrund der größeren verfügbaren Geldmittel und Freizeit, so daß heute künstlerische Betätigung wesentlicher Bestandteil des Lebens vieler Menschen ist. Durch die Massenmedien ist ein breites Spektrum an Filmen, Literatur, Musik, Theater, Kunstgalerien und Museen

Von der Illusion zur Wirklichkeit?

zugänglich geworden, die für den Interessierten eine kulturelle Fundgrube sind und einen Fortschritt darstellen, wie er noch nie für die gesamte gebildete Bevölkerung möglich war und der bisher den oberen Gesellschaftsschichten vorbehalten blieb.

Dies ist in der Tat eine der bedeutsamsten Folgen der Zivilisation, die wir oft für selbstverständlich halten und deren Bedeutung wir vielfach nicht erkennen. Wir haben heute praktisch unbeschränkten Zugang zum gesamten menschlichen Wissen aus allen Kulturen der Welt und darüber hinaus Wissen über alte Gesellschaften, die heute verschwunden sind. Die Auswahl möglicher »Fenster« zur Wahrnehmung des Lebens ist enorm und bildet für sich genommen schon eine Erweiterung des Bewußtseins. Wenn die Zuwachsraten im Bereich der Personal Computer anhalten, ist es wahrscheinlich, daß irgendwann einmal jede Familie an eine globale enzyklopädische Datenbank angeschlossen ist, von der Informationen zu jedem beliebigen Thema auf Tastendruck abrufbar sind. Die Möglichkeiten einer geistigen Stimulierung sind für einen schöpferischen Menschen schon mit dem heute verfügbaren Wissen unvorstellbar groß, da der Blick über den kulturellen Zaun befruchtend wirkt und neue Mischformen, neues Denken und neue Arten künstlerischen Ausdrucks hervorbringt.

Für den Menschen, der sich auf den Pfad der persönlichen künstlerischen Kreativität begeben möchte, ist eine Konsequenz die Öffnung entsprechender Kanäle in seiner Psyche. Manche Menschen fühlen, daß sie sich irgendwie künstlerisch betätigen müssen, und reagieren damit auf einen inneren Drang, ihre Energien in die Welt hinaus zu kanalisieren. Dort, wo Neptun im Geburtsbild steht, liegt ein mögliches Feld persönlicher Kreativität, und nicht selten zeigen Aspektierungen Neptuns künstlerisches Potential an. Kreativität ist transformierend, öffnet die Seele zu neuen Sinndimensionen und wird zu einer Lebenshaltung.

Die Gesellschaft hat ein zwiespältiges Verhältnis zum bildenden Künstler, Musiker und Schriftsteller. Man bringt ihm Achtung und Respekt entgegen, nimmt aber auch eine gewisse Distanz zu ihm ein, möglicherweise aufgrund einer vagen Empfindung, daß den kreativen Geist etwas Fremdes und Unbekanntes bewegt. In autoritären und totalitären Gesellschaften ist der künstlerische Geist eines der ersten Opfer des Staates, der Zensuren erläßt und

Strafandrohungen verhängt, um diese gesellschaftliche Stimme zum Schweigen zu bringen. Dies hat seinen Grund darin, daß der schöpferische Mensch sich besser mitzuteilen weiß und oft eine schärfere soziale Wahrnehmung hat, die ihn auf die Einhaltung der Menschenrechte und den Freiraum des Denkens pochen läßt. Ein autoritärer Staat kann es nicht zulassen, daß solche Leute soziale Unruhe stiften, weshalb Abweichler verfolgt und mundtot gemacht werden.

Dieses »Andere« in der Persona eines schöpferischen Menschen ist die Gegenwart der Muse. In der griechischen Mythologie gab es neun Musen, die die Göttinnen der Künste und Wissenschaften waren. Sie waren außerordentlich inspirierende innere Dämonen, übernatürliche Wesen, die als Mittlerinnen zwischen den höheren Göttern und den Menschen dienten. Eine solche höhere Schwingung stimulierte in vielen den Funken des schöpferischen Genius, aber auch die unintegrierte Persönlichkeit mancher einzelner, die versuchten, sich auf den schöpferischen Weg zu begeben. Latente Zwänge und Obsessionen diktierten oft im selben Maß die Form des künstlerischen Ausdrucks, wie die persönliche Exzentrizität zunahm, wie es zum Beispiel bei Salvador Dali der Fall war. Viele, von van Gogh bis zu Nietzsche, gerieten immer tiefer in ihre Geisteskrankheiten, während ihr künstlerisches Licht immer heller aufstrahlte.

Es hat keinen Zweck, diesen Aspekt der schöpferischen Muse zu leugnen. Eine Besessenheit von der künstlerischen Vision, von Ideen, Symbolen, Zeichen, Licht oder Farbe ist häufig, weil der Schöpfer in der Natur der Schöpfung aufgehen muß, wenn sie gelingen und ein getreues Abbild der ursprünglichen Idee sein soll. Die Schwierigkeit liegt darin, die Persönlichkeitsstruktur unter dem Druck des künstlerischen Werdeprozesses aufrechtzuerhalten und die »Geburt« des Werks gelingen zu lassen. Auf der Suche nach einer gesteigerten Klarheit der Wahrnehmung geraten manche in eine Phase, in der die Dinge überdeutlich werden und unter dem Anbranden der Erkenntnis die Schutzwälle zusammenbrechen. Sie werden – wie Nietzsche – Opfer ihres eigenen Erfolges und der fehlenden Persönlichkeitsintegration. In Fällen wie demjenigen Nietzsches führte der Balanceakt zwischen persönlicher Identität und dem Einströmen der Macht intensiver Bilder aus der kollektiven und unbewußten Seele zum Absturz in den seelischen Zusammenbruch.

Beim schöpferischen Menschen wird die Sexualität oft deshalb zu einer im Vordergrund stehenden Obsession, weil die durch solche Menschen hindurchströmenden vitalisierten Energien nach Entlastung drängen, teils auch deshalb, weil überschüssige Energien in dieser Weise kanalisiert werden können. Bei vielen ist die Sexualität auch ein relativ unintegrierter Teil ihrer Natur, weshalb die Energie zu einer »Schwachstelle« ihrer Leibseele gelockt wird. Schöpferische Menschen wie Picasso, Rodin und Gill haben eine satyrische Natur, während Dali mehr an Voyeurismus und sexuell abweichendem Verhalten interessiert war, an vorgestelltem Sex statt an der körperlichen Aktivität.

Schöpferische Menschen wirken als Sammelkanal für das Kollektiv; ihre gesellschaftliche Rolle besteht darin, kollektive unterschwellige Strömungen, Bedürfnisse, Sehnsüchte, Zielsetzungen sichtbar zu machen, aber auch darin, ihre persönliche Vision des Lebens zu offenbaren und ihr eigenes Wahrnehmungsfenster vorzustellen, um alternative Möglichkeiten aufzuzeigen, die Erscheinungswelt zu betrachten und zu erfahren. Die eigentümliche Kraft kreativer Kunstwerke liegt in ihrem Vermögen, Aspekte der kollektiven Psyche in eine objektive Form zu bannen. Popmusikern gelingt es, allgemeine kollektive Erfahrungen durch ihre Liebeslieder wachzurufen, durch ihre Lyrik, die für einen Großteil der heutigen Jugend inspirierend und ermutigend wirkt und für sie die Komplexität der Emotionen und Gefühle transparenter macht. Der Liebeskranke erkennt, daß er nicht allein ist in seinem Leid, und dies kann letzlich für die Heilung schmerzlicher Emotionen sehr günstig sein.

Die Welt der menschlichen Kreativität ist unermeßlich und kann nur kurz skizziert werden. Es ist ein Reich menschlichen Ausdrucks, das im Laufe der Zeit immer wichtiger wird, weil es letztlich eine entscheidende Rolle für die Entfaltung und Entwicklung des Menschen spielt. Es gäbe viele Beispiele, die zur Demonstration des Neptun-Einflusses im künstlerischen Streben herangezogen werden könnten, doch sind die beiden, die ich im folgenden ausgewählt habe, auch Brücken zwischen dem Künstler und dem Mystiker und offenbaren zugleich ein ausgeprägtes soziales Bewußtsein. Es sind dies die Werke der Präraffaeliten und von Khalil Gibran.

Die Präraffaeliten

Im Jahre 1848, zwei Jahre nach der Entdeckung Neptuns, gründeten Dante Gabriel Rossetti, William Holman Hunt und John Everett Millais die *Pre-Raphaelite Brotherhood.*

Dies dürfte die erste künstlerische Bewegung gewesen sein, die vom Geist Neptuns (der im Jahr der europäischen Sozialrevolution auftauchte) beeinflußt war; sie war die Antwort einer Gruppe rebellischer englischer Künstler, die noch kaum dem Jugendalter entwachsen waren. Sie schufen eine völlig neue Malschule, die bewußt den Blick rückwärts auf die Romantik der mittelalterlichen Ritterlichkeit wandte und zugleich die zeitgenössischen viktorianischen Gesellschaftsthemen und -konflikte mit einer Maltechnik kommentierte, die intensive Aufmerksamkeit für naturalistische Details erforderte.

Eine frühere kleine Gruppe, von der sie inspiriert waren, waren die Nazarener, deutsche Künstler, die seit 1810 in Rom lebten und als halbreligiöser Orden entstanden, deren Ziel die Wiederbelebung und Erneuerung der religiösen Kunst war.

Die Präraffaeliten waren eine Gruppe enger Geistesverwandter, ein Geheimbund von Künstlern, die den höchsten Idealen der Kunst nachstrebten und sich mit der Rolle der Kunst in der gesellschaftlichen Kultur und Entwicklung auseinandersetzten. Vom Feuer der Energie und Glut junger Geister getragen, sahen sich die Mitglieder der Bruderschaft als Rebellen, die durch ihre noblen und ernsthaften Gemälde die Menschen zum Umdenken bringen wollten, damit sie das Höchste und Ideale im Leben erkennen sollten. Sie sahen sich als Kreuzritter für ein in Vergessenheit geratenes Niveau hochwertiger Kunst und wollten zum Nutzen der Gesellschaft inspirierende, erhebende und adelnde Meisterwerke schaffen.

Neben ihren künstlerischen Visionen besaß die kleine Gruppe auch ein entsprechendes gesellschaftliches Bewußtsein. Sie erkannten die Ungleichheiten und sozialen Ungerechtigkeiten ihrer Zeit und nahmen die politische Unterströmung von Spannungen sehr deutlich wahr, die die europäischen Staaten eine Generation nach dem Sturm der napoleonischen Kriege überschattete. Sie kamen zwar aus wohlhabenden Familien, waren aber keineswegs unempfindlich gegenüber den Nöten der Masse im viktorianischen Großbritannien, denn in ihre prägenden Jugendjahre fielen die sozialen Bedrohungen der Hungerzeit in den vierziger Jahren des vorigen Jahrhunderts. Diese turbulente und zerstörerische soziale Phase erreichte einen Höhepunkt in der chartistischen Massendemonstration des Jahres 1848, mit der diese politische Pressure-group die Gleichberechtigung der Arbeiter und politische Veränderungen durchsetzen wollte, wie sie in der *People's Charter* niedergelegt waren. Millais und Holman Hunt waren Zeuge dieses Ereignisses, und die potentielle Macht einer kollektiven Bewegung inspirierte sie sehr. Die Übertragung dieses Stimulus in die Welt der Kunst, die sie als stagnierend und morbide empfanden, erwies sich als außerordentlich fruchtbar.

Ein Bild war nach Auffassung der Bruderschaft dann gut, wenn es dem Betrachter verschiedene bedeutsame Ideen vermitteln konnte; das Bild war nicht nur eine hübsche Komposition, die momentan das Auge anspricht, sondern sollte eine »Botschaft« übertragen, die der Betrachter zur weiteren Kontemplation mit sich nehmen könnte. In dieser Weise sollte sich der Einfluß der Bruderschaft in der Gesellschaft geltend machen. Die Gemälde waren daher im Kern didaktischer Natur, eine Lernhilfe und ein Mittel, um eine Perspektive und Vision des Lebens und der Gesellschaft weiterzutragen. Als Kunstwerke enthielten sie eine starke moralische Dimension; sie waren extrem romantisch und bewußt sozialrevolutionär. Ihre grundlegende Vision war der soziale Fortschritt und Wandel; die Ideen und Ideale, die sie in ihrer Kunst ausdrückten, sollten die Gesellschaft qualitativ verändern und zur Beseitigung des Elends der unterdrückten Massen führen. Neptun steht oft in einem Zusammenhang mit dem Kollektiv und mit politischen Theorien, und in diesen Bestrebungen stand die Bruderschaft ganz im Einklang mit den vorherrschenden sozialrevolutionären Trends im übrigen Europa.

Je größer die Bedeutung der Präraffaeliten in der künstlerischen und kulturellen Welt wurde, desto kontroverser wurden sie. Sie besaßen eine Ambivalenz, in der sich sowohl Haltungen des Esta-

blishments als auch christliche Glaubensvorstellungen ausdrückten, doch transformierten sie dies durch feine Differenzierungen in
eine vollständig erneuerte soziale Ausrichtung, in einen moderni-
stischen Trend, der künftige Entwicklungen in den nächsten hundert Jahren vorausahnen ließ. Sie waren visionäre Träumer, die
einen romantischen Idealismus, sozialethische Impulse und einen
wissenschaftlichen Rationalismus vertraten, eingebunden in die
Sphäre künstlerischer Kreativität, die eine der höchsten Ausdrucksformen des menschlichen Seins ist.

Einige Themen gewannen in ihrer Kunst besondere Bedeutung:
die gesellschaftliche Stellung der Frau in der viktorianischen Gesellschaft wie zum Beispiel im *Erwachenden Gewissen* zum Thema
der Prostitution (Hunt), biblische Themen und die Artussagen.
Aus dem *Morte d'Arthur* von Malory schöpften die Präraffaeliten
reiche Inspiration und thematische Inhalte; mit ihren Gemälden
riefen sie diese archetypischen Sagen in der europäischen Psyche
wieder wach, wodurch sie das Symbol des Grals praktisch zur
selben Zeit wieder aufleben ließen, zu der Neptun entdeckt wurde,
und sie stimulierten das Aufkeimen menschlichen Mitleids, das im
viktorianischen Zeitalter begann. Die romantische und tragische
Liebe faszinierte sie – ein Widerhall der manchmal komplexen
persönlichen Beziehungen, die die Mitglieder der Bruderschaft
eingingen; ein gängiges Etikett der Präraffaeliten ist dasjenige der
»Liebesschule«, was sich vor allem auf Rossettis Lebensstil als
Bohemien bezog, der den Musen der Malerei und Dichtkunst
hingegeben war.

Die Geliebten der Präraffaeliten erschienen oft auf ihren Gemälden. Sie dienten als Modelle für ihre Auffassung einer unirdischen
Weiblichkeit und waren oft als antike Zauberinnen oder Sagenge-
stalten gekleidet. Solche Frauen waren Anima-Gestalten für die
männlichen Künstler; sie wurden fast vergöttlicht zu überaus tu-
gendsamen, schönen Verkörperungen des weiblichen Geschlechts,
denen überhöhte ideale Eigenschaften zugewiesen wurden, oder
sie wurden als Zauberinnen dargestellt, gegen deren Bann kein
Mann gefeit war, wie zum Beispiel in der *Überlistung Merlins*. Sie
waren Femmes fatales oder *Les belles dames sans merci*, faszinierend
und betörend, durch die die Musen den Künstlern ihre Inspirationen einflüsterten. In diesen Gemälden erscheinen die neptunischen

Themen des Opfers, des Märtyrertums und der Erlösung in einem idealistischen Kontext.

Insbesondere Rossetti hatte ein solches Frauenbild, und seine Gemälde und seine Dichtungen sind von einer obsessiven Sinnlichkeit, von einem gesteigerten Drang zur Farbe und von Gefühlsüberschwang durchdrungen. Er war ein Anbeter der ästhetischen Grazie und Konturen der weiblichen Schönheit, der stets bemüht war, sie durch seine Gemälde, deren Frauengestalten Erfahrungstiefen ahnen lassen, wie sie nur wenige lebende Frauen erreichen können, noch geheimnisvoller und ahnungsreicher erscheinen zu lassen. Es sind Gemälde, die den Betrachter geradezu in eine andere Erfahrungsdimension zu entführen scheinen. Bei jedem Mann, der über eine erweckte neptunische Sensitivität verfügt, können viele der Frauengemälde der Bruderschaft Empfindungen auslösen, die weit über das rein Physische hinausgehen; sie aktivieren Anima-Animus-Bilder in Männern und Frauen, die den höfischen Idealen zugetan sind und nach ihrer inneren Vorstellung von sich selbst eine solche Rolle im täglichen Leben spielen – zumindest in ihren persönlichen Phantasien!

Rossettis *Beata Beatrix* ist – aus einer bestimmten Perspektive – das Bild einer Frau in mystischer Verzückung und läßt den Betrachter darüber nachsinnen, was eine solche Empfindung ausgelöst haben mag. *Proserpine* und *Astarte Syriaca* sind großartige Porträts des weiblichen Mysteriums, und ein Gedicht Rossettis, das zu dem Bild *Astarte* gehört, endet mit den Zeilen: That face, of Love's all penetrative spell / Amulet, talisman and oracle – / Betwixt the sun and moon a mystery.

Als Rossetti im Jahre 1856 William Morris und Edward Burne-Jones begegnete, trat das Werk der Präraffeliten in eine neue Phase. Dies war unter anderem bedingt durch eine gegenseitige Befruchtung der Ideale der Präraffeliten und derjenigen der Ästhetischen und der Kunsthandwerklichen Bewegung. Hierin drückte sich eine neue Orientierung aus, die dazu führte, daß die Beschränkung auf die Malerei durch eine Übernahme der Ideale der Präraffeliten in jeglichen Aspekt der zeitgenössischen viktorianischen Gesellschaft gesprengt wurde. Morris stand an der Spitze dieser Neuorientierung, die von sozialistischen Grundsätzen geprägt war und ihren Einfluß im Bereich des Möbelbaus, Designs, der dekorativen Künste, der Buchausstattung, der Literatur, der Architektur und der Innenarchitektur geltend machte. Morris hatte ein Motto, das er auf die Schaffung seines *Place of Art* im Red House in Bexley, Kent, anwandte, in dem er zusammen mit Burne-Jones alles selbst entwarf, vom Teppich über die Tapeten, Wandteppiche, die Glasmalereien und die Metallarbeiten bis hin zu den Möbeln: »Habe nichts in deinem Haus, das nicht nützlich ist oder das du nicht für schön hältst.« Die Bruderschaft der Präraffaeliten wurde als »Ausdruck der letzten reichen Blüte der späten viktorianischen Zivilisation« beschrieben.

Henry James äußert sich wie folgt über die Präraffaeliten und Edward Burne-Jones: »Es ist die Kunst der Kultur, der Reflexion, des Intellekts, des Luxus, des ästhetischen Raffinements, die Kunst von Menschen, die die Welt und das Leben gewissermaßen nicht direkt und in all ihrer akzidentiellen Realität betrachten, sondern in der Abspiegelung und ornamentalen Porträtierung, wie sie Literatur, Dichtkunst, Geschichte, Bildung bereitstellen.«

Burne-Jones wurde 1833 geboren, und vor allem in seinen Werken ist der neptunische Geist in seiner ritterlichsten und glamourösesten Natur am schönsten eingefangen. Für ihn war die Inspiration aus romantischer Dichtkunst und dem Kreis der Mythen der ideale Vorwurf für seine Kunstauffassung; bei ihm ging beides eine perfekte Synthese ein. Ob es homerische oder griechische Mythen, Shakespeare oder die Artussagen waren – diese halbgöttliche Mischung, die das Menschenleben bereicherte, war seiner Absicht förderlich, in den Niederungen des viktorianischen Materialismus und der gesellschaftlichen Spaltung des 19. Jahrhunderts einen an Höherem orientierten Geist wiederzubeleben. Er wollte die gefährliche Ausbreitung sozialer Ungerechtigkeit aufhalten und war von einem aus einer hohen moralischen Haltung gespeisten missionarischen Eifer erfüllt, die Lebensqualität seiner Mitmenschen zu verbessern und die Welt besser zu hinterlassen, als er sie vorgefunden hatte.

Er hatte eine idealistische Auffassung von der Rolle und Funktion der Kunst. Der Künstler war ein Liebling der Götter, dessen Pflicht es war, zu inspirieren und zu erheben, dem edlen Anruf der Musen zu folgen. Anfänglich glaubte er, daß der edelste Lebensstil derjenige des Religiösen sei. Er wäre fast ein Mann der Geistlichkeit geworden, übertrug jedoch schließlich seine religiösen Ideale auf die Kunst. Das Streben, im Leben Schönheit zu schaffen, war seine Obsession; die Schönheit enthüllte die Wahrheit und alles, was gut und heilig war. Seine innere Göttin war die Schönheit, und er wollte durch seine Gemälde und Entwürfe ihr Amanuensis sein. Die Schönheit wurde zu seinem heiligen Gral: »Nur dies ist wahr, daß die Schönheit sehr schön ist, daß sie milde stimmt und tröstet, inspiriert und erregt, erhebt und niemals fehlgeht.«

Von allen Angehörigen der Bruderschaft war er vielleicht am meisten von den Artussagen inspiriert, und auf vielen seiner Gemälde erscheinen Ritter in schimmernder Wehr, liebreizende Burgfräulein in großem Kummer, und es umgibt sie die Atmosphäre eines jenseitigen Landes: »Für mich soll ein Bild ein schöner romantischer Traum von etwas sein, das es nie gab und nie geben wird – in einem besseren Licht als alles Licht, das jemals schien – in einem Land, das niemand definieren oder erkennen, nur ersehnen kann...« Die Sagen der Tafelrunde und der Glanz des höfischen Rittertums, wie er in Malorys *Morte d'Arthur* dargestellt ist, kamen seinem Bedürfnis nach Romantik entgegen. Der unablässige Widerstreit zwischen Gut und Böse, Licht und Dunkel, Sünde und Erlösung waren seine Themen. Burne-Jones erwog sogar, einen Orden zu gründen, der dem Dienst an Sir Galahad gewidmet sein sollte, einem der vollkommenen Ritter von Camelot: »Herr, wie unablässig ich doch diese Geschichte vom heiligen Gral in meinem Sinn und Denken habe... Gab es je etwas ähnlich Schönes in dieser Welt?« Für Burne-Jones lautete die Antwort: Nein. Hier fand er seine Träume, Visionen und hohen Ziele verkörpert. Die Präraffaeliten waren eine Tafelrunde der Künstler, die sich sublimer Künstlerschaft weihten.

Sein letztes und unvollendetes Gemälde war *Artus' letzte Ruhe in Avalon*, ein passendes Epitaph für einen modernen Gralsritter. Gegen Ende seines Lebens mußte Burne-Jones erkennen, daß es ihm mit seinem künstlerischen Bemühen nicht gelungen war, die viktorianische Gesellschaft gegen den um sich greifenden Materialismus zu entflammen. Er zog sich mehr in seine eigene private Traumwelt zurück und schuf Bilder von inneren Träumen und Visionen wie *Die goldene Treppe* und *Tiefen der See*, und man beschrieb ihn als einen »hochkultivierten, verfeinerten Geist, der ein Leben in sicherer Abgeschiedenheit führte«. Vielleicht ist das Bild *The Soul Attains* eines Knienden, der die Hand einer idealisierten nackten weiblichen Gestalt hält, ein treffendes Bild für einen Künstler, der zu seinem inneren Dämon gefunden hat.

Von den bedeutendsten Mitgliedern der Präraffaeliten erreichten die wenigsten ein hohes Lebensalter. Die meisten waren wohl von der Intensität ihres inneren Zustandes, ihrem Liebesleben und ihren künstlerischen Anstrengungen relativ frühzeitig ausgebrannt. Rossetti wurde 64, Morris 62, Burne-Jones 65 Jahre alt. Der Funke ihrer Kreativität aber leuchtete hell und inspirierte viele begabte Anhänger zur Fortführung ihrer Ideale. Wenn man sich in neptunische Bilder, Ideale und Scheinwelten einfühlen will, die sich unter dem Gewand einer künstlerisch und mystisch orientierten Kreativität verbergen, gehört das Werk der Präraffaeliten gewiß zum Sprechendsten und Erhellendsten.

Khalil Gibran

Khalil Gibran wurde 1883 im Libanon geboren und war bei seinem Tode im Jahre 1931 gerade 48 Jahre alt. Der jüngeren Generation wurde er durch die Wiederveröffentlichung seines berühmtesten Buches, *Der Prophet*, in den sechziger und siebziger Jahren bekannt.

Er war Schriftsteller, Dichter, Maler und Mystiker und führte ein sehr neptunisches Leben. Sein Vater war ein libanesischer Bauer, derb, kraftstrotzend, von geringer Bildung. Er war ein streitsüchtiger, aggressiver Trinker, der regelmäßig seine Frau schlug und mißbrauchte und auch die Kinder nicht verschonte, insbesondere Khalil, sooft dieser zeichnen wollte. Die Familie litt Hunger und Armut und lebte in einer Atmosphäre unaufhörlicher Angst, Spannung und Bitterkeit. Die Mutter gab ihr Bestes, trotz ihrer Verzweiflung und ihres Opferlebens; eine Märtyrergestalt.

1894 ging Gibran nach Amerika, wo sein Künstlerleben begann. Er nannte sein kleines Atelier »Die Einsiedelei«, in der er seine Kraft und Energie in kreative Abspiegelungen seiner künstlerischen Sensibilitäten umsetzte. Eine jenseitige Atmosphäre umgab ihn, und man hat seine Persönlichkeit und Erscheinung als »Elektrizität und Samt, beweglich wie eine Flamme, schweigend wie ein

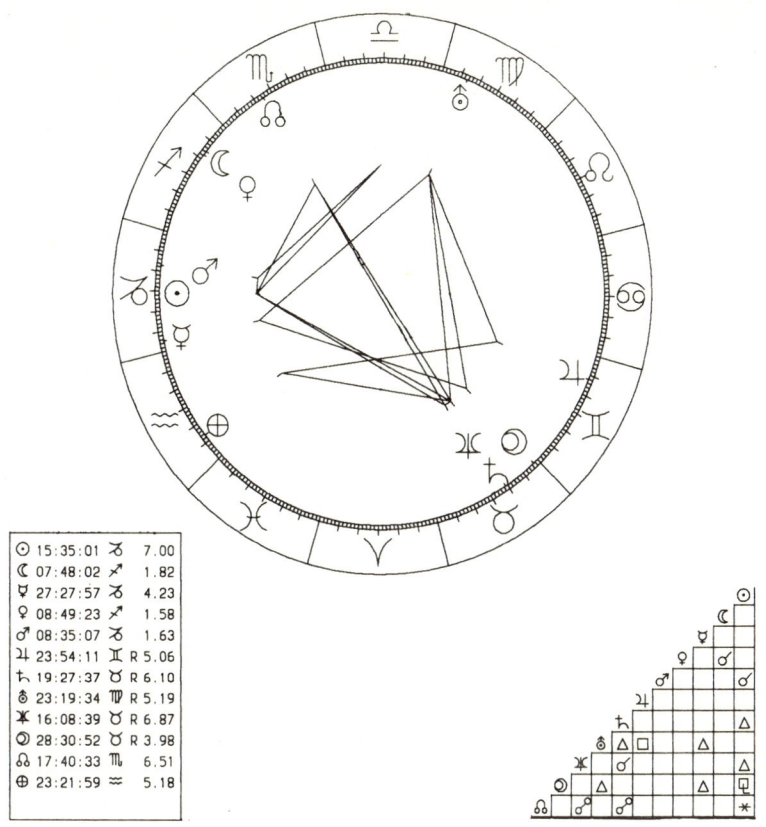

⊙	15:35:01	♑	7.00
☾	07:48:02	♐	1.82
☿	27:27:57	♑	4.23
♀	08:49:23	♐	1.58
♂	08:35:07	♑	1.63
♃	23:54:11	♊ R	5.06
♄	19:27:37	♉ R	6.10
⚷	23:19:34	♍ R	5.19
♅	16:08:39	♉ R	6.87
♆	28:30:52	♉ R	3.98
☊	17:40:33	♏	6.51
⊕	23:21:59	♒	5.18

KHALIL GIBRAN
Geboren am 6. 1. 1883 in B'Sheri, Libanon

Baum, ein wunderbares Antlitz voller Sterne« beschrieben. Dies
bringt seine wichtigsten astrologischen Aspektbeziehungen, insbesondere zwischen Neptun und Uranus, in besonders schöner
Weise zum Ausdruck.

Er war ein Visionär von vibrierender Nervosität, dessen »Tage
mit brennenden Ideen und dessen Nächte von seltsamen Träumen
erfüllt waren; er lebte in Ekstase, trieb in Verzückung dahin«. Er
hielt sein Traumleben für außerordentlich bedeutsam und glaubte,
daß es wichtige visionäre Hinweise enthielt. Der Brand seines
schöpferischen Geistes in seinem Inneren brachte es mit sich, daß er
die meiste Zeit seines Lebens unter einer schwachen Gesundheit
litt; dies kann zum Teil psychosomatischer Art gewesen sein,

seinen Grund aber auch in den Belastungen seines künstlerischen Schaffens und darin gehabt haben, daß er ein Kanal für höhere Weisheit war. Vielleicht reichte seine eigene persönliche Integration nicht aus, um die Gewalt der Schwingungen zu ertragen, unter denen er litt. Gibran selbst sagt: »Der Unterschied zwischen einem Propheten und einem Dichter besteht darin, daß der Prophet lebt, was er lehrt, der Dichter aber nicht. Er kann großartige Dinge über die Liebe schreiben und selbst keine Liebe haben.« Die Musen können über jeden verfügbaren Kanal wirken.

Gibran war sich über die Notwendigkeit der Selbsterkenntnis im klaren: »Wenn man sich selbst akzeptiert, ist man sich nicht mehr selbst im Wege. Wenn ein Mensch sich damit abfindet, daß niemand ihn lieben kann, wird er gerade ein liebenswürdiger Mensch. Niemand kann mich lieben, wenn ich nicht ich selbst bin...« Zu den Krankheiten, unter denen er zu leiden hatte, gehörten unter anderem Grippe, Herzklopfen, Magenbeschwerden, schlechte Zähne und ein geheimnisvolles unbekanntes Leiden vor seinem frühen Tod.

Zu seinen Büchern gehören *Der Narr, Jesus Menschensohn* und sein berühmtestes, *Der Prophet*, das ein Beispiel für Lehren ist, die durch den Kanal eines künstlerischen Mediums geleitet werden. Über dieses Buch sagt Gibran selbst: »Der Prophet: er hat mich jetzt in seiner Gewalt. Ich muß mich dem Besessensein von diesem Geist ergeben, bis ich es fertiggeschrieben habe.« Diese Erfahrung gilt für viele künstlerische Schöpfungen, bei denen die Besessenheit vom inneren Genius Teil des persönlichen Opfers ist, das im Schöpfungsprozeß gebracht werden muß. Gibrans Bücher sind inspirierend und bedeutungsvoll; sie können als Beispiel für die höhere neptunische Besessenheit eines künstlerisch begabten Menschen gelten, der für die Entstehung des Werks persönliche Opfer bringen mußte.

Der mystische Weg

Neptun im Geburtsbild zeigt insbesondere ein Interesse und eine Neigung zum Weg der Selbsttranszendenz an, wozu unter anderem gehören parapsychische Fähigkeiten, außersinnliche Wahrnehmung, Religion, Mystik und Okkultismus. Diese Neigung beruht zum Teil auf einer gesteigerten Wahrnehmungsfähigkeit gegenüber Menschen und der Umwelt, durch die jenseits der Ebene des oberflächlichen Kontakts und der äußeren Erscheinung subtilere Botschaften wahrgenommen werden. Die Empfindlichkeit für Eindrücke aus dem Unbewußten läßt die Aufmerksamkeit sich nach innen wenden, in einer introvertierten Selbsterkundung.

Seit 1846 hat der Neptun-Einfluß die Entwicklung kanalisierter »spiritueller Lehren« intensiviert, angefangen von der frühen spiritistischen Bewegung über zahlreiche Medien und parapsychisch Begabte, Kontakte mit Ufos und Brüdern aus dem All bis hin zur heutigen Tendenz, Lehren von exkarnierten inneren Meistern zu empfangen (Channelling). Jeder, der sich mit Inhalt und Qualität der in den letzten hundert Jahren verbreiteten Lehren beschäftigt hat, weiß, daß die Art der Mitteilungen und die Persönlichkeit der weitergebenden Empfänger höchst unterschiedlich sind; viele falsche Propheten haben ihr Unwesen getrieben, und doch ist unter dem vielen Flitter so manches Goldkörnlein zu finden. Wer freilich seinen Weg durch diese Reiche finden will, braucht ein gesundes Urteilsvermögen.

Dies ist eine der Eigentümlichkeiten des spirituellen Weges – seine widersprüchliche und oft paradoxe Art, wodurch Wahrheit, Wirklichkeit, Täuschung und Illusion so ineinander verwoben sind, daß man kaum zu einer klaren persönlichen Deutung gelangt. Wo Neptun im Spiel ist, kann man einen Zipfel der »Wirklichkeit« erhaschen; bis man ihn jedoch zu fassen bekommt, muß man Welten von Nebel und Dunst durchschreiten, »Waschküchen« wie den berüchtigten Londoner Nebel, und sich in Seelenlandschaften zurechtfinden, in denen nicht alles unbedingt so ist, wie es zu sein scheint. Die Formbarkeit und Wandelbarkeit desjenigen, was man als die »Astralebene« bezeichnet hat, ist ein seltsames Land, von individuellen und kollektiven Gedanken, Emotionen und Wünschen geprägt. In Kapitel 7 befasse ich mich ausführlicher mit der spirituellen Aufgabe, die auf dieser Daseinsebene gestellt wird.

Es gehört zu den störenden Tatsachen im Zusammenhang mit unserem heutigen Wissen über das neuere Auftreten spiritueller Lehren, daß oft der Lebenswandel und die Taten des Lehrers nicht recht zu demjenigen zu passen scheinen, was man sich unter einem »heiligen Mann« vorstellt. Jedem Buch eines Jüngers über die

Ruhmestaten seines Lehrers steht ein anderes mit »Enthüllungen« gegenüber. Die Realität des einen ist die Illusion des anderen; dies ist jedenfalls der Eindruck, den man aus der Distanz bekommt. Was wir also bräuchten, ist ein besseres Verständnis dafür, was transpersonales und spirituelles Leben tatsächlich beinhaltet und wie es sich individuell und kollektiv äußert. Warum allerdings sollte sich die Art, wie der Geist sich äußert, ausgerechnet nach unseren beschränkten Vorstellungen davon richten, wie ein bestimmter Kanal handeln sollte? Vielleicht liegt es an unserer Unkenntnis des wirklichen spirituellen Lebens, daß wir überhaupt der Anmaßung erliegen, begreifen und beurteilen zu wollen, was tatsächlich vor sich geht.

Viele auch der anerkannten und berühmten Gurus unserer Zeit waren und sind höchst widersprüchliche Persönlichkeiten. Bei keinem von ihnen können wir etwas von dem angeblichen Tod des Ich feststellen; alle sind sie kraftvolle und charismatische Gestalten, deren Gegenwart und Lehren die Meinungen und Haltungen anderer Menschen polarisieren. Zu dieser Kategorie zählen Madame Blavatsky, Gurdjieff, Crowley, Rajneesh, Da Free John, und sie sind, wie Alan Watts sie impulsiv bezeichnet hat, »schurkische Gurus«, die mit dem Glamour, der sie insbesondere in den Augen ihrer Anhänger umgibt, in verschiedener Hinsicht dem Archetypus des *Tricksters*, des Schwindlers, zuzuordnen sind.

Vielleicht muß man einfach feststellen, daß Menschen, die sich auf den transformierten Pfad begeben und sich innerlich transpersonalen Energien öffnen, in den Augen vieler Menschen nicht unbedingt für eine solche Beschäftigung »geeignet« sind. Es besteht ein antagonistisches und gespanntes Verhältnis zwischen solchen Charakteren und dem Gesellschaftsdurchschnitt. Sie passen nicht in das gängige Bild des vermittelnden Priesters, das in vielen Religionen so sehr verwurzelt ist; sie verkünden vielmehr das Potential zu einer persönlichen Gnosis und bieten Techniken an, die zu solchen herausgehobenen Zuständen hinführen. Östliche Religionen haben für solche Lehrer durchaus einen Platz, insbesondere die tibetische, Zen- und taoistische Tradition. Guru-Schurken dürften eher ein Symptom der westlichen Betonung der Individualität sein; sie müssen in die Rolle eines Medienstars schlüpfen, um die Aufmerksamkeit auf sich und dasjenige zu lenken, was sie als ihre Mission ansehen. Es lohnt sich, das Leben wie auch die Lehren solcher Lehrer genauer zu untersuchen. Es hilft, einiges an Glamour und Illusionen beiseite zu räumen und zeigt, daß man bei transpersonalen Kanälen durchaus die Botschaft vom Menschen trennen sollte. Hilfreich ist hier vielleicht das Sprichwort: »Wo viel Licht ist, ist auch viel Schatten.«

Der Weg des Mystikers ist traditionell die Annäherung des Herzens an das Schöne. Naturmystik wird oft in Form poetischer Einsichten ausgedrückt und war vielleicht die ursprüngliche Quelle, die die Natur der alten Elementargötter wahrnahm. Religiöse Mystik ist die Herzensliebe zu einem spirituellen Lehrer, die Liebe zu Christus, Krishna und der Weg des Bhakti-Yogi. Der Mystiker ist sich stets der Natur der Dualität bewußt, daß er von seinem Geliebten getrennt und von der Kraft seiner Empfindungen für eine offenbar unerreichbare Liebe zerrissen wird. Er ist auf der Suche nach seinem geliebten Gegenstand, der Seele oder dem Licht, und jagt einer Vision hinterher, die ihn fasziniert hat, wie die Vision des Grals, die die Bruderschaft der Tafelrunde zerstörte, als sich die Ritter der Tafelrunde auf der Suche nach dem heiligen Kelch in die unwegsame Wildnis aufmachten. Er fordert Erkennung von seinem Geliebten, ein Zeichen, daß er nicht vergessen ist oder verschmäht wird. Er wird zum idealen Liebhaber, der in seinem Geliebten kein Fehl erblickt, nur die möglichen ekstatischen Freuden von Vereinigungsträumen, durch die die trennende Kluft zwischen ihm und dem anderen endgültig überbrückt wird. Was ihn letztlich wie ein unwiderstehlicher Magnet anzieht, ist sein eigenes Selbst, das sich in einer Verkleidung zeigt, die nichts als die tiefsten Sehnsüchte des Mystikers enthüllt. Das Leben Ramakrishnas ist ein vorzügliches Beispiel für diesen Weg: Er entbrannte in Liebe zum göttlichen Weiblichen und folgte jedem der großen religiösen Wege zum Gipfel, wo er die Vision der in vielen Gewändern erscheinenden göttlichen Mutter erfuhr – als Jungfrau Maria, als Kali, als Radha und in Gestalt vieler weiterer spiritueller weiblicher Bilder.
Der mystische Weg ist derjenige des Herzens, auf dem versucht wird, den Gebrauch des Verstandes zu transzendieren, um das verborgene innere Selbst zu erreichen, während auf dem okkulten

Weg der Verstand eingesetzt und weiterentwickelt wird, um hinter die Schleier von Form und Erscheinung zu dringen und dort das Selbst zu entdecken. Die meisten Menschen auf dem spirituellen Weg entwickeln ein Verfahren, das diese beiden unterschiedlichen Vorgehensweisen vereinigt, wobei ein Ideal darin besteht, den Weg des Kopfs und denjenigen des Herzens so ineinander zu integrieren, daß ein tragfähiges Gleichgewicht entsteht.

Der Weg des neptunischen Mystikers ist immer der Weg der Selbstaufopferung und des Selbstverzichts; das Ideal ist die Liebe zum Kollektiv, die keinen äußeren Lohn für ihren Dienst an der Menschheit fordert. Es ist eine Empfindung des Eins-Seins mit dem Leben, und dies erinnert an die Rolle der alten westlichen Könige, die eins mit dem Land wurden, womit sie sich aufopfernd ihre kollektive Pflicht erfüllten. Die Nichterfüllung dieser Pflicht ist im Bild des Wüsten Landes in den Gralslegenden ausgedrückt. Wenn die neptunischen Energien die Persönlichkeitsschranken durchdringen und die saturnischen Abgrenzungen des Selbst auflösen, beginnt sich der Mystiker den höheren Mächten zu unterwerfen, und er wird durch Auflösung und Verschmelzung des spirituellen Mysteriums teilhaftig.

Dieser Prozeß ist mit Gefahren verbunden, die meist mit der Wachrufung von Illusionen und Täuschungen zu tun haben. Der Kontakt mit der kollektiven Realität kann oft Verhaltensmuster auslösen, die sich eine göttliche Mission von eigenen Gnaden zugute halten (der Messias-Komplex). Dieser Anspruch kann funktionell einen gewissen Grad von Berechtigung haben, ist meist aber nur ein Versuch, ein zersplittertes Ich zusammenzuhalten. Vielfach kommt es zur Inflation, wobei die Ich-Empfindung ausgedehnt, aber nicht transformiert wird. Dies kann zu einer unkritischen Empfindung des Rechthabens degenerieren, ein Symptom, das, wie bekannt, in religiösen Fanatismus, Intoleranz und Gewalt gegen Häretiker und Andersgläubige mündet, wie etwa die Inquisition und die Hexenprozesse in christlichen Nationen belegen.

Verblendung und Täuschung

Ein Antlitz Neptuns ist Verblendung und Täuschung; das andere
Wirklichkeit, Wahrheit und Schönheit. Das eine Problem liegt
darin, zu entscheiden, welcher Weg der richtige ist; das andere, wie
man gewiß sein kann, in welches Antlitz man gerade blickt...

Mystiker und Okkultisten wie überhaupt jeder, der sich auf
einen transpersonalen Weg begibt, muß sich mit dem Problem
auseinandersetzen, wie man zwischen dem Falschen und dem
Richtigen unterscheiden kann. Tatsache bleibt, daß wir bestenfalls
einen Bruchteil der »Wirklichkeit« erfahren und begreifen können;
das meiste liegt außerhalb unseres Verständnisses und Begriffsver-
mögens, doch sind aus spiritueller Sicht manche Dinge realer als
andere, manche Einsichten genauer als andere. Die Schüler des
Gautama Buddha glaubten, daß er in seinen Lehren die universelle
Wahrheit und Wirklichkeit geoffenbart hätte, doch wußte Gautama es besser. Er bückte sich, nahm eine Handvoll Laub auf und
sagte: »Soviel habe ich euch enthüllt.« Inmitten eines Waldes voller
dürren Laubs wies er damit darauf hin, daß durch seinen transpersonalen Kanal nur ein winziger Bruchteil übertragen wurde. Christus verhieß seinen Jüngern, daß sie »noch Größeres als dieses
sehen« würden, weil er wußte, daß irgendwann größere Äußerungen der Weisheit wieder auf Erden wandeln würden. Uns fällt es
schon schwer genug, die Handvoll Laub zu verstehen und zu
verinnerlichen, die uns bisher verfügbar ist.

Neptun ist der Planet der Verblendungen. Diese entstehen durch
ein dualistisches emotionales Handeln der Persönlichkeit, die einen
Nebel oder Dunst verbreitet, in dem der Mensch orientierungslos
umhertappt. Alle Wahrnehmungen sind verzerrt, so daß er weder
sich noch das Leben klar erkennen kann und in einen Zustand der
isolierten Getrenntheit des Bewußtseins gerät. Es ist sehr ernüch-
ternd, sich die allgemeinen Verblendungen vor Augen zu führen,
die den einzelnen Menschen befallen, aber auch auf einer kollektiven Ebene bestehen und alle Arten von Beziehungen, von der
Familie bis zur internationalen Ebene, verzerren. Gerade spirituelle
Gruppen neigen zu Verblendungen und Illusionen, die eine unausweichliche Zeiterscheinung sind. Wenige sind von solchen Einflüssen frei.

Verblendungen sind auf der astralen Ebene allgegenwärtig und sind eine Folge der überkommenen Häresie der Getrenntheit und des Dualismus. Der Buddha hat mit seiner Technik des Mittleren Weges eine Möglichkeit aufgezeigt, sich von Verblendungen zu befreien. Aus dem Schwanken des Menschen zwischen dualistischen Gegensatzpaaren erwachsen Verwirrungen und Verzerrungen wie jene Nebel und Dunstschleier, die heftige Stimmungsumschwünge zwischen tiefer Depression und ekstatischer Verzükkung hervorrufen. So sind wir Spielball unserer emotionalen Reaktionen, die unsere Selbst- und Lebenswahrnehmung färben, beeinflussen und verfälschen.

Solange wir in unseren getrennten Wahrnehmungen, in unserem egozentrischen Selbstbild und unseren selbstsüchtigen emotionalen Reaktionen verharren, erzeugen wir immer neue Verblendungen und Illusionen. Wenn wir aber damit beginnen, persönliche Gefühle zu transzendieren und unser Zentrum auf der Ebene des erleuchteten Geistes suchen, können wir die Macht der Verblendungen brechen. Dies geschieht durch spirituelle Entwicklung und dadurch, daß man sich als Kanal zur Verfügung stellt, durch den die transpersonalen Energien in einer offenen Persönlichkeit wirken können. Meditation ist oft der Schlüssel zur Auslösung dieses Prozesses, durch den man größere Klarheit erlangen kann, wenn man mit seinem Geist ständig im Licht verweilt. Man hat dies die Ausrichtung der Seele genannt, und in diesem Kanal zu unserem inneren Selbst zerstreut das in Geist und Seele einströmende Licht die Nebel und Dunstschleier, so daß der Mensch klarer sehen und auf seinem »erleuchteten« Weg fortschreiten kann. Dieser Prozeß ist in Kapitel 7 beschrieben.

Transformation geschieht infolge einer Erfahrung des inneren Kampfschauplatzes. Es ist kein einfacher Prozeß. Eine einfache Auflistung häufiger Verblendungen (aus den Werken von Alice Bailey) kann eine sehr unangenehme Lektüre sein, aber so unerläßlich es ist, den Fakten leidenschaftslos und klar ins Auge zu sehen, damit wir unsere Verzerrungen transzendieren können, so wichtig ist es, die Verknüpfung mit den Tendenzen des astrologischen Neptun herzustellen, da beides Hand in Hand geht. Darüber hinaus illustrieren sie die Herausforderungen der Arbeit mit Neptun und lassen das innere Reich erkennen, das sich dem Menschen erschließen kann. Die Wahrheit ist, daß die meisten von uns die Verblendungen nicht erkennen, unter denen sie leiden, und diese sogar als positive Eigenschaften und Persönlichkeitsmerkmale vergöttlichen. So sehr ist unsere Wahrnehmung verzerrt!

Zu den Verblendungen zählen: hochgesteckte Ziele, Schicksal, die Überzeugung, Recht zu haben, Pflicht, Andacht, Begierde, persönlicher Ehrgeiz, Argwohn, Geist, Selbstmitleid, Kritiksucht, Stolz, Getrenntheit, Erschöpfung, Enttäuschung, Autorität, Materialismus, Idealismus, durch Frustration einschränkende Umgebungsbedingungen, Nutzlosigkeit und Unfähigkeit.

Die wahren Namen der kollektiven Verblendungen sind Legion. Sie können außerordentlich subtil sein. Sie sind oft in einer Welt der Halbwahrheiten angesiedelt, wobei jemand zum Beispiel eine spirituelle Aufgabe zu erfüllen hat. Ist diese Aufgabe aber so, wie er sie wahrnimmt und erlebt, oder haben ihn seine eigenen Bedürfnisse in mancherlei Hinsicht verblendet? Verblendungen kommen oft im Gewand der Wahrheit daher. Sie finden ihren Weg ins Bewußtsein oft über unbewußte Tendenzen der Seele oder durch jene ständig wiederkehrenden Schemata des Denkens, Fühlens und Handelns, über die man sich wegen ihres Automatismus kaum einmal Gedanken macht. Hinter diesen emotionalen und spaltenden Miasmen verbirgt und verhüllt sich die Wahrheit.

Idealismus zieht ebenfalls Verblendungen an. Idealismus gibt dem Menschen Ziel und Sinn, kann aber auch zu einer Quelle des Fanatismus werden, wenn das Ideal zu einer Obsession wird und letztlich die Freiheit des Denkens und die persönliche Unabhängigkeit kompromittiert. Dünkel und individueller oder nationaler Separatismus entstehen oft durch Idealismus, wenn sich eine ausschließende und antagonistische Haltung gegenüber anderen entwickelt, die anderer Meinung sind. Die Folge können Kriege zwischen einander widersprechenden Ideologien sein, wie es etwa in dem anhaltenden Kampf und Kalten Krieg zwischen Kommunismus und Demokratie der Fall ist. Ideale können eher trennend als Brücken zwischen Menschen und Völkern sein, indem sie das gegenseitige Verstehen und die Empfindung behindern, daß wir alle eine menschliche Familie sind. Für unsere Ideale sind wir bereit, die Hälfte der Welt in die Luft zu jagen – wenn dies keine verrückte Haltung ist, was dann? Mit Verblendungen behaftete

Ideale schaffen eine Verhärtung des Geistes; sie versteinern, weil sie für andere Weltanschauungen und Auffassungen blind sind und dazu neigen, sich aggressiv zu verteidigen. Dies ist die Konsequenz, wenn Ideale mit Verblendungen behaftet sind. Ideale können sehr hoch sein und Ausdruck großer Leistungen des menschlichen Geistes sein, und sie sind in vielerlei Hinsicht als Triebfedern fortschrittlicher Visionen nur zu begrüßen. Gegenwärtig aber werden sie aufgrund der Macht der kollektiven Verblendungen regelmäßig verzerrt und können am Ende in Widerspruch zu ihren eigenen Grundsätzen geraten. Sich von idealistischen Verblendungen zu befreien ist schwierig, doch sollten wir uns immer darüber klar sein, daß es sie gibt und Raum lassen für mehr Toleranz und Verständnis in unserem Umgang mit anderen.

Eine Liste der Verblendungen im Zusammenhang mit den Entsprechungen der Strahlen* zu den transpersonalen äußeren Planeten ist beinahe auch eine Liste der Planetenmerkmale.

Neptun – Strahl 6: Hingabe, Festhalten an Formen/Personen, Idealismus, Loyalitäten, Glaubensbekenntnisse, emotionale Reaktionen, Sentimentalität, Einmischung, dualistische Gegensätze, Erlöser/Lehrer, enger Horizont, Fanatismus.

Uranus – Strahl 7: Magie, die Beziehung von Gegensätzen, unterirdische Mächte, physischer Körper, Mysterium, Geheimnisse, Sexualmagie, die Macht, die zusammenführt.

Pluto – Strahl 1: Körperliche Kraft, persönlicher Magnetismus, Selbstzentriertheit, persönliche Potenz, im Mittelpunkt befindlich, selbstsüchtiger Ehrgeiz, Herrschsucht, Diktator, Kontrolle, Manipulation, politischer Messias, selbstsüchtige Bestimmung, Destruktion, Isolierung, Unnahbarkeit, Aufzwingen des eigenen Willens.

Die Betrachtung des Themas der Illusion kann noch entmutigender sein. Die Illusion besteht auf der Ebene des Geistes und geht nicht von der emotionalen Ebene eigensüchtiger Begierden aus. Illusion ist, kurz ausgedrückt, eine Fehlauffassung von Ideen, eine

---

* Im Sinne der theosophischen Lehre. (Anm. d. Übers.).

falsche Interpretation von Gedankenformen, die auf der kollektiven mentalen Ebene vorhanden sind. Die Illusion baut eine Mauer zwischen den Menschen und dem Licht, die durchscheinend erscheint, aber wie ein Prisma verzerrt und das Licht in mehrere farbige Strahlen zerlegt. Durch die Beschränktheit der Wahrnehmung und des Verständnisses wird die »Wahrheit« nicht richtig registriert und wahrgenommen. Vielfach verliert sich der Geist in den umgebenden Gedankenformen über die Wahrheit und blickt nicht auf *die* Wahrheit, so wie viele ganz bestimmte Vorstellungen davon haben, was Erleuchtung ist, aber keine persönliche Erfahrung des Zustandes. Gedankenformen werden realer und scheinbar mächtiger als die Wahrheit, die sie verschleiern.

Illusionen können durch folgendes bedingt sein: falsche Wahrnehmung einer Idee, unrichtige Interpretation, unrichtige Übernahme einer Idee, deren Entwicklung einem nicht gegeben ist, falsche Zielrichtung einer Idee, mangelnde Integration einer Idee, inkorrekte Realisierung einer Idee und Nichtdurchführung der Idee in der materiellen Welt.

Die Visionen Neptuns sind durch Verblendungen und Illusionen befleckt; sie können schön und sogar inspirierend sein, so wie die Gemälde der Präraffaeliten den Anschein einer glorreichen Epoche erwecken, die es niemals gab, um in der zeitgenössischen Welt als Inspiration zu wirken. Man hüte sich aber vor dem verzaubernden Lächeln und Bann, der in Neptuns Reich so leicht über uns gelegt wird. Man versuche stets festzustellen, welches Gesicht einem zugewandt ist, zwinkere aber nicht mit den Augen, damit sich nicht unbemerkt etwas ändert. Von Neptun kann eine dauerhafte Faszination ausstrahlen, und gewiß ist er der eigentümlichste Einfluß und die seltsamste Schwingung aller Planetengötter.

IV
Neptun und Planetenaspekte

Die Aspekte Neptuns im Horoskop müssen sorgfältig analysiert werden, da sie wesentliche Informationen über die offensichtlicheren Funktionsweisen Neptuns enthalten und die Art seines Wirkens durch das Geburtsbild enthüllen.

Die Aspekte werden zum grundlegenden Muster des Persönlichkeitsausdrucks und dürften wegen ihres Drangs, über bekannte Grenzen hinauszugehen, in der Regel gut erkennbar sein, auch wenn sie der Betreffende selbst nicht anerkennt oder akzeptiert. Es kann eine sehr aufschlußreiche Übung sein, die eigenen Neptun-Aspekte zu untersuchen und festzustellen, wie stark man selbst durch ihren Einfluß konditioniert ist. Daher soll an dieser Stelle ein grundsätzlicher Überblick über die Natur der fünf wichtigsten Aspekte gegeben werden.

Konjunktion

Die Konjunktion, der enge Zusammenstand von mindestens zwei Planeten, gilt meist als der stärkste Aspekt. Sie beinhaltet ein Zusammenfließen der reinen Energien und Wesensmerkmale der in Konjunktion befindlichen Planeten und kann als Kanal betrachtet werden, durch den die Funktionen dieser Planeten über die Persönlichkeit relativ leicht zum Ausdruck gebracht werden. Oft vertritt der Betreffende diese kombinierten Tendenzen mit beträchtlichem Nachdruck. Der Betreffende betrachtet sie vielleicht bewußt als Ausdruck persönlicher Kraft und Individualität in zwischenmenschlichen Situationen, doch ist oft das Empfinden dafür, wie diese Durchsetzungskraft auf andere wirkt, weit weniger bewußt.

Eine Konjunktion kann ganz unterschiedlich wirken, was mit der Natur dieser inneren Spannung und der Problematik des Zusammenführens von Energien zusammenhängt, die sich keineswegs ergänzen müssen oder sogar antagonistisch sein können.

Dies äußert sich im Leben häufig in Form von Beziehungsschwierigkeiten, insbesondere in Situationen, in denen man bewußt die anfänglichen Reaktionen mäßigen oder steuern sollte, um vermeidbaren Reibungen zu entgehen. Eine solche Umgänglichkeit muß sicherlich für das soziale Leben erlernt werden, sollte aber auch nicht zum Joch werden, so daß man schließlich in Gesellschaft seine Gedanken und Empfindungen blockiert; es handelt sich mehr um ein gewisses Gespür für die Tatsache, daß es in manchen Situationen klüger und dem Frieden dienlicher sein kann, nichts zu sagen. Sicher ist, daß diese zusammengespannten Energien sehr nachdrücklich nach Ausdruck streben und daß man in den entsprechenden Lebenssphären bewußt nach geeigneten Kanälen sucht.

Inwieweit und wie leicht ein Mensch diese Energien im täglichen Leben einsetzen kann, hängt weitgehend von der relativen Verträglichkeit der in Konjunktion befindlichen Planeten ab. Sie können in fast magischer Weise ineinanderfließen und gewisse Talente und Fähigkeiten spontan und in wunderbarer Weise über effektive schöpferische Kanäle zum Ausdruck kommen lassen, sobald ein bewußter Versuch unternommen wird, sie zum Vorschein zu bringen. Dann werden die persönlichen Ressourcen zum Nutzen des Betreffenden und im Idealfall auch zugunsten anderer in positiver Weise eingesetzt. Wenn die Planeten weniger verträglich sind oder weniger gut zusammenwirken, wird es schwieriger, die Energie nutzbar zu machen, und es könnte ein inneres Ringen nötig werden, um die Energien so aneinander anzupassen, daß sie besser zusammenwirken können. Eine Konjunktion ist eine Stelle konzentrierter Kraft im Geburtsbild, wenn sie in dem Lebensbereich des Hauses, in dem sie im Geburtsbild auftritt, in geeigneter Weise Ausdruck finden kann.

Sextil (60°-Aspekt)

Das Sextil zeigt eine natürliche Energiebeziehung zwischen den betreffenden Planeten an und steht in einem besonderen Verhältnis zur geistigen Ebene. Es gibt entsprechend den beteiligten Planeten Hinweise auf die geistige Verfassung des Menschen und den wahrscheinlichen natürlichen Inhalt seiner Denkmuster. Es begünstigt die Fähigkeit, Informationen aufzunehmen, Wissensbruchstücke zu einer Zusammenschau zu synthetisieren, und es ist eine integrierende Funktion des Geistes, die sich dann durch das Handeln des Betreffenden und seine Fähigkeit offenbart, mit anderen zu kommunizieren. Das Sextil bezeichnet oft die Gabe schöpferischen Ausdrucks, insbesondere im Umgang mit Worten, und verhilft auf der Grundlage der Fähigkeit, das intellektuelle Wissen und die kulturellen Entwicklungen des Menschen umfassend aufzunehmen, zu einem breit angelegten Verständnis des Lebens.

Zum Einfluß des Sextils gehört eine gewisse harmonische Offenheit, deren innere Wirkung keine Engstirnigkeit zuläßt. Dies begünstigt die Entwicklung von Neugierde, läßt Raum für neue und andersartige Wahrnehmungen und sorgt für Ungezwungenheit in der weiteren sozialen Umgebung und in der Zusammenarbeit in der Gruppe.

Trigon (120°-Aspekt)

Das Trigon ist ein positiver, ausgleichender Aspekt, der zwei scheinbar widersprüchliche Energien zu einem fruchtbaren Ausgleich zusammenführen kann; daher auch das Dreieckssymbol. Ein Trigon kann Problembereiche auflösen, die durch andere ungünstige oder problematische Aspektierungen eines der Planeten entstehen. Da das Symbol des Dreiecks Verständnis und die Auflösung des Dualismus bezeichnet, können Trigone zwischen Neptun und allen anderen Planeten den Schlüssel zu Prozessen der persönlichen Integration, der Heilung und Transformierung beinhalten und sollten unter diesem Gesichtspunkt sorgfältig geprüft werden.

Quadrat (90°-Aspekt)

Ein Quadrat zwischen Planeten zeigt eine spannungsbetonte Energiebeziehung und Herausforderung an, die ohne eine gewisse innere Anpassung nicht aufgelöst werden kann. Das Arbeiten an einem Quadrat kann möglicherweise zu einer größeren inneren Harmonie führen, doch geschieht dies meist nur nach beharrlicher Anstrengung und psychologischer Frustration; durch ein solches läuterndes Feuer wird allerdings der Charakter in einer grundlegenden Weise neu geboren. Das Quadrat zeigt oft Barrieren in der individuellen Psyche an, die einen gewählten Weg immer wieder versperren.

Das Quadrat enthält »Lektionen und Herausforderungen«, die nicht zu umgehen sind, unvermeidliche Krisen, die man als Stufen auf seinem Lebensweg überwinden muß. Quadrate sind frustrierend, eine Quelle innerer Spannungen; wenn man sich sträubt, in den sauren Apfel zu beißen, werden sie negative Wirkungen auf das innere Leben haben und viele Wünsche und Absichten durchkreuzen. Wenn das Quadrat aber überwunden wird, kann es zu einer Quelle der Kraft und Energie werden, die zur Erlangung persönlicher Ziele eingesetzt werden kann. Das Quadrat hängt mit inneren psychologischen Problembereichen zusammen, und es ist unerläßlich, an einer Umstrukturierung des inneren Lebens, der Seele oder der Emotionen zu arbeiten.

Opposition (180°-Aspekt)

Bei der Opposition geht es meist mehr um die äußere objektive Welt und um Beziehungen zu anderen. Aber auch wenn das persönliche Streben nicht ganz auf Leistung in der äußeren Welt ausgerichtet ist, ist ein beständiges persönliches Ringen wie beim inneren Quadrat weniger wahrscheinlich. Während das Quadrat mehr eine individuelle persönliche Herausforderung darstellt, wird die Opposition eher (hierin dem Jungschen »Schatten« ähnlich) nach außen auf andere projiziert, womit letztlich ein Kontext entsteht, innerhalb dessen diese Projektionen erkannt, beobachtet und verarbeitet werden können. Möglich sind dominierendes Verhalten, Forderungen an andere als Ausdruck des gebündelten Willens und der Selbstzentriertheit, was oft in den Beziehungen zur engeren Umwelt störend wirkt, sowie Versuche, andere Menschen und Situationen zum Zwecke des persönlichen Gewinns zu manipulieren.

Schöpferische und harmonische Beziehungen können eine Hilfe bei der Auflösung von Konflikten zwischen planetarischen Energien in Opposition sein; auch Trigone oder Sextile zu einem der in Opposition befindlichen Planeten können die Lösung der Probleme begünstigen.

Die Natur der Neptun-Aspekte

Neptun-Aspekte zu anderen Planeten sind immer sorgfältig zu prüfen, um die möglichen Auswirkungen dieses Planeten auf die Persönlichkeit feststellen zu können. Die aspektierten Planeten lassen die Lebensbereiche erkennen, die durch Regungen im Unbewußten in besonderem Maße sensibilisiert und aktiviert werden. Diese Bestandteile der persönlichen Psyche, wie sie die jeweiligen Planeten symbolisieren, streben oft nach einer Öffnung zu neuen Horizonten, wodurch eine Empfindung individueller Unzufriedenheit in diesen Lebensbereichen entsteht.

Neptun sensibilisiert jeden aspektierten Planeten und läßt eine Hinwendung zu diesen formenden und doch greifbaren Lebenskräften entstehen. Ein Anzeichen hierfür ist das Bedürfnis, sich von allen Beschränkungen und Begrenzungen frei zu machen; letztlich verbirgt sich dahinter der Impuls, die Schranken des Ichs, des Verstandes und der getrennten Identität zu transzendieren. Damit verbunden ist das Bedürfnis, jene universelle Einheit, jenes Verschmelzen und Einswerden mit dem Ganzen empfindend wahrzunehmen, das für die Empfänglichkeit für die transpersonale Neptun-Schwingung so typisch ist.

Bei Menschen mit genauen Neptun-Aspekten oder einer starken Neptun-Orientierung (das heißt hinsichtlich der persönlichen Planeten, im Falle beliebiger Planeten in den Fischen, Aszendent Fische oder Neptun im ersten Haus der Identität) besteht das Potential zu einer Realisierung der Wirklichkeit des transpersonalen Geistes und der universellen Einheit. Vielfach manifestieren sich Anzeichen für dieses Potential auf subtileren Wahrnehmungsebenen, zum Beispiel durch die Fähigkeit des Hellfühlens oder das Auftreten innerer Führer oder astraler Lehrer, wiewohl dies ebensogut wiederum Symptom neptunischer Täuschung sein kann, wenn dies nicht mit realistischem und wachem Urteilsvermögen geprüft wird. Manche Menschen begreifen beim ersten Kontakt mit solchen Daseinsreichen nicht, was ihnen eigentlich zustößt, und ihr Ich verzerrt die Situation und beginnt sich aufzublähen. Die Folge kann eine Selbsttäuschung sein, durch die sie ihren Geist verschließen und nur dasjenige sehen, was in das Schema ihrer vorgefaßten Meinungen und persönlichen Überzeugungen paßt, so daß sie sich schließlich im Kreis ihrer eigenen privaten Realität drehen. Die persönliche Phantasie ist dann so dominant geworden, daß die feinere spirituelle Dimension nicht mehr klar wahrgenommen werden kann. Ein Problem der Tendenz zu neptunischer Mediumschaft ist die Versiegelung der Aura, wobei es durch Übersensibilität und entsprechende Verfeinerung zu einer Verringerung der Lebensenergie und einer zunehmenden Leichtgläubigkeit gegenüber astralen Botschaften kommt, da das wiederholte mediumistische Sich-Öffnen eine wehrlose, allzu vertrauensselige Geisteshaltung schaffen kann.

Bei den meisten Neptun-Aspekten zu einem persönlichen Planeten oder zum Aszendenten ist eine persönliche Unzufriedenheit zu beobachten, insbesondere bei Konjunktion, Quadrat und Opposition; dies äußert sich in der Empfindung, in der beschränkenden materiellen Welt gefangen oder eingesperrt zu sein, unter anderem im Zusammenhang mit Familie, Ehe, Arbeitsverhältnis und sozialer Stellung. Neptun beginnt, nach dem Notausgang zu schielen – ein Verhalten, das zu vielen individuellen und sozialen Problemen führen kann. Besser wäre es, sich entschlossen zu seinen Verantwortungen und Verpflichtungen zu bekennen und nach einem bewußten Weg zur Transformierung und positiven Umgestaltung des Lebensstils zu suchen. Genau diese Aspekttypen findet man häufig auch in Geburtsbildern von Menschen, die in dem transpersonalen Weg die mögliche Befreiung von solchen tiefsitzenden Empfindungen sehen. Trigon und Sextil weisen meist eher auf Phantasie und schöpferischen Ausdruck als auf das Bedürfnis nach transpersonalen Kontakten hin; das Neptun-Trigon zum Beispiel kann intellektuelle Neugierde stimulieren, läßt aber vor den Anforderungen des transformierenden Weges letztlich doch zurückschrecken.

Oft beinhaltet die Öffnung zu den Neptun-Energien die Traumvision eines neuen Potentials und einer sich erschließenden idealen Welt, wobei gleichzeitig das Bewußtsein auftritt, daß zwischen der derzeitigen persönlichen Situation und dem Erreichen dieser Ziele eine Kluft liegt. Die Verwirklichung dieser Traumvision verlangt vom Menschen Änderung und Bewegung; dies aber löst Empfindungen der Unzufriedenheit und der Verunsicherung aus, da die alten Muster sehr schnell ihre Lebenskraft einbüßen und nicht mehr lebenserhaltend wirken. Die alte Welt stirbt, aber die neue Welt ist noch nicht geboren. Der dadurch entstehende Schwebezustand ist die transformierende Pforte, die passiert werden muß. Die Entschlußfähigkeit ist geschwächt, und während die Vision in immer hellerem Licht leuchtet, kann man gleichzeitig die Empfindung haben, festgefahren zu sein, Wasser zu treten, statt auf ein Ziel zuzuschwimmen.

In diesem Zustand der Verwirrung äußern sich oft tiefsitzende, bedeutungsvolle individuelle Sehnsüchte, doch schafft mangelndes Verständnis für diese Empfindungen eine Situation, die den Umgang mit ihnen sehr erschwert. Die persönliche Aufmerksamkeit richtet sich noch auf die alte Welt, und es dominieren noch Verhaltensmuster, die die Erfüllung von der äußeren Welt erwarten. Man sieht sich nach Unterstützung um – anderen Menschen, Geld, Idealen – statt die Notwendigkeit anzuerkennen, sich nach innen zu wenden und zu einer wirklichen Selbstverantwortung zu finden. Die Unzufriedenheit und Desillusionierung wächst in dem Maße, wie die äußere Suche nach Antworten und Unterstützung in Bruchstücke auseinanderfällt. Neptun zeigt einen inneren Weg an, und solange dieser nicht beschritten wird, wird einem im Urteilen und Handeln nichts als Scheitern begegnen.

Dies ist eine schwierige Phase, in der glitzernde Trugbilder und Selbsttäuschungen am laufenden Band auftreten; die üblichen Folgen sind Energievergeudung, Verwirrung und Fluchttendenzen. Die Sensibilisierung aspektierter Planeten durch Neptun erhöht eine entsprechende Tendenz in den betreffenden Lebensbereichen, in denen dann eine solche Enttäuschung erfahren wird. So können zum Beispiel kritische Neptun-Aspekte zur Sonne irrige Projektionen auf das Bild des Vaters anzeigen, wodurch die tatsächliche Wirklichkeit des Vaters verzerrt wird, bis spätere Erfahrungen im Leben dieses Bild zerstören und zu einer Desillusionierung führen. Später können die tatsächliche Realität und das Menschsein des Vaters reintegriert und wieder geliebt werden, doch hat sich in vielen Fällen bis dahin eine unüberbrückbare Kluft aufgetan. Ähnliche Erfahrungen können mit dem Mond/Mutter-Bild auftreten. Neptun/Venus-Kontakte können eine verstörende Desillusionierung im Bereich der persönlichen und intimen Liebe im Zusammenhang mit Anima-Animus-Projektionen beinhalten. So gibt es noch viele weitere Arten von Desillusionierungen.

Der ideale Umgang mit einer Phase neptunischer Veränderung besteht darin, sich darüber klar zu werden, daß diese Energie gebündelt und in irgendeiner Weise auf ein neues Ziel hingelenkt werden muß, daß man Kraft und Entschlossenheit aufbringen muß, um durch diszipliniertes Handeln einen Weg nach vorwärts zu finden. Für viele ist dies nur durch die Klarheit eines Weges der Hingabe an ein Ideal möglich, vielleicht durch Selbstentwicklung und einen spirituellen oder kreativen Weg. Dies sind die Wegweiser, auf die Neptun die Menschen oft aufmerksam macht, und ein wirklicher Fortschritt und eine Neuschöpfung des Lebens ist meist erst dann möglich, wenn der Betreffende einen Weg neptunischer Ausrichtung einschlägt.

Hierin liegt ein Verfeinerungs- und Reinigungsprozeß, in dem Werte und Haltungen neu definiert werden. Die Verhärtungen der materiellen Welt müssen wie eine Schlangenhaut abgeworfen werden, damit die neue physische Struktur vor der Welt sichtbar werden kann, eine Struktur, die umfassendere und realistischere spirituelle Werte und Perspektiven gefunden hat.

In den schwierigen, kritischen oder spannungsvollen Aspekten liegt oft ein Schlüssel zum Fortschritt, und sie können im Menschen zu schöpferisch nutzbringenderen und produktiveren Ergebnissen führen als Trigon und Sextil, die vielfach den Impuls zu handeln schwächen. Astrologisch handelt es sich bei Spannungs-Aspekten darum, daß die von den Planeten symbolisierten Kräfte und Energien nicht verstanden, falsch eingesetzt oder nicht integriert werden. Eine gewisse Auseinandersetzung mit diesen widerstreitenden Bereichen ist notwendig, damit man zu einem höheren Verständnis gelangt, das wiederum zu einer Umleitung der blockierten und verzerrten Energien in positive Ausdruckskanäle führt; dann können Neptun-Energien durch Aufbau einer neuen inneren Struktur konstruktiv und praktisch eingesetzt werden. Das Schlüsselerlebnis tritt oft dann ein, wenn der Betreffende erkennt, daß in der äußeren Welt letztlich keine Befriedigung und Befreiung zu finden ist, und daß die einzige Alternative in einer Wendung nach innen und dem Bemühen zu finden ist, die Tragfähigkeit unserer eigenen tiefsten Ideale und Träume zu erproben.

In vielerlei Hinsicht beinhalten die kritischen Aspekte den Schlüssel zur persönlichen Transformation, da erst durch den

Druck solcher Aspekte Energie erzeugt wird; dies kann den Betreffenden ansporn, jene wesentlichen Änderungen vorzunehmen, indem ihm die Konsequenzen vorgeführt werden, falls er dies unterläßt. Die Betrachtung Neptuns im Horoskop eines Menschen läßt oft die Lebens- und Bewußtseinsbereiche erkennen, in denen er am wenigsten rational ist, unter anderem in den Zeichen- und Hausstellungen und Aspekten, und hier sind auch die Einflüsse des Unbewußten am leichtesten zu erkennen. Dennoch hat die Rationalität ihre Grenzen, und Neptun liebt es, sie zu überschreiten. Wer sagt überhaupt, daß die Welt letztlich rational ist? Man muß sich immer wieder vor Augen halten, daß die transpersonalen Planeten Uranus, Neptun und Pluto uns dadurch beeinflussen, daß sie ihre Kontakte und Kanäle zu den äußeren Planeten, Häusern und Zeichen in der Weise aktivieren, wie dies durch die astrologischen Gegebenheiten symbolisiert wird. Dies sind die Pforten von der unbewußten und transpersonalen Ebene zu unserem Bewußten, an denen die Götter und die Menschen in einen Austausch treten.

Sonne – Neptun

Konjunktion

Neptun-Aspekte zur Sonne haben oft einen ausgeprägten Einfluß auf den individuellen Ausdruck persönlicher Kraft, Identität und Lebensausrichtung. Es ist daher wichtig, zu einem positiven Umgang mit der Neptun-Energie zu finden, insbesondere bei kräftigeren Aspekten wie Konjunktion, Quadrat und Opposition. Die Schwierigkeit bei einem nicht integrierten oder unterdrückten Neptun liegt darin, daß sein Einfluß dann oft negativ wirkt; man muß bei dieser Konjunktion unbedingt einen persönlichen Weg finden, diese Energie mit der natürlichen Ausdrucksform in Einklang zu bringen, die die Sonne anzeigt.

Der Betreffende steht möglicherweise unter dem ständigen Zwang, sein Selbstvertrauen zu sichern und eine zweckdienliche und befriedigende Lebensgestaltung und Lebensleitlinie zu schaffen. Der verschwommene Einfluß von Neptuns Meeresnebeln verwirrt uns leicht, löst viele unserer Absichten in nichts auf und verwischt unsere Wahrnehmung einer starken individuellen

Identität manchmal bis zur Unkenntlichkeit, wenn das Zentrum dieser Persönlichkeit einem inneren Gezeitenrhythmus folgend sich zu heben und zu senken scheint. Aufgrund einer inneren Erfahrung der Substanzlosigkeit kann die Kraft einer festen und stabilen Ich-Struktur fehlen, was sich in der Weise auswirkt, daß das Vertrauen in die tatsächlich vorhandenen eigenen Fähigkeiten und der Durchsetzungswille geschwächt wird. Man hat Schwierigkeiten, über längere Zeiträume durchzuhalten und diszipliniert auf einem einmal eingeschlagenen Kurs zu bleiben. Die Identität kann in regelmäßigen Abständen von der mächtigen Neptun-Energie überspült werden, die Pläne und Absichten zerstreut und uns schließlich an einem inneren Ort an Land spült, wo wir uns verwirrt fragen, was wir denn als nächstes tun sollen, während das letzte Vorhaben noch gar nicht abgeschlossen ist.

Die ätherische Musik Neptuns dringt in die bewußte Seele ein, wo sie als zerstreuende Ablenkung wirkt und manchmal den Zuhörer so in ihren Bann schlägt, daß er sich im Strudel seiner eigenen hyperaktiven Phantasie verliert, womit der Weg zur Selbsttäuschung bereits eingeschlagen ist. Bei einem stark betonten Neptun ist es nicht immer leicht, sich den nackten Tatsachen des Lebens zu stellen. Es besteht die Neigung, sich eine private Wirklichkeit zu schaffen, die die dunklen Seiten des Selbst und der Welt ausschließt und zu einer verschleierten und beschränkten Perspektive des Lebens führt, die nur eine immer weitere Abdrängung in das Unbewußte bewirkt. Persönliche Verantwortlichkeit wird nach Möglichkeit abgelehnt, und alle Erfahrungen werden durch diesen beschränkenden Schleier wahrgenommen, ein Zustand, der bei längerer Dauer zur Entfremdung von sich selbst und anderen führt.

Vielfach entspringen diese Formen der Selbsttäuschung aus persönlichen Begierden, Emotionen und sensitiven Empfindungen, da Neptun mit der formbaren und plastischen Astralebene zu tun hat. Es können sich ungewöhnliche Antriebe und Bedürfnisse entwickeln, die subtil und ungreifbar, aber eigentümlich hartnäckig sind, und man kann den inneren Drang verspüren, diese in irgendeiner Weise zu erfahren oder zu aktualisieren. Bei vielen Menschen steigern solche schwierig zu definierenden Empfindungen und Sehnsüchte die persönliche Verwirrung und Selbsttäuschung, vor allem, wenn sie an idealistische Vollkommenheitsvorstellungen und unrealistische Erwartungen geknüpft werden, die nur Desillusionierung und Enttäuschung zur Folge haben können. Nur wenigen bringt Neptun wirkliche Inspiration, und selbst in diesen Fällen können sich Tendenzen zu einer Selbsterhöhung und Ruhmsucht hineinmischen.

Eine der schwierigsten Aufgaben, die jedem Menschen mit einem genauen Neptun-Aspekt gestellt ist, ist die Annahme der Realitäten des Lebens. Neptun empfindet solche Konfrontationen geradezu als Gift für seine Sensibilitäten, und er zieht es vor, sich beiseite zu drücken, statt sich zu stellen. Vielleicht hat der Leser ein solches ausweichendes Verhalten selbst schon in seinem Leben festgestellt, das sich im Laufe der Jahre in ganz unterschiedlicher Form manifestiert: Man weicht Problemen aus (Vogel-Strauß-Politik), man drückt sich um Entscheidungen, man hält sich lieber zurück und vermeidet die Anstrengung, das eigene innere Potential zu entfalten. Die Zahl der Täuschungsmanöver ist Legion, doch ist ihre kumulierende Wirkung beträchtlich; sie erzeugen allmählich einen unbefriedigenden Lebensstil und lassen Zielgerichtetheit und Lebensorientierung zerrinnen, weil sich das wirkliche innere Selbst hinter dem Schleier des Eskapismus verliert. Wir alle haben diese Tendenz, und dies hält uns im spirituellen Dämmerzustand. »Erwachet!« ist der Anruf des Geistes, ein Erwachen, das uns die Erfahrung einer direkten, unmittelbaren Konfrontation mit dem Leben gibt, ein Licht, das in alle jene dunklen Winkel leuchtet und die Einfachheit wie die Komplexität des kosmischen Geistes in der Manifestation offenbart. Die Konfrontation mit dem höheren Aspekt Neptuns ist keine Erfahrung der Selbsttäuschung, sondern eine solche der Ernüchterung. Ein nicht integrierter Neptun kann zu Illusionen und Verblendungen führen; die Integration Neptuns aber ist ein Weg zur Einbindung der individuellen emotionalen Ebene in das universelle Leben in ähnlicher Weise, wie durch die Integration von Uranus der Geist auf intuitivem Wege in den universellen Geist eingebunden wird.

Die Anerkennung der negativen Äußerungen Neptuns ist der erste Schritt; der nächste besteht darin, diese Kraft so in das persönliche Leben zu integrieren, daß die positive Dimension zum Vorschein kommt. Gewiß gab es Zeiten, in denen man glaubte, alles unter Kontrolle zu haben, sich seiner selbst und seiner Richtung sicher war, darauf vertraute, seine Ziele erreichen zu können – bis man in eine andere Phase eintrat, in der diese Zuversicht ins Wanken geriet und sich um so schneller auflöste, je mehr man sich an sie klammerte. Dies tritt ein, wenn Neptun und die Sonne nicht miteinander harmonieren, wenn die Verschmelzung noch nicht eingetreten ist. Dieser Aspekt kann zum Auslöser für eine Wendung nach innen werden, ein Eintreten in die inneren Welten und in die mystische Andacht; nützlicher aber ist es, sich zu überlegen, wie durch äußeren Ausdruck der Energie eine größere Integration stimuliert werden kann.

Was Neptun anbieten kann, ist eine Vielzahl von Geschenken, die als Mittel des persönlichen Ausdrucks genutzt werden können, Geschenke, die aus den Meeren des Inneren kommen und die zugleich ein Kanal oder ein Weg zurück zum bewußten Kontakt mit Neptuns Reich sind. Zu diesen Geschenken gehören Malerei, Musik, Dichtkunst, Schauspielkunst, Schriftstellerei, parapsychische Begabung, Mystik. Es ist das Potential dafür vorhanden, daß durch solche Kanäle Inspiration zum Nutzen aller geoffenbart wird, denen es gegeben ist, die Botschaft zu empfangen. Das Entriegeln innerer Tore, so daß Kreativität strömen kann, ist außerordentlich bereichernd und hebt das Bewußtsein auf eine andere Ebene; es kann allerdings gefährlich sein, die Flutschleusen zu öffnen, wie so viele schöpferische Menschen festgestellt haben, doch ist es in vielerlei Hinsicht eine heilige Aufgabe, das Numinose hinter der Erscheinung offenbar zu machen.

Fügt man dem Leben eine schöpferische und künstlerische Dimension hinzu, so ist dies der Integration dieser neptunischen Energie dienlich, daß sie in jene Kanäle einströmen kann, die man selbst bereitgestellt hat; gleichzeitig wird sie, statt immer wieder auflösend zu wirken, ihre positive Seite zeigen, indem die eigenen Leitlinien und Ausrichtungen des Lebens bedeutungsvoller, zusammenhängender und substantieller werden. Selbst wenn eine solche Kreativität rein persönlich ist und nur der eigenen Befriedigung und Freude und dem eigenen Bedürfnis nach Selbstausdruck entspricht, wird man im Laufe der Zeit den persönlichen Nutzen daraus erkennen. Solche Begabungen brauchen vielleicht bewußte Schulung und Entwicklung, doch lohnt sich die Zeit, die man hierfür aufwendet. Wenn man sich in eine solche Richtung bewegt, muß man möglicherweise seinen ganzen Lebensstil einer kritischen Betrachtung unterziehen, da hiervon ein erheblicher Einfluß ausgeht. Es könnte sich zum Beispiel zeigen, daß man in seinem Beruf zutiefst unbefriedigt und unglücklich ist, daß er behindert statt erfüllt, wodurch sich das Problem einer wirtschaftlichen Umstrukturierung des eigenen Lebens ergeben kann. Es kann sehr schwierig sein, eine Lebensform zu finden, die diesen kreativen Fähigkeiten Raum gibt; gefahrvoller aber ist jedenfalls die Alternative, wenn man glaubt, sich von der verführerischen Musik Neptuns abwenden zu können. Persönliche Kreativität oder handwerkliches Tun ist der von Neptun vorgezeichnete Weg; alternativ kann man auch mit sozial ausgerichteter Arbeit mit Menschen Dienst an der Gesellschaft leisten. So kann man zum Beispiel im schulischen, medizinischen oder Wohlfahrtsbereich etwas zum Gemeinwohl beitragen. Dies ist die Herzensantwort auf die Musik, eine Antwort, die sinnvoll ist und jenes Bedürfnis befriedigt, in der Welt etwas Positives zu leisten. Man muß einen Weg finden, der mehr Freiheit bietet als traditionellere Arbeitsstrukturen ermöglichen können, einen Weg, der die Kreativität zum Strömen bringt und Dienst am Nächsten ermöglicht. Dann lichtet sich der Nebel über dem Weg, den man gehen muß, und die Zeiten der Verwirrung und Entschlußlosigkeit gehören der Vergangenheit an. In der Arbeit mit Neptun liegt ein beträchtliches Potential; der Gott kann uns transformieren, wenn wir offen sind für seine Anforderungen und Botschaften. Wenn wir ihn ablehnen, werden seine Wasser langsam unsere Träume und Wünsche fortspülen und uns ein erfülltes Leben bescheren; klüger ist es, seine inneren Antriebe anzuerkennen und zu versuchen, sich diesen entsprechend zu ändern. Die Götter lassen nicht mit sich scherzen, und sie machen sich unmißverständlich bemerkbar.

Sextil

Im Gegensatz zur Konjunktion, die das Problem aufgibt, wie man sich im individuellen Leben mit den positiven wie den negativen Einflüssen Neptuns auseinandersetzt, ist das Sextil ein einfacherer Aspekt.

Auch hier stehen wiederum die Themen schöpferischen Tuns

durch Malerei, Musik, Kunsthandwerk, Schriftstellerei und Schauspielkunst als Wege der Zusammenarbeit mit dem Neptun-Impuls im Vordergrund, sowie auch die inneren Pfade der Mystik und psychischer Wahrnehmungen. Man ist sich meist seines eigenen schöpferischen Potentials bewußt und neigt dazu, diesem seinen natürlichen Ausdruck zu geben. Eine Fähigkeit, die man möglicherweise besitzt, besteht darin, in sich lebendige innere Bilder zu erzeugen, die man durch einen Prozeß der schöpferischen Visualisierung entweder dafür einsetzen kann, seine eigene Zukunft zu bauen, oder aber für die Anregung und Unterhaltung anderer durch Musik, Malerei und Schriftstellerei. Es ist eine sehr wichtige Gabe, diese beziehungsreichen Bilder in konkrete Form umsetzen zu können, und man kann sie in ganz unterschiedlicher Weise einsetzen: zur Selbsterhöhung und zur Erlangung von Reichtum oder Macht einerseits, zur Bereicherung des Lebens anderer andererseits. Man ist möglicherweise mit der Entscheidung konfrontiert, entweder etwas für sich selbst oder etwas für andere zu tun. Die Kunst der Visualisierung besteht in einem fruchtbaren Zusammenwirken von Geist, Wille und Phantasie; dies ist die Quelle des Schöpfertums.

Die Sensibilität für andere und das Leid in der Welt kann sehr ausgeprägt sein, und es besteht meist auch ein recht gut entwickeltes Bewußtsein für die soziale Verantwortung; man ist aus einer empathischen Grundhaltung überzeugt, daß man etwas für die Linderung des Leids anderer tun kann und muß. Diese psychische Aufnahme des Schmerzes kann aber auch dazu führen, daß man sich gerade weigert, aus diesem sozialen Bewußtsein zu handeln; man registriert und anerkennt seine Existenz, versucht aber, die Verantwortung zu heilen zu leugnen. Man wird meist nicht in der Lage sein, etwas an den Ursachen des Leids zu ändern, dafür aber einen lindernden und heilenden Balsam für die Symptome des Schmerzes bereithalten. Man hofft, daß andere, die kräftiger und vielleicht weniger sensibel sind als man selbst, sich der negativen Ursachen in der Gesellschaft annehmen werden.

Ein Bereich, in dem man sich für andere als wertvoll erweisen könnte, ist die Vermittlung von Inspiration, vielleicht durch publikumswirksames Schreiben oder durch ein anderes Kommunikationsmedium. Wenn man seine Wahrnehmung einer sozialen Verantwortlichkeit gut zu formulieren und darzustellen weiß, kann man dadurch andere auf diejenigen Bereiche in der Gesellschaft aufmerksam machen, die transformiert werden müssen; Beispiele hierfür sind Wohltätigkeitskampagnen und Fernsehdokumentationen. Dies ist ein Talent, mit dem man wuchern kann, und wenn man dies tut, wird die natürliche Imagination und Inspiration immer wieder neu entzündet. Dieses Bedürfnis, einen Beziehungskanal zu Menschen aufrechtzuerhalten, der auch einen breiteren, über Freundschaften und Bekanntschaften hinausgehenden sozialen Raum umfaßt, ist ein Weg, über den Neptun bevorzugt und um so eher wirkt, je mehr man die Fähigkeit besitzt, solche inneren imaginativen Visionen in äußere greifbare Formen umzusetzen.

Zu den meisten Menschen hat man eine eher angelegentliche Beziehung; Toleranz und Empathie sind ausgeprägt, doch kommt man sich gegenseitig nicht zu nahe. Die Sensibilität ist stets wach, doch stellt man keine großen Ansprüche und hegt keine unmöglichen Erwartungen gegenüber anderen. Man zieht die Gesellschaft von Menschen vor, die durch ihre selbstbewußte Gegenwart dazu zwingen, sich von Tendenzen in Richtung einer neptunischen Nebulosität und Entscheidungsschwäche zu lösen. Man ist humanitär gesinnt, kommt gut und problemlos mit den unterschiedlichsten Menschentypen aus und sieht in allen wertvolle Menschen, nicht nur in denjenigen, die auf der sozialen Stufenleiter oben stehen.

Allerdings hat man eine gewisse Chamäleon-Natur, eine Wandelbarkeit, durch die man sich in einer Vielzahl von Situationen und sozialen Bereichen zurechtfindet, eine innere Flexibilität zur Anpassung seiner Haltungen und seines Ausdrucks an die jeweilige Umgebung auch im Widerspruch zu den tieferen persönlichen Überzeugungen. Dies ist die wässerige Neptun-Qualität in der Persönlichkeit, durch die man sich »jedem Behältnis anpaßt«. Dies kann ein Vorteil sein, aber auch aufgrund der häufigen Chamäleon-Transformationen zum Verlust einer ausgeprägten persönlichen Identität führen; dies sollte man gegebenenfalls sorgfältig beobachten und Maßnahmen ergreifen, wenn die Persönlichkeit sich zu zersplittern und aufzulösen beginnt. Wenn man sich allerdings für den mystischen Weg entscheidet, ist diese Auflösung im »Meer« gerade das Ziel, bei dem der Tropfen des getrennten Selbst alle Umgrenzungen verliert und im Ozean des Lebens aufgeht.

Trigon

Beim Trigon besteht das Potential für eine erfolgreiche Versöhnung und Auflösung der Energien Neptuns und der Sonne im Sinne einer kraftvollen positiven Vermischung der beiden Planetennaturen – der ichhaften Sonne und des transpersonalen äußeren Planeten und Gottes, der durch die überbewußte Ebene des Unbewußten wirkt.

Aber auch wenn das Potential hier vorhanden ist, können doch noch Fragezeichen hinter dem Willen und der Motivation zur tatsächlichen Nutzung der latenten Talente stehen. Dies ist eine Hürde, die möglicherweise überwunden werden muß, insbesondere wenn die Frage einer Entscheidung ansteht, welchen Weg man einschlagen möchte. Manche Menschen sind Multitalente auf vielen künstlerischen und kreativen Gebieten – Musik, bildende Künste, Literatur, Tanz, Schauspielkunst –, haben aber Probleme damit, sich auf etwas Bestimmtes zu konzentrieren und sich zu disziplinieren, um in einem Fach Meister statt Hans Dampf in allen Gassen zu sein. Die Ideen sprudeln nur so hervor, und sie werden auch enthusiastisch ergriffen, aber ebenso schnell wieder verworfen, wenn ein neuer zündender Einfall winkt. Es fehlt möglicherweise an Konzentrationswillen und Beharrlichkeit, und die Schubkraft der Energie wird dadurch zersplittert, daß sie in zu viele Richtungen gleichzeitig gelenkt wird.

Zu einem wachen Geist, der rasch aufnimmt und begreift, kommt meist eine gewisse Intuition hinzu, die man als Quelle der Einsicht und Erkenntnis benutzen kann. Diese intuitive oder psychische Fähigkeit wirkt hauptsächlich durch die emotionale Natur in Form einer empathischen Identifizierung (im Gegensatz zur uranischen Intuition, die eher von mentaler und unpersönlicher Natur ist). Diese Intuition verleiht oft Einsicht in die Wesensart und Motivation der Menschen, mit denen man umgeht, wobei die Atmosphäre der Umgebung die eigene geistige Verfassung und das eigene Wohlbefinden beeinflussen kann.

Bezüglich des sozialen Engagements und der sozialen Verantwortlichkeit kann ein ambivalentes Verhältnis vorliegen. Dies hängt weitgehend von der Natur des persönlichen Ausdrucks ab; wenn dieser in den kreativen und künstlerischen Bereichen liegt, nimmt dies den größten Teil der Energie in Anspruch, da die eigene Aufmerksamkeit weitgehend auf eine persönliche schöpferische Vision fixiert ist. Es ist nicht so, daß man sozialen Anliegen gegenüber unempfindlich wäre, doch hat man das Gefühl, daß man als kreativer Kanal seinen Beitrag zur Gesellschaft bereits geleistet hat. Andere, die die Schwingung Neptuns aufnehmen, reagieren in der Weise, daß sie ihr Herz weiter öffnen und sich als Kanal für eine »universelle Liebe« empfinden und ihre Aufgabe in der Unterstützung und Betreuung anderer sehen. Ihr Weg ist der Dienst an der Gemeinschaft der Menschen; dies äußert sich bevorzugt in einem medizinischen Beruf oder in ähnlichen Formen der physischen, emotionalen und mentalen Therapie.

Die Aufgabe besteht also darin, sich über seine Richtung klarzuwerden; sobald eine diesbezügliche Entscheidung gefallen ist, kann man mit all seinen Energien und Gaben auf diese Ziele hinarbeiten. Man hat das Potential, seine Ziele zu erreichen, sobald man sich eindeutig auf sie hinorientiert hat. Möglicherweise muß man etwas mehr auf die praktische Seite achten, wobei vielleicht ein starker Saturn oder Merkur zu materiell greifbaren Ergebnissen verhilft; andernfalls könnte es sein, daß man seine Talente vergeudet und letztlich nur ein negativer visionärer Träumer ist, der hinter seinen Visionen herjagt, sie aber niemals in eine objektive Form zu bringen vermag.

In den persönlichen Beziehungen haben emotionale Freiheit und Vertrauen einen hohen Stellenwert als natürliche Bestandteile der idealen Liebe. Man ist treu und räumt den Vorzügen einer intimen und liebevollen familiären Umgebung Priorität ein. Die eigene empathische Natur verstärkt die Empfindung der Nähe zu Verwandten und Freunden, und man ist ein sehr einfühlsamer Mensch.

Quadrat

Die inneren Qualitäten des Quadrats zeigen oft psychologisch bedingte Hemmungen, Beschränkungen und Frustrationen an, die eine erhebliche Herausforderung darstellen und erst überwunden werden müssen, bevor die positiveren Merkmale Neptuns zum Tragen kommen können.

Es fehlt oft das rechte Vertrauen in die persönliche Identität und die Fähigkeit, seine Ziele im Leben verwirklichen zu können. Dies kann zum Teil auf die Beziehung zu den Eltern zurückgehen, insbesondere zum Vater, wenn das sich entwickelnde Wesen durch Mangel an Verständnis oder Liebe Konflikte erfahren hat; es könnte sein, daß man bei der Behauptung der eigenen Individualität mit dem stärkeren elterlichen Willen aneinandergeraten ist. Dies hat zur Folge, daß das Selbstvertrauen erschüttert ist, daß der Einsatz des Willens weniger konzentriert und wirksam erfolgt, daß man psychologische Abwehrmechanismen gegen andere entwikkelt hat und sich nicht mit einem persönlichen Versagen abfinden kann.

Dies äußert sich in Eskapismus-Tendenzen, in einer fehlenden Bereitschaft, Verantwortung zu übernehmen und die Notwendigkeit der Selbstdisziplin einzusehen, sofern nicht ein stark stehender Saturn im Geburtsbild diese Tendenz ausgleicht. Das Bestreben, einer Konfrontation mit der Wirklichkeit möglichst aus dem Weg zu gehen, führt einerseits zu verzerrten Wahrnehmungen, wodurch eine präzise Bewertung von Meinungen sehr erschwert wird, andererseits zu einer Scheu, Entscheidungen zu fällen, die sich vielleicht als unklug herausstellen könnten. Im schlimmsten Fall kann dies durch die Angst vor entschlossenem Handeln zu einer Willenslähmung führen. Diese innere Vorstellung des Scheiterns kann zu tatsächlichem äußerem Scheitern führen, wodurch im Laufe der Zeit ein Teufelskreis entsteht. Indem man dieses ständige Scheitern hinter Zielsetzungen verbirgt, die die realen eigenen Möglichkeiten übersteigen, gelingt es sogar, sich um die Erkenntnis zu drücken, daß man das Scheitern in seinem eigenen Leben selbst verursacht. Dies wird noch verschärft durch die Träume des nicht integrierten und unerfüllten Neptun, der sich als fortwährendes Schuldbewußtsein hinsichtlich der mangelnden eigenen Leistung und als beständige Empfindung der Unzufriedenheit bemerkbar machen kann.

Diesen Herausforderungen kann man durch eine bewußte Entscheidung begegnen, entschlossen die Verbindung zu seiner eigenen verborgenen Mitte zu suchen, über jene falschen Vorstellungen von Schuld, Scheitern und Minderwertigkeit hinauszugelangen, die sich als Abwehrmechanismus auf emotionellen Schmerz entwickelt haben. Eine solche Neuorientierung ist vielleicht nicht einfach, da man gegen eingefahrene Verhaltensmuster angeht, doch kann der in Aussicht stehende Gewinn das ganze Leben positiv transformieren.

Der erste Schritt besteht darin, die eigene Natur zu akzeptieren. Man darf sich selbst nicht verurteilen oder richten. Man muß das Zutrauen haben, daß Veränderungen möglich sind, wenn man sie nur wirklich will. Im eigenen Inneren wartet genügend Kreativität, Phantasie und Potential auf die Befreiung aus dem Kerker, auch wenn es noch etwas dauern kann, bis man die geeigneten Ausdruckskanäle gefunden hat. Allerdings muß man seine eigenen Ambitionen aus einer realistischeren Perspektive als bisher beurteilen. Möglicherweise kann irgendeine Form psychologischer Beratung helfen, mehr Klarheit über sich selbst und das eigene Potential zu erlangen; man steht letztlich vor der Forderung, sich selbst als kleines Kind zu sehen, das in das Erwachsenenalter eintreten will, und es wird unumgänglich, sich selbst in einer neuen und geeigneten Identität neu zu schaffen. Bei diesem Prozeß der Neuerschaffung sollte man kleinere und überschaubare Schritte machen; man muß wissen, daß gelegentliches Scheitern unvermeidlich ist, doch sollte man dies nicht zu traumatischen Dramen aufblähen und sich darüber im klaren sein, daß der Erfolg nicht ohne das gleichzeitige Risiko des Scheiterns zu haben ist. Man muß auch wissen, daß jeder irgendwo auch ein Versager ist, und daß man nicht dadurch entschuldigt ist, daß man sich mit Selbstvorwürfen überhäuft. Mit zunehmendem Selbstvertrauen wird auch das Leben eine positivere Gestalt bekommen. Dies wird nicht über Nacht geschehen, da eingefahrene Verhaltensmuster sich nicht so schnell ändern lassen, doch wird Beharrlichkeit mit Änderungen belohnt. Möglicherweise kann man diesen Prozeß mittels Techniken wie kreativer Visualisierung oder einer subliminalen Programmierung durch Selbstentwicklungskassetten unterstützen. Wichtig ist es, zu wissen und darauf zu vertrauen, daß Veränderung möglich ist, und daß man dies auf seine eigene Weise erreichen kann; Hoffnung ist die Quelle des Potentials und der Transformation.

Solche Verbesserungen können auch unseren engsten persönlichen Beziehungen zugute kommen sowie das Selbstbild, Selbstvertrauen und die Entscheidungskraft stärken. Meist ist man emotional verletzlich, wird von anderen in unterschiedlicher Weise ausgenutzt oder ausgebeutet, getäuscht oder manipuliert; wenn aber solche Tendenzen bestehen, sind sie immer Spiegelungen jener dominierenden Strukturen im Innern des Menschen selbst. Es können ungewöhnliche emotionale Bedürfnisse und Antriebe vorliegen, die von einem romantischen Idealismus herrühren und sich in einer Form physischer Sexualität äußern, die eventuell einer Heilung und Reinigung bedürfen. Die notwendige Transformation und Verfeinerung, die mit einer Auflösung des Sonne-Neptun-Konflikts einhergeht, würde allerdings automatisch auch auf dieser Ebene eingreifen.

Es können starke okkultistische und mystische Neigungen bestehen, die, wenn man ihnen in der Phase vor der Transformation nachgibt, zu einer Selbstüberhöhung als Gegenreaktion gegen diesen Minderwertigkeitskomplex führen können; man erliegt der Täuschung, die eigene Stimme für diejenige Gottes oder der Meister zu halten. Wenn jedoch die Transformation erfolgt ist, könnte man tatsächlich als ein gereinigter Kanal eine solche Funktion übernehmen. Eine gewisse Vorsicht und Zurückhaltung könnte jedoch notwendig sein, wenn man solche Lebensdimensionen erkundet, da ein unbewußter Wunsch nach Selbstüberhöhung aktiv und Triebfeder des eigenen Handels sein kann. Da die Phantasie-Komponente Neptuns so stark ist, kann dies zu einem aufgeblähten Egoismus und zu Selbstüberschätzung führen; statt einen Platz im Licht zu gewinnen, gerät man in den trügerischen Glanz der Verblendung und Illusion.

Opposition

Die Opposition zwischen Neptun und Sonne begünstigt eine verzerrte und selbsttrügerische Perspektive der Wirklichkeit, die im Leben zusätzliche Probleme und Hindernisse schaffen und die Entschlußkraft beeinträchtigen kann. Man hat Schwierigkeiten, die eigenen Optionen und Entscheidungen richtig zu analysieren und einzuschätzen, weil man sich oft auf selbstgeschaffene und imaginäre Probleme statt auf die tatsächlichen Schwierigkeiten konzentriert. Manchmal haben diese die Form freiwilligen Leidens aufgrund innerer Schuldgefühle wegen tiefliegender Begierden, oder die Form einer Sühne oder Buße für tatsächliche oder eingebildete »Sünden«. Dies kann sich in einer Märtyrerhaltung manifestieren und ist oft völlig unnötig, bildet aber in eigenartiger Weise ein Fundament für das innere Leben. Ein Opfer kann durchaus notwendig sein, nämlich die Preisgabe der eingebildeten Illusionen, doch wird dies oft mißverstanden und führt zu falschen Konsequenzen im täglichen Leben.

Man neigt oft zu heftigen Reaktionen gegen jede Inanspruchnahme oder Beherrschung durch andere, doch unterwirft man sich ohne weiteres, wenn man sich gerade auf einem verfehlten »Opfer-Trip« befindet. Die Beziehungen zu Mitmenschen können von Unsicherheit und Mißverständnissen geprägt sein, und aufgrund der starken Gefühlsbetontheit neigt man dazu, die engsten persönlichen Beziehungen mit Phantasien und Wunschdenken zu überfrachten, wodurch ein trügerisches Miasma entsteht, unter dem alle zu leiden haben. Der Mensch selbst kann etwas ausstrahlen, das jede klare, aufrichtige und direkte Kommunikation untergräbt, auch wenn man dies nicht recht akzeptiert oder realisiert. Da man persönlich unsicher und in seinen Beziehungen defensiv eingestellt ist, können durch die persönliche Ausdrucksart, die höchst ungern Fehler eingesteht oder für etwas die Verantwortung übernimmt, Spannungen entstehen, weil man dazu neigt, die Schuld immer auf andere abzuwälzen; dies ist eine Ausdrucksform, die mehr verwirrt als klärt und im Laufe der Zeit für erhebliche Reibungen sorgt. Diese Nebulosität dominiert die Persönlichkeit und verwandelt den Betreffenden in ein »psychologisches Chamäleon«, das seine Erscheinung und seine Haltungen entsprechend den verzerrten Wahrnehmungen und persönlichen Vorurteilen verändert, die in die Wirklichkeit eindringen.

Bindungen werden meist vermieden, und möglicherweise versagt man sich aufgrund der Angst, sich festzulegen oder beherrscht zu werden, überhaupt alle emotionalen Beziehungen, was zusammen mit einer argwöhnischen Natur nichts Gutes für stabile Beziehungen verheißt. Daß man in Liebesdingen dazu neigt, den negativen neptunischen Verblendungen zu erliegen, kann eine Tendenz aus früheren schweren Enttäuschungen sein; wenn dies jedoch im Leben zu einem sich wiederholenden Muster wird, liegt die Ursache wahrscheinlich im Menschen selbst, so daß man auf einer Reise in das eigene Innere zu einer Lösung kommen muß.

Wenn man mit solchen einflußreichen Mustern bezüglich der eigenen Identität und der Beziehungen zu anderen fertig werden will, muß ein hohes Maß an Aufrichtigkeit und Willenskraft aufgebracht werden. Änderungen zum Besseren sind möglich, doch nur dann, wenn man dies wirklich will und bereit ist, sich hierfür anzustrengen. Das Hauptproblem bei inneren Verblendungen und Illusionen liegt darin, daß sie so schwer eindeutig zu benennen sind, und es ist klar, daß aufgrund der vielen Zerrspiegel eine klare und richtige Wahrnehmung außerordentlich erschwert ist. Erst die wirkliche spirituelle Transformation zerschlägt diese Spiegel. Der erste und wichtigste Schritt besteht in der Fähigkeit, die Existenz solcher Probleme zu erkennen und anzuerkennen; dann folgt beharrliches Arbeiten an der Ermittlung der geeigneten Abhilfe.

Die Unsicherheit führt dazu, daß man an den eigenen Fähigkeiten und dem eigenen Potential zweifelt und vor Herausforderungen zurückschreckt, weil sie die eigenen Fehler und Schwächen aufdecken können. Es können sich Rückzugs- oder Verteidigungsmechanismen als Formen des Selbstschutzes herausgebildet haben. Vor allen Dingen muß man sich von der gewohnten Art der eigenen Wahrnehmung anderer Menschen und seiner selbst trennen, damit die Realität von Situationen objektiver zutage treten kann. Es kann höchst aufschlußreich sein, der Realität der eigenen Vermeidungsmechanismen ins Auge zu sehen und den Einfluß seiner emotionalen Vorurteile und Abwehrmechanismen zu beobachten; dasselbe gilt für die Art, wie man in seinen Beziehungen die Kommunikation verzerrt. Bei alldem muß man sich jeglicher Be- oder Verurteilung seiner selbst enthalten. Im Hinsehen liegen die Keime der Transformation verborgen.

Der Weg, den man gehen muß, ist die Auffindung der eigenen Mitte und des eigenen Selbst jenseits dieser ephemeren Einflüsse. Die sich entwickelnde Reife zeigt sich dann in der Entdeckung persönlicher Kraft in der eigenen Identität und den eigenen Ressourcen, statt in einem ungesunden Vertrauen auf andere. Wenn man bezüglich der eigenen Lebensziele klarer sieht und vielleicht ein Programm entwickelt, wie man einige von ihnen erreichen kann, hat man eine Orientierung, mit der man arbeiten kann. Dies wird dann Unabhängigkeit schaffen und den Ausdruck jenes blokkierten und frustrierten schöpferischen Potentials gestatten, das so lange Zeit gehemmt war. Solche Schritte können zur Erneuerung des Menschen selbst und seiner Beziehungen führen und ihn vor dem Eindringen negativer psychischer Einflüsse aus der Umwelt in die eigene Psyche schützen. Wenn diese Veränderungen vollzogen sind, kann man anderen Menschen sehr viel zu bieten haben; die Opferungstendenzen können nutzbringend eingesetzt werden. Die Arbeit mit verschiedenen Arten von Meditationen, die Verblendungen und Illusionsschleier von der Persönlichkeit wegnehmen, oder mit Beziehungstherapien kann sehr vorteilhaft sein.

Mond – Neptun

Konjunktion

Diese Konjunktion betont die emotionale Sensibilität und Verletzlichkeit gegenüber anderen, insbesondere durch eine empfängliche, mitfühlende seelische Empathie. Die Art der Umgebung hat erheblichen Einfluß auf das innere Gleichgewicht und Wohlbefinden, so daß man möglichst an Orten und mit Menschen leben und arbeiten muß, die einem zusagen, da es sonst geschehen kann, daß aller Elan und alle Vitalität dahinschwindet, weil man alle negativen Einflüsse auf die eigene Sensibilität aufnimmt.

Da das Herz so sehr für die Erfahrung des Lebens geöffnet ist, ist es auch für Leid, Kummer und Enttäuschungen offen. Im Laufe der Zeit wird es notwendig sein, Selbstschutzmechanismen oder wirksame Filter für diese Sensibilität zu entwickeln, da sonst das Leben schwer erträglich werden könnte. Aufgrund des eigenen verständnisvollen und mitfühlenden Wesens wird man oft zum Zuhörer und Vertrauten anderer, die Probleme haben; allerdings muß man eine gewisse nüchterne, unpersönliche Objektivität entwickeln, da man sich sonst mit den Problemen und Sorgen anderer belastet. Man hat nicht das Gefühl, hierdurch ein Opfer zu bringen; man möchte einfach anderen Menschen helfen, die in Not oder bedürftig sind. Möglicherweise strebt man einen Beruf im Bereich der Sozialarbeit an, in dem man Benachteiligten helfen und sie zum Fortschreiten ermuntern kann. Auf alle Fälle ist diese Fähigkeit des

Mitfühlens ein wichtiger motivierender Faktor im Leben des Betreffenden, der wahrscheinlich auf diesem Wege seine natürlichen Qualitäten und Fähigkeiten am leichtesten ausleben kann. Man kann einen positiven und katalytischen Einfluß auf andere ausüben, die dadurch entweder zum persönlichen Wachstum oder zur Lösung von Problemen ermuntert werden. Ein Beruf, in dem man zu stereotypen profanen Arbeiten gezwungen ist, befriedigt nicht und wird letztlich die vorhandenen Talente und Fähigkeiten brachliegen lassen. Ob man an der falschen Stelle sitzt, ist leicht festzustellen: Man ist von intensivem Wunschdenken und Tagträumen geplagt, von eskapistischen Visionen und einem mangelnden Interesse an der Arbeit.

Man besitzt eine kraftvolle Phantasie, die sich nicht unterdrükken oder verleugnen lassen will und ständig nach Ausdrucksmöglichkeiten sucht; man verfügt über große künstlerische und kulturelle Interessen und kreative Begabungen, die nach Freisetzung drängen. Geeignete Kanäle sind Malerei, Musik, Dichtkunst, Grafik – Wege, die im Betreffenden selbst wie in anderen eine gefühlsbetonte Reaktion auslösen. Man könnte sich zu einem Visionär und Inspirierten entwickeln, wenn man sich besonders auf diesen Bereich konzentriert und alle Energien auf eine solche Aufgabe richtet. Hierbei könnten die eigenen psychischen Sensibilitäten eine Rolle spielen, welche Einsicht in die subtileren Strömungen des Lebens und die in Symbolen und Bildern liegende Kraft verschaffen; selbst das Traumleben könnte von prophetischer Qualität und einflußreich sein. Am besten ist es möglicherweise, solche psychischen oder medialen Fähigkeiten nur zur Unterstützung des künstlerischen Schöpfertums heranzuziehen, weil man möglicherweise feststellt, daß sie zu unzuverlässig oder zu sehr unter neptunischen Meeresnebeln verhüllt sind, so daß eine klare Wahrnehmung schwierig ist. Solche Tendenzen können sich auch in Richtung religiöser oder spiritueller Interessen entwickeln, zum Beispiel im Überschwang und der Herzensandacht des Mystikers.

Im persönlichen Leben und in den engsten Beziehungen muß man sich möglicherweise vor einer Tendenz zu übermäßiger Romantik und vor Träumereien von einem/einer idealen Geliebten hüten, den/die man fortwährend sucht und niemals findet. Im wirklichen Leben hat man mit wirklichen Menschen zu tun, und

bei projizierten Anima-Animus-Obsessionen, die zum Selbstbe-
trug führen, ist die Enttäuschung und der Schock über das wahre
Wesen des Traummanns/der Traumfrau niemals weit. Menschen
zu Göttern oder Göttinnen zu erheben, ist ein riskantes Spiel; sie
stürzen regelmäßig von dem Podest, auf das man sie erhoben hat.
Wie bei Humpty Dumpty* geht durch den Sturz die Illusion in die
Brüche, die sich niemals mehr um diese Person zusammensetzen
läßt. Freilich ist es viel lohnender und bereichernder, sich in den
wirklichen Menschen erneut zu verlieben.

Es können zu Zeiten Tendenzen bestehen, die Konfrontation mit
der rauhen Wirklichkeit zu vermeiden. Dies ist freilich nicht das
richtige Mittel, sich mit einer Herausforderung auseinanderzusetzen; der Schlüssel liegt vielmehr darin, die eigenen Haltungen zu
korrigieren. Die Hinnahme der Wirklichkeit ist ein Prozeß, dem
wir uns im Leben fortwährend stellen müssen, doch bedeutet dies
nicht notwendigerweise eine Unterwerfung unter das Unvermeidliche; es ist manchmal nur der erste Schritt, um feststellen zu
können, wie man eine unbefriedigende Situation transformieren
kann. Manchmal überwiegt der Einfluß Neptuns denjenigen des
Mondes. Die Folge ist dann ein Rückzug in private Welten; man
versteckt sich unter einem Schutzpanzer, weil man die Welt nicht
so nehmen kann, wie sie wirklich ist, und lebt abgeschieden in der
Traumwelt der Luftschlösser seiner Phantasie.

Mond-Aspekte weisen außerdem auf eine Verbindung mit dem
Mutterbild hin, dem Symbol wie dem wirklichen Elternteil. Die
Konjunktion beinhaltet eine enge Bindung an die Mutter oder
einen erheblichen Einfluß auf die eigene Entwicklung. Wie in den
Liebesbeziehungen können aber auch hier Illusionen vorhanden
sein, von denen man sich reinigen oder befreien muß, wenn sie sich
in den Beziehungen des Erwachsenen negativ bemerkbar machen.

---

* In den englischsprachigen Ländern kennt jedes Kind diesen Vers:
  Humpty Dumpty sat on a wall
  Humpty Dumpty had a great fall;
  All the king's horses, and all the king's men
  Couldn't put Humpty together again.

(Anm. d. Übers.)

Sextil

Das Sextil gibt weniger zwiespältige Probleme auf als die Konjunktion, und man wird feststellen, daß dieser Aspekt harmonischer ist und die Freisetzung des eigenen Potentials weniger behindert. Es werden die bei Mond-Neptun-Aspektierungen immer bestehenden Qualitäten der Phantasie, der psychischen und empathischen Sensibilität vorhanden sein, doch sind diese beim Sextil klarer ausgeprägt und weniger durch persönliche und äußere Wahrnehmungen verzerrt.

Der Betreffende wird ein starkes soziales Verantwortungsgefühl haben, und dies könnte zum Schlüsselelement in seinem Leben werden, sowohl was die Berufswahl betrifft, als auch hinsichtlich der Möglichkeiten, die inneren Talente und Qualitäten am besten zur Geltung zu bringen. Man reagiert mit dem Herzen auf negative soziale Bindungen, ob es sich nun um einzelne, um entfremdete Minderheitengruppen oder um globale, undifferenzierte Sympathien handelt. Man fühlt sich vielleicht zu einem Beruf hingezogen, bei dem man mit einer sozialen Problematik zu tun hat, oder sucht zumindest Kontakt mit Initiativen, die sich um sozial Benachteiligte kümmern. Man nimmt eine recht leidenschaftliche Haltung ein, wenn es darum geht, die fehlende Menschlichkeit und Hinwendung zu anderen Menschen anzuprangern, und man ist bestrebt, positive und hilfreiche Aktionen mit zu unterstützen.

Man ist eher nach außen als nach innen orientiert, und dies macht den Betreffenden geeignet als Sprecher und Anprangerer sozialer Mißstände, der die Öffentlichkeit für die davon ausgehenden Gefahren oder für das mangelnde Mitgefühl wachrüttelt, das man persönlich als unerträglich empfindet, weil Menschen dadurch unnötig leiden müssen. Dieses Streben nach sozialem Ausgleich regt den eigenen kreativen Geist an, sich durch schöpferisches Schreiben auszudrücken, durch die Verbreitung einschlägiger Informationen als Bildungsmittel; der eine oder andere verschreibt sich vielleicht einem engagierten Journalismus, um das schlafende soziale Gewissen wachzurütteln. Hohe soziale Ideale bringen es mit sich, daß man vielleicht eine wichtige Rolle bei der Vermittlung und Artikulierung vorgeschlagener Maßnahmen zur sozialen Verbesserung spielen wird. Die Arbeit an der Last der sozialen

Wohlfahrt kann in gewisser Hinsicht tiefe Befriedigung geben, wenn man durch die Reaktion seines Herzens Alternativvorschläge für Verbesserungen entwickelt, die man über seinen inspirierten Verstand weitergibt.

In den engeren privaten Beziehungen ist man weniger geneigt, sich Illusionen hinzugeben oder Podeste zu bauen, da man eine realistische Einsicht in die Fehlbarkeit der menschlichen Natur hat, und durch seine Toleranz und sein Verständnis ist man besser gegen Enttäuschungen auf diesem Gebiet gefeit. Sofern man sich die richtigen Kanäle für die äußere Aktivität schafft, sollte das familiäre wie das soziale Leben ein erfülltes Leben sein. Man sollte allerdings nie vergessen, daß der Mond sehr intensive familiäre Bindungen an die Eltern wie an die eigene Familie schafft, die für einen selbst möglicherweise wichtiger sind, als man selbst erkennt, insbesondere dann, wenn man sich sehr stark engagiert.

Da man für die von Menschen und Umgebungen ausgehenden subtilen psychischen Einflüsse sehr empfänglich ist, muß man sich möglicherweise regelmäßig in die Isolierung und Ruhe zurückziehen, um sich innerlich zu reinigen und seine Energien zu regenerieren. Das innere Leben und die eigene Phantasie geben oft Hinweise darauf, in welcher Richtung man sich bewegen soll, wenn man nicht sogar die Themen für soziales Handeln aus diesen Schichten empfängt. Viele Entscheidungen fallen aufgrund von mehr unbewußten Impulsen. Wenn man in einer entsprechenden Weise handelt und dies zum Scheitern führt, muß man gegebenenfalls die eigenen Haltungen und Motivationen genauer untersuchen, um bisher unerkannte unbewußte Tendenzen ans Tageslicht zu heben und zu verhindern, daß diese weiterhin in Sackgassen und ein letztlich selbstverschuldetes Scheitern führen.

Trigon

Sextil- und Trigonaspekte zwischen Neptun und Mond findet man häufig in den Geburtsbildern künstlerischer und schöpferischer Menschen, insbesondere solcher, denen es persönlich darum geht, den Anteil an Schönheit und Güte im Umfeld des sozialen Lebens zu erhöhen. Dies kann sich in ganz unterschiedlicher Weise manifestieren, von der Verbesserung der Lebensbedingungen eines Menschen über mehr ästhetische kulturelle Wahrnehmungen bis hin zum Genuß eines guten Films oder der bewundernden Betrachtung eines an Assoziationen reichen Gemäldes voller Harmonie und Schönheit.

Das Trigon zeigt das Potential für eine erfolgreiche Vereinigung dieser beiden Planetenenergien an, wobei das innere Bilder- und Empfindungsleben mit einer geeigneten Form des äußeren Ausdrucks integriert ist. Da hier eine Tendenz zu einer Überempfänglichkeit gegenüber der Umgebung besteht, muß man einen Modus finden, diese Wahrnehmung in schöpferischer Weise einzusetzen, indem man anderen diese subtilere und vielleicht verborgene unsichtbare Dimension des Lebens enthüllt, so daß auch diese die vitalisierende, erhebende und inspirierende Qualität der inneren Reiche schätzen und Kontakt mit diesen aufnehmen können. Deshalb findet man diesen Aspekt oft bei Menschen, die mit Film, Tanz und den bildenden Künsten zu tun haben, wo sie eine reichere Wahrnehmung des Lebens offenbaren und Mittler der neptunischen Muse in der Welt sind.

Menschen mit diesem Aspekt besitzen oft ein entsprechendes angeborenes Talent, und wenn sie die Anstrengung auf sich nehmen, ihre inneren imaginativen Träume manifest zu machen – vielleicht unterstützt von ihrer Venus –, dann können sie produktiv sein. Wenn allerdings Merkur, Saturn oder Mars schwach oder unharmonisch aspektiert sind, werden erst einige Hindernisse zu überwinden sein, bevor die Träume Wirklichkeit werden können. Ansonsten wird man in der Lage sein, große künstlerische Kreationen für die Anregung und für den Genuß anderer zu schaffen.

Im allgemeinen ist der Betreffende ein mildtätiger Mensch, herzlich und mitfühlend gegenüber anderen, mit einem Gespür für die soziale Dimension des Lebens. Manchmal besteht aber auch die Neigung, die Energien in einer ausgeprägt schöpferischen Weise und weniger in direktem sozialem Handeln einzusetzen, weil man der Auffassung ist, daß man durch seine Kreativität am meisten für den Fortschritt der Gesellschaft tun kann. Das Interesse liegt in der Regel mehr auf der Entfaltung des individuellen Potentials, und man kann große Energien dafür aufbringen, auch andere hierzu anzuregen, insbesondere in der Familie und bei jüngeren Menschen. Gelegentlich zeigt sich aber auch eine etwas stärkere Selbstzentrierung – insbesondere unter dem Einfluß einer künstlerischen Muse –, und man möchte lieber etwas mehr Freiheit von sozialen oder familiären Verpflichtungen haben, um sich ganz auf die Verwirklichung des eigenen schöpferischen Potentials zu konzentrieren.

Im Bereich der Beziehungen wählt man eher einen Partner mit unabhängigen Interessen und einer selbständigen Wesensart, der sich nicht allzusehr auf einen selbst stützt. Partner sollten eine gleichwertige künstlerische Auffassung und Sensibilität und ein hohes kulturelles Niveau haben, damit gegenseitiges Verständnis besteht.

Möglicherweise findet die eigene Kreativität volle Befriedigung in der Schaffung von Projekten, von denen andere unmittelbar profitieren und die in irgendeiner Weise zur Verbesserung der sozialen Bedingungen beitragen. Hiervon würde man auch selbst profitieren, da sich die Qualität der sozialen Umgebung verbessert und sich dadurch die Möglichkeit negativer Auswirkungen auf einen selbst verringert.

In der Kreativität des Betreffenden kann ein prophetisches Element liegen; Intuition im Hinblick auf Menschen und den Gang von Ereignissen kann im eigenen Leben eine sehr große Rolle spielen, und auch die Kunst kann tiefer liegende soziale Bedürfnisse in eine bestimmte Richtung lenken oder sie artikulieren. Hier ist die psychische Dimension am Wirken; ihr muß Aufmerksamkeit gewidmet werden.

Quadrat

Die größte Herausforderung, der man sich beim Quadrat gegenübersieht, besteht in der Unterscheidung zwischen Wirklichkeit und Unwirklichkeit, zwischen Tatsachen und Fiktion, und in der Konsequenz der Verwirrung, wenn diese nicht richtig wahrgenommen und im Bewußtsein verankert werden. In die Phantasie mischen sich oft flüchtige und unbeständige Emotionen und Gefühle hinein, so daß die Wahrnehmung durch persönliche Vorurteile und Einbildungen getrübt wird. Es besteht die Tendenz, sich Erfahrungen in seiner Seele zurechtzumachen, damit sie akzeptableren emotionalen Mustern genügen, doch treibt durch die Verzerrung realer Erfahrungen und das Präparieren der Erinnerungen die Illusion wilde Blüten, bis dasjenige, was man über die Vergangenheit und die Wirklichkeit zu erzählen weiß, sich nicht mehr mit demjenigen deckt, was andere sagen. Versuche, die Realitäten zu verzerren, insbesondere diejenigen, die andere betreffen, sind stets unwillkommen und bilden in Beziehungen eine Quelle von Konflikten. Wenn man darauf beharrt, recht zu haben, auch wenn mehrere andere etwas anderes sagen, löst man schließlich ablehnende Haltungen aus, weil sich niemand hinsichtlich seines Gedächtnisses und seiner Wirklichkeiten von anderen verunsichern läßt, auch nicht durch Familienangehörige. Es kann aber auch sein, daß man sich innere Phantasielandschaften aufbaut, in die man sich flüchtet und die man mit persönlich befriedigenden Phantasien bevölkert; die Gefahr liegt darin, daß diese Phantasien in das Alltagsleben einbrechen können.

Oft fühlt man sich unbehaglich mit seinen Empfindungen und Emotionen, da man sie nicht ohne weiteres assimilieren und integrieren kann. Weil man Stimmungsschwankungen unterliegt, fällt es auch schwer, sich auf ein stabiles emotionelles Reaktionsmuster gegenüber Menschen und dem Leben einzupendeln. Möglicherweise gab es emotional bedingte Schwierigkeiten in den Beziehungen zu den Eltern, insbesondere zur Mutter, wobei emotionelle Bedürfnisse nicht befriedigt wurden, oder man glaubt, daß Fehler begangen wurden. Der Betreffende neigt zur Verantwortungsscheu und kann auch antisoziales Verhalten zeigen, möglicherweise als reflexartige Auflehnung gegen jene inneren Empfindungen des Schmerzes und der Enttäuschung bezüglich sozialer Erwartungen, wobei er sich bewußt weigert, überhaupt ein Potential zum Ausdruck zu bringen, und in seinem ganzen Handeln nur eine verletzte Negativität geltend macht. Möglicherweise gab es in der Kindheit zu Hause Wechsel der Bezugspersonen, Spannungen, Streß und Unruhe; vielleicht waren die Eltern geschieden oder war die Ehe schlecht, was seelische Spuren hinterlassen hat. Man hat in vielerlei Hinsicht das Gefühl, daß man sich gegen Schleusentore stemmen muß; dies können vom Unbewußten ausgehende Spannungen sein, deren Ursache ungelöste und blockierte starke Emotionen sind, die nach einer läuternden Auflösung streben. Die Folge hiervon kann Angst sein, eine Angst, die sich in ganz unterschiedlicher Weise äußert, zum Beispiel als Angst, sich zu überlasten, oder sich in Beziehungen große Blößen zu geben. Um sich von diesem Druck zu entlasten, begeben sich manche in die Abhängigkeit von Drogen, Alkohol, Formen sexueller und emotionaler Ausschweifungen, immer auf der Suche nach jenen kurzen Augenblicken der Loslösung von der Wirklichkeit.

Allerdings ist dies alles keineswegs unvermeidlich oder eine notwendige Erfahrung. Änderungen sind möglich, indem man mit jenen inneren Fähigkeiten arbeitet, die man bisher blockiert oder deren Gegenwart man geleugnet hat, statt sie als Geschenke zu erkennen. Phantasie ist vorhanden; man braucht sie nur in positiver Weise einzusetzen. Was man tun muß, ist, ein positives Bild eines »neuen Ichs« aufzubauen, das weniger Komplexe hat und bereit ist, sich zu einer schöpferischen und liebevolleren Person zu wandeln.

Das Verstehen der eigenen Natur ist der erste Schritt zur Toleranz gegenüber den Schwächen und Stärken anderer, weshalb irgendeine Form einer inneren psychologischen Erkundung notwendig ist. Der Abbau aufgestauter emotionaler Spannungen ist notwendig und sollte vorsichtig durchgeführt werden, vielleicht mit Hilfe geschulter Berater oder Psychotherapeuten, denn eine zu starke und plötzliche Lösung emotionaler Spannungen kann mehr schaden als nützen. Zusätzlich könnten auch verschiedene Techniken von Körperarbeit und Massage von Nutzen sein. Notwendig ist es, die Verletztheit oder den Zorn in den eigenen Empfindungen anzuerkennen, doch hat es keinen Sinn, sich deswegen heftige Vorwürfe zu machen; man akzeptiere die Tatsache und versuche, sich hiervon zu befreien, damit die Heilung eintreten kann. In Beziehungen sollte man offener und ehrlicher über Irritationen sprechen und sie nicht in sich hineinfressen. Man organisiere sein Leben bewußter, lege geeignete Ziele und Ausrichtungen fest, aber stelle sicher, daß sie realistisch sind und daß man eingegangene Verpflichtungen auf dem Weg dorthin auch durchstehen kann; am besten setzt man sich zunächst einfachere, kurzfristigere Ziele. Beharrlichkeit ist in dieser ersten Phase der Neuschöpfung wichtig, denn Veränderungen treten selten über Nacht ein und müssen immer erst gründlich in die Persönlichkeit integriert werden. Man muß vorsichtig sein und bewußter mit der materiellen Ebene umgehen; man lasse die unvermeidlichen Beschränkungen zu einer notwendigen Struktur werden, in der man in Sicherheit wachsen kann. Man arbeite gemeinsam mit anderen, damit man erkennen kann, daß alle manchmal in ihrem Leben Unterstützung und Halt von anderen brauchen, die vielleicht auf einer klareren Ebene wahrnehmen. Man glaube an sein eigenes Potential und entschließe sich, es in seinem Leben wirken zu lassen.

Dann können die negativen Aspekte des Quadrats in positives Kapital umgewandelt werden. Am besten arbeitet man mit erdverbundenen Therapierichtungen, die zu einer besseren Verankerung in der Wirklichkeit führen können, statt der natürlichen Tendenz zu einem mehr die Phantasie ansprechenden Eskapismus zu folgen, wodurch man sich möglicherweise auf religiöse/mystische Kulte einläßt, die zu Höhenflügen in die himmlischen Gefilde des halluzinatorischen Größenwahns einladen und nicht zur Erfahrung des wirklichen Lebens hinführen. Von Versuchen, parapsychische oder mediale Fähigkeiten zu entwickeln, sollte man möglichst ablassen, da sie in die alte Unterscheidungsunsicherheit zwischen Wirklichkeit und Unwirklichkeit zurückführen können.

Opposition

Bei Mond-Neptun-Aspekten besteht eine gewisse Ähnlichkeit zwischen den Wirkungen der Opposition und denjenigen des Quadrats, wobei jedoch bei der Opposition die innere Spannung und Belastung mehr nach außen in die Welt projiziert wird, so daß sie über andere Menschen und die Umwelt rückgekoppelt wird.

Es besteht die Neigung, die Lösung der eigenen Probleme in der äußeren Welt zu suchen, vielfach in Form einer Abhängigkeit von anderen oder einer falschen Identifizierung mit Menschen, Orten oder materiellem Besitz, wodurch man eine gewisse Sicherheit und Verschonung von jenem inneren Druck oder seiner emotionalen Unruhe zu erlangen glaubt. Wenn man dies tut, läuft man aber Gefahr, eine ohnehin fragile emotionale Natur ganz zu zersplittern und durch Verschiebung seiner Mitte den Motivations- und Richtungszusammenhang in seinem Leben einzubüßen.

Wie es bei solchen Aspekten häufig ist, erzeugt eine übersteigerte Phantasie eine Fülle von Illusionen, durch die die Grenzen zwischen Wahrheit und Schein verwischt werden. Diese Illusionen sind möglicherweise innerhalb der engsten persönlichen Beziehung am aktivsten und am besten zu beobachten, insbesondere hinsichtlich ihrer Tendenz, in der Kommunikation Verzerrungen, Unordnung und Unklarheit zu schaffen. Im Familienleben kann es Reibungen geben, unter anderem in Folge der Projektion unaufgelöster Illusionen und Spannungen auf andere, und dieser Zustand wird so lange anhalten, bis man diese Projektionen auf sich selbst zurücknimmt und auflöst.

Zu Zeiten fühlt man sich als Gefangener seines eigenen Lebensstils und verspürt den heftigen Drang, aus Situationen auszubrechen, die man als unterdrückend empfindet. Eine häufige Reaktion auf solche Empfindungen sind eskapistische Tendenzen, die Neigung, vor Problemen wegzulaufen, statt sich mit ihnen auseinanderzusetzen und sie zu lösen. In manchen Fällen führt dies zu den bekannten neptunischen Versklavungen an Drogen und Alkohol als leicht verfügbare »Heilmittel«, was diese natürlich nicht sind, sondern bloß Krücken, die die bestehenden Schwierigkeiten nur verschärfen.

Die bestehende psychisch-emotionale Sensibilität und Empathie gegenüber Menschen und Umgebungen wirkt meist sehr ausgeprägt, und man neigt dazu, alle Eindrücke schutzlos und undifferenziert in sich aufzunehmen. Dies verschärft die persönliche emotionale Unsicherheit und Instabilität wie auch die Tendenz, sich von anderen ausnutzen zu lassen. Diese inneren Konflikte sind Ausdruck der neptunischen Gefahr, unfreiwillig zum Opfer zu werden, und man stellt oft fest, daß sich die inneren Spannungen äußerlich als psychosomatische Reaktion am physischen Körper manifestieren.

Eine solche Situation kann dem Menschen das Leben schwermachen, doch muß dies nicht so bleiben; eine bewußte Änderung zum Besseren ist möglich. Hinter der emotionalen Verletzlichkeit und dem Mangel an Selbstvertrauen verbirgt sich ein Reservoir schöpferischer Begabung, deren man sich bedienen kann; die Schwierigkeit liegt darin, einen Weg frei zu machen, über den sie sich manifestieren kann, und hierfür müssen zunächst hemmende emotionale Muster transformiert werden. Wenn man sich ernsthaft entschließt, seine Energie hierfür einzusetzen, kann man mög-

licherweise durch konsequentes Üben und durch geeignete Unter-
weisung die verschlossenen Türen zu dieser inneren imaginativen
Begabung öffnen und die frustrierte Energie freisetzen.

Man muß lernen, fest in seinem eigenen Licht zu stehen, stark
und in sich selbst zentriert zu sein, statt sich auf andere zu verlassen
oder seine Mitte in die äußere Welt zu verlegen. Die Herausforderung besteht darin, man selbst zu sein, nicht seine Fähigkeiten mit
denjenigen anderer zu vergleichen, sein Schicksal zu beklagen und
neidisch auf den Erfolg der Freunde zu blicken. Es wird kein
leichter Kampf sein, seine eigenen eingefahrenen Verhaltensmuster
neu zu orientieren, doch wird sich die Mühe auf alle Fälle lohnen
und alle jene hemmenden, emotional bedingten fressenden inneren
Gifte zur Auflösung bringen; die Aufgabe besteht in einer Neuschöpfung und Erneuerung, einer zweiten Geburt. Das Selbstvertrauen wird mit jedem kleinen Schritt vorwärts und jeder Verbesserung steigen, die man selbst beobachtet, und allmählich wird
man zu der Überzeugung gelangen, daß man jenes Reservoir verborgenen Potentials ausschöpfen kann, über das man in seinem
tiefsten Inneren verfügt. Man verschafft sich eine neue Klarheit
über seine Ziele und Intentionen im Leben, legt sich eine neue
Richtung zurecht, in die man gehen will, und schmiedet sich einen
Lebensstil, der zu einem paßt und keine Reibungen durch innere
Frustration und Konflikte schafft. Man fühlt sich stark genug,
seinem eigenen Rat zu folgen, vertraut auf die Gültigkeit seiner
inneren Antriebe. Man ist endlich in der Lage, vorteilhaften Gebrauch von seiner geschärften Sensibilität zu machen, weil man die
von ihr gelieferte Wahrnehmung eines reicheren Lebens nun zu
schätzen weiß und versteht, wie sie positiv zum Nutzen anderer
eingesetzt werden kann, statt in einer unausgewogenen und verun-
sicherten Seele zur Quelle emotionaler Nöte zu werden. Die Beziehungen zu anderen werden sich in dem Maße verbessern, wie die
Klarheit der Wahrnehmung durch ein realistischeres Urteil zunimmt und man begreift, daß man wesentliche Zugeständnisse
machen und Kompromisse schließen muß, wenn man harmonisch
mit einem Partner zusammenleben will. Die Freuden eines stabilen
häuslichen Lebens werden an die Stelle der bisherigen Beklem-
mungen und Beschränkungen treten; die alten Vollkommenheitsideale werden als Illusionen erkannt, die sich im Wind zerstreuen,

so daß man keinen Phantomen mehr nachjagt, sondern die wirkliche menschliche Natur akzeptiert und liebt, diejenige des Partners und seine eigene. Die Projektionen verlieren ihre Kraft und werden in das eigene Innere zurückgenommen, wo sie abgebaut werden, damit die blockierte Energie frei werden kann.

Dies sind die Potentiale, die bei diesem Aspekt erreichbar sind; wenn man es vorzieht, die angezeigte Transformation nicht vorzunehmen, besteht die Alternative nur darin, mit den negativen Wirkungen dieses Aspekts und einem nicht integrierten Neptun zu leben.

Merkur – Neptun

Konjunktion

Bei einer Aspektbeziehung zwischen Merkur und Neptun ist vor allem die geistige Ebene sensibilisiert und aktiviert, so daß der Nachdruck auf der Imagination liegt und die Lebensauffassung sich überwiegend aus dem mental Wahrgenommenen bestimmt. Die Konjunktion zeigt einen Kanal zwischen dem Bewußten und dem Unbewußten an, und die Energie wie auch die Informationen, die über diese Leitung laufen, müssen sorgfältig integriert werden, wenn nicht die unterschiedlichsten Ungleichgewichte und Verzerrungen entstehen sollen.

Die Fähigkeit der Imagination wird in hohem Maße stimuliert und entwickelt sein, und hierdurch wird eine Ausrichtung auf geeignete Kanäle unbedingt erforderlich, damit nicht andere Wahrnehmungsprobleme entstehen. Die Problematik mentaler Realitäten kann im Betreffenden Unruhe erzeugen, insbesondere da eine Tendenz bestehen kann, aufgrund der Fehlinterpretation von Tatsachen und suggestiver Informationen zu falschen Urteilen zu kommen. Es ist ein mentaler Prozeß wirksam, der danach strebt, Erfahrungen in eine akzeptablere Form umzugießen, eine Art selektiver Manipulation, durch die man Aspekte der Wirklichkeit ausschließt, die man nicht anerkennen möchte. Wenn dieser Prozeß zu einem ständigen mentalen Verhaltensmuster wird, schafft man sich möglicherweise eine ganz private Realität, die eine Mischung aus Wirklichem und Unwirklichem ist und zusätzliche

Probleme schaffen kann, wenn es notwendig wird, diese Vermischung zu beseitigen. Verstärkt wird dies oft durch eine Tendenz
zum mentalen Eskapismus, wodurch man jede Möglichkeit
schmerzlicher Erfahrungen und Situationen von vornherein auszu-
schließen versucht, indem man es vermeidet, sich mit Dingen zu
verbinden.

Die zwischenmenschlichen Beziehungen sind oft geprägt von
einem übermäßigen Idealismus, durch den man entweder die mentale Illusion von einem/einer vollkommenen Geliebten hat, den/
die es kaum geben kann, wobei man jeden an diesem vollkommenen Maßstab mißt und damit sicherstellt, daß niemand den Vorstellungen entspricht, oder indem man geliebte Menschen mit
einem unnatürlichen Glorienschein umgibt und sie auf ein Podest
erhebt, von dem sie nach einiger Zeit unweigerlich wieder herab-
stürzen werden. Die mentalen Bilder werden zerstört werden,
doch nimmt dies nicht die wirklichen Enttäuschungen und Desillusionierungen weg, die man erleiden muß – und so lange erleiden
wird, bis man in seinen engsten persönlichen Beziehungen realistischere Maßstäbe anlegt. Dieser Prozeß kann teilweise auf die Empfindung persönlicher Unzulänglichkeit zurückgehen, die man
durch die Nachahmung anderer, vor denen man Hochachtung
empfindet, zu lindern versucht, oder manchmal auch durch Versuche, sich im Glanz berühmter Leute zu sonnen, was innere
Phantasien nährt. Jedenfalls ist man oft leicht beeinflußbar, und
hiergegen muß man sich wappnen.

Menschen mit diesem Aspekt haben oft eine kreative und künstlerische Begabung und einen ausgeprägten Kultursinn. Der ideale
Beruf bietet Kanäle für solche Formen persönlichen Ausdrucks,
und man sucht sein Betätigungsfeld vielleicht im Bereich der
Schriftstellerei, der bildenden Kunst, der Fotografie oder des
Films, da man ein Talent zur visuellen Imagination hat, die auch
einen gewissen inneren Gehalt hat. Man wird eher intellektuell und
mental vorgehen, nicht emotional wie bei den Mond-Aspekten. Es
kann eine Schulung und Ausbildung erforderlich sein, damit diese
Begabungen wirksam werden können. Es kann zum Beispiel eine
besondere Begabung dafür vorliegen, künstlerische Schöpfungen
auf ihre intellektuelle Substanz zu prüfen und sie in einen intellektuellen Kontext zu stellen, wie dies der Kritiker tut, wobei man in

diesem Fall ein wachsames Auge auf eine etwaige Intoleranz in der eigenen Haltung haben muß.

Ein anderer Lebensbereich, der den Betreffenden anziehen könnte, ist die vom Mysterium, von romantischen Illusionen, der Welt des Parapsychischen, der Mystiker und der Psychologie ausgehende mentale Faszination: die Reiche der Seele. Aufgrund jener unmittelbaren Verbindung zwischen dem Unbewußten und dem Bewußten kann man Dienen als einen bewußten Kanal zwischen beidem erfahren, wobei Informationen wie etwa persönliche Beispiele einer telepathischen Kommunikation oder prophetische Träume oder Visionen an den rationalen Geist weitergeleitet werden. Wenn man sich wirklich und endgültig von dem Impuls befreit hat, die Realität in akzeptable Strukturen umzuformen, und wenn es gelungen ist, durch Integration der transpersonalen Planeten in ein funktionierendes vereinheitlichtes Bewußtsein sich ein wirkliches Verständnis von der Funktion der eigenen Psyche zu verschaffen, dann könnte der Weg in weniger greifbare Reiche der Seele gefahrlos möglich sein. Wenn aber diese ersten Schritte nicht erfüllt sind, dann könnte es wegen der unkontrollierten aktiven Phantasie weniger ratsam sein, sich von seiner eigenen Faszination in diese inneren Welten leiten zu lassen, da dies ein Rückzug in eine selbstgeschaffene nebulöse Traumwelt sein könnte. Man hat daher sorgfältig zu prüfen, ob Ideen, Antriebe oder Motivationen, die in der Seele auftauchen, entweder einer Selbsttäuschung oder aber einer wirklichen inneren Fügung entspringen. Eine solche Unterscheidung ist manchmal nicht einfach zu treffen, doch ist sie unerläßlich, damit man sich nicht auf dem inneren weglosen Weg verliert.

Sextil

Das Sextil beinhaltet einen fließenderen und reibungsloseren Kontakt zwischen Neptun und Merkur, den man im täglichen Leben besser zum Ausdruck bringen kann und durch den die Fähigkeit der Phantasie für den Betreffenden selbst wie für andere besonders nutzbringend sein kann. Neptun verleiht den eigenen mentalen Schöpfungen eine emotional vitalisierende Qualität, wobei eine intuitive Einsicht manchmal überraschende Lösungen für ein persönliches Dilemma bieten kann. Die Illusionen, die oft bei Neptun-Kontakten auftreten, sind hier weniger ausgeprägt, weil man sie durch einen recht diskursiven und kritischen Geist gut zerstreuen kann, der Erfahrungen und Informationen sorgfältig sichtet und versucht, sie in brauchbares Wissen umzusetzen. Meist verfügt man über eine innere Neugierde, die hinter die Erscheinungen blicken möchte und Ideen nicht einfach unbesehen übernimmt.

Man findet diesen Aspekt häufig in den Geburtsbildern erfolgreicher Schriftsteller, schöpferischer Menschen oder Menschen in Medienberufen, bei Personen, die über eine klare und umfassende Wahrnehmung verfügen, eine Vielfalt von Auffassungen, Haltungen und Überzeugungen aufnehmen können und das Leben aus einer weiten und toleranten Perspektive sehen. Die Bereiche, zu denen man sich aufgrund des schöpferischen Potentials dieses Aspekts hingezogen fühlt, umfassen unter anderem Journalismus, Unterricht, Medien, bildende Künste, Sozialarbeit und Fürsorge. Die vorhandene natürliche Intelligenz läßt oft nach höherem Wissen oder höheren Fähigkeiten durch eine akademische Ausbildung streben. Dies kann zur Bildung von Vereinigungen mit anderen Menschen führen, die ebenfalls einer geistigen Tätigkeit nachgehen oder eine gesteigerte Empfindung sozialer Verantwortlichkeit haben. Man besitzt idealistische Tendenzen, jedoch weniger übersteigert, als es bei anderen der Fall ist, doch sollte man darauf achten, in seinem sozialen Optimismus die realistische Perspektive nicht zu verlieren. Die eigene fruchtbare Phantasie und scharfe Wahrnehmung kann zur Beteiligung an sozialen Veränderungen führen, zur Übernahme einer mahnenden Rolle bei vorhandenen oder drohenden sozialen Gefahren.

In den persönlichen Beziehungen gelingt es, eine nahe Partnerschaft und ein liebevolles Familienleben zu pflegen. Freundschaften sind lohnend und erfüllt, da man ein umgänglicher und geselliger Mensch ist. Man hat das Potential zu inspirierenden Qualitäten, und wenn diese entwickelt sind, kann man zum Führer oder Sprecher einer Gruppe werden und diese wirksam repräsentieren. Im Denken und strategischen Planen kann ein Scharfsinn vorhanden sein, der für manche überraschend ist. Er kann in geeigneter Weise entwickelt werden, so daß man einen unmittelbaren Konfrontationskurs vermeidet, insbesondere mit mächtigeren sozialen

Gegnern. Das einzige, wovor man sich eventuell hüten muß, ist, sich von anderen ablenken zu lassen und durch das Erkunden von Nebenwegen seine Effektivität zu verlieren. Wenn dies geschieht, ist es teilweise die eigene Schuld, da man offensichtlich nicht genau genug weiß, was man eigentlich möchte; man sollte also seine Absichten und Ziele vorher ausreichend klären, damit man nicht immer wieder auf solche Abwege gerät. Ansonsten versteht man es sehr gut, Kapital aus den Möglichkeiten dieses Aspekts zu schlagen.

Trigon

Das Trigon bietet ein recht günstiges Potential, da hier die Energien von Neptun und Merkur gut zusammenwirken und sich die positiven und konstruktiven Merkmale beider Planeten gegenseitig verstärken. Ähnlich wie beim Sextil findet man diesen Aspekt häufig in den Geburtsbildern erfolgreicher und schöpferischer Menschen. Wenn man sich die Energie des Trigons zunutze macht, kann dies die Entfaltung einer beträchtlichen Kreativität stimulieren. Die Essenz des kreativen Geistes des Betreffenden wird eine ahnungsreiche Bilderwelt sein, die vielfach eine bedeutungsvolle Tiefe erreicht und manchmal von inspirierender Qualität ist. Ausdrucksmöglichkeiten hierfür sucht und findet der Betreffende unter anderem in den bildenden Künsten, Musik, in lebensvollen literarischen Schöpfungen, Dichtkunst, Film und Fotografie. Die Kreativität ist nicht oberflächlich, sondern hat Substanz und Aussagekraft.

Die Kommunikation mit anderen ist dem Betreffenden wichtig. Man ist möglicherweise sehr effektiv in der Übermittlung der eigenen Ideen und Intentionen und versteht es, seine Botschaft geschickt zu »verpacken«. Es kann ein gewisser Hang zu dramatischen Darstellungen bestehen, doch hat dies auch seinen Zweck, weil damit sichergestellt wird, daß alles, was man schafft, auch von anderen wahrgenommen wird, und weil durch die Erregung von Aufmerksamkeit auch eine Situation entsteht, durch die eine gewisse Reaktion herausgefordert wird. Man hat ein Talent dafür, andere Menschen durch subtile Manipulation und vielleicht auch durch geschickte Handhabung der Kommunikationsmedien seelisch zu beeinflussen, weil man ein natürliches Verständnis für die wesentlichen Motivationsmuster anderer mitbringt. Dies kann dadurch noch intensiviert werden, daß man mit Hilfe der neptunischen Schwingung eine intuitive oder telepathische Fähigkeit verstärkt, was sich manchmal auch in Form der Prophetie manifestiert. Am besten vermeidet man eine Überentwicklung solcher Tendenzen oder ihre Ausbreitung in der Öffentlichkeit, sondern nutzt sie besser ruhig und ohne großes Aufhebens im täglichen Leben, insbesondere wenn man durch sein empathisches Bewußtsein andere unterstützen und ihnen helfen kann.

Es besteht das Potential zu außerordentlich kraftvollen Visualisierungen, jener Fähigkeit zur Erzeugung innerer Bilder, durch die man in der Seele farbige Bilder erzeugen, sie »mit dem Auge des Geistes« sehen kann. Für viele der heutigen spirituellen Verfahren ist eine solche Fähigkeit sehr wertvoll und kann bei richtiger Anwendung ein wichtiges Werkzeug für die Stimulierung einer dauerhaften spirituellen Entwicklung sein. Durch schöpferische Visualisierung kann man sein Leben und seine Persönlichkeit in vielerlei Weise steuern oder neu schaffen, und dies ist eine Fertigkeit und Technik, die man erkunden sollte – durch »Pfadarbeit« und die Erkundung innerer Seenlandschaften, vielleicht durch archetypische Gestalten und mystische Symbolik wie zum Beispiel die Artussagen und die Gralslegenden oder die griechischen Göttermythen. In der »Pfadarbeit« liegt das Potential zur Öffnung innerer Türen – auch zu astrologischen Archetypen –, und dies sind die Reiche, über die Neptun herrscht.

Meist dürfte auch das soziale Bewußtsein und Gewissen gut entwickelt sein und die Arbeit auf diesem weiten Gebiet als reizvoll empfunden werden, auch wenn die Sensibilität nicht unbedingt zu einer Arbeit mit den Armen oder mit Problemfamilien drängt. Der Beitrag geschieht eher in Form einer Unterstützung oder im Einsatz der Fähigkeiten für die Sichtbarmachung sozialer Ungerechtigkeit. Die eigenen Fähigkeiten werden von anderen anerkannt, und man wird feststellen, daß man im Laufe der Zeit verschiedene zur Verfügung stehende Ausdrucksformen erkunden kann. Das Vorleben einer positiven und optimistischen Haltung hilft anderen, Zynismus und Antriebslosigkeit zu überwinden und so eigene Schritte zur Entwicklung zu unternehmen. Die eigene Lebensperspektive ist meist harmonisch, so daß man trivialen und unwichtigen Aspekten des Lebens keinen übermäßigen Wert beimißt, und dies wirkt sich auch auf die zwischenmenschlichen Beziehungen aus, in denen man vorübergehende Launen und Irritationen nicht allzu tragisch nimmt und eher das Positive betont. Bestehende Disharmonien werden dabei nicht ignoriert, doch steht immer das Bewußtsein für die Stärken und Vorzüge der Beziehung im Vordergrund, das sich dazu einsetzen läßt, ein transformierendes Licht auf alle zeitweiligen Schwierigkeiten zu werfen.

Man verfügt über ein hohes Maß an Selbständigkeit und Unabhängigkeit, da man zentriert und meist innerlich ausgeglichen ist. Der Blick auf den Reichtum des eigenen inneren Lebens ist dem Betreffenden sehr wichtig, und man braucht Zeit und Raum hierfür und für die Manifestation dieser kreativen Fähigkeit. Ein Bereich, in dem man Wirksamkeit erzielen kann, ist das Auftreten mit öffentlichen Reden, wobei man eine große Überzeugungskraft ausstrahlt und die vorhandenen Fähigkeiten von anderen zumindest anerkannt werden, auch wenn sie manchmal anderer Meinung sind.

Quadrat

Dieser Aspekt weist auf Schwierigkeiten mit einer überaktiven Phantasie hin, die die rationalen und logischen Denkprozesse stört; dies kann zu Selbsttäuschung und zur Konstruktion einer privaten Version von Wahrheit und Wirklichkeit führen. Es besteht die Neigung, Aspekte des Lebens, die als unerfreulich empfunden werden, wie zum Beispiel persönliche Wahrheiten und soziale Probleme, von sich zu schieben und zu umgehen. Manchmal ist die eigene Logik sehr umständlich, für eine problemlose Kommunikation mit sich selbst oder anderen zu persönlich oder abgehoben; da sie oft Einflüssen der Phantasie erliegt, kann sie die Wahrheit verschleiern. Man hat vielleicht eine Scheu vor der Übernahme von Verantwortung, insbesondere im Bereich der Ehe und Familie, da man mit seinen eigenen Emotionen nicht gut zurechtkommt, und dies führt dazu, daß sich andere auf einen nicht verlassen können. Möglicherweise hat es in einer früheren Lebensphase Faktoren gegeben, die hierfür mitverantwortlich sind –

Kindheitsbeziehungen, die diese angeborene Eskapismus-Tendenz verschärft haben. Eine Folge sind ebenfalls eine verzerrte Wahrnehmung der eigenen Identität und Seelentätigkeit sowie ein geschwächtes Selbstvertrauen.

Man kann jedoch etwas tun, um die Dinge zu bessern. Der erste Schritt ist die Bereitschaft, sich den tatsächlichen Wirklichkeiten seiner selbst und der Welt zu stellen, damit man zu einer klareren Perspektive gelangt. Wichtig ist hierfür eine bessere Integration der neptunischen Sensibilität, jedoch in einer Weise, die aus ihr ein erneuertes Leben schöpft, nicht eine weitere Entschuldigung für Fluchttendenzen. Nach dieser Entwicklung sind weitere Fortschritte möglich, indem man seinen Geist so umorganisiert, daß er über produktive Ausdruckskanäle arbeitet. In dem Maße, wie das Selbstvertrauen durch konstruktive Selbstbewertung und die Erweckung der verborgenen Talente wächst, kommt es nach und nach zu einer Freisetzung der blockierten und unterdrückten neptunischen Energie in das eigene Leben; man wird feststellen, daß die bisherigen Beschränkungen und Begrenzungen verschwinden. Man sollte sie dann nicht wieder aktualisieren, sondern lernen, vorteilhaften Gebrauch von seinen Fähigkeiten zu machen. Die Schaffung einer neuen disziplinierten Struktur für den eigenen Geist kann Zeit und Anstrengung kosten, doch lohnt sich das Durchhalten im Bemühen, ihn zu schulen und neu zu programmieren und kann schließlich auf neue kreative oder sozial orientierte Wege führen. Für diese späteren Schritte kann es jedoch notwendig sein, größere Klarheit über die eigenen Ziele zu gewinnen und den Entschluß zu fassen, alle Schritte nach und nach zu vollziehen. Als Teil dieser in Angriff genommenen Änderungen im eigenen Inneren – und zur Auflösung der inneren Spannungen des Quadrats – ist manchmal die Hinwendung zu äußeren Ausdrucksformen hilfreich, die eine soziale Dimension haben und eine Lösung für soziale Probleme bieten können. Im Dienst am anderen kann man entdecken, daß die eigenen Probleme sich in ganz überraschender Weise lösen, insbesondere dadurch, daß die persönlichen Zwänge der Beschäftigung mit sich selbst sich durch eine Umleitung des eigenen Energiestroms auflösen.

Menschen mit diesem Aspekt verfügen zwar oft über eine große Einsicht in die Motivation anderer, brauchen aber eine größere

Klarheit hinsichtlich ihrer eigenen Natur. Die zwischenmenschlichen Beziehungen können so lange problematisch bleiben, bis man einen gewissen Grad persönlichen Wandels vollzogen hat, und es kann empfehlenswert sein, in seinen emotionalen Bindungen Vorsicht walten zu lassen. Der Grund hierfür liegt vor allem in den Elementen der Täuschung, denen man ausgesetzt sein kann, und in einer Tendenz, sich Tatsachen zu entziehen, die man nicht zur Kenntnis nehmen möchte, wie zum Beispiel die fundamentale Tatsache, daß eine Beziehung, von der man geradezu abhängig ist, nicht für beide Seiten befriedigend sein kann. Man wird sich jenen Träumereien von dem bzw. der idealen Geliebten und Partner(in) hingeben, und es ist immer schwierig, diese Träume nicht auf andere zu projizieren oder als Richtlatte zu nehmen. Menschen mit diesem Neptun-Aspekt werden manchmal ausgenützt und erleiden das Opfer-Syndrom der neptunischen Schwingung, indem sie die Beute ihrer eigenen Tendenzen und der selbstsüchtigen Wünsche anderer werden. Je mehr man sich aber ändert, desto mehr wächst mit zunehmender Klarheit das Potential für bessere und erfüllendere Beziehungen. Die Entscheidung, sich ändern zu wollen, muß man freilich immer selbst fällen.

Opposition

Ähnlich wie beim Quadrat könnte hier eine gewisse Unfähigkeit, klar zwischen dem Wirklichen und dem Unwirklichen zu unterscheiden, sowie eine Blockierung der schöpferischen Fähigkeiten und der Phantasie vorliegen. Der Schlüssel zur Lösung dieser Probleme liegt in den Beziehungen zu anderen Menschen, insbesondere in jenen Projektionen der eigenen Psyche, die man auf die Welt überträgt und dadurch die eigenen Wahrnehmungen und Einsichten verzerrt.

Oft ist es die eigene Sensibilität und Beeindruckbarkeit gegenüber Umwelteinflüssen, die zu einer inneren Unsicherheit und einer Angst führen, sich zu überlasten. Es kann eine unbewußte telepathische Fähigkeit vorliegen, durch die man die Gedanken und Motivationen anderer empfängt. Dies kann in Beziehungen zu Irritationen führen, wenn zum Beispiel Menschen etwas sagen und man auf einer subtileren Ebene völlig andere Eindrücke »empfängt«, was zu einer Empfindung des Unbehagens, der Unruhe und des Mißtrauens führt. In solchen Fällen beginnt man leicht an der Richtigkeit der eigenen Wahrnehmungen zu zweifeln, und dies wirkt sich direkt auf den Umgang mit anderen Menschen aus. Wenn die Wirklichkeit verzerrt und entstellt wird, beginnen manche Menschen Verschwörungen zu wittern und geraten in paranoische Zustände – eine Reaktion darauf, daß solche ungreifbaren Wahrnehmungen aktiviert und durch eine nicht integrierte neptunische Phantasie verzerrt werden.

Man ist oft etwas mimosenhaft und reagiert heftig auf wirkliche oder eingebildete soziale Kränkungen. Hier liegt eine Schwachstelle der Persönlichkeit, insbesondere, wenn ein kräftigendes inneres Selbstvertrauen fehlt. Konkurrenzdenken ist nicht der eigene Stil, doch schützt dies natürlich nicht vor den Einflüssen anderer Menschen in der eigenen Umgebung, die in ihrem Drang nach oben rücksichtslos von ihren Ellbogen Gebrauch machen. Manchmal läßt man sich in die Rolle eines Opfers drängen, weil man solche Tendenzen bei anderen geradezu provoziert. Dann beklagt man sein Schicksal, wenn sich andere durchsetzen und man Enttäuschungen schlucken muß. Es ist hier nicht ratsam, sich bei seinem beruflichen Fortkommen auf das eigene Durchsetzungsvermögen gegenüber den Kollegen zu verlassen. Die eigenen Talente lassen sich möglicherweise besser entwickeln, wenn man sich aus dem ständigen Konkurrenzkampf heraushält. Der Schlüssel liegt vielleicht eher in der Nutzung verborgener schöpferischer Talente, oder es ist möglicherweise befriedigender, sich eine Arbeit zu suchen, in der Kooperation gefragt ist; wenn sich aber auch hier die menschliche Natur geltend macht, bleibt als einzige Lösung vielleicht nur noch die berufliche Selbständigkeit.

Wichtig ist es, sich von trügerischen Einflüssen zu reinigen, und zwar nicht nur den äußeren Einflüssen, denen man unterworfen ist, sondern auch von der Gewohnheit, sie in seiner eigenen Wahrnehmung und seinen Beurteilungen selbst zu schaffen. Unrealistische Tagträume, die unerreichbar sind und niemals manifestiert werden, sind symptomatisch für die Selbsttäuschung. So schafft man sich zum Beispiel in seiner Phantasie hohe Ziele, die wegen ihrer idealen Vollkommenheit für niemanden erreichbar sind, aber im Glanz ihrer makellosen Reinheit strahlen. Letztlich ist aber mit

Selbsttäuschung nichts gewonnen. Man vergeudet damit wertvolle Zeit und versagt sich jede Befriedigung. Sie hilft vielleicht, eine schmerzliche innere Leere nicht wahrnehmen zu müssen, doch ist es nutzbringender, diese Leere mit etwas Wirklichem, Erreichbarem und persönlich Sinnvollem zu füllen. Hierzu ist Anstrengung nötig. Träumen kann jeder, und Millionen tun dies, doch gibt erst das Streben nach Verwirklichung dieser Träume eine Richtung, an der man sich orientieren kann. Die falsche Naivität muß abgelegt werden, ebenso die fiktiven Aspekte des Lebens und der Selbsteinschätzung. Eine geradlinige innere wie äußere Kommunikation wird sich positiv auswirken und den Würgegriff der Selbsttäuschungen sprengen, wodurch man zu einem besseren Verständnis des eigenen Wesens und desjenigen anderer Menschen gelangt, so daß man in seinem eigenen Leben von der Illusion zur Wirklichkeit fortschreitet und die Welt heller macht. Die persönliche »Erlösung« wirkt sich immer in einem weiteren sozialen Rahmen positiv aus.

Venus – Neptun

Konjunktion

Die Konjunktion dieser beiden Planeten zeigt an, daß in Liebesdingen ein hoher Grad von Idealisierung vorliegen kann, Vorstellungen von »perfekten Liebhabern und Partnern«, die dadurch bedingt sind, daß man stark von aus dem Unbewußten aufsteigenden Anima- (bei Männern) beziehungsweise Animus-Strukturen (bei Frauen) geprägt ist. Wenn diese Vollkommenheitsvorstellungen durch machtvolle Emotionen der Liebe, Lust, Leidenschaft und Zuneigung zu einem anderen Menschen erregt werden, werden sie auf den geliebten Menschen projiziert, wo sie eine höchst zauberische Verblendung hervorrufen – bis die schwache menschliche Natur sich letztlich wieder geltend macht und das Traumbild in einer Phase der Desillusionierung zusammenbricht, weil der geliebte Mensch jenem Vollkommenheitsideal nicht entsprechen kann, das ihm auferlegt wurde.

Menschen mit diesem Aspekt haben im Kern eine naive, vertrauensvolle Haltung, die manchmal zu einer unklugen Vertrau-

ensseligkeit werden kann, deren Folgen Täuschung und Ausnut-
zung durch andere sind. Diese emotionale Sensibilität macht den
Betreffenden außerordentlich verletzlich und ist vielfach die Quelle
von Schwierigkeiten in den persönlichen und intimsten Beziehungen. Man haßt Konfrontationen, neigt mehr zum passiven Geben
und hat einen Widerwillen gegen emotionale Aggressionen und
Gefühllosigkeit bei anderen Menschen. Von der idealen Beziehung
erhofft man sich kulturellen Feinsinn, bildende Künste, Musik und
Literatur als gemeinsame Interessen oder persönliche Talente. Man
sucht ein friedvolles und ruhiges Zusammensein in Harmonie und
Schönheit. Man weiß die subtileren Genüsse des Lebens zu schätzen und verfügt über einen feinfühligen und sensiblen ästhetischen
Sinn. Hinsichtlich des Partners und des Lebensstils hat man recht
hohe und anspruchsvolle Standards.

Man verfügt über eine aktive und lebhafte Phantasie, die danach
strebt, Harmonie und Schönheit zu schaffen, und vielleicht zeitgenössischen Strömungen in den bildenden Künsten, in der Musik,
Literatur, Mode und Kultur künstlerisch Ausdruck gibt. Man hat
ein weiches und empfindsames Herz, und oft ist diese Sensibilität
im disharmonischen und rauhen Umfeld der modernen Welt nur
eine Hypothek; man haßt es, sich in der großen Masse drängeln zu
müssen. Man bewegt sich lieber in kulturell hochstehenden Zir-
keln, in kleinen Gruppen erfolgreicher intellektueller Menschen.
Zartes Empfinden kann in der modernen Welt, die fortwährend
von tiefgreifenden kollektiven Wandlungen erschüttert wird, eine
eher störende Sensibilität sein. Aus diesem Grund setzt man oft die
rosarote Brille auf, damit die nackte Wirklichkeit und die Rohheit
gewisser Dinge nicht so deutlich wahrgenommen oder zumindest
auf Distanz gehalten wird. Man kann sich der Welt in ihrer Ganzheit nicht entziehen, und ernüchternde Erfahrungen in ihr führen
oft zu Störungen im eigenen Leben, als ob man dadurch gezwungen werden sollte, den Blick ohne Verzerrung auf sie zu richten.
Diese Tendenz zeigt sich auch dann, wenn es darum geht, andere
realistisch einzuschätzen, vor allem, wenn Projektionen im Spiel
sind; nicht selten gibt es Enttäuschungen, wenn die wahre Natur
eines Menschen zum Vorschein kommt.

Manchmal ist man allzu empfänglich, insbesondere aufgrund
der eigenen emotionalen Empathie mit anderen, so daß man sich

wieder in wirklichkeitsferne idealistische und ineffektive Träumereien flüchtet, wenn es an der nötigen Klarheit und Zielbewußtheit
mangelt. Man muß möglicherweise lernen, auf eigenen Füßen zu
stehen und sich weniger auf andere zu verlassen. Manchen Menschen mit diesem Aspekt gelingt es, eine universelle Liebe zum
Ausdruck zu bringen und durch ihr spirituelles Verständnis und ihr
Eingehen auf andere heilend zu wirken; wer sich auf diesen Pfad
begibt, muß aber auch in die Kreuzigung des Herzens und ein
Mitleiden am Leid der Welt einwilligen.

Sextil

Beim Sextil ist die Sensibilität ebenfalls vorhanden, wird aber nicht
so intensiv wahrgenommen. Es besteht eine mehr mentale Orientierung zur äußeren Welt und eine Fähigkeit, mit Menschen effektiv zur Erzielung sozialer Harmonie zusammenzuarbeiten. Kreativität und Kommunikationsfähigkeit sind beim Sextil gesteigert,
und diese Begabungen werden dafür eingesetzt, inhaltsvolle und
beziehungsreiche objektive Formen zu schaffen, die für andere
Menschen inspirierend und anregend sein können, zum Beispiel in
den bildenden Künsten, in der Musik und Literatur. Die Phantasie
ist rege und fruchtbar, und es sind die Kanäle vorhanden, durch die
die Bilder leicht und natürlich fließen können; diese natürliche
Gabe kann das persönliche Leben außerordentlich bereichern,
wenn man sie richtig zu nutzen versteht. Man betont eher das
Positive und Günstige im Leben und in der menschlichen Natur
und ist grundsätzlich Optimist, wiewohl man vielfach auch durchaus mit Realitätssinn ausgestattet ist, der ein gewisses Gleichgewicht schafft.

Die eigenen Emotionen sind zu allgemein und unbestimmt, als
daß sie auf einen einzelnen Menschen beschränkt wären. Die
Grundhaltung ist ein universelles Mitfühlen, gekoppelt mit einem
verständnisvollen Akzeptieren der menschlichen Natur. Man wird
oft von anderen Menschen ins Vertrauen gezogen und erfüllt eine
Rolle, in der man anderen, die in Schwierigkeiten sind, mit Rat und
Unterstützung zur Seite steht. Die Aspekte der individuellen und
der universellen Liebe, die Venus und Neptun repräsentieren, fügen sich gut zusammen, und die Gefühle, die man durch Herz und

Verstand ausdrückt, werden von anderen als sehr tröstend und beruhigend empfunden und entfalten oft heilende Wirkung. Dies kann sich äußerlich in einem ärztlichen oder psychotherapeutischen Beruf niederschlagen, und man hat vielleicht eine besondere Begabung zu Konfliktlösungen, indem man konfrontative Spannungen zwischen Menschen durch die Wiederherstellung der Harmonie löst. Wenn man in der äußeren Welt arbeiten möchte, fühlt man sich oft zu einer Tätigkeit im sozialen Bereich oder in der Fürsorge hingezogen. Manche arbeiten lieber in den inneren Reichen und nutzen ihre Talente in der Musik, in den bildenden Künsten oder der Literatur.

Im privaten Bereich neigt man zu romantischen Idealen und schließt sich oft mit ähnlich gesinnten Menschen zusammen, insbesondere solchen mit einer mystischen oder sensitiven Veranlagung. Möglicherweise ist man auf der Suche nach idealen Liebesbeziehungen, wodurch man sich Kummer und Enttäuschungen aussetzt, insbesondere dadurch, daß andere den eigenen möglicherweise unangemessenen Erwartungen nicht entsprechen. Man neigt dazu, die Liebesbeziehungen als mystisches Sprungbrett in jene subtilen spirituellen Reiche zu benutzen, die die eigenen erträumten Paradieslandschaften sind. Die eigenen Gefühle haben oft eine mystische und religiöse Bedeutsamkeit – das Sextil und das Trigon wurden oft auch als »Liebhaber des Universums« bezeichnet. Die Beziehungen zu anderen Menschen können ein Bereich des persönlichen Opfers sein, eine Sphäre der Transformation, aber auch ein Bereich, in dem man gezwungen ist, sein Verhältnis zur Wirklichkeit zu klären, indem man mit anderen Kompromisse schließt und einsieht, daß Harmonie nur dann bestehen kann, wenn man schwierige innere emotionelle Kämpfe besteht und sich anpaßt. Wenn man unter Druck steht, zieht man sich vielleicht manchmal in jene innere ideale Welt zurück und gleitet in einen Zustand der Apathie und Trägheit ab, in dem man seine Sensibilität erneuert und wieder auf die Konfrontation mit der Welt vorbereitet. Die natürlichen Gaben und Talente könnten dafür eingesetzt werden, den Menschen und der Welt mehr Schönheit und Harmonie zu geben, damit sie dem eigenen idealen Traum von einem vollkommenen Universum ähnlicher wird; man sollte also seiner Kreativität in dieser Richtung Raum geben.

Trigon

Aufgrund einer fließenden Sensibilität und schöpferischen Phantasie, die das Potential dieses Aspekts ausmachen, bestehen mehrere Ähnlichkeiten zwischen Trigon und Sextil. Das Trigon besitzt eine versöhnende Funktion zwischen den Planeten, und bei Neptun wie Venus erfolgt hier eine grundlegende Verschmelzung verwandter Qualitäten und Merkmale. Die Herausforderung kann hier darin liegen, das eingeborene Potential auch tatsächlich anzuwenden, da möglicherweise der innere Drang relativ gering entwickelt ist, persönliche Konflikte durch Freisetzung der Energie in kreativen Äußerungen zu lösen. Es ist meist künstlerisches kulturelles Empfinden und ein künstlerisches Talent vorhanden, das genutzt werden kann, insbesondere in Bereichen wie Musik, bildende Künste, Schriftstellerei, Tanz und Schauspielerei. Da man auf die subtileren Dimensionen des Lebens anspricht und höhere Ideale hat, drücken die künstlerischen Schöpfungen meist eine solche Wahrnehmungsfähigkeit und Sensibilität aus und zeichnen sich aus durch die Höhe der reinen Emotion und des intellektuellen Gehalts. Diese Qualität des Idealismus und der Romantik, die sich in den eigenen Schöpfungen ausspricht, kann in Diskrepanz zur realen Welt, vielleicht sogar eine Leugnung jener herberen Erfahrungen sein, doch kann sie, wenn sie erfolgreich ausgedrückt wird, einen künftigen Weg weisen, den die Menschen hoffnungsvoll beschreiten können: eine Vison von Schönheit und Harmonie. Man ist davon überzeugt, daß durch ein sensibles und hochentwickeltes Bewußtsein viel Wertvolles im Leben gefunden werden kann und daß eine solche kulturelle Weiterentwicklung beim einzelnen die Wahrnehmung der Sinnerfülltheit vertieft.

Man ist gern in Gesellschaft von Menschen und wird meist selbst als guter Gesellschafter geschätzt. Aufgrund der eigenen beruhigenden und positiven Ausstrahlung befindet man sich oft in Situationen, in denen man Freunden helfen muß, die sich in einer Phase der Krise befinden. Man kann gut zuhören und weiß oft guten Rat; die Freunde wissen, daß man sie nicht wegen eines Versagens verurteilt, und in diesem Akzeptieren der menschlichen Natur liegt an sich schon eine heilende Wirkung. Man strahlt emotionale Empathie und Verständnis aus, und andere fühlen sich in der

Gesellschaft des Betreffenden sicher und geborgen und kommen oft mit ihren Sorgen und intimen Problemen zu einem. Die tolerante Haltung, die man anderen entgegenbringt, könnte allerdings von diesen als Freibrief mißbraucht werden, im alten Trott weiterzumachen; es ist zwar mitleidsvoll und realistisch, die menschliche Schwachheit anzuerkennen, doch hilft man anderen manchmal bei der Lösung ihrer Probleme mit einem direkteren und ungeschminkteren Rat besser, der die Wahrheit zum Ausdruck bringt, die diese nicht hören wollen, die aber die einzige Antwort auf ihr Problem ist. Wirkliches Mitleid ist nicht weichlich; manchmal ist eine Lösung nur möglich, wenn man eine harte Haltung einnimmt.

Die Gesellschaft, die man vorzieht, ist diejenige künstlerisch und kulturell ähnlich interessierter Menschen, denen die persönliche Entwicklung und der persönliche Ausdruck ein Anliegen ist und die in vielem mit der zeitgenössischen Gesellschaft nicht zufrieden sind. Man diskutiert gerne die Lösung sozialer Probleme, unternimmt aber nichts Konkretes, um diese zu transformieren. Es könnte befriedigender sein, geeignetere Kanäle zu finden, um wirklich konstruktiv etwas zu tun. Manchmal kann eine ausgeprägte Selbstgenügsamkeit vorliegen, insbesondere dann, wenn man mit seinem eigenen Lebensstil ganz zufrieden ist und dadurch gegen die negativen Folgen des gesellschaftlichen Niedergangs und Verfalls weitgehend unempfindlich geworden ist.

Die beständige Herausforderung bei diesem Aspekt lautet also, praktischer zu werden, und man sollte seine inspirierte Kreativität in dieser Richtung lenken, damit die Phantasie nicht versandet und auch einmal in objektiven Formen ihren Niederschlag findet. Das Liebesleben kann gelegentlich recht ungewöhnlich sein, wobei man manchmal bei Partnern das Gefühl hat, daß das Zusammentreffen unvermeidlich war.

Quadrat

Beim Quadrat kann es Schwierigkeiten der Art geben, daß die Gefühle, die Kreativität und die Beziehungen zu anderen Menschen gehemmt sind. Ein Teil dieser Schwierigkeiten entsteht aus einer extremen Schmerzhaftigkeit von Gefühlen, die nie richtig integriert wurden. Die zweite Ursache hierfür ist eine unrealistische

Phantasie, die zur Schaffung eskapistischer persönlicher Wirklichkeiten tendiert, in denen man denjenigen Aspekten des Lebens ausweicht, die man nicht liebt oder die zu schmerzhaft sind.

Das Quadrat ist einer der Neptun-Aspekte, die Nebel auf der emotionalen Ebene stimulieren und zur Folge haben, daß man nicht mehr klar sehen kann, daß man zu Fehlurteilen neigt und Tendenzen der Selbsttäuschung und mentalen Verzerrung erliegt. Manchmal bedient man sich sogar dieser inneren Nebel, damit man die wahre und wirkliche Situation bezüglich seiner selbst und seiner Beziehungen nicht sehen muß. Oft haben diese emotional bedingten Probleme ihre Wurzeln in Impulsen aus dem Unbewußten, und es können Schuldkomplexe vorliegen; auf einer tief unbewußten Ebene verlangt man nach Selbstaufopferung und Märtyrertum.

Aufgrund dieser Faktoren ist man für Täuschungen anfällig und wird leicht das Opfer seiner eigenen Wirklichkeitsprojektionen und -filter sowie auch der Entscheidungen und Handlungen anderer, die ähnlichen psychologischen Einflüssen unterliegen. Aufgrund dieser Unsicherheit in den eigenen Emotionen äußert man eine fast kriegerische Gereiztheit, wenn man von anderen Widerstand zu empfangen glaubt; Auseinandersetzungen in Beziehungen oder im Beruf sind wahrscheinlich. Es kann ein innerer Widerwille gegen zuviel Menschen in der persönlichen oder Arbeitsumgebung auftreten, der vielfach durch jene passive und unbewußte Empathie verursacht ist, die den inneren Streßpegel ansteigen läßt. Solche psychischen Strömungen dringen in die »Aura« und auf einer unbewußten Ebene in die Seele ein und beeinträchtigen dort das Wohlbefinden, solange man nicht erkennt, was eigentlich vor sich geht und entsprechende Maßnahmen ergreift, um diese unterminierenden Energien aus seinem leibseelischen System auszuleiten.

Die engsten persönlichen Beziehungen können zu einer Quelle von Herausforderungen werden, insbesondere, wenn man sich in irgendeiner Form emotionell gebunden hat, denn oft beruht die Wahl des Partners auf einer Fehleinschätzung. Wenn man die Verzerrungen auf der emotionalen Ebene nicht psychologisch beseitigt hat, kann sich in der Ehe herausstellen, daß es an Aufrichtigkeit und unmittelbarer Beziehung mangelt und daß die Attraktion auf nichts anderem beruhte als flüchtigen Leidenschaften, Illusionen und einem persönlichen Anlehnungsbedürfnis. Es kann sein, daß man aufgrund einer ständigen Beschäftigung mit diesen inneren seelischen Strömungen im Umgang mit der materiellen Welt weniger geschickt ist, was finanzielle und geschäftliche Fehlentscheidungen nach sich ziehen kann, die sich dann wiederum negativ auf die wirtschaftliche Basis einer Familie oder Ehe auswirken können.

Vielfach besteht ein Bedürfnis, sich an andere Menschen, an eine Ideologie oder Religion zu hängen. Man ist grundsätzlich idealistisch, doch bewirkt dies meist eine Hinwendung zu Minderheitenkulten oder fremden Religionen aufgrund ihres Glanzes und ihrer fremdartigen Faszination. Damit kann wiederum der Keim zu weiteren Verwirrungen und Verzerrungen gelegt werden, wenn man hier keine Vorsicht walten läßt, und man entdeckt am Ende oft, daß man bei seiner Wahl zu unbedacht war. Solche Entscheidungen sind in vielerlei Hinsicht Symptom für ein inneres Transformationsbedürfnis, für die Notwendigkeit, negative Verhaltensmuster auszutilgen, die das eigene Leben beherrschen. Die Sexualität als maßgeblicher Aspekt des Drangs zur Beziehungsaufnahme kann einer der Hauptbereiche sein, in denen sich solche Dilemmas äußern. Dies kann sich zum Beispiel zeigen an dem Bedürfnis, mehrere Partner zu haben, an der Suche nach der/dem vollkommenen, aber unerreichbaren Geliebten, wobei man aber nicht bereit und nicht willens ist, sich wirklich an eine Person aus Fleisch und Blut zu binden. Es kann sich auch in Form einer überschießenden sexuellen Phantasie äußern, wobei unerfüllte sexuelle Wunschbilder und Begierden mit unterdrückten, emotionell begründeten Komplexen zusammenwirken können oder in geheimen Praktiken ausgelebt werden und dadurch im Leben einen verleugneten Bereich schaffen.

Wahrscheinlich sind Änderungen notwendig, um die Neptun-Energien in das eigene Leben zu integrieren, damit sie ihre negative Seite der Unaufgelöstheit nicht weiter entfalten können. Die eigene Haltung gegenüber anderen in den zwischenmenschlichen Beziehungen muß neu definiert werden, damit jegliche Paranoia und alle Tendenzen beseitigt werden, sich selbst auszubeuten oder sich von anderen ausbeuten zu lassen. Der erste Reinigungsprozeß sollte darin bestehen, sich von allen Abhängigkeiten zu befreien. Die Hinwendung zur Realität und die Umwandlung von Erfahrungen in Weisheit und Einsicht ist ein wichtiger Schritt vorwärts, durch den die Grundwahrnehmung der eigenen Natur und anderer auf eine neue Basis gestellt wird. Die Wendung nach innen durch Meditation oder irgendeine Form von Selbsttherapie ist ein idealer Weg, auf dem man sich von alten Mustern frei machen, alte Illusionen über Bord werfen oder eine neue Mitte entdecken und schließlich mit neuen Augen sehen lernen kann. Meditation ist eine Dekonditionierungstechnik, die nach und nach durch Üben befreit und durch die der Energiestrom der Seele nach innen statt nach außen gelenkt wird, wobei die Energie tief eindringt und beschränkende psychologische Muster auflöst. Dies kräftigt die Selbstdisziplin, die in dem Maße, wie durch die Auflösung innerer Konflikte und Reibungen Energie frei wird, die Kanäle blockierter Kreativität frei macht und es ermöglicht, die Kontrolle und Steuerung des eigenen Lebens wieder in die eigenen Hände zu nehmen. Die Übernahme einer persönlichen Verantwortlichkeit für die eigenen Entscheidungen und Handlungen schafft eine feste Grundlage für den Umgang mit der komplexeren Sphäre der emotionalen Sensibilitäten. Dies braucht vielleicht seine Zeit und erfordert Anstrengung, doch ist genau dies die Lösung für einen großen Teil der Konflikte im eigenen Leben und damit der Schlüssel für mehr Sinngehalt und Befriedigung in künftigen Erfahrungen.

Opposition

Während das Quadrat mit inneren Veränderungen zusammenhängt, die durch den Schmerz innerer Spannungen und Frustrationen stimuliert werden, geht die Zielrichtung der Opposition meist nach außen auf Menschen und die Welt, von wo sie vielfach als Konfliktquelle zurückkehrt. Dies manifestiert sich im eigenen Leben möglicherweise durch einen unterschwelligen Argwohn und ein Mißtrauen gegenüber anderen, das vielleicht sogar seine Grundlage in tatsächlichen Erfahrungen hat, bei denen man getäuscht und betrogen wurde, oder weil man das Gefühl hat, daß man von anderen schlimm im Stich gelassen wurde oder diese tatsächliche oder stillschweigende Versprechungen nicht gehalten haben. Da »Energie dem Gedanken folgt«, ist es gut möglich, daß man, weil man ein Muster des Argwohns und Mißtrauens in die

Welt hinausprojiziert, nur die Konsequenzen seiner eigenen inneren Verfassung zurückempfängt.

Dies entsteht oft durch ungelöste, nicht integrierte und unbewußte Faktoren aufgrund eines Neptun-Einflusses, der sich als gesteigerte emotionale Sensibilität und Verletzlichkeit auswirkt. Die Phantasiekräfte im Inneren sind potentiell sehr stark; wenn diese mißbraucht oder nicht erkannt werden, schaffen unbewußte innere Bedürfnisse und Antriebe zwanghafte Motivationen im Umkreis um private Phantasien und verzerrte Wahrnehmungen der Wirklichkeit. Hieraus entstehender innerer Druck wirkt sich auf die Stabilität und den Inhalt der eigenen emotionalen Ebene aus; eine Folge davon können Launen sein und eine Unsicherheit bezüglich der Beständigkeit der eigenen Gefühle. Es ist klar, daß sich dies auf die engsten persönlichen Beziehungen auswirken muß und in Täuschungen unterschiedlichster Form im eigenen Inneren und in den Liebesdingen sichtbar werden kann. Der »Feind«, den man oft nach außen projiziert, befindet sich im eigenen Inneren. Es können jene typisch neptunischen Muster auftreten, durch die Opfer und Märtyrer geschaffen werden, wobei man entweder selbst Opfer ist oder man selbst andere zu Opfern macht, indem man um des eigenen Genusses willen die eventuell vorhandene Fähigkeit zur sexuellen Verführung einsetzt. Man neigt zum Spiel mit den Lockungen der Sinnlichkeit, doch könnte dies den Keim zur eigenen Zerstörung in sich tragen, da hier möglicherweise eine Suchttendenz im Zusammenhang mit Alkohol, Drogen oder Sex wirksam ist. Dieser Tendenz nachzugehen wäre höchst unklug und Ausdruck eines nicht integrierten Neptun.

Möglicherweise ist eine größere Klarheit und Aufrichtigkeit in Beziehungen vonnöten; andernfalls könnten sich die Konsequenzen als Betrug und Untreue bemerkbar machen, in Form der eigenen heimlichen Liebesaffären oder derjenigen des Partners. Auf der Strecke bliebe dabei jedenfalls das Vertrauen, und wenn die eigenen argwöhnischen äußeren Projektionen nicht klar wahrgenommen werden, werden sie dadurch nur noch verschärft. Die Ehe kann zum unerfreulichen Schauplatz ständiger Streitereien und zum Zielpunkt innerer Zwänge und Spannungen werden. Dies nehmen andere Menschen oft als eine »ungute Schwingung« wahr, der man sich nicht gerne für längere Zeit aussetzt.

Die Schulung in der Wahrnehmung solcher Projektionen ist ein wichtiger erster Schritt. Man erkennt, wie man seine eigenen Erfahrungen schafft und wie unbewußte innere Einflüsse und Motivationen durch äußere Begebnisse auf einen selbst zurückgespiegelt werden. Der zweite Schritt besteht darin, diese Erfahrungen wieder in sich aufzunehmen und die Verantwortung für sie anzunehmen. Wenn dies in gewissem Umfang gelingt, dann wird Energie freigesetzt, die den Weg zu den positiven Seiten Neptuns freigibt. Man verfügt bereits über eine Form von Idealismus, der aber durch die Erfahrung der auf einen selbst zurückfallenden Projektionen erheblich gelitten hat; er muß also auf der Grundlage einer neuen Selbstperspektive neu stimuliert und wieder integriert werden. Die Nebel, die diesen Idealismus verzerren, müssen zerstreut werden, und man muß sich von alten unrealistischen Träumen trennen. Man verfügt des weiteren über ein schöpferisches Potential, das noch relativ unerschlossen und ungenutzt ist, und auch dieses könnte man zum Leben erwecken und in einer ganz persönlichen Weise zum Ausdruck bringen. Es gibt keinen Grund, warum man nicht wirksame Maßnahmen zur Transformation von Aspekten des eigenen Lebens ergreifen könnte, es sei denn absichtliche Trägheit oder Apathie oder weil man nicht sehen will, daß man die Pflicht hat, sein Leben in seine eigenen Hände zu nehmen. Wenn eine wirkliche Transformation einsetzt – auch wenn es vielleicht schwierig ist, den ersten Impuls auszulösen –, dann geschehen im inneren Leben kleinere oder sogar größere Wunder, die die persönlichen Anstrengungen zu einer Änderung unterstützen. Das Leben hilft in dem Maße mit, wie man es durch seinen persönlichen Beitrag bereichert; was man empfängt, ist dasjenige, was man in die Welt hineingetragen hat. Die Botschaft ist einfach, und doch beinhaltet sie oft den Schlüssel zur Lösung von Konflikten.

Mars – Neptun

Konjunktion

In dieser Konjunktion sind mehrere Schwierigkeiten veranlagt: bei der Entscheidung für ein bestimmtes Handeln, die schwerfällt, weil man nicht weiß, welche Ziele man wirklich hat, beim Entschluß, diese Ziele wirklich anzustreben, und bei der Aufbietung beständiger Anstrengung, die erst den Erfolg gewährleistet. Ein nicht integrierter Neptun kann diesen konzentrierten Willen zur Auflösung bringen, so daß oft die nötige Entscheidungsklarheit fehlt. Außerdem neigt man dazu, die Konsequenzen der eigenen Entscheidungen abzulehnen, oder man weigert sich, die Verantwortung zu übernehmen, wenn das eigene Handeln zum Scheitern oder zu negativen Ergebnissen führt.

Dies ist zum Teil auf ungenügendes vorheriges Abwägen und eine Tendenz zurückzuführen, manchmal auf einen bloßen Impuls hin Dinge in Gang zu setzen; dies wird aber oft als Auslöser benutzt, um zu einer Entscheidung zu kommen. »Das habe ich nicht gewollt«, lautet dann die Entschuldigung, und dies kann durchaus wahr sein, weil man sich eben über die möglichen Auswirkungen keine Gedanken gemacht hat. Mit dieser Haltung weiterzumachen heißt aber letztlich, eine persönliche Verantwortung abzulehnen. Man wird vielleicht am Ende einsehen, daß die meisten Maßnahmen, die man impulsiv ergreift, letztlich irgendwie scheitern und selten das bewirken, was man eigentlich beabsichtigte.

Diese Problematik des Entscheiden- und des Handelnmüssens muß klar erkannt und gelöst werden. Es wird sich als vorteilhaft erweisen, eine Denkpause einzulegen, bevor man impulsiv handelt, alles etwas langsamer anzugehen und sich die Zeit zu nehmen, die möglichen Folgen der Entscheidung zu erwägen. Dann ergeben sich vielleicht Alternativen, oder man kommt überhaupt von seinem ursprünglichen Vorhaben ab. Da man durch den Mars-Einfluß mit einem dynamischen Durchsetzungswillen ausgestattet ist, muß man auch die eigene Wirkung auf andere Menschen in Betracht ziehen, insbesondere auf die Familie und die nächsten Angehörigen. Dies könnte die mehr selbstzentrierten Tendenzen abschwächen und sicherstellen, daß man nicht durch Instinktlosigkeit anderen unnötiges Leid zufügt.

Man ist für andere möglicherweise recht attraktiv, da die kombinierten Energien von Mars und Neptun einen dynamischen Glanz schaffen können, doch ist diese scheinbare Kombination von Kraft und Sensibilität oft oberflächlich, wenn die Mars-Merkmale die subtileren Neptun-Charakteristiken übertönen, wie es meist der

Fall ist. Die Neptun-Qualitäten äußern sich versteckt als Flexibilität der Persönlichkeit, ein Fundus von Masken und Persönlichkeiten, die man in seinen Beziehungen mit anderen Menschen oder in einem sozialen oder beruflichen Umfeld fast automatisch annimmt. Man ist sich darüber im klaren, daß diese Masken zu einer gewissen inneren Verwirrung führen, insbesondere beim Fällen von Entscheidungen, doch sind sie auch für die Selbstprojektion nutzbar. Man genießt es, mit diesen Masken zu spielen und das Gefühl zu haben, daß die wirklichen Absichten hinter einer geheimen Persona verborgen sind; man möchte nicht so gerne, daß man von anderen zu gut durchschaut wird.

Hieraus ergibt sich die Neigung, hinter einer vorgespiegelten Persönlichkeit zu handeln, und man hat oft eine schauspielerische Seite, vielleicht in Form eines kreativen Ausdrucks oder auch der Bühnenarbeit, wo sich die Phantasie in beziehungsreichen Situationen ausleben kann und man sich in einer Rolle hinter einer Maske verstecken kann. Man entwickelt ein Lieblingsbild von sich selbst, das nach außen projiziert wird und als das man von anderen wahrgenommen werden möchte. Manche haben eine Neigung zur Medizin und zu Heilberufen; selbst dort versteckt man sich vielleicht hinter dem »Image« einer Krankenschwester, eines Arztes, eines Therapeuten oder parapsychischen Heilers. Möglicherweise sind aber auch die Träume und Wünsche bezüglich seiner selbst ganz unrealistisch; man strebt einen hohen Status und große Leistungen an, doch scheitert man aufgrund mangelnden Willens oder mangelnder Tatkraft und praktischer Unfähigkeit. Die vorgestellte Selbsterhöhung existiert letztlich vielleicht nur in der eigenen Phantasie.

Man kann allerdings etwas unternehmen, um dies zu ändern. Wichtig ist es, in sich die Kraft zu fühlen, die blockierte Phantasie im täglichen Leben einzusetzen. Ein solcher Entschluß kann zunächst wirkungslos und nutzlos sein, doch kann man lernen, die Phantasie auf bewußte Intentionen zu richten und sich damit eine kraftvolle Energie zur Erlangung seiner Ziele nutzbar machen. Empfehlenswert sind Techniken der schöpferischen Visualisierung, um Nutzen aus diesem Prozeß der mentalen Imagination ziehen und sein Leben neu schaffen zu können. Die Planung der Zukunft kann helfen, das eigene Leben besser unter Kontrolle zu bringen und weitgehend die Gefahr zu bannen, daß Unvorhergesehenes die Absichten zunichte macht. Hilfreich kann es auch sein, hart daran zu arbeiten, sich brauchbare Fertigkeiten zu erwerben; wenn man dies unterläßt, bewirkt der nicht integrierte Neptun nur eine Auflösung jener Träume, statt sie erfüllen zu helfen.

In Liebesdingen ist möglicherweise eine größere Aufmerksamkeit erforderlich. Die Kombination des impulsiven Mars mit dem zur Selbsttäuschung neigenden Neptun kann dazu führen, daß man den Schmerz enttäuschender Illusionen in der Liebe kennenlernt. Mars kann zu plötzlichen leidenschaftlichen Affären verführen, in denen man dem »blendenden« Aussehen eines neuen Partners erliegt; wenn man aber hierbei von rein unbewußten Motiven geleitet ist, ist es leicht möglich, daß man Kummer erlebt – eine Warnung, das nächste Mal die Augen offenzuhalten! Man sollte sich sorgfältig auf persönliche Tendenzen zur Selbsttäuschung oder zur Täuschung anderer prüfen, oder ob man dazu neigt, sich täuschen zu lassen; solche Tendenzen sind wahrscheinlich und können mit der Sphäre des Hauses der Konjunktion zu tun haben. Man versuche immer, offen und ehrlich zu sein, weil Kommunikation in Beziehungen lebenswichtig ist, denn man ist oft einerseits emotionell recht verletzlich und hat andererseits ungewöhnliche seelische Bedürfnisse, weshalb man auf eine hohe Qualität der Liebesbeziehungen achten sollte.

Sextil

Das Sextil bietet ein besseres Gleichgewicht zwischen den Merkmalen dieser beiden Planeten, so daß die positiveren Eigenschaften sich eher durchsetzen können. Jene Energieblockierung, die bei der Konjunktion das Handeln und die Entschlußfähigkeit behindern kann, ist hier aufgelöst und findet ein Ventil im schöpferischen Bereich und im Dienst am anderen.

Die Mars-Tendenz einer impulsiven Leidenschaft ist in eine großzügige und mitleidsvolle Grundstimmung transformiert, durch die man für die Bedürfnisse anderer wach und empfindsam ist, die weniger glücklich sind als man selbst. Man verfügt über eine ausgeglichene Individualität, die weder zu einem übersteigerten Durchsetzungswillen noch zu übermäßiger Passivität neigt; man ist weder Ausbeuter noch Opfer.

Meist verfügt man über eine große und vitale Energie, die sich verschiedene Ausdruckskanäle bahnen kann. Heilberufe sind attraktiv, denn man setzt diese persönliche magnetische Qualität dafür ein, Heilprozesse zu unterstützen, und andere Menschen können die Gewißheit haben, daß einem ihr Wohlbefinden am Herzen liegt. Möglicherweise sind subtile Fähigkeiten im Zusammenhang mit einer psychischen Sensibilität entweder vorhanden oder entwickelbar. Da man soziales Verantwortungsgefühl hat, findet man seine Erfüllung vielleicht in einer Arbeit in diesem Lebensbereich, wo man soziale Bedürfnisse befriedigen und das Schicksal von Menschen verbessern kann; auf alle Fälle fühlt man sich in irgendeiner Weise zu entsprechenden Aktivitäten hingezogen. Der Einsatz und die Inspiration, die von Menschen mit diesem Akzept ausgehen, können für viele Kollegen und andere, mit denen man zu tun hat, sehr wohltuend sein.

Man fühlt sich zu mehr individuell kreativen Kanälen hingezogen wie zum Beispiel Schauspielkunst, Tanz und visuellen Berufen wie Fotografie und Film. Vielfach spielt die Körperkultur eine große Rolle, insbesondere im frühen Erwachsenenalter, und man hat große Freude an physischem Ausdruck durch körperliche Bewegung und Tanz, wobei man sich durch flüssige Bewegungen und Grazie auszeichnet. In späteren Jahren kann dies zu einem Interesse an der Körperarbeit des Hatha-Yoga werden, durch den man sich die Geschmeidigkeit des Körpers erhält und die Gesundheit stärkt. Diese Arten bevorzugter Kreativität richten sich meist entweder auf einen fortgeschrittenen Einsatz des Körpers oder der physischen Sinne, weniger auf eine eher intellektualisierte Form schöpferischen Ausdrucks.

Die menschlichen Beziehungen können erfolgreich und erfüllend sein, und man tut viel dafür, daß dies für einen selbst wie auch für den Partner so bleibt. Durch die optimistische Grundhaltung nimmt man am geliebten Partner die höchsten Qualitäten wahr, ohne vor der Tatsache die Augen zu verschließen, daß Menschen ihre Schwächen haben und zu Tendenzen neigen können, die weit von einem Ideal entfernt sind. Toleranz und Verständnis für die menschlichen Schwachheiten und Spannungen werden vorhanden sein, und man wird sein Vertrauen zurückempfangen. Viel hängt von der Partnerwahl ab, die wiederum zum Teil von einer realisti-

schen Einschätzung der eigenen Bedürfnisse abhängt, insbesondere der stark ausgeprägten physischen und emotionalen Bedürfnisse, und davon, was man von einem geeigneten Partner erwartet.
Grundsätzlich hat man die Haltung des »leben und leben lassen«,
und man ist sich über die Zwänge, die ein eheliches Zusammenleben mit sich bringt, durchaus im klaren. Die Qualität der gegenseitigen Kommunikation spielt eine wichtige Rolle, wobei man Aufrichtigkeit und Ehrlichkeit schätzt, was immer von Vorteil ist, weil
jeder zumindest ein klares Bild von der tatsächlichen Lage bekommt.

Trigon

Durch die Energien des Trigons kann man zu einem »praktischen
Idealisten« werden, bei dem die Sphären der persönlichen Beziehungen und der sozialen Verpflichtungen im Vordergrund stehen.
Mars wird dem Betreffenden ein Kraftwerk an Energien zur Verfügung stellen, während Neptun diese in geeignete Bahnen weisen
wird.

Dies geschieht durch eine Herzenssensibilität für die Probleme
anderer, und zwar entweder individuell oder auf einer unpersönlicheren, kollektiveren Ebene, und man wird immer motiviert
sein, seine soziale Verantwortlichkeit anzunehmen. Glücklicher-
weise kann man die meisten seiner persönlichen Zielsetzungen in
einem solchen Rahmen verwirklichen, weshalb man sich zu einem
sozial orientierten Beruf hingezogen fühlt, insbesondere im Bereich der Fürsorge, Medizin, der Sozialarbeit und der physikali-
schen Therapie. In dieser Weise hat man die Möglichkeit, seine
Energie nutzbringend weiterzugeben, indem man anderen hilft,
die im Leben zu kämpfen haben, vielleicht wegen Krankheit,
schwieriger sozialer Verhältnisse oder Familienproblemen. Man
strahlt eine natürliche Sympathie aus, und durch seine mitfühlende
Art wird man von vielen Menschen mit Problemen ins Vertrauen
gezogen. Manchmal muß man sich freilich von dem durch diese
Tätigkeit angesammelten und aufgestauten Leid durch Meditation
oder andere psychische Schutzmaßnahmen reinigen, da sonst die
eigene Vitalität unter der Last, die man auf sich nimmt, abzuneh-
men droht.

Auch wenn man den neptunischen Weg nicht zum Beruf wählt, werden die engeren Freunde diese helfende Fähigkeit in einem selbst zu schätzen wissen. Oft werden sie auf die helfende Hand und das offene Ohr des Betreffenden vertrauen und erleichtert wieder weggehen, von neuer Inspiration und einer vertrauensvollen Energie erfüllt, daß alles in Ordnung kommen wird (oder daß sie zumindest das Problem erfolgreich bewältigen können). Dies ist ein Aspekt einer heilenden Energie, die man weitergeben kann, und die oft mit einer geschärften inneren Sensibilität für die Umgebung und die Emotionen der Menschen verbunden ist. Diese Empathie ist der Schlüssel für die potentielle eigene Effektivität in Beziehungen, ein intuitives Gespür dafür, wie man reagieren und welche Unterstützung man bieten kann. Manche fühlen sich bewußt zu spirituellen oder okkulten Heiltechniken hingezogen, und dies könnte durchaus ein Kanal sein, den zu erkunden es sich lohnt.

Das Liebesleben dürfte weitgehend befriedigend sein, wobei oft physische und seelische Energien stark betont sind und man einige intensive und leidenschaftliche Romanzen erlebt. Sobald man einen festen Partner gefunden hat, wird man jene tiefen emotionalen Bindungen zu schätzen wissen, jene subtilen Empathien und das Gefühl einer echten Beziehung, das sich durch gegenseitige Liebe einstellen kann. Im allgemeinen sind die Partnerschaften aufrichtig und ehrlich, die Freundschaft und gegenseitige Zuneigung ist stark, und oft hat man auch dann noch aufrichtige Empfindungen für Menschen, mit denen man in einer intimen Beziehung gestanden hatte, wenn die Beziehung beendet ist. Manche Beziehungen enden mit tiefsitzender Verbitterung und gegenseitigen Vorwürfen; Menschen mit diesem Aspekt dagegen wissen, daß auch Liebe vergehen kann, und ziehen es vor, sich im Guten zu trennen. Wenn man einen geeigneteren Partner findet, bietet dies für beide die Chance eines großen inneren Wachstums und großen gegenseitigen Glücks.

Man kann zu dramatischeren Ausdrucksmöglichkeiten der Energien dieser beiden Planeten tendieren, zum Beispiel auf der Bühne, durch Schauspielerei, Tanz oder andere Künste, bei denen die Körperkultur im Vordergrund steht. Manchmal ist die Tatenergie des Mars auf Sphären neptunischer Kreativität gebündelt, wie zum Beispiel Graphik, bildende Kunst, Literatur, Film und

Fotografie. Das Trigon findet sich oft in Geburtsbildern schöpferischer Menschen, da die Marsenergie den Prozeß der Verankerung einer Idee, Vision oder Intention unterstützt. Man hat meist keine Probleme, seine Ziele zu erreichen, und nutzt das vorhandene Potential und die sich bietenden Gelegenheiten optimal aus; der Schlüssel zum Erfolg liegt darin, daß man seiner Phantasie breiten Raum gibt und dann entsprechend handelt.

Quadrat

Das Quadrat kann eine Reihe innerer Spannungen und Zwänge beinhalten, die schwierig wahrzunehmen und zu integrieren sind. Es ist Ausdruck der inneren Konflikte und Spannungen, die oft die Beziehungen des Betreffenden belasten, insbesondere solche emotionaler und sexueller Art.

Die meisten Antriebe stammen dabei aus dem Unbewußten, weshalb es schwierig ist, sie präzise wahrzunehmen oder ihre Natur zu begreifen. Quadrate beinhalten immer Frustrationen, und in diesem Fall hemmen sich die Energien von Mars und Neptun gegenseitig, was beider bevorzugte Ausdrucksarten verzerrt. Selbst der innere Energiefluß ist verzerrt, wobei die Marsenergie sprunghafte Formen annimmt und zwischen einem obsessiven Handlungszwang und einem gelegentlichen völligen Erliegen schwankt, wodurch die Motivation und Vitalität auf ein sehr niedriges Niveau sinkt. Oft tritt auch die Neptun-Energie in ihrer verzerrten Form zutage, das heißt es können beunruhigende emotionale Antriebe, eigentümliche Phantasien und Zwänge oder negative Verhaltensmuster auftreten, die wegen der neptunischen Anfälligkeit für eine Abhängigkeit von Drogen, Alkohol und zwanghaften sexuellen Obsessionen letztlich selbstzerstörerisch sein können.

Da die kontinuierliche und effektive Äußerung des Selbst und der eigenen Ziele gehemmt sein kann, baut sich letztlich Frustration auf, die zu Spannungen und Belastungen führt. Hierdurch können Persönlichkeitsspaltungen entstehen, durch die negativere Aspekte des nicht integrierten Unbewußten in die bewußte Persönlichkeit einbrechen und fast als Formen von Besessenheit zu dominieren beginnen. Man fühlt sich unter dem Zwang, in einer bestimmten Weise zu handeln; man befindet sich in einem Zustand der Unsicherheit, in dem diese verborgenen starken Motivationen die Entscheidungen dirigieren.

Man steht vielfach in einem Teufelskreis, oft bedingt durch die streitsüchtige und aggressive Art, in der man sich durchsetzen möchte. Wegen jener unaufgelösten inneren Konflikte ist der emotionale Ausdruck und die Beziehung zu anderen oft von einer gewissen Aggressivität getönt, die von anderen wahrgenommen und meist nicht hingenommen wird. Die Folge kann sein, daß die ausgestreckte Hand ausgeschlagen wird. Wenn sich dies immer wieder wiederholt, können sich die inneren Konflikte verschärfen und Bestandteil des eigenen Energiefelds werden, was von feinfühlenden Menschen wahrgenommen wird. Dies kann letztlich zu einer Entfremdung führen.

Wegen der eigenen inneren Blindheit begreift man nicht, was geschieht, und treibt dadurch auf ein paranoisches Verhaltensmuster zu, wobei man sich zusätzliche Zurückweisungen durch andere einbildet, in allen sozialen Kontakten und auf eingebildete Kränkungen außerordentlich empfindlich reagiert und schließlich in einer Schutzreaktion auch aggressiv wird. Es kommt zu einer weitreichenden Selbsttäuschung, da man den Prozeß im eigenen Inneren nicht sieht. Indem man den Blick nach außen gerichtet hält, erkennt man die wahre Quelle der eigenen Schwierigkeiten nicht.

Die sexuellen Beziehungen können ein größerer Problembereich und Ausgangspunkt vieler dieser Spannungen sein. Das Geschlechtsleben und die sexuellen Begierden können in gewissem Umfang verzerrt sein. Sexualität und Gefühlsleben sind miteinander verknüpft, und es könnte wichtig sein, durch mehr Einsicht zu einer Neuorientierung zu kommen. Man fühlt sich bezüglich seines eigenen Sexualtriebs unbehaglich, verunsichert und verwirrt. Dies kann an einem Mangel an intimen Beziehungen liegen, wodurch die frustierte Energie nur im eigenen Inneren zirkulieren und eine Vielzahl von Spannungen und Spaltungen auslösen kann, die geheilt werden müssen. Es könnte dazu kommen, daß die eigene Phantasie überaktiv wird und unerfüllte sexuelle Wunschbilder und Begierden schafft. Es kann auch sein, daß man Aspekte der natürlichen Ausdrucksformen der Sexualität nicht anerkennen will und damit unterdrückt. Hier liegt auf alle Fälle ein Bereich inneren Widerstreits.

Dies führt oft dazu, daß sich ein Schuldkomplex entwickelt, weil man sich unerlaubt Affären leistet und sexuellen Aktivitäten frönt, die man für moralisch verboten hält. Es kann zu Versuchen kommen, zu unbefriedigenden sexuellen Ausdrucksformen seine Zuflucht zu nehmen, wie zum Beispiel die rein physische Abfuhr der Energien und Spannungen, wie es etwa bei Prostituierten der Fall ist. Mit diesem Drang zur sexuellen Entspannung muß man unbedingt umgehen lernen; es ist entscheidend wichtig, zu einem Umgang mit der Sexualität zu finden, der Erfüllung schafft und nicht die eigenen inneren Konflikte verschärft.

Es könnte sein, daß immer wieder Beziehungen scheitern, bis man mit einer Umorientierung beginnt, einer Umleitung der eigenen Energien in sinnvollere Kanäle. Vielleicht erfährt man auch die in diesem Aspekt angelegten Spannungen nur in abgeschwächter Form; viel hängt vom übrigen Geburtsbild ab, doch wird eine gewisse Änderung immer nötig sein, vor allem dann, wenn Mars oder Neptun noch weitere ungünstige Aspektierungen aufweisen.

Nötig ist eine Auseinandersetzung mit der Wirklichkeit in der Weise, daß man Selbstverantwortung für die eigene Situation und das innere Leben übernimmt. Es ist dies eine Anerkennung der inneren Konflikte ohne Schuldgefühle, ohne Beschönigung und ohne Selbstvorwürfe. Das Akzeptieren ist der erste Schritt; es kann schwerfallen, doch ist es der unumgängliche erste Schritt zu einer Lösung der Probleme und zur inneren Heilung. Man muß aufhören, geistig mit dem Finger auf andere zu weisen und anderen die Schuld für das eigene Versagen zuzuschieben; umgekehrt darf man auch sich selbst nicht mit Vorwürfen überhäufen, sondern muß einfach den Entschluß fassen, es in Zukunft besser zu machen. Die Erfahrungen haben zur Schaffung sich wiederholender Handlungsmuster geführt, durch die man frustriert wird, doch bedeutet dies nicht, daß diese Situation so bleiben muß. Man verfügt über das Potential, dies zu ändern. Man sollte die Technik der schöpferischen Visualisierung erlernen, die Kontrolle über die Lebensbereiche übernehmen, in denen man eine Änderung oder Lösung herbeiführen möchte. Man muß nach Wegen Ausschau halten, wie man die Energien von Mars und Neptun in einer Weise integrieren

kann, daß durch den Einsatz der Phantasie Brücken statt klaffender
Abgründe von Neurosen, Paranoia, Illusionen und obsessiven sexuellen Begierden geschaffen werden. Man muß seine Haltung
gegenüber den Menschen ändern, bereit sein, bei der Neuschaf-
fung des eigenen Lebens auch ein Risiko einzugehen. Statt Ausschau zu halten, wo man nehmen kann, sollte man sich umsehen,
wo man geben kann, da dies jene Neptun-Energie in konstruktive
Kanäle leitet, sie von den Verzerrungen der Mars-Energie und von
der Überstimulierung sexueller Begierden abzieht. Notwendig ist
die Opferung einer Haltung, einer Haltung, durch die man sich
Probleme schafft; wenn man sich von ihr befreit, eröffnet sich auch
die Möglichkeit einer Neugeburt.

Ein Schlüssel liegt im richtigen Einsatz emotionaler und sexueller Energie, im Entdecken einer Richtung, die den Überschuß und
die Negativität aufsaugen und diese Energie in positives Kapital
statt einer schuldbeladenen Obsession verwandeln kann. Man muß
diese Energie in kreative Kanäle leiten, sie durch die Körperlichkeit
des Tanzes ausdrücken, durch bildende Künste, Literatur, Musik,
Schauspielerei. Auch wenn die ersten Schöpfungen nicht schön
oder harmonisch sind, sollte man das Vertrauen haben, daß sich
ihre Qualität im Laufe der Zeit in dem Maße verbessern wird, wie
der innere Heilungsprozeß durch die Ausleitung jener frustrieren-
den Gifte Fortschritte macht. Statt unter der Kontrolle der Energie
zu stehen, sollte man die Kontrolle über sie gewinnen, das Leben so
planen und lenken, daß es in der gewünschten Richtung geht.
Letztlich werden mit entsprechender Ausdauer die Teilchen des
neuen Puzzles an ihren Platz fallen, und man wird sich eine Lebensform schaffen, die auch befriedigend ist. Man muß diese inneren
Kämpfe durchstehen; dann werden sich diese Konflikte auflösen.

Opposition

Bei der Opposition geht es mehr um die äußeren Beziehungen zu
anderen Menschen, wiewohl oft auch innere Projektionen der
Schlüssel zu ihrer Problematik sind. Wie beim Quadrat wird die
Gegenwart des Unbewußten durch einen frustrierten Neptun akti-
viert, was zu Verzerrungen im Handeln und im Ausdruck führt.
Die wahre Natur innerer Motivationen ist oft unklar, und oft

verbergen sich zwanghafte Antriebe so wirksam hinter einer Fassade, daß man manchmal selbst nicht weiß, warum man so und nicht anders handelt und was eigentlich diese wichtigen Entscheidungen für einen selbst fällt. Klarheit über das eigene Wesen ist oft schwer zu erlangen, insbesondere im Bereich der emotionalen und sexuellen Antriebe, die etwas Zwanghaftes an sich haben und die Entscheidungsfreiheit korrumpieren können. Diese Bereiche können im Leben außerordentliche Bedeutung erlangen und so überbetont sein, daß sie außerhalb aller vernünftigen Proportionen und Perspektiven sind.

Möglicherweise mangelt es am Vertrauen in das Leben. Das Mißtrauen ist ein ständiger Begleiter, und man sieht andere immer durch die argwöhnische Brille, doch ist dies hauptsächlich durch die eigene Natur bedingt, die man wie einen Schatten in die Welt hinausprojiziert. Wie kann man Vertrauen in sich selbst haben, wenn man die eigenen Motivationen und Handlungsantriebe nicht versteht? Man meint es oft gut, doch spielen einem die eigenen Tendenzen zur Geheimniskrämerei und Manipulation einen Streich. Die eigene Haltung fällt auf einen selbst zurück, so daß oft gegenseitiger Argwohn entsteht und man das Vertrauen in die Menschen noch mehr verliert. Manchmal zieht man sich deshalb überhaupt aus dem sozialen Handeln zurück. Möglicherweise ist eine Verfeinerung der Art der Selbstbehauptung notwendig und eine Zurückdrängung dieser konditionierenden negativen Wesensmerkmale.

Wichtig ist eine Auseinandersetzung mit der Wirklichkeit, damit durch Hinnahme dieser Wirklichkeit in Beziehungen ein realistischeres Gleichgewicht entstehen kann, bei dem die eigenen Begierden weniger dominierend und bedrohlich sind und die emotionale Dimension besser integriert und geklärt ist. Dies wird helfen, die blockierte Neptun-Energie zu modifizieren und umzuleiten, so daß Beziehungen tiefer, befriedigender und eine Brücke zur Erneuerung der eigenen Erfahrung des sozialen Miteinander werden können. Die Klärung der eigenen Ziele im Leben kann produktiver sein, wenn die Projektionen zurückgenommen werden, und der Einsatz der Vernunft und des gesunden Menschenverstandes kann eher zur Realisierung dieser Ziele beitragen als der Weg der Verblendungen und zwanghaften Antriebe, der vielleicht vorüberge hend aufregend sein mag, aber letztlich zu einer Auflösung des eigenen Selbst und der eigenen Ziele führt. Klug ist es ebenfalls, unnötige Stimulantien zu vermeiden, da diese nicht hilfreich sind; sehr nutzbringend ist auch eine klarere Einsicht in die Natur der Verblendung und der Illusion. Dies gilt vor allem dann, wenn man sich mit den okkulten oder spirituellen Reichen des Lebens eingelassen hat, in denen immer die Leimruten derer ausliegen, die leichtgläubige und für die Macht des »Geheimwissens« empfängliche Menschen ausnutzen wollen. Diejenigen, die etwas »Besonderes« sein wollen, werden oft physisch, emotional, mental und spirituell mißbraucht.

Die Natur und Qualität der eigenen Beziehungen läßt sich transformieren, sofern man sich mit den Problembereichen der eigenen inneren Natur, den eigenen Emotionen, seiner Sexualität und seinen Illusionen auseinandersetzt. Die Einsicht, wie man seine Erfahrungen negativ konditionieren kann, ist auch der Schlüssel zu der Erkenntnis, wie man sie positiv transformieren kann.

Jupiter – Neptun

Konjunktion

Diese Konjunktion tritt ungefähr alle dreizehn Jahre auf und ruft Merkmale hervor, die oft dem Fische-Temperament ähnlich sind, wobei die positiven wie die negativen Eigenschaften beider Planeten vorhanden und sehr aktiv sind.

Es zeigen sich deutliche Tendenzen zum Exzeß, zu Idealismus, Kreativität und Naivität. Der typische Jupiter-Impuls der Expansion kann dazu verleiten, über die eigenen Fähigkeiten hinausgehen zu wollen. Dies kann zu einer Persönlichkeitserweiterung verhelfen – und in manchen Fällen wird dies in einigem Umfang gelingen –, doch ist die Wahrscheinlichkeit groß, daß in Verbindung mit einer neptunisch verzerrten Einschätzung der eigenen Fähigkeiten am Ende häufiger eine Niederlage als ein Triumph steht. Im Laufe der Zeit kann sich dies zu einem ständig sich wiederholenden und hemmenden Verhaltensmuster entwickeln, das das Selbstvertrauen beeinträchtigt.

Der Bereich der zwischenmenschlichen Beziehungen ist oft ein

Bereich, in dem man viele Lektionen zu lernen hat und in dem sich verschiedene der eigenen Tendenzen in Richtung jener weniger realistischen Qualitäten Jupiters und Neptuns widerspiegeln, die das Merkmal einer nicht integrierten Persönlichkeit sind. Vertrauen ist zwar im Grunde eine positive Eigenschaft, doch zeigt die Lebenserfahrung, daß Desillusionierung die unglückliche und unausweisliche Folge ist, wenn man jedermann unbedacht Vertrauen entgegenbringt. In einer idealen Welt wäre dies möglich, doch gibt es in unserer gegenwärtigen Realität eben Menschen, die eigensüchtig die Naivität und Unschuld (und auch Unwissenheit) anderer ausnutzen wollen. Man muß zu einer realistischeren Einschätzung der Motivationen und Wesensart anderer Menschen gelangen; wenn man unbewußt und automatisch auf den guten Willen und edlen Charakter anderer Menschen vertraut, setzt man sich der Gefahr aus, mißbraucht zu werden. Ein gesundes Urteilsvermögen ist immer nötig, damit man diejenigen zu erkennen vermag, die solche zerbrechlichen Qualitäten auch zu würdigen und zu achten wissen. Blindgläubigkeit ist eine Unschuld, die geradezu darauf wartet, verderbt zu werden, und die Reihe derjenigen ist lang, die nach der Beute gieren.

Dieses Beziehungsideal ist allerdings sehr schwer zu erschüttern, selbst wenn man im Laufe der Jahre viele enttäuschende Erfahrungen hinnehmen mußte. Es empfiehlt sich, in den persönlichen und engsten Beziehungen größere Sorgfalt walten zu lassen, denn wenn man nicht wach dafür ist, was eigentlich geschieht, wird das Leben eine Aneinanderreihung schmerzlicher Erlebnisse sein. Da man einen natürlichen Impuls hat, sich für andere einzusetzen, wird man möglicherweise von weniger skrupelhaften Menschen ausgebeutet, die jene Opfer- und Märtyrertendenzen, die von dem Neptun-Einfluß ausgehen, auszunutzen versuchen. Dies führt auch zu Illusionen bezüglich der Empfindungen anderer gegenüber einem selbst, wenn man z. B. davon überzeugt ist, daß man einer starken und wahren Liebe begegnet ist und man sehr viel in diese Beziehung investiert; diese Einschätzung kann richtig sein, doch ist dies ein Bereich, in dem man sehr leicht einer Selbsttäuschung erliegt; vielleicht wäre mehr Vorsicht und weniger Eile ratsam. Die Zeit, die man sich dafür nimmt, die Motivationen und den Charakter anderer zu studieren, ist oft gut aufgewandt; blindes Vertrauen,

Gutgläubigkeit und Mutmaßungen, die ihre Wurzeln nur im Drang zur Befriedigung der eigenen Bedürfnisse haben, können ein Wechsel auf künftige Probleme sein. Eine sorgfältige Prüfung des anderen Menschen ist notwendig, damit nicht unter den Zwängen der Ehe oder des Zusammenlebens Charaktereigenschaften des anderen zum Vorschein kommen, mit denen man nicht einverstanden ist (oder umgekehrt). Viele Beziehungen scheitern heute wegen fehlender Selbsterkenntnis auf beiden Seiten, wobei innere Projektionen von Illusionen und Anima-Animus-Strukturen die tatsächliche Wesensart der Beteiligten überlagern, bis sie von der Zeit erodiert werden und die Partner unsanft zu der Erkenntnis aufwachen, daß sie neben einem Fremden leben.

Dies soll nicht heißen, daß man übertrieben skeptisch oder zynisch werden soll; notwendig ist aber ein intensiveres und urteilskräftigeres Hinsehen sowohl auf die eigene Natur wie auch auf diejenige eines in Betracht gezogenen Partners. Vielleicht sollte man jene Tendenzen des Vertrauens auf einer unpersönlichen Ebene ausleben, auf der man nicht an bestimmte Menschen glauben muß (die immer fähig sind, einen im Stich zu lassen), sondern das Vertrauen mehr auf die grundsätzliche Gutheit der Menschheit richten, die sich langsam entwickelt und in der Welt verankert wird. Dabei können die eigenen Erfahrungen in Beziehungen zum Versuchsfeld werden, auf dem man viele Lektionen lernen kann, und hoffentlich die eigenen Einschätzungen genauer und realistischer werden.

Wenn man Enttäuschungen erlebt, entsteht die Tendenz, sich in eine private Phantasiewelt zurückzuziehen. Man kann dies positiv als Selbstheilungstechnik einsetzen, doch muß man allen Versuchungen widerstehen, dies nur als Fluchtweg zu benutzen, denn es beinhaltet die Gefahr, daß man den Kontakt mit der Wirklichkeit verliert. Diese innere Welt darf ein Platz sein, an dem man in Ruhe die Lehren erwägen kann, die man zu ziehen hat, aber kein Zufluchtsort, an den man sich zurückzieht, um unwissend bleiben und sich seine Illusionen erhalten zu können.

Man hat vielleicht den Wunsch nach »sublimen Empfindungen und Emotionen«, nach einer Gefühlsintensität, die man im alltäglichen Leben nicht leicht findet, und einer Ausdehnung über die normalen Daseinsgrenzen hinaus. Dies kann eine latente mystische

Neigung sein, die man in Liebesbeziehungen zu erfüllen sucht. Es kann aber auch ein Hang zu Drogen, Alkohol oder spirituellen Kulten bestehen. Den suchterzeugenden Tendenzen sollte man auf keinen Fall nachgeben, und wenn man sich in der spirituellen Szene umsehen will, sollte man sich vor Illusionen im Zusammenhang mit Gurus, Kulten usw. hüten. Auch in diesen Bereichen ist gesundes Urteilsvermögen unbedingt erforderlich.

Im ganzen eigenen Leben ist eine fruchtbare Phantasie wirksam, die in den bildenden Künsten, Musik, Literatur oder in der Beschäftigung mit Religion und Philosophie Betätigung finden kann. Für diese Phantasie müssen geeignete Kanäle geschaffen werden, damit sie nicht nur die inneren Träume und die verzerrenden Illusionen verstärkt.

Der Idealismus wird immer stark ausgeprägt sein, doch kann ein Mangel an praktischen Fähigkeiten bestehen, wodurch man wegen fehlender beständiger Selbstdisziplin oft nicht dasjenige zustande bringt, wozu man eigentlich fähig ist. Infolge der hohen emotionalen Sensibilität fühlt man sich vielleicht zu einem Beruf hingezogen, in dem man einer Empfindung der sozialen Verpflichtung Ausdruck geben kann, in dem man etwas für das soziale Wohl und das Wohlergehen der Menschen tun kann. Diesem Bedürfnis kommen etwa Betätigungsfelder wie Medizin, Krankenpflege, Unterricht, soziale Fürsorge oder Entwicklungshilfe entgegen. Man muß sich dabei aber vor einem zu starken persönlichen Engagement hüten, da sonst die Fähigkeit des Dienens durch die Last der Welt auf den eigenen Schultern überstrapaziert wird. Diese Art von Märtyrertum, durch die man zum Opfer wird, ist oft ein unnötiges Opfer und läßt sich durch eine andere innere Perspektive vermeiden.

Sextil

Beim Sextil wiederholen sich einige der Themen der Konjunktion, doch sind sie hier beim einzelnen oft klarer entwickelt und ausgeprägt, weshalb in der Regel mit ihnen einfacher umzugehen ist und sie sich leichter im täglichen Leben ausleben lassen.

In den persönlichen Beziehungen ist wiederum jene Tendenz zur Leichtgläubigkeit vorhanden, unterstützt und begünstigt durch intensive Gefühle und Empfindungen, durch die man in seinem Glauben an die aufrichtige Zuwendung des Partners bestärkt wird, der die eigenen Bedürfnisse und Wünsche erfüllt. Die Bewertung der eigenen engsten persönlichen Beziehungen kann unrealistisch sein, und es kann geschehen, daß sich der Glaube an die Richtigkeit der eigenen Wahl später als bloße Selbsttäuschung herausstellt; wo immer die eigenen Emotionen im Spiel sind, sind sie die Quelle für viele Illusionen und große Verletzlichkeit. Hier droht immer die Gefahr, eines Tages nach der Enttäuschung vor den Trümmern seiner Liebe zu stehen. Man sollte sich mehr Zeit nehmen, jemanden kennenzulernen, vorsichtiger sein und prüfen, wie die Menschen, mit denen man umgeht, die Beziehung selbst empfinden; man darf nicht einfach annehmen, daß der oder die andere, nur weil man selbst verliebt und glücklich ist, dies ebenfalls ist. Es kann so sein – nur weist die nach oben schnellende Scheidungsrate darauf hin, daß leider oft das Gegenteil der Fall ist.

Ein Thema, das beim Sextil augeprägter ist, ist der Optimismus, die Phantasie und der Idealismus. Es ist wahrscheinlich, daß diese Dinge in der Seele des Betreffenden besonders betont sind und daß er dies in seinem Lebensstil deutlich zum Ausdruck bringt. Bei Menschen mit diesem Aspekt wird Vertrauen zu einer optimistischen Haltung, die den Blick auf künftige Aussichten und Möglichkeiten richtet. Die Sphäre der Expansion liegt in dieser Richtung, und man wird wahrscheinlich aktuellen sozialen Problemen gegenüber sehr aufgeschlossen sein.

Diese Vision hat möglicherweise etwas Radikales und tendiert oft in Richtung der New-Age-Perspektive. Man hat bereits ein waches Gespür für die sozialen Bedingungen, Notwendigkeiten und Bedürfnisse, doch fügt man dem, was aktuell geschieht und was noch geschehen muß, um eine hellere Zukunft zu schaffen, eine umfassendere Perspektive hinzu. Man ist fähig zu einer Analyse moderner Gesellschaftsprobleme, sieht die in diesen liegenden Gefahren und kann die Problematik klar artikulieren. Man arbeitet vielleicht in Gruppen mit, die solche Probleme an die Öffentlichkeit tragen, in einer jener Bürgerinitiativen, die in der westlichen Welt eine so wichtige Rolle für die Öffentlichkeit übernommen haben. Die Fehler der etablierten politischen, religiösen und sozialen Machtblöcke werden meist erkannt, doch bevorzugt man es vielleicht, in diesen weiter mitzuarbeiten, um einen inneren Wandel herbeizuführen.

Menschen mit diesem Aspekt sind Individualisten, die sehen, wie sich andere unbewußt unter mächtige Ideologien und sozial akzeptierte Verhaltensmuster beugen. Dies kann den Betreffenden veranlassen, Position gegen schädliche gesellschaftliche Ideologien zu beziehen, die momentan starken Zulauf finden, auch wenn sie von Regierungen oder den Kirchen ausgehen. Man greift vielleicht als Publizist für seine Ideen zur Feder, um die Öffentlichkeit darauf aufmerksam zu machen, was derzeit im Gange ist. Der Idealismus spielt im eigenen Leben eine überragende Rolle, und man setzt sich leidenschaftlich für seine Ideale ein.

Zum Problem kann allerdings die Tatsache werden, daß man im Grunde Theoretiker ist, insofern die Aktivität aus einer mentalen Perspektive erfolgt, und die Verwirklichung der Vision scheitert oft an mangelnden praktischen Fähigkeiten. Im schlimmsten Fall erkennt man die gesellschaftlichen Probleme, weiß man, daß man soziale Verantwortung hat, und ist dann doch nicht in der Lage, etwas zu tun. Die inneren altruistischen und humanitären Tendenzen können gehemmt bleiben.

Wenn dies der Fall ist, und dies ist zum Teil ein Symptom eines nicht integrierten Neptun, der den Handlungswillen lähmt, muß man sich gegebenenfalls einen Ruck geben. Der gesellschaftliche Wandel braucht Visionen und geistige Theorien, doch müssen diese letztlich auch auf der gesellschaftlichen Ebene verwirklicht werden, und dies bringt unausweichlich eine Transformation ihrer Natur mit sich, wodurch oft die ursprüngliche Vision nicht in ihrer reinen Form erhalten bleiben kann. Oft verwirklichen sich diese Visionen durch ganz überraschende und unerwartete Kanäle und Lebensbereiche. Es gibt »Theoretiker« und »Praktiker«, und diese beiden sollten im Idealfall zusammenarbeiten; doch können auch die Theoretiker etwas praktischer werden, auch wenn das Denken ihre wirkliche Aufgabe ist und nicht bloß ein Vorwand zum Nichtstun. Eine einfache Möglichkeit besteht darin, den »Praktikern« Geld zu geben und sie in dieser Weise zu unterstützen. Man kann auch seine Fähigkeiten und Ressourcen prüfen; man hat meist eine klare Phantasie, die man in der Abfassung von Artikeln oder Schriften positiv einsetzen kann, in denen man zu drängenden

Problemen Stellung nimmt oder positiven sozialen Idealen Ausdruck verleiht. Dies sind mögliche Kanäle, durch die man arbeiten kann, die für einen selbst und für andere nutzbringend sind und durch die man Tendenzen entgeht, sich auf isolierte Theorien zurückzuziehen, in einen privaten Elfenbeinturm. Wir können uns leicht über verschiedene Aspekte des Lebens beklagen; der springende Punkt aber ist, was wir selbst hieran zu ändern versuchen. Wir können alle etwas tun, und auch wenn unser Beitrag scheinbar gering und unbedeutend ist, können alle zusammen sehr wohl etwas bewirken.

Trigon

Das Trigon zwischen diesen beiden Planeten bietet die meisten Möglichkeiten für einen problemlosen Ausdruck des vorhandenen inneren Potentials und hat in vielerlei Hinsicht Ähnlichkeit mit dem Sextil.

Meist besteht eine – orthodoxe oder unorthodoxe – natürliche religiöse und spirituelle Neigung, der man möglicherweise durch eine mehr mystische Orientierung, Interesse am Okkultismus oder durch die eigene gesteigerte psychische Sensibilität nachgeht. Man weiß meist, daß spirituelle Einsicht und eine spirituelle Haltung im Leben derjenigen, die hierfür empfänglich sind, ein hilfreiches Fundament schaffen und sich auf die Sinnwahrnehmung, die Zielstrebigkeit und die Ausrichtung des Lebens vorteilhaft auswirken können. Dies muß nicht unbedingt eine traditionelle religiöse Philosophie oder Theologie sein; es kann auch ein persönlicher Weg sein, der sich aus den eigenen Einsichten und Werten ergibt und aus der im eigenen Inneren vorhandenen Fähigkeit entspringt, das Leben und die Menschen zu verstehen.

Dabei geht man weniger intellektuell vor als beim Sextil, das heißt man ist mehr auf Empfinden, Emotion und Intuition veranlagt, weshalb einem der Weg des Mystikers und der kontemplativen Meditation eher liegt. Gesteigerte emotionale Erfahrungen sind von einer Intensität, der man sich gerade ergibt; durch die Verheißung solcher Empfindungen fühlt man sich zu gemeinschaftlichen religiösen Aktivitäten hingezogen, bei denen man Zeremoniell, Atmosphäre, Gemeinschaft und einen Hauch dramatischen Mysteriums findet. Eine starke Anziehungskraft hat möglicherweise der Katholizismus. Es ist eher der Liebes- und Beziehungsaspekt des spirituellen Lebens, von dem man motiviert wird, weniger die Erkenntnis- oder Weisheitsdimension, und möglicherweise mangelt es etwas an Unterscheidungsvermögen. Trotzdem gelingt es, die inspirierte Erkenntnis erfolgreich zu integrieren, so daß sie in die optimistische Lebensbetrachtung eingegliedert wird und das Leben reicher und vielfältiger macht.

Man hat möglicherweise eine intensive Sensibilität für die lokale und weltweite Umwelt und einen ausgeprägten Gemeinschaftssinn. Die Grundhaltung ist positiv und progressiv, insofern man das Licht auch in der tiefsten Dunkelheit enthalten sieht und das feste Vertrauen hat, daß es zu konstruktiver Aktivität freigesetzt werden kann. Dieses grundsätzliche Vertrauen in das Leben und in die Menschen kann Kraft sowohl für den eigenen Weg durch das Leben wie auch für die Unterstützung anderer in schwierigen und dramatischen Zeiten geben. Die eigene Großzügigkeit des Geistes ist ein sicherer Halt für Freunde und Angehörige in Not. Man wird in verschiedener Weise durch den Dienst an anderen, der aus den eigenen Anstrengungen etwas Konkretes, Konstruktives oder Positives entstehen läßt, sowohl Wachstum als auch Erfüllung finden. Dies kann zu einem ärztlichen oder krankenpflegerischen Beruf hinführen, in die Sozialarbeit oder einen Lehrberuf, oder man entwickelt soziale Programme, die die Möglichkeiten anderer Menschen verbessern, ihr Potential freizusetzen und im Leben mehr Befriedigung zu finden. In der Arbeit an der Verfeinerung und Verbesserung der Gesellschaft findet man wahrscheinlich die effektivsten Betätigungsfelder, doch können es auch schöpferische Berufe sein wie bildende Kunst, Musik und Literatur, in denen die expansive Phantasie Möglichkeiten findet, sich in objektiven Formen zu verankern. Man weiß, daß es immer Anliegen gibt, für die man seine Unterstützung und Energie nutzbringend einsetzen kann, zum Beispiel in internationalen Hilfsorganisationen.

In den engsten persönlichen Beziehungen sucht man idealerweise jemanden, der in den wesentlichen Dingen mit den eigenen Ansichten und Haltungen übereinstimmt, einen Menschen, der Verständnis und Achtung für die eigene Sensibilität und Verfeinerung aufbringt und der diese Eigenschaften anerkennt, unterstützt und zu schätzen weiß. Weil man viel zu bieten hat, kann es gelegentlich innere Konflikte zwischen einigen wenigen selbstzentrierten Wünschen und Bedürfnissen und den höheren Idealen geben; der beste Weg wird derjenige sein, der durch die eigenen Ideale vorgezeichnet ist und sicherstellt, daß die positiven Tendenzen dieser Planeten aufscheinen können.

Für einige können die spirituellen und mystischen Welten so außerordentlich attraktiv sein, daß sie sich nicht in einen traditionellen Lebensstil fügen können. In diesem Fall kann es zu einem Rückzug in die Welt der Kontemplation kommen; ein mönchisches oder nichtmaterialistisches Leben kann als höchstes Ziel empfunden werden. Manche ziehen es vor, ungebunden zu bleiben und wandern mit einem Minimum an Bindungen oder Besitz umher. Sie wählen den Lebensstil eines Bohemiens wie etwa die »New-Age-Weltenbummler«; sie wollen frei sein, ihren eigenen inneren Neigungen zu lauschen, und die unerschöpfliche Natur des Planeten Erde erfahren, indem sie alternative Kulturen erkunden.

Quadrat

Das Quadrat zeigt oft große Verheißungen, die meist durch die negativen Qualitäten der beteiligten Planeten enttäuscht werden. Die beeindruckende Traumwelt, die man sich schafft, ist einerseits die Quelle des schöpferischen Potentials, andererseits die Ursache der Diskrepanz zu dem, was man tatsächlich erreicht. Das Problem liegt oft darin, daß die Träume Träume bleiben, eine Innenwelt, in die man sich zurückzieht, eine Welt, deren Bestand man sich mit großem Energieaufwand erhält. Das Träumen wird zu einer Sucht, und das Leben bleibt ein nicht verwirklichter Traum.

Diese Erfolglosigkeit wird oft bewirkt durch mangelnde Selbstdisziplin, zu große Nachgiebigkeit gegen sich selbst und Zeitverschwendung. Die Konzentration ist mangelhaft, und die Urteilsfähigkeit bei Entscheidungen fehlt manchmal fast völlig und wird beeinträchtigt durch einen unbewußten Hang zu Ideen und Projekten, die nur wenig Aussicht auf Erfolg haben. Andere Menschen haben einen sehr starken Einfluß, und man ist oft zwischen verlokkenden Ideen hin und her gerissen, die zum Inhalt der eigenen Träume werden. Die Auseinandersetzung mit der Wirklichkeit und Annahme von Verantwortung gehören nicht zu den eigenen Lieblingsbeschäftigungen, da man sich lieber in Luftschlösser zurückzieht, die emotional befriedigender erscheinen. Man hat zwar die Fähigkeit, großartige Pläne zu schmieden, doch zeigt sich letztlich, daß man meist unfähig ist, überhaupt irgend etwas zu leisten außer zu träumen.

Selbst wenn man darangeht, eine Idee oder eine Intention zu konkretisieren, erweist es sich oft, daß sie mit Fehlern behaftet ist, daß Denk- und Logikfehler die Grundlagen schon ins Wanken gebracht haben, und es stellt sich heraus, daß diese Ideen keine wirkliche Substanz und Lebenskraft haben. Der Umgang mit Geld ist ein anderer Bereich, in dem man wegen der von Neptun erzeugten Verzerrungen und der expansiven Tendenz Jupiters, sich zu übernehmen, nicht besonders glücklich agiert. Durch unkluge Maßnahmen und mangelnde Planung kann man sich sehr schnell finanzielle Schwierigkeiten an den Hals schaffen. Man ist ein wenig jenseitig eingestellt, flieht vor den Realitäten des irdischen Lebens und hat ständig damit zu tun, im gewöhnlichen Leben Scherben zu kitten, weil man zu lange geistig abwesend war. Man neigt dazu, sich in wolkigen Visionen zu verlieren und ist unfähig, in jenem inneren Dunst und Nebel klare Sicht zu bekommen. Man empfindet die wirkliche Welt als zu unterdrückend und einschränkend und möchte sie von sich abschütteln, doch muß man sich ihr gerade stellen, damit es nicht immer wieder ein böses Erwachen aus diesen inneren Träumen gibt.

Auf der anderen Seite ist man oft großzügig und hilfsbereit; man hat ein gutes Herz, wodurch man freilich von weniger feinfühligen Menschen mißbraucht und ausgenutzt werden kann. Es fehlt der Blick dafür, in wen man sein Vertrauen setzen kann. Diese Tendenz zur Gutgläubigkeit und Naivität wird vorhanden sein, und oft wird man von anderen zum Sündenbock für deren eigene Fehler gemacht. Es kann ein »Opfersyndrom« vorliegen, das der nicht integrierte Neptun aktiviert. Da beide Planeten ähnliche Wesensmerkmale haben, könnte es sein, daß man gerade von beiden die negativeren Dimensionen zum Ausdruck bringt. Dies kann zu einer Handlungshemmung, zu einem Zurückzaudern vor Entscheidungen führen. Man jagt hinter Phantomen her und gerät durch das ständige erfolglose Suchen in Frustration. Schließlich wird man vielleicht sogar apathisch, weil alle Bemühungen scheitern, und man begräbt seine Hoffnungen, jemals Erfolg zu haben. Die zwischenmenschlichen Beziehungen können problematisch sein. Häufig treten Verzerrungen und Mißverständnisse auf; man neigt zur Sprunghaftigkeit, oder man läßt sich emotional ausnutzen. Manchmal ist es anscheinend unausweichlich, daß man sein Herz an den falschen Partner hängt. Wodurch hält man sich überhaupt aufrecht? Durch Träume... Man träumt von exotischen Abenteuern, exotischen Ländern, exotischen Mysterien. Man hat große Schwierigkeiten, sich in dieser Welt niederzulassen. Vielfach besteht eine Tendenz zu ruheloser Wanderschaft auf der physischen, emotionalen und mentalen Ebene. Zufriedenheit stellt sich nur selten ein. Und doch müßte dies nicht so sein, da viele dieser Frustrationen selbsterzeugt sind und die Möglichkeit durchaus besteht, daß man Ausdruckskanäle findet, wenn man sich nur selbst in die Zucht nimmt. Dies fällt vielleicht schwer, doch könnte der Schlüssel zum Erfolg darin liegen, daß man sich der Wirklichkeit mit all ihren Beschränkungen stellt und lernt, praktischer zu sein. Einige dieser persönlichen Träume könnten durchaus wahr werden, wenn man sich stärker darauf konzentrieren würde, einen nach dem anderen zu verwirklichen, statt sofort einen Rückzug zu machen, wenn es schwierig wird. Der erste Schritt besteht darin, sich seiner Wahrnehmungsmuster bewußt zu werden, zu sehen, wie sie wirken, welche Konsequenzen sie haben, den Punkt festzustellen, an dem sich der Mißerfolg einzuschleichen beginnt. Dann muß der Entschluß kommen, diese Tendenzen zu ändern, mehr Gedankenkraft auf die Verwirklichung des Traums zu verwenden, mehr realistische Selbsteinschätzung, mehr Disziplin und Anstrengung in die Verwirklichung dieser Intention zu investieren. Indem man den Prozeß verlangsamt und sich bewußter demjenigen widmet, was man vorhat, sollte es gelingen, diese Frustrationen in künftigen Erfolg umzumünzen – eine Anstrengung, die sich lohnen könnte!

Opposition

Die Opposition besitzt eine gewisse Verwandtschaft mit dem Quadrat, doch ist hier die Quelle des Zwists auf die äußere Welt und andere Menschen projiziert. Man hat Schwierigkeiten durchzuhalten, wobei Absichten und Pläne durch die Unfähigkeit scheitern, sie wirklich zu realisieren, trotz des ursprünglichen Willensimpulses; man nimmt vieles in Angriff, bringt es aber nie in befriedigender Weise zu Ende. Man wehrt sich gereizt gegen äußeren Druck, der durch die Erwartungen anderer bezüglich der eigenen Fähigkeiten und Leistungen entsteht.

In den zwischenmenschlichen Beziehungen treten oft Konflikte auf, insbesondere mit Arbeitskollegen, die einen ausnutzen wollen oder versuchen, einen zur Übernahme von Verantwortlichkeiten zu überreden, die eine undankbare Aufgabe sind – und wobei sie vielleicht zu ihrem eigenen Vorteil hoffen, daß man scheitert. Am Arbeitsplatz gibt es oft Intrigen, denen man zum Opfer fallen kann, wenn man nicht die verborgenen Motivationen anderer durchschaut. Man kann paranoisch und mißtrauisch werden, vielleicht aufgrund früherer Erfahrungen, so daß dies oft nicht ganz unberechtigt ist; dennoch ist dies zum Teil auch eine Projektion aus dem Inneren, die durch die Spannungen dieser Opposition bedingt ist. Man neigt dazu, anderen zu widersprechen oder ihnen Widerstand entgegenzusetzen, wobei man manchmal in seinen Kommentaren und Bemerkungen allzu direkt ist; man hat wenig diplomatisches Gespür und Geschick und ist manchmal recht taktlos und allzu negativ.

Man könnte in seinem Charakter einen blinden Fleck haben, der nicht erkannt wird und der mit der Zeichen- und Hausstellung Jupiters und Neptuns zu tun hat. Man kennt vielleicht seine eigene Natur noch nicht genügend und weiß nicht genau, was man eigentlich »sollte«, und trotzdem tritt man übertrieben selbstbewußt und mit einer Tendenz zum Autoritären auf. Das Diktat anderer, die eine Machtstellung innehaben, lehnt man dagegen selbst vielfach ab und stellt deren Wahrnehmungegn und ihr Recht, Macht auszuüben, in Frage. Bei diesem Aspekt ist das soziale Bewußtsein weniger ausgeprägt, da ein Großteil der Energie in einer äußerlichen Unbehaglichkeit gebunden ist; man hat kein besonders großes Vertrauen in den guten Charakter anderer Menschen, was möglicherweise sogar realistischer ist, aber auch ein Symptom der eigenen inneren Zersplitterung und Spannung – man kann sich nicht entspannen und Vertrauen zu sich selbst haben. Man muß lernen, andere zu akzeptieren, aber auch sich selbst; diese beiden Dinge sind miteinander verknüpft, und wenn man dies schafft, dann wird die Spannung abgebaut, und alle Beziehungen werden besser, da man sich dementsprechend auch in seiner eigenen Natur wohler fühlt.

In Liebesbeziehungen können Schwierigkeiten auftreten, solange man nicht Schritte zur persönlichen Integration einleitet. In der Partnerwahl hat man möglicherweise keine gute Hand, insbesondere, wenn man den Partner mit jenen Anima–Animus–Projektionen belastet, durch die man sie/ihn in die/den idealen Geliebten verwandelt, der alles hat, was man selbst zu benötigen glaubt. Wenn diese Projektionen zusammenbrechen, wird man emotional am Boden zerstört sein und in dem Betreffenden wieder einen jener Menschen sehen, von denen man betrogen wurde; es könnten aber durchaus die eigenen Illusionen gewesen sein, auf die man hereingefallen ist, weshalb es völlig unberechtigt wäre, die Empfindungen der inneren Verletztheit in einer emotionalen oder physischen Aggression am Partner abzureagieren. In solchen traumatischen Zeiten sollte man sich hüten, der neptunischen Abhängigkeit von Drogen oder Alkohol zu verfallen.

Meist ist ein gewisses religiöses oder spirituelles Leben regsam, doch kann auch dieses durch Verzerrungen und ungültige Projektionen beeinträchtigt werden. Den spirituellen Neigungen kann eine praktische Dimension fehlen, oder man wendet sie nicht einmal selbst im alltäglichen Leben ernsthaft an. Man fühlt sich vielleicht mehr zum Glanz exotischer Religionen hingezogen, die eine farbige Faszination und etwas Geheimnisvolles ausstrahlen, dem man erliegt. Man kann zu einer schwärmerischen Unterwerfung unter Gurus versucht sein, trotz der Abneigung gegen alle Formen von Autorität, weil man hierin einen Weg aus den Enttäuschungen und Belastungen des eigenen Lebens zu erkennen glaubt. Vielleicht träumt man auch von Auslandsreisen oder Pilgerfahrten um die ganze Welt, durch die man der Enge des eigenen Lebens zu entgehen hofft.

Es wäre ein großer Schritt nach vorne, wenn man erkennen könnte, daß vieles von demjenigen, womit man in der Welt unzufrieden ist, nur Ausdruck der fehlenden inneren Integration ist. Die Zurücknahme dieser starken Projektionen kann nur kräftigend wirken und die Fähigkeit wiedergeben, das Leben in einer Richtung neu zu orientieren, die man wirklich anstrebt. Es kommt sehr viel darauf an, eine solche Kontrolle und Selbstverantwortung zu erreichen, wenn man nicht in unbefriedigenden Beziehungen zu anderen Menschen steckenbleiben möchte, durch die das Bedürfnis nach Entwicklung und Erweiterung ständig durch »äußere Widerstände« frustriert wird.

Saturn – Neptun

Konjunktion

Dieser Aspekt tritt nur alle 36 Jahre auf; in diesem Jahrhundert war es in den Jahren 1917, 1952 und 1989.

Saturn hat eine günstige Wirkung auf die Tendenzen Neptuns; er unterstützt die Selbstdefinition, die Stabilität und die Fähigkeit zum Selbstausdruck. Es besteht das Potential zu einem praktischen Idealismus und zur konkreten Anwendung der von Neptun ausgehenden Ideen und Imaginationen. Dies ist eine wichtige Voraussetzung der Kreativität, da die konkreten Tendenzen Saturns der Inspiration Neptuns eine adäquate Form und Manifestation geben können, so daß die Phantasie nicht in einer Innenwelt der Träume und Trugbilder vagabundiert, sondern in die physische Ebene übergeleitet und für andere Menschen mitteilbar gemacht wird.

Die trügerische Natur Neptuns kommt bei diesem Aspekt weniger zur Geltung, und es liegt oft eine gesteigerte Schärfe der Wahrnehmung vor, die insbesondere auf Täuschung und Verblendung sehr feinfühlig reagiert. Man neigt weniger zu Fehlern aufgrund einer solchen Verblendetheit und schützt sich durch eine sorgfältige und wache Distanzierung, die man gegenüber Fremden oder neuen Bekanntschaften wahrt. Dies gehört zu den Saturn-Eigenschaften der Vorsicht und Zurückhaltung bei allem, was unbekannt ist. Das Vertrauen muß sich im eigenen Innern erst allmählich entwickeln, sei es zu Menschen, zu Umständen oder Situationen, und man zögert meist, sich bindend festzulegen, bevor man nicht verschiedene Alternativen sorgfältig geprüft hat. Man vertraut vorzugsweise auf Tatsachen und bewertet mit kühlem Verstand, welches die beste Wahl sein könnte; dies kann sich im privaten wie im Berufsleben sehr positiv auswirken.

Bei diesem Aspekt dürfte die Saturn-Energie dominieren, weil die Neptun-Energie oft aus praktischen Rücksichten unterdrückt wird. Wenn man allerdings Saturn ein zu großes Übergewicht läßt, könnte man durch übermäßiges Prüfen und mangelnde Entschlußfreudigkeit manchmal Chancen verpassen; die Angst vor dem Unbekannten kann sich auch hemmend und beschränkend auswirken. Meist schafft man sich einen genau definierten Lebensstil und eine feste Persönlichkeitsstruktur, in der relativ wenig Raum für Einflüsse Neptuns bleibt, der anarchischer und expansionistischer ist. Es kann allerdings ein gewisses Unbehagen bezüglich der eigenen persönlichen Schranken auftreten, wenn diese etwas Beengendes bekommen und Neptun an diesen Schranken rüttelt und zur Erfahrung jener unterdrückten Räume drängt, die man zu ignorieren versucht. Für die innere Harmonie wie für den äußeren Erfolg ist es sehr wichtig, diese beiden Planetenenergien sorgfältig miteinander zum Ausgleich zu bringen. Andernfalls kann es zu einer verzerrten Wahrnehmung und fehlender Perspektive kommen, wenn Neptun seine unterdrückte Gegenwart durch negativere Merkmale geltend macht.

Für diejenigen, die den spirituellen Dimensionen des Lebens nachspüren, ist dieser Aspekt in verschiedener Hinsicht wertvoll, weil Dogmen und Annahmen in Frage gestellt werden, weil eine Tendenz besteht, durch eine irdischere Perspektive falschen Glanz wegzunehmen, und weil die Fähigkeit entwickelt wird, sich auf die innere Führung der Intuition statt auf äußere »Autoritäten« zu stützen. Zu dieser Stufe ist man vielleicht durch frühere Erfahrungen in Phasen der Leichtgläubigkeit und Unterwerfung unter Lehrer gelangt, vielleicht durch eine religiöse Konditionierung im Elternhaus, von der man sich jetzt löst, weil man sie als der eigenen Entwicklung hinderlich empfindet. Gesundes Unterscheidungsvermögen ist im Leben wichtig, insbesondere, wenn man sich okkulten Lehren zuwendet, weil man durch fehlende persönliche Erfahrungen oft völlig unwissend ist und die meisten Menschen dazu neigen, diese Leere dadurch zu füllen, daß sie alle Lehren passiv akzeptieren, mit denen sie in Berührung kommen.

Wenn man mit fortschreitender Entwicklung auf eigenen Füßen zu stehen und aus dem eigenen Licht zu leben lernt, wird sich eine höhere Reife und Wahrnehmung entfalten. Man wird Einsicht und Mitgefühl auf der Grundlage lebendiger Erfahrung erwerben, und wenn man Meditationstechniken praktiziert, wird die innere Kraft und das innere Licht immer heller aufleuchten, je mehr die innere Klarheit zur Entwicklung kommt. Man sollte zu wirksamer Konzentration und Meditation fähig sein, und durch die Freisetzung neptunischer Energie könnten sich auch Anzeichen parapsychischer Fähigkeiten zeigen. Man könnte ein Kanal für die transpersonalen Energien werden, und man wird ein feines Gespür für die soziale Verantwortung und für die Bedingungen entwickeln, unter denen diese Energien wirksam werden können.

Die engsten persönlichen Beziehungen werden intensiv und bereichernd sein, unter anderem deshalb, weil man geeignete Partner sehr sorgfältig auswählt, und in Beziehungen, in denen das Herz mitspricht, wird man Vorsicht walten lassen, bevor man sich gänzlich öffnet. Man legt großen Wert auf gute Beziehungen und arbeitet ständig an ihnen, damit sie für beide Seiten nutzbringend und eine Quelle evolutionären Wachstums sind und bleiben. Man vertritt die Auffassung, daß »richtige Entscheidungen zu richtigen Handlungen« führen, und dies ist der Schlüssel zum eigenen Erfolg und zu der eigenen Politik, Möglichkeiten und Entscheidungen sorgfältig zu prüfen.

Sextil

Die erfolgreiche Arbeit mit dem Sextil ist oft daran gebunden, daß man der im Inneren vorhandenen intensiven Wahrnehmung sozialer Verantwortlichkeit und seinem sozialen Pflichtbewußtsein Raum gibt. Diese Empfindung, daß man eine soziale Rolle zu erfüllen hat, ist ein Hauptelement der eigenen Motivation, das man möglichst nicht negieren sollte. Es kann eine Tendenz bestehen, ihr Vorhandensein anzuerkennen und trotzdem nichts in dieser Richtung zu tun, doch sollte dies durch ein bewußteres Handeln möglichst überwunden werden. Zumindest kann man immer dadurch etwas tun, daß man sozial aktive Gruppen finanziell unterstützt, deren Ideale man bejahen kann. Dieses Charaktermerkmal ergibt sich als Kombination des Pflichtbewußtseins Saturns mit dem sozialen kollektiven Ideal Neptuns.

Das Element sorgfältig abwägender Planung wird meist beachtet, wenn die Grundlagen für künftiges Handeln gelegt werden, und eine wirksame Organisation wird als notwendig für einen erfolgreichen Abschluß betrachtet. Meist stehen strategische Fähigkeiten zu Gebote, die man für die Verwirklichung solcher Intentionen braucht, seien sie rein persönlicher Art oder sozial orientiert. In der Regel versteht man sein Durchhaltevermögen und seine Entschlußkraft gut einzusetzen, und die eigenen Pläne zeichnen sich durch Realismus aus; der überwuchernde Expansionsdrang Neptuns wird durch die Vorsicht Saturns und ein Gespür für Stabilität und Maßhalten gezügelt.

Was viele der eigenen Aktivitäten beflügelt, ist die Empörung gegen soziale Ungerechtigkeit und Dummheit. Fairneß ist eine Haltung, die man unterstützt, und die Bekämpfung sozialer Gegebenheiten, in denen sich Unfairneß und Ungerechtigkeit ausdrükken, können Anlaß zu einem persönlichen Kreuzzug werden. Gesellschaftliche Diskriminierung und gesellschaftliche Ausbeutung derjenigen, die sich nicht wehren können, kann eine leidenschaftliche Empörung auslösen, die zu einem sozialen Aktivismus zur Bekämpfung solcher Verletzungen der persönlichen Rechte und Freiheiten führt. Man ist nicht bereit, die Vergeudung gesellschaftlicher und materieller Ressourcen wie auch die Vergeudung menschlichen Potentials hinzunehmen. Dies kann dazu führen, daß man Gruppen, die sich die Förderung menschlichen Potentials zum Ziel gesetzt haben, oder Umweltschutzorganisationen unterstützt, die eine neue Haltung gegenüber der hemmungslosen Ausbeutung der Natur fordern. Es besteht oft eine Vision sozialer Harmonie, in der Gleichberechtigung besteht und alle gesellschaftliches Ansehen genießen, im Gegensatz zu einer nicht im Gleichgewicht befindlichen Situation der Trennung in Besitzende und Besitzlose. Ein gemeinschaftliches oder globales Denken wird bevorzugt, und man ist meist der Auffassung, daß die eigenen Absichten zum Besten anderer sind.

Wenn man schon in jungen Jahren in dieser Weise aktiv wird,

zum Beispiel durch eine entsprechende Berufswahl, stellt man bald fest, daß hiervon der größte Teil der eigenen Energie aufgezehrt wird; es ist eine unendliche Aufgabe. Dies könnte sich auf die engsten persönlichen Beziehungen auswirken, insbesondere, wenn ein Partner ganz ähnliche Auffassungen hat. Man möchte nicht auf seine Ideale verzichten, und man lebt in einer Weise, durch die man diese nicht gefährdet oder kompromittiert. Die eigenen Leidenschaften richten sich auf Probleme von allgemeiner gesellschaftlicher Bedeutung, und sogar in den persönlichen Liebesbeziehungen ist die Energie zu sehr gestreut, als daß man sich auf einen Partner konzentrieren könnte. Oft begreift man nicht, warum die Gesellschaft so ist, wie sie ist, und warum die Menschen Negativität und Gleichgültigkeit einfach passiv hinnehmen, selbst Leute in hohen und einflußreichen gesellschaftlichen Positionen.

Vielfach besteht die Fähigkeit zu Konzentration und Visualisierung, die in der inneren Betrachtung von Problemen oder in der Meditation genutzt werden kann. Man kann positiv wirken, indem man in okkulten Vereinigungen oder sozial aktiven Initiativen mitarbeitet, die gesellschaftliche Verbesserungen anstreben. Der Gewinn für das Ego ist bei einer solchen Arbeit gering, und man erwartet auch von anderen ein hohes Maß an Integrität und Idealismus, die in ähnlichen selbstgewählten Rollen tätig sind.

Trigon

Hier werden der große Idealismus Neptuns und das soziale Verantwortungsgefühl Saturns im Vordergrund stehen und eine innere Motivation erzeugen, sich an der ständigen Aufgabe gesellschaftlicher Verbesserungen zu beteiligen. Man verfügt über eine natürliche Wachheit für soziale Probleme, die in Verbindung mit einer guten Auffassungsgabe helfen kann, auf die Kernprobleme aufmerksam zu machen, die einer Lösung bedürfen. Darüber hinaus hat man die Fähigkeit, konstruktive Lösungen für solche Problembereiche anzugeben, und man kann gut mit bestehenden sozialen Organisationen oder amtlichen Stellen zusammenarbeiten beziehungsweise in diesen tätig sein, um entsprechende Änderungen herbeizuführen. Insbesondere hat man Freude daran, die »Ord nung aus dem Chaos« wiederherzustellen und vergessene oder ignorierte Ressourcen wieder nutzbar zu machen.

Es könnte allerdings auch die Tendenz bestehen, den gesellschaftlichen Niedergang aus dem Lehnstuhl zu betrachten, ohne weiter aktiv zu werden, doch wäre dies eine Vergeudung der eigenen Talente und eine Vergewaltigung des eigenen sozialen Pflichtgefühls. Man verfügt über einen Idealismus mit sehr tiefreichenden moralischen und ethischen Wurzeln, und man könnte sich unbehaglich fühlen, wenn man diese inneren Antriebe vernachlässigte. Direkter Aktivismus ist vielleicht nicht dasjenige, was einem unbedingt liegt; die eigene Rolle liegt vielleicht eher darin, andere auf gewisse gesellschaftliche Mißstände aufmerksam zu machen, zum Beispiel durch Schreiben oder Analysen.

Man verfügt meist über eine sehr aufnahmefähige Intelligenz, die große Informations- und Wissensmengen speichern kann. Die Phantasie ist lebhaft und aktiv, und auch hiervon kann man persönlich in sehr vielfältiger Weise Gebrauch machen, indem man eigene Ideen bezüglich der persönlichen und sozialen Entwicklung in die Tat umsetzt. Man hat vielleicht Schwierigkeiten festzulegen, wie man seine eigenen Fähigkeiten genau nutzen soll; das Ideal könnte in einer Tätigkeit liegen, die eine fest umrissene gesellschaftliche Dimension hat. Solche Tätigkeiten sind zum Beispiel die Sozialarbeit, das Rechtswesen, die Wohlfahrtspflege, Umweltschutz, Finanzen, Management, Medien, Film und Fotografie.

Seinen Freunden ist man in Krisenzeiten eine verläßliche Stütze, und man ist bereit, in Notfällen hilfreich einzuspringen. Neptun inspiriert zu einer mitleidsvollen Haltung gegenüber Bekannten wie auch Fremden.

Wenn die spirituelle Qualität Neptuns aktiv ist (und weniger im Schatten eines dominierenden Saturn steht), fühlt man sich vielleicht zu spirituellen oder okkulten Gruppen hingezogen, in denen die eigenen Fähigkeiten Ausdrucksmöglichkeiten finden können. Neptun könnte Meditation und Visualisierungsarbeit begünstigen; für die Verankerung der Energien in geeigneten Formen könnte Saturn sorgen. Je mehr man lernt, auf seine Intuition zu vertrauen, desto mehr wird man sich im Laufe der Zeit auf sie verlassen, und dies könnte in der eigenen Entwicklung ein wesentlicher Schritt nach vorne sein.

Quadrat

Das Quadrat zeigt innere Spannungen und Frustrationen an, und es ist wahrscheinlich, daß Neptun an einer wirklichen Realisierung gehindert wird und durch die Barrieren bildenden Beschränkungen Saturns im Unbewußten festgehalten wird. Dies führt dazu, daß Neptun unruhig wird; er stimuliert unbewußte Ängste, Befürchtungen, Phobien, einen Hang zu düsteren Gedanken und Schuldgefühle aus einer überaktiven Phantasie, die keine geeigneten Kanäle für eine gesündere Freisetzung findet.

Durch diesen inneren Druck und diese innere Unruhe entstehen oft Unzulänglichkeits-, Inkompetenz- und Minderwertigkeitskomplexe. So unsinnig und unrealistisch diese sein mögen, haben sie doch ganz erheblichen Einfluß auf das eigene Handeln und die eigenen Entscheidungen. Wenn man solche Tendenzen über längere Zeit beibehält, provoziert man tatsächlich negative Ergebnisse und ist am Ende davon überzeugt, daß diese Minderwertigkeitsgedanken berechtigt sind. Man wird zum Selbstdefätisten und verliert das Vertrauen in die eigenen Fähigkeiten. Diese negative Haltung kann so weit gehen, daß man sich allen Verantwortlichkeiten und jeglicher Herausforderung entzieht. Man hat nicht einmal mehr den Mut, es wenigstens zu versuchen. Dies beeinträchtigt natürlich im Laufe der Zeit die Lebenserfahrung ganz erheblich, da man sich immer mehr in seine eigenen inneren Phobien verstrickt und die mangelnde Selbstliebe und das mangelnde Selbstvertrauen zur Sackgasse wird. Wenn man hier nichts unternimmt, wird sich diese Form der Isolierung immer mehr verschärfen, weil man sich von der Fülle des Lebens abschließt, und es können Depressionen auftreten.

Hierzu kann es kommen, wenn innere Energieblockierungen Spannungen zwanghaften Verhaltens erzeugen, die innerlich als real empfunden werden, aber Symptome einer Verleugnung von Aspekten des Selbst sind (was die blockierten Planeten symbolisieren); bei dem vorliegenden Quadrat besteht die Wahrscheinlichkeit, daß auch die Wirkung Saturns verzerrt, das heißt durch die exzessive Aufrichtung von Schranken und Begrenzungen überbetont wird. Tendenzen zu Angst- und Schuldgefühlen perpetuieren sich und wachsen sich zu einem Energiegewebe aus, das die Wahlfreiheit des einzelnen erstickt und kreisläufige Strukturen stereotyp sich wiederholender Denkprozesse erzeugt. Es besteht eine emotionale Unruhe, die durch innere negative Haltungen im Übermaß angeregt wird, doch scheint es keine Möglichkeit zu geben, mit ihnen umzugehen. Es sind Unzufriedenheit und Verwirrung zu erwarrten, wobei zugleich auch jeder Impuls gehemmt sein kann, an dieser Situation etwas zu ändern.

In welchem Grade sich dieses innere psychologische Szenario entwickelt, wird vom übrigen Geburtsbild abhängen; es könnten abmildernde Faktoren vorhanden sein, die der Situation etwas von ihrer potentiellen Schwierigkeit nehmen. Bestimmte Probleme werden allerdings bei Menschen mit diesem Aspekt immer vorhanden sein, und es könnte in den meisten Fällen ratsam sein, gewisse korrigierende und entlastende Maßnahmen zu ergreifen, die solche Tendenzen von Anfang an ausschließen.

Vor allem kommt es darauf an, die eigene Wesensnatur zu akzeptieren. Die Leugnung unerwünschter Seiten führt dazu, daß sie in das Unbewußte hinabgedrückt werden, wo sie zu schwären beginnen können und langsam die Persönlichkeit vergiften und Körper, Empfindungen und die Seele deformieren. Ein solches gewaltsames Abschneiden eines Teils des eigenen Wesens ist niemals klug und ebenso töricht, wie wenn man einen Arm abschneiden wollte, weil er ein häßliches Mal trägt. Quadrate zeigen nicht selten derartige »Abschneidetenzenden« an; sie symbolisieren mögliche innere Spannungen und Energieblockierungen, die aufgelöst werden müssen. Wenn man dies tut, können diese Spannungen sich oft als hilfreiche Freunde entpuppen, die die Energie und Kraft zur Erlangung der Ziele bereitstellen. Sie sind der Schlüssel zu einer wirklichen Persönlichkeitsentwicklung, der Ansporn zur Einleitung der notwendigen Integration.

Um die eigene Natur akzeptieren zu können, braucht man eine nachsichtige Haltung gegenüber sich selbst, und man muß aufhören, die Meßlatte illusorischer Vollkommenheitsideale an sich selbst anzulegen. Warum muß man Schuldgefühle haben, weil man keinem Idealbild entspricht? Dies ist niemals möglich, und die wirkliche Aufgabe besteht einfach darin, sich selbst zu werden, mitsamt Kropf und Muttermalen, und dies zu schaffen, ist allein schon eine große Befreiung. Man muß mit seinen Versagensängsten fertig werden; jeder ist irgendwo ein Versager, und warum sollte man selbst eine Ausnahme sein? Manche scheitern immer wieder und machen trotzdem weiter, bis sie irgendwann Erfolg haben und ihre Ziele erreichen. Der Erfolg ist greifbar – man muß sich einfach an diesen Kampf gewöhnen und weitermachen, und wenn es gelingt, wird man sehr glücklich und im Besitz eines kostbaren Geheimnisses sein. Man hat Talente, doch lassen sie sich nicht ohne weiteres erkennen; man kann den Goldschatz gleich in seiner Nähe finden, und vielleicht bekommt man mit ein wenig Hilfe anderer Menschen heraus, wie man am besten damit umgeht. Alle jene inneren Illusionen, Schuldgefühle, Minderwertigkeitskomplexe und Phobien können wie Tau unter der Morgensonne verschwinden. Die selbsterrichteten saturnischen Barrieren brechen zusammen, und Neptun strömt herein, heilt und inspiriert zu einem neuen Weg. Warum sollte man in einem selbstgeschaffenen Gefängnis bleiben, wenn die Tür nicht verriegelt ist? Man muß die Weichlichkeit gegenüber sich selbst aufgeben. Man muß vorwärts schreiten, um in eine neue Welt zu gelangen. Lohnt es sich nicht, sich dafür anzustrengen? Man ist letztlich selbst der Gestalter seines Lebens – man darf es nicht wegwerfen, man muß es genießen!

Opposition

Ein typisches Merkmal der Opposition ist die Projektion innerer Haltungen nach außen, so daß das Leben ein Spiegelbild der inneren Verfassung liefert. Hierbei tritt meist eine gewisse Verzerrung auf, was im Falle von Saturn und Neptun oft zu Versagensangst, Argwohn, unklarem Urteil, Täuschung, übertriebener Vorsicht und Mißtrauen führt. Dies sind die negativen Qualitäten blockierter Planetenenergien, und doch ist dem Betreffenden oft nicht klar, daß die Welt, wie er sie wahrnimmt, ein Spiegelbild der eigenen Haltungen ist. Man muß zu einer anderen Betrachtungsweise finden. Spiegeln sich in der Welt und anderen Menschen die eigenen Ansichten wider? Sind diese Auffassungen pessimistisch oder vielleicht bedrohlich oder angsterregend? Hat man das Gefühl, ganz besonders auf der Hut sein zu müssen? Dies können natürlich je nach der Umgebung, in der man lebt, begründete Ängste sein, doch können sie ebenso gut eingebildet und nur im eigenen Inneren erzeugt sein.

Diese Versagensangst kann sich mehr oder weniger hemmend auswirken. Man wird sich vielleicht aus Konkurrenzsituationen zurückziehen, sich in Unzulänglichkeitsgefühle flüchten und sich einbilden, daß man Opfer irgendwelcher geheimer Verschwörungen ist. Man hat kein wirkliches Vertrauen in andere Menschen, und diese Haltung spüren andere, wodurch ein Teufelskreis entsteht. Den eigenen Beziehungen mangelt es möglicherweise an Tiefe, menschlicher Wärme und wirklicher Zuwendung, weshalb sie oft unbefriedigend oberflächlich bleiben, weil man fürchtet, daß man von anderen ausgenutzt werden könnte. Das Problem liegt darin, daß dies tatsächlich geschehen kann – oder schon geschehen ist, und seither ist man so übervorsichtig und sich so sehr seiner Verletzlichkeit bewußt, daß man keine tieferen Beziehungen mehr riskiert. Man ist natürlich anderen Menschen gegenüber in emotionaler und finanzieller Hinsicht verletzlich, und eine Lehre, die man vielleicht ziehen sollte, lautet, daß man sich andere Menschen genau ansehen sollte, bevor man sich in irgendeiner Weise bindet.

Saturn hat zum Selbstschutz massive Schranken aufgerichtet, doch blockieren diese auch viele wertvolle Erfahrungen und Chancen der Selbstentwicklung. Neptun-Wirkungen sind noch vorhanden, könnten aber ihre Gegenwart in Form von Verfolgungserfahrungen und Märtyrer-/Opferkomplexen im eigenen Leben geltend machen. Dies kann zur Folge haben, daß man sich isoliert, zum Einzelgänger wird, der im Kokon seines Selbstschutzes gefangensitzt und vielleicht die Folgen seiner selbstgewählten Isolation in Form depressiver Gefühle oder psychosomatischer Erkrankungen zu spüren bekommt.

Man ist vielleicht durchaus an der Welt interessiert und sehnt sich nach Status und Anerkennung, doch legt man sich im Streben nach diesen Zielen selbst Steine in den Weg. Vielleicht nimmt man aber auch seine Zuflucht zu Verschlagenheit, listiger Täuschung und abweichendem Verhalten, weil man glaubt, daß alle anderen auch nur so zu ihrem Ziel kommen.

Die Einsicht, daß vielleicht die eigene Weltanalyse falsch ist, könnte die Lösung für die eigenen frustrierten Energien beinhalten.

In der Welt gibt es alle Schattierungen von Verhaltensweisen und Einstellungen, und wiewohl gewiß vieles davon die eigene vorsichtige Perspektive rechtfertigt, gibt es auch vieles, das man nicht richtig wahrnimmt. Man muß eine Brücke zu denjenigen Menschen schlagen, die es ehrlich meinen, und dann könnte man erkennen, daß die eigene Weltinterpretation nur teilweise richtig ist; die anderen Menschen sind nichts als ein Schlüssel zur eigenen Transformation. Wenn man einen engen Vertrauten finden kann, der einen nicht im Stich läßt, sondern hilfreich zur Seite steht, dann könnte jenes enttäuschte Ideal neu erstehen. Indem man einen anderen Menschen so akzeptiert, wie er ist, entdeckt man, daß nur so Heilung und gegenseitige Liebe möglich ist. Die Beziehungen im eigenen Leben können erneuert und aus optimistischeren Augen betrachtet werden; Neptun hat dann die Schranken Saturns beiseite geräumt.

Manchmal hat Neptun ein Übergewicht gegenüber Saturn, und wenn dies der Fall ist, könnten die Beziehungshemmungen und -verzerrungen weniger auffällig sein. Der Schwerpunkt ist auf die sozialen Verpflichtungen verlagert. Man hat vielleicht eine Empfindung einer »sozialen Schuld«, einer persönlichen Verantwortung für die Beseitigung sozialer Mißstände, das Bewußtsein, einen persönlichen Kreuzzug führen zu müssen, um sich von jenem inneren quälenden Schuldgefühl zu befreien. Aus irgendeinem Grund weiß man, daß man diese Pflicht hat und daß aufgrund eines inneren Zwangs soziale Arbeit in irgendeiner Form geleistet werden muß. Manche würden dies die »Beseitigung schlechten Karmas« nennen; jedenfalls ist es ein innerer Druck aufgrund der Tendenz Neptuns, sich in der sozialen Sphäre Saturns aufzuopfern. Man hält die Welt für den Schauplatz der Kämpfe, doch liegt die Ursache der Kämpfe in der eigenen Natur. Dies sollte man sehr sorgfältig prüfen, bevor man gegen Windmühlen anrennt; man sollte versuchen, diese konditionierenden Projektionen zu erkennen und festzustellen, wogegen man eigentlich kämpft. Es könnten die eigenen nicht integrierten Aspekte sein, neptunische Ideale im Widerstreit mit saturnischen Wirklichkeiten; der Mittelweg klugen Ausgleichs könnte sich als der geeignetste Weg erweisen.

Uranus – Neptun

Konjunktion

Diese Konjunktion tritt sehr selten ein; die letzte bestand zwischen 1821 und 1823, die nächste wird (mit einem Orbis von 2°) von 1992 bis 1994 stattfinden. Aspekte unter den transpersonalen Planeten verweisen hauptsächlich auf die Generationenbeziehungen und die gesellschaftlichen Dimensionen des Lebens, in denen die Haltungen und Erfahrungen des Menschen engstens mit sozialen Veränderungen verknüpft sind.

Niemand unter den heute Lebenden hat diesen Aspekt, doch wird die Generation der jetzt Geborenen im Erwachsenenalter die entsprechenden Wesenszüge aufweisen. Es wird eine starke Identifikation mit dem kollektiven und Gruppenbewußtsein geben, die in manchen Ländern mit einer übermächtigen religiösen, rassischen, politischen und sozialen Struktur in einen heftigen Nationalismus ausarten kann. In der Regel dürfte dies jedoch kaum zum Auftreten charismatischer Demagogen führen, wie sie sich in neuerer Zeit die Massen hörig machten.

Es wird ein hochentwickeltes Bewußtsein für soziale Verantwortung und eine ausgeprägte Empfindung dafür geben, daß man in einer sozialen Gemeinschaft steht, und dies wird sich in positiver Weise für alle auswirken. Die vereinigten Energien dieser Konjunktion werden zu einer Brüderlichkeit inspirieren, in der sich die Ideale von Uranus und Neptun in Gestalt einer revolutionären Mystik ausdrücken, die aus einer geschärften geistigen und emotionellen Sensibilität in Verbindung mit einer intuitiven imaginativen Fähigkeit hervorgeht.

Die persönlichen Freiheiten und Rechte werden hohe Priorität haben, und es wird sich ein neues Ideal der »Führerschaft« herausbilden, durch das die alten Vorstellungen von einem mächtigen »Leithammel« und Hunderten willfähriger »Schafe« beseitigt werden. Man mißtraut Führern aus einer intuitiven Wahrnehmung ihre wirklichen Motivation und Charaktereigenschaften, was auch zu einer neuen Auffassung von Autorität und Macht in der Gesellschaft führen wird. Die unter diesem Aspekt Geborenen werden nicht zögern, für die Erhaltung der persönlichen Freiheiten und Rechte zu kämpfen, wenn diese durch die Entscheidungen gesell-

schaftlicher Führer bedroht sind. Es wird sich ein neues Machtgleichgewicht zwischen den Menschen und ihrem Staat ausbil-
den, und es dürfte eine neue Politik in Sicht kommen, die diesem
Zuwachs an individuellen Rechten und individueller Macht Rechnung trägt. Es dürfte ganz allgemein eine Phase spiritueller und
wissenschaftlicher Weiterentwicklung sein, in der es Durchbrüche
in der Erkundung von Natur und Geist geben wird.

Während der von 1992 bis 1994 bestehenden Konjunktion dieser Planeten wird eine Generation geboren werden, die sozialen
Einfluß in der Zeit erlangen wird, in der Pluto im Wassermann
und am Ende dieses Transits in den Fischen stehen wird. Es werden Zeichen auftreten, die auf die neue Welt hinweisen, die diese
neue Generation erben wird. Veränderungen, die bis 1994 unausweichlich sein werden, werden von dieser künftigen Generation,
die von einer bewußten Auffassung der menschlichen Einheit und
Solidarität beseelt ist, zu Ende geführt und voll verwirklicht werden.

Sextil

In den meisten Uranus-Neptun-Aspekten ist das Element des Mißtrauens gegenüber Führern, Organisationen und Machteliten vorhanden. Die unter dem Sextil Geborenen werden die Geheimniskrämerei der Etablierten und die Vorenthaltung von Informationen gegenüber ihren Leuten oder ihren Wählern nicht hinnehmen.
Für sie ist diese Manipulation von Informationen eine bewußte und
ungeheuerliche Verzerrung der Wahrheit, die nicht zugelassen
werden darf. Solche Menschen verfechten oft vehement die Sache
der Informationsfreiheit, weil sie glauben, daß der Staat der Diener
des Volkes sein sollte und nicht umgekehrt.

Es besteht eine Anti-Establishment-Haltung sowie eine Aversion gegen die staatliche Autonomie, die den einzelnen unter der
Last der staatlichen Bürokratie erdrückt. Es besteht das Bedürfnis,
die individuelle Macht und Freiheit vor staatlichen Eingriffen zu
schützen, und durch diese Einstellung widersetzt man sich oft
autoritären Anweisungen. Aus einer Neigung zu sozialer Revolution und einer Veränderung der Natur staatlicher Kontrolle kann
sich eine revolutionäre und evolutionäre Philosophie entwickeln,

die das Recht der Völker auf Macht und Autonomie innerhalb ihrer eigenen Gesellschaft verficht.

Es überwiegt ein optimistischer Glaube an den Menschen und sein Potential, den manche für allzu naiv und idealistisch halten, doch gründet er sich auf das Recht, selbst entscheiden und seinen persönlichen Lebensstil selbst wählen zu dürfen, ohne daran durch gesellschaftliche Repression gehindert zu werden (soweit dadurch nicht die Rechte anderer beeinträchtigt werden). Das Ideal ist eine Gesellschaft, deren Ziel die persönliche Entwicklung und Erfüllung durch individuelle Kreativität und Einmaligkeit ist, im Gegensatz zu einer Gesellschaft, die auf eine bedingungslose Erfüllung wirtschaftlicher Rollen und bedingungslose Einhaltung sozialer Konventionen konditioniert.

Das Credo solcher Menschen beinhaltet das Recht auf Selbstbestimmung im Gegensatz zu einer lammfrommen und blinden Unterwerfung unter Führer, die ihre Stellung oft nur durch Geld oder Erbschaft erlangt haben. Man wird sich gerne an gesellschaftlichen Entscheidungen beteiligen, insbesondere solchen, die einem gewissen Fortschritt in Richtung jener Brüderlichkeitsideale dienen können, die Menschen mit diesem Aspekt auf der geistigen und seelischen Ebene so sehr ansprechen.

Trigon

Das Trigon wurde in der Zeit zwischen 1941 und 1946 gebildet und findet sich daher in den Geburtsbildern einer Kriegsgeneration. Dies konditioniert vielfach eine Wahrnehmung des Lebens und der Menschen, die manchmal einen pessimistischen und zynischen Einschlag haben kann, insbesondere, wenn der Betreffende in den Anfangsjahren des Trigons geboren ist, in denen der Weltkrieg auf dem Höhepunkt und der Ausgang noch ungewiß war.

Im Hintergrund steht dennoch der Idealismus dieser Planeten, wenn auch möglicherweise mit einem ungenügenden persönlichen Vertrauen in deren tatsächliche Manifestation und mit einer Zwiespältigkeit bezüglich der eigenen persönlichen Rolle und Verantwortlichkeit in der Gesellschaft. Es kann eine Tendenz bestehen, unter Absehung von gesellschaftlichen Notwendigkeiten und Verpflichtungen persönlichen Zielen zu folgen, sowie eine Voranstellung des persönlichen Gewinns und der persönlichen Ambitionen. Aber auch dies kann eine Quelle persönlicher Entwicklung sein, und es ist vielleicht noch zu früh, um zu sagen, welchen Gebrauch diese Menschen von gesellschaftlicher Macht und gesellschaftlichem Einfluß machen werden, den sie eventuell erlangt haben.

Da das Trigon ein versöhnender Faktor ist, könnte man diese Generation als »brückenschlagende Gruppe« betrachten, in der vergangene und künftige Tendenzen nebeneinander bestehen und gegebenenfalls zuzeiten auch miteinander konkurrieren. Sie sind in einer rasch sich ändernden Welt aufgewachsen, wobei sich in der Konditionierung der Kindheit noch Haltungen aus der Vorkriegszeit finden können; sie können also als Mittler in der Gesellschaft wirken, weil sie die ältere Welt kennen und doch ausreichend auf das Heraufdämmern der neuen Welt eingestimmt sind.

Sie dürften meist über genügend intellektuelle Fähigkeiten verfügen, um die Implikationen ideologischer Glaubensstrukturen ohne das Dazwischentreten einer Autorität für sich selbst bewerten zu können; dies sollte zur Entwicklung aufrichtig vertretener persönlicher Anschauungen führen, ganz gleich, welches ihre Natur und ihr Inhalt ist. Wenn sie nach sorgfältiger Prüfung der Gültigkeit einer Idee oder einer Anschauung nicht überzeugt sind, werden sie meist unfähig sein, diese aus ganzem Herzen zu vertreten – sofern sie sich nicht um des persönlichen Gewinns willen kompromittieren.

Sie sind sich der Gefahren der Leichtgläubigkeit und mangelnder öffentlicher Kritikfähigkeit gegenüber Führern bewußt – wie es das Verhalten der Menschen im Dritten Reich demonstrierte –, und sie sind nicht a priori vom guten Willen von Führern überzeugt, die die Wahrheit immer nur dann im Munde führen, wenn es ihnen zweckdienlich erscheint. In vielerlei Hinsicht ist diese Generation mit der Aufgabe konfrontiert, bestimmte innere Konflikte und widersprüchliche Weltanschauungen gewissermaßen als »Probelauf« aufzulösen, damit die Gesellschaft dies in einem größeren Maßstab erreichen kann. Es bestehen Paradoxa auf der mentalen wie der emotionalen Ebene, die aufgelöst und integriert werden müssen, weil solche Menschen allzuoft in der Zwickmühle ihrer eigenen Unentschlossenheit und Unklarheit darüber stecken, welches »Gesicht« sie zeigen sollen – das Gesicht der früheren

Verhaltensweisen, oder das Gesicht, in dem sich die aufkeimenden Veränderungen in der Welt spiegeln.

Opposition

Die Opposition tritt wie die Konjunktion etwa alle 171 Jahre ein. Die letzte ereignete sich in der Zeit zwischen 1906 und 1910.

Bei diesem Aspekt scheint das Bewußte von einem sozial konditionierenden Programm beherrscht zu werden, wodurch der einzelne und das Kollektiv sich der tatsächlichen Vorgänge in der kollektiven Seele weniger bewußt sind. Die transpersonalen Planeten lösen eine Unruhe im Unbewußten aus, wodurch Bereiche, die zu einer Freisetzung und Auflösung drängen, durch auftretende Krisen an die Oberfläche gebracht werden.

Es ist eine Phase, in der das Bewußte ganz im Status quo verharrt und fest auf seine Weltanschauungen, Ideologien, religiösen Überzeugungen und sein soziales Verhalten fixiert ist. Das Leben verläuft längs genau vorgezeichneter Bahnen, wobei Fragen oder abweichende Auffassungen kaum einmal geäußert werden; unter der scheinbar ruhigen Oberfläche tost jedoch ein Strudel unterdrückter Energien, die nach Freisetzung und Ausdruck drängen. In vielerlei Hinsicht hat sich der Betreffende zu sehr mit dem Kollektiv identifiziert und verliert dadurch die Fähigkeit zur Selbstbestimmung und Entscheidungsfreiheit. Damit verbunden ist ein Verzicht auf persönliche Verantwortlichkeit und ein Übergang kollektiver Macht in die Hände derjenigen, die sich (aus unterschiedlichen Gründen) als gesellschaftliche Führer bereithalten.

Es bestehen oft ein unbegründeter Optimismus und Illusionen bezüglich des Zustandes der Gesellschaft, weil sich die Dynamik der Veränderung und das Ringen um ein hohes Ideal nicht angemessen äußern können. Im Inneren, das heißt sowohl im einzelnen Menschen wie auch im Kollektiv, besteht ein Konflikt zwischen der emotionalen und der mentalen Ebene, weil der konzentrierende Einfluß eines zielstrebigen Willens fehlt. Es ist, als ob sich ein bequemes Verhaltensmuster eingeführt hätte, an das man sich ohne allzu kritisches Bewußtsein hält. Man ist mental gelassen, doch verleugnet man dadurch irgendwie eine befriedigende emotionale Dimension, so daß diese Energie im Inneren zu schwären beginnt.

Schließlich wird sie als Motivation an die Oberfläche drängen und bewußte Wünsche auslösen, die meist in Gestalt einer separatistischen Haltung auftreten. Dies zeigt sich im nationalistischen Wahn und in der wirtschaftlichen Gier, die vor dem Ersten Weltkrieg auftraten und sich später im Zweiten Weltkrieg wiederholten.

Dies kann eine verwirrende Phase sein, in der sich die wirkliche Aktivität unter der Oberfläche regt und zum Ausbruch drängt. Der einzelne wird von bedeutenden gesellschaftlichen Veränderungen fortgerissen; dann muß man sich den Folgen stellen, die sich aus den inneren Spannungen ergeben haben, und wirkliche Entscheidungen treffen. Man muß Partei ergreifen, und die Apathie muß einem wirklichen Kampf um die Erhaltung der Grundwerte des Staates gegen potentielle Aggressoren weichen, die im Inneren oder außen stehen können. Die Veränderungen lassen sich indes nicht aufhalten, und es wird in irgendeiner Weise zu einer Revolution kommen. Beispiele hierfür sind die Oktoberrevolution und die Weltkriege, die alle zu bleibenden internationalen Veränderungen geführt haben.

Quadrat

Das letzte Quadrat ereignete sich in der Zeit zwischen 1952 und 1956 und beeinflußte die in diesem Zeitraum Geborenen. Es war dies die zweite Phase der Nachkriegskinder, die in eine Zeit relativer Stabilität und des Wiederaufbaus hineingeboren wurden, als die Erinnerung an den Krieg allmählich zu Geschichte wurde, auch wenn der Koreakrieg diese Erinnerungen teilweise wieder aufleben ließ.

Diese Gruppe empfing aus dem Kollektiv eine psychische Prägung, in der sich eine damals vorherrschende Form sozialer Verwirrung ausdrückte und die eine Abspiegelung der kollektiven Seele war. Die gesellschaftliche Ausrichtung stand zur Debatte. Die Niederlage der Regierung Churchill nach Kriegsende, einer Regierung, die die Vergangenheit zu repräsentieren schien, und die Einführung der reformistischen Labour-Politik, deren Ziel der Wohlfahrtsstaat war, schienen eine neue Vision und Richtung anzukündigen. Das Kollektiv aber war hin- und hergerissen zwischen den Träumen von und Ängsten vor einer neuen Welt und einer

Zurückdrängung der noch frischen, schmerzlichen Erinnerungen an die Inhumanität des Menschen; hier prallten die Zukunft und die Vergangenheit, das Unbekannte und das Bekannte aufeinander.

Als Widerspiegelung dieses kollektiven Konflikts empfingen die zu dieser Zeit Geborenen eine Struktur der Rebellion (Uranus), die mit einer neptunischen Unklarheit darüber behaftet war, was man tun sollte, welche Richtung man einschlagen sollte, wie die Ziele erreicht werden konnten, ja, worin diese Ziele überhaupt bestanden. Das einzige Modell, das zur Verfügung stand, war dasjenige der Eltern und der Gleichaltrigen, in dem sich aber widerstreitende und verwirrende soziale Botschaften spiegelten.

Im späteren Leben trat das Problem der Ambivalenz auf; sie waren zwischen der Auflehnung gegen die Autorität und das Establishment und einem Bedürfnis nach sozialer Sicherheit hin- und hergerissen. Die Reinheit der Ideale mußte verteidigt werden, insbesondere in der Auseinandersetzung mit den pragmatischen Forderungen des wirtschaftlichen und familiären Lebens.

Bei diesem Aspekt besteht eine Aversion gegen Führer, weil man das Gefühl hat, daß sie die Menschen in blinden Gehorsam und Konformität führen, was dem uranischen Geist ein Greuel ist und dem uranischen Prinzip der Freiheit widerspricht. Die persönlichen Freiheiten haben höchsten Stellenwert, und sie werden nicht kampflos preisgegeben. Diese Gruppe zerfiel schließlich in mehrere Fraktionen. Die einen waren halbherzige Revolutionäre, die sich schließlich in das gesellschaftliche »Establishment« eingliederten; andere waren »Rebellen ohne Grund«, sozial Unangepaßte ohne Richtung außer derjenigen der aggressiven Reaktion. Die unter diesem Aspekt Geborenen wandten sich in der Zeit nach 1968 der bestehenden Hippie- und Drogen-Gegenkultur zu; andere wurden die ersten Führer der Punk-Bewegung aus der Mitte der siebziger Jahre, einer anarchischen reaktionären Jugendrevolte gegen den Konformismus; am bedeutendsten aber war wohl die Ausbreitung der New-Age-Bewegung, zu der auch die Umweltschützer und auf der politischen Bühne die Grünen gehören.

Viele derjenigen, die zu den ersten Anhängern der Hippie-Ideale gehörten, stehen heute in der New-Age-Kultur, die durch alternative Heilweisen, geistige Schulung, gesunde Ernährung und die Ideologie der individuellen und kollektiven Ganzheit in der ganzen

Gesellschaft immer größere Wirksamkeit entfaltet. In dieser Weise nehmen die in der Zeit zwischen 1952 und 1956 Geborenen ihr Leben selbst aktiv in die Hand und wirken in der Gesellschaft.

Pluto – Neptun

Sextil

In diesem Jahrhundert kam es nur einmal zu einer Aspektierung zwischen Neptun und Pluto, und interessanterweise begann dieses Sextil 1942, in der Mitte des Zweiten Weltkriegs. Vom Einfluß dieses Gestirnstands darf man globale Auswirkungen erwarten, und wie bei allen transpersonalen planetarischen Energien geht hiervon eine richtunggebende Kraft aus, die die Entwicklung des evolutionären Prozesses in Raum und Zeit stimuliert.

Neptun wird bei denjenigen, die hierfür empfänglich sind, ein fast mystisches Suchen und Forschen auslösen, und in der Tat hat seit dem Beginn des Sextils die Wissenschaft in zwei unterschiedlichen und zueinander komplementären Richtungen reagiert: Die Entwicklung der Raumfahrt und Satellitentechnik wurde mit großer Energie vorangetrieben, wobei zum Beispiel der Weltraum mit Radioteleskopen erforscht wird; die komplementäre Erforschung des inneren Raums – die Erkundung und Suche nach den Bausteinen der Materie – und die Quantenphysik stehen auf der anderen Seite in vorderster Linie der wissenschaftlichen Forschung.

Die Versuche, die Natur des Universums zu ergründen, seine Zusammensetzung und Größe und die Schöpfung der Welt bilden mit der Urknall-Theorie eine Abspiegelung der traditionellen, nach außen gerichteten westlichen Vorgehensweise. Parallel zu dieser Tendenz ist jedoch eine gegenläufige Bewegung aufgetreten, die Erkundung des Selbst, die Beschreitung des inneren mystischen Weges. Dies geschah durch die New-Age-Bewegung, die humanistische und Jungsche Psychologie, okkulte Techniken und die Wiederbelebung magischer Haltungen gegenüber dem Leben. Dies hat auch ein Einströmen vieler Auffassungen und Erkenntnisse östlicher Philosophien und Religionen in die westliche Welt mit sich gebracht, ein Zusammenwachsen der beiden Hemisphären, eine potentielle Vereinigung von Glaubensstrukturen, in denen sich die naturwissenschaftliche Tendenz in Richtung einer mehr mystisch orientierten Quantenphysik widerspiegelt.

Da sich das äußere Universum immer endloser dehnt und die innere Welt sich zu einer geheimnisvollen Weite des Raums auffaltet, ist der Mensch der einzige Punkt, an dem das Äußere und das Innere miteinander versöhnt werden können. In einer Zeit, in der die ungeheure Zerstörungskraft der Atomspaltung den Selbstmord der Menschheit und jeden Genozid möglich macht, erweist sich die Aufforderung der alten Mysterienschulen als der Schlüssel zur Zukunft: »Erkenne dich selbst.«

Die nach dem Eintreten dieses Aspekts Geborenen oder diejenigen, die für seinen Einfluß besonders empfänglich sind, wissen, welche Tendenzen sich daraus ergeben. Es sind Tendenzen, die der Erhaltung des Lebens dienen: das Bedürfnis und die Notwendigkeit, die Umwelt vor einer sinnlosen Zerstörung zu bewahren, die individuellen Rechte und Freiheiten zu erweitern, die internationale Zusammenarbeit zu verstärken und ein wucherndes materialistisches Konsumdenken im Westen zu überwinden. Die Erkenntnis, daß potentiell in der Welt durch eine Neuverteilung der Ressourcen für die Mehrheit der Menschen eine höhere Lebensqualität möglich ist, wenn nur der Wille hierzu vorhanden ist, kann zu radikalen Veränderungen führen.

Die Transformationsenergien sind vorhanden, und viel hängt davon ab, wie wir sie individuell und kollektiv einsetzen – zu negativen oder positiven Zwecken. Die Herausforderung des freien Willens liegt in der uns gegebenen Fähigkeit zu Entscheidungen und Entschlüssen, durch die wir heute die Grundlagen für die Zukunft schaffen.

Neptun im Krebs erhöht

Bei dieser Erhöhung treten mehrere Zeichen und Planeten miteinander in Wechselwirkung: Neptun, Jupiter, Venus, Mond, Fische und Krebs. Sie betonen Aspekte der Liebe, des Herzens, des kollektiven Bewußtseins, der Menschlichkeit, der Emotionen, der Mutter und der astralischen Ebene der Begierden, Bilder und Phantasie.

Esoterischen Lehren zufolge ist Krebs die Pforte, durch die die

Masseninkarnation erfolgen muß – und Neptun ist gerade der Planet, der am besten zu politischen und spirituellen Philosophien der Gruppengemeinschaft paßt. Das gemeinsame Element dieser zodiakalen Einflüsse ist das Wasser, denn Neptun ist der Gott der Meere, Herrscher der Fische und im Wasserzeichen Krebs zu Hause. Der alte Mitherrscher der Fische ist Jupiter, der ebenfalls im Krebs erhöht ist, und Neptun gilt heute als die höhere Oktavschwingung der Expansionstendenzen Jupiters. Ihre typischen Merkmale sind soziale Ausdehnung und religiöse oder mystische Neigungen; sie sind die Bindeenergie des sozialen Zusammenhalts, wobei Jupiter insbesondere in den Bereichen Familie, Gesellschaften und religiöse oder ethische Angelegenheiten wirksam ist.

Krebs ist das Zeichen tiefer Sensibilität und Gefühle, die oft parapsychischer Natur sind und unbewußten Gezeiten unterliegen, die sich auf ein oft launisches menschliches Temperament auswirken. Die Erhöhung Neptuns in diesem Zeichen intensiviert die Emotionen und steigert sich zu empathischen Spitzen, die für manche Menschen schwer auszuhalten sind, und es kann eine starke Neigung zu mystischer Zurückgezogenheit oder zu einer jenseitigen Orientierung des Lebensstils bestehen. Eine solche emotional betonte Grundstimmung kann eine Empfänglichkeit für das Leid der Welt schaffen, die alles aufnimmt, was an dieses sensible Bewußtsein appelliert. Vielleicht wird man leicht von anderen oder von inneren, unbewußten Motivationen beeinflußt, oder man versucht sogar, den Weg der Welterlöser zu gehen und sich als Kanal für erlösende Energien einzusetzen.

In den Fischen ist Venus erhöht; mit Jupiter, Neptun und dem Mond haben diese vier Planeten eine Affinität zu Schwingungen der Liebesenergien in der Welt. Jupiter ist das soziale und gemeinschaftliche Band; Venus steht in einer Beziehung zur persönlichen, trennenden Liebe und der Polarität der sexuellen Dualität; der Mond (Herrscher des Krebses) ist mit unserer frühen Erfahrung von Liebe und Mutterbindung verknüpft und bildet emotionale Strukturen, Verhaltensweisen, Bedürfnisse, Erwartungen, und Desillusionierungen aus; Neptun spiegelt in seinem höheren Gewand die nichttrennende Liebe zu allen, eine transzendente Vereinigung mit der Gottheit und einen Ausdruck universeller Liebe. Durch jeden dieser miteinander verbundenen Kanäle strömt der Neptun-Einfluß ein, insbesondere die subtilen und illusorischen Qualitäten, die oft augenfälliger sind als die höheren Schwingungsqualitäten. Trotz der Vorliebe des Krebses für Gewohnheiten und sich wiederholende Muster, und trotz der Sicherheit und Stabilität schaffenden Tendenz des Mondes löst Neptun fortwährend alle hemmenden Strukturen auf, befreit dadurch das eingekerkerte Leben und läßt die Vitalität in anderen Formen sich erneuern.

Neptun als Moderator

Der Moderator ist der Planet, der der Geburtsposition der Sonne unmittelbar vorangeht. Er wird auch als der Planet des östlichen Aufgangs bezeichnet. Wenn zum Beispiel in einem Horoskop die Sonne in 17° Skorpion steht und Neptun in 12° Skorpion der nächste vorangehende Planet ist, ist Neptun der Moderator.

Wenn Neptun an dieser Stelle steht, wird die Rolle des Planeten in der Persönlichkeit gesteigert, und es zeigt sich oft, daß der Moderator in Aspekten, Herrschaften usw. ein sehr einflußreicher Planet ist. Die mit Neptun verbundenen Qualitäten und Talente können durch die Hausstellung im Radix in besonderer Weise ausgerichtet werden, und sie werden noch mehr an Bedeutung gewinnen und noch mehr nach Ausdruck drängen, wenn Neptun der Moderator des Horoskops ist.

Wenn bei einem Menschen Neptun diese Rolle im Geburtsbild spielt, weist dies auf eine besondere Begabung für eine natürliche spirituelle Affinität und innere Kontakte hin. Die intuitiven Empfindungen sind meist stark ausgeprägt und dienen möglicherweise als Mittel einer kontinuierlichen Ausrichtung und Leitung des Lebens, insbesondere dann, wenn Krisen eintreten; man stellt meist eine starke Empfindung dafür fest, welchen Weg man beschreiten muß. Die persönlichen Energien können gut auf Ziele einer spirituellen Evolution, der Einsicht und Erkenntnis ausgerichtet werden, und es besteht die Wahrscheinlichkeit, daß der Betreffende in gewissem Umfang als transpersonaler Kanal wirken wird.

Die Interessen neigen wahrscheinlich einem kreativen Tun und der Mystik zu, auch wenn es, wie es bei Neptun des öfteren der Fall ist, gewisse Schwierigkeiten geben kann, neptunische Wahrnehmungen in das Alltagsleben zu integrieren und sicherzustellen, daß Urteile zuerst von verzerrenden Verblendungen und Illusionen bereinigt werden. Es kann das Problem der Weitschweifigkeit auftreten, und man wird lernen müssen, diese zu bündeln, damit die neptunischen Gaben sich ganz entwickeln können. Da Neptun die Tendenz hat, Menschen von konventionellen Wirklichkeiten fortzuziehen, kann ein fortwährender Kampf um eine befriedigende berufliche Tätigkeit bestehen, und der Zusammenprall zwischen den neptunischen Träumen und einer aktuellen Wirklichkeit kann des öfteren schmerzhaft und frustrierend sein. Viele, die stark auf diesen Planeteneinfluß reagieren, neigen einem schöpferischen und künstlerischen Leben zu oder neuen Lebensstilen, die die wachsende New-Age-Bewegung und der Markt anbieten, so daß sie in besserer Harmonie mit ihren inneren Bedürfnissen und Haltungen leben können.

Rückläufiger Neptun

Eine Rückläufigkeit des Radix-Neptun bedeutet, daß der Betreffende eine extreme Empfindsamkeit gegenüber dem inneren Leben und Botschaften aus seinem Unbewußten und seinem höheren Selbst besitzt. Wahrscheinlich besteht eine intuitive Empathie, und dies bringt Schwierigkeiten wie auch Vorteile mit sich. Es können Tendenzen zu bestimmten Arten prophetischer Einsichten bestehen, durch die man künftige Ereignisse vor ihrem Eintreten wahrnimmt.

Der Persönlichkeit wird etwas Jenseitiges anhaften, wodurch eine weitere Dimension der Komplexität hinzukommt, was andere in ihren Wahrnehmungen erheblich irritieren kann. Individuell kann man Probleme haben, zu einer klaren Lebenslinie zu finden, da die neptunische Phantasie eine beständige Quelle von Träumen und Wunschbildern ist und es einem fast unmöglich erscheint, an einem bestimmten Traum festzuhalten. Forschritte sind nur dann möglich, wenn man die Möglichkeiten realistischer einschätzen lernt.

Es besteht ein Dilemma bezüglich der inneren Bedürfnisse und den Forderungen der äußeren Welt, da die natürliche Tendenz besteht, bei allen Bestrebungen und im alltäglichen Leben Sinn und

Zweck zu suchen, während die äußere Welt diesem persönlichen Bedürfnis keineswegs willfährig ist und den Menschen insbesondere durch die Zwänge des gesellschaftlichen Lebens und durch wirtschaftliche Beschränkungen in die Pflicht nimmt. Dadurch entstehen Reibungsflächen und innere Spannungen, und es muß sorgfältig an einem Gleichgewicht gearbeitet werden, damit die inneren und die äußeren Bedürfnisse befriedigt werden. Es ist eine bessere Anpassung an das tägliche Leben und die physische Ebene notwendig, und es besteht die beständige Versuchung, vor den Forderungen des Lebens davonzulaufen und sich in das verheißungsvolle Land der inneren Träume und Phantasien zu flüchten.

Der Umgang mit Neptun hängt stark von der Höhe der Entwicklung und Integration des einzelnen ab. Bei denjenigen, die eine bewußtere Sensibilität für diese höhere Schwingung haben, wird der spirituelle Impuls zur Einheit mit dem Selbst und der Drang zu einem Leben, das in der Welt, aber nicht von der Welt ist, erheblich stimuliert werden. Solche Menschen empfangen auch Wahrnehmungen aus ungreifbaren Quellen, und parapsychische Intuitionen und empathische Zustände, in denen sie Eindrücke von anderen empfangen, werden alltäglich; die Sensibilität wie auch das fühlende Eingehen auf das Leben wird feiner.

Der Mensch, der dem neptunischen Ruf folgt, kann sich von einem konventionellen Lebensstil und orthodoxem Verhalten lösen; er behandelt sein Leben als »Kunstwerk«, durch das er sich erneuert und neu schafft. Ideale könnten eine Leitlinie vorgeben, doch können sich diese auch, als Illusionen herausstellen; es muß sehr sorgfältig zwischen Realität und Illusion unterschieden werden, da Neptun auf des Messers Schneide steht und nach beiden Seiten zugleich blickt. Die Treue zu sich selbst zu halten ist der Weg, den man einschlagen muß, doch kann es außerordentlich schwierig sein, auf dem Pfad zur Vision Neptuns Gleichgewicht und Integration zu erlangen; es ist gewissermaßen so, als ob man auf Wasser gehen wollte. Und doch bleibt letztlich niemandem eine andere Wahl.

Beispielhoroskope

Marilyn Monroe

Das Geburtsbild von Marilyn Monroe ist als Modellfall für einen starken Neptun-Einfluß besonders interessant, da sich in ihrem Leben mehrere der Hauptthemen widerspiegeln, die mit diesem Planeten verknüpft sind. Die astrologischen Aspekte Neptuns, um die es hier geht, sind Oppositionen zu Mond und Jupiter, ein Quadrat zu Saturn und ein Trigon zu Venus, wobei Neptun im Löwen im ersten Haus steht.

Marilyn Monroe ist nach wie vor einer der unsterblichen Hollywood-Stars und ein Symbol für jene Verherrlichung, die die Masse oft charismatischen Leinwandhelden und -heldinnen entgegenbringt. Marilyn Monroe galt geradezu als das archetypische Sexsymbol, das Traumobjekt der Begierden der Männer und ein beneidetes Rollenvorbild für viele Frauen. Aus ihren Filmen bekam man den Eindruck, daß sie nur ein »Blondchen« war, das in mehreren Rollen des unterhaltenden und komischen Fachs auftrat.

In ihrem Tod drückt sich ein neptunisches Muster aus. Im August 1962 starb sie an einer Überdosis von Schlafmitteln, und um diesen geheimnisumwitterten Tod ranken sich seither eine Fülle von Spekulationen, insbesondere im Zusammenhang mit dem amerikanischen Präsidenten John F. Kennedy und seinem Bruder Robert Kennedy. Hier haben wir den unaufhörlich faszinierenden Glamour, der Filmstars ud mächtige Politiker umgibt, und Marilyn Monroe wurden seither je nach dem Ausgangspunkt der Analyse die Rolle des Opfers, der Märtyrerin oder der Heroin zudiktiert.

Sie nutzte erfolgreich ihre neptunischen Talente des schauspielerischen und persönlichen Ausdrucks; sie wurde zum Weltstar und zur Medienpersönlichkeit, doch mußte sie dies teuer bezahlen, da sie selbst am Zenit ihres öffentlichen Ruhms ein unglücklicher und leidender Mensch war und in ihrem privaten Liebesleben regelmäßig in schmerzliche und gescheiterte Beziehungen mit einer Vielzahl von Liebhabern schlitterte. Psychologisch und emotional geriet sie in eine immer größere Verzweiflung und Zersplitterung. Sie begann unter Schlaflosigkeit zu leiden, als ihr inneres Leben unter dem Druck und den Spannungen ihres Images beim Publi-

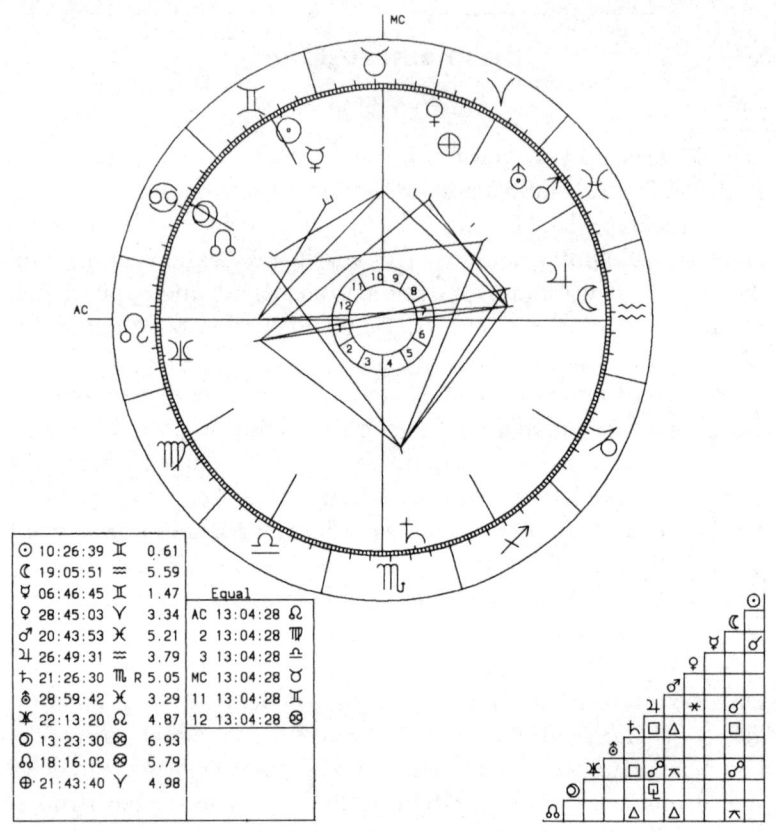

MARILYN MONROE
Geb. am 1. 6. 1926 um 9.30 Uhr P.S.T. in Los Angeles

kum zusammenbrach. Immer wieder traten schwere Depressionen auf, verbunden mit einer Selbstmordtendenz, über die schon viele Jahre geredet wurde. Ihre lasche Berufsauffassung, die ständige Unpünktlichkeit und die ungleichmäßigen Leistungen vor der Kamera kulminierten kurz vor ihrem Tod, als ihr die Rolle in dem Film *Something's Got to Give* genommen wurde. Ihr Stern leuchtete hell, für künftige Generationen auf Zelluloid gebannt, und wurde plötzlich gelöscht, wie es Elton John posthum in seinem Lied *Candle in the Wind* so mitfühlend ausgedrückt hat.

Astrologisch stand ihre Sonne in den Zwillingen, was oft die Existenz zweier unterschiedlicher Personae im Menschen bezeichnen kann (wie es das Bild der Zwillinge ausdrückt) und was sich auch in ihren widersprüchlichen privaten und öffentlichen Wirklichkeiten ausdrückt. Für die Öffentlichkeit war sie die bewunderte Frau, der weltberühmte Filmstar, erfolgreich und vom Publikum angebetet; privat war sie wie jede Frau, die nach einer Serie gescheiterter Liebesbeziehungen mit völlig durcheinandergeratenen Emotionen zu kämpfen hat, in eine eigentümliche Isolierung gegenüber der Alltagswirklichkeit geraten und wollte nichts weiter als geliebt werden und jemanden lieben, an den sie sich anlehnen konnte – sie brauchte Stabilität und Sicherheit. In ihrem Geburtsbild fehlt das Element der Erde, weshalb ihr die materielle und psychologische Verankerung im Leben nicht gelang.

Die Oppositionen zu Mond und Jupiter und das Quadrat zu Saturn zeigen innere Spannungen an, wobei Projektionen auf die äußere Welt gerichtet und von anderen Menschen zurückgespiegelt werden. Die Opposition Neptun-Mond weist darauf hin, daß sie ihre eigene individuelle Mitte letztlich durch eine Verlagerung ihres Selbstbildes in ihre Rolle als Filmstar verlor, wodurch ihr die Unterscheidung zwischen Wirklichkeit und Illusion, zwischen Wahrheit und Fiktion nicht mehr gelang, und dieser Konflikt forderte in ihrem privaten Liebesleben seinen Tribut. Den Ausweg suchte sie im Untergang des Selbst durch Sex, Drogen und Alkohol. Die Opposition Jupiter-Neptun zeigt an, daß man sich die falschen Partner sucht, wobei in Monroes Fall Animus-Projektionen auf ungeeignete Männer vorlagen, die für sie die Rolle einer Vaterfigur und eines Beschützers spielen sollten. Das Quadrat Saturn-Neptun erfordert eine gewisse Selbstakzeptanz, die für die Auflösung jener inneren Verleugnung und Blockierung des freien Energiestroms unerläßlich ist; die Folge einer fortwährenden Verstärkung negativer innerer Tendenzen kann ein Schwund des Selbstvertrauens sein, und dies kann wiederum zu der Empfindung führen, sich nicht aus dem Teufelskreis persönlicher Neurosen und des Mangels an Selbstliebe und Selbstakzeptanz lösen zu können.

Das Trigon zwischen Neptun und Venus zeigt künstlerische und schauspielerische Fähigkeiten an, in ihrem Fall das Image eines verführerischen und sexuell unwiderstehlichen Symbols idealer Weiblichkeit; eine Sinnlichkeit und Verlockung, die die Leinwand betonte, statt sie zu reduzieren. Die Position Neptuns im ersten Haus verweist auf die lebenslangen Probleme mit der Definition ihrer eigenen Identität, eine Herausforderung, die nie bewältigt wurde und in die Tragödie führte.

In verschiedener Hinsicht war ihre Funktion im Leben wohl diejenige eines neptunischen Opfers, indem sie die allgemeinen Sehnsüchte, Erwartungen und Vorstellungen vom Ideal eines Filmstars verkörperte. Durch ihren Tod noch in der Blüte ihrer Jugend und Schönheit, bevor das beginnende Alter seinen Tribut von ihrer Schönheit fordern konnte, wurde Marilyn Monroe zu einem künstlerischen Filmmedium, zu einem offenen Kanal, der dem Publikum ein Traumbild lieferte, denn das Opfer, das Neptun von ihr forderte, bestand zum großen Teil in einer Universalisierung ihrer Identität unter Verzicht auf ihre eigene unterschiedene und getrennte Persönlichkeit, letztlich auch auf Kosten ihres eigenen Lebens.

Zu einer Vertiefung des Verständnisses des Neptun-Einflusses auf Marilyn Monroes innere Psyche verweise ich auf die entsprechenden Abschnitte über die Aspekte und Häuser.

Sigmund Freud

Sigmund Freud war einer der Pioniere der psychoanalytischen Bewegung, und seine Theorien bilden nach wie vor die Grundlage der freudianischen Richtung in der Psychologie. Sie hatten in unserem Jahrhundert einen außerordentlichen Einfluß.

Aus heutiger Perspektive erblickt man in den psychologischen Lehren Freuds vielfach eine Teilanalyse der komplexen Gesamtheit der menschlichen Psyche, während er in seinem eigenen Leben glaubte, den Weg zur Entschlüsselung der Geheimnisse der Seele gefunden zu haben. Allerdings hat er den entscheidenen ersten Schritt getan und den Weg gebahnt, doch mußte er enttäuscht feststellen, daß einige seiner bedeutendsten Schüler sich von ihm abwandten und auf der Grundlage ihrer eigenen Theorien und Lehren unabhängige Bewegungen begründeten. Hierzu gehören unter anderem Adler, Jung und Assagioli. Jung und Assagioli spielen heute auf astrologischem und humanistischem Gebiet eine bedeutende Rolle, da die Schnittstelle zwischen ihrer Arbeit und den Selbstentwicklungstechniken inzwischen auf einer festen Grundlage ruhen. Assagioli wurde zum Begründer der Psychosynthese, eines psychologischen Ansatzes auf der Grundlage der Realität eines inneren Selbst und einer spirituellen Dimension.

Freud war einer der Väter der bekannten Methoden der freien Gedankenassoziation, indem er sie auf der Couch des Analytikers einführte, und er entwickelte eine Lehre, nach der der Geschlechtstrieb der Schlüssel zum Verständnis der menschlichen Motivation und Reaktionen ist. Für ihn waren die bestimmenden Faktoren in der Persönlichkeitsentwicklung Instinkte, Sexualität und in der Vergangenheit liegende Ereignisse, insbesondere frühkindliche Erfahrungen und die Beziehungen zu den Eltern. Als »Es« bezeichnete er den primitiven, unpersönlichen und völlig unbewußten Teil der Seele, der auch die ererbten instinktiven Triebe des Menschen beinhaltete und in einem besonderen Zusammenhang mit den Erinnerungen und Phantasien stand, die sich innerhalb der Erfahrungen der Kindheit entwickelten. Freud neigte dazu, das Gottesbild durch diese tief verwurzelten Bestandteile der Seele zu ersetzen, und er schien aufgrund seiner jüdischen Abstammung geradezu den Es-Begriff an die Stelle des hebräischen Jahwe als Stammesgott zu setzen. Als »Ich« bezeichnete er denjenigen Teil der Seele, der bewußt denkt, der organisiert und die Empfindung einer getrennten Identität schafft. Aus seiner Denkschule stammt auch der Begriff des Ödipus-Komplexes, der sich in der kindlichen Sexualität gegenüber den Eltern in der Weise äußert, daß sich das Kind zum gegengeschlechtlichen Elternteil hingezogen fühlt und gegenüber dem anderen Elternteil Ablehnung oder Eifersucht empfindet.

Zu der Zeit, als Freud seine Ideen veröffentlichte, wurden diese psychologischen Analysen von der Gesellschaft schockiert aufgenommen, und Freud mußte all seine Hartnäckigkeit und all sein kompromißloses Selbstbewußtsein aufbieten, um sich der scharfen Kritik zu erwehren, die sich gegen ihn richtete. Man darf nicht vergessen, daß diese Ideen auf eine viktorianisch geprägte Gesellschaft trafen – der Gedanke, daß aktiver Sex ein wesentlicher und wichtiger Teil des normalen menschlichen Lebens sei, und daß jegliche Unterdrückung dieser Energien psychologisch gefährlich sein könnte, löste Indignation und befremdete Abscheu aus. Es galt als unschicklich, in der Öffentlichkeit über Sex zu sprechen. Freuds Erkenntnisse und seine Unnachgiebigkeit rissen schließ-

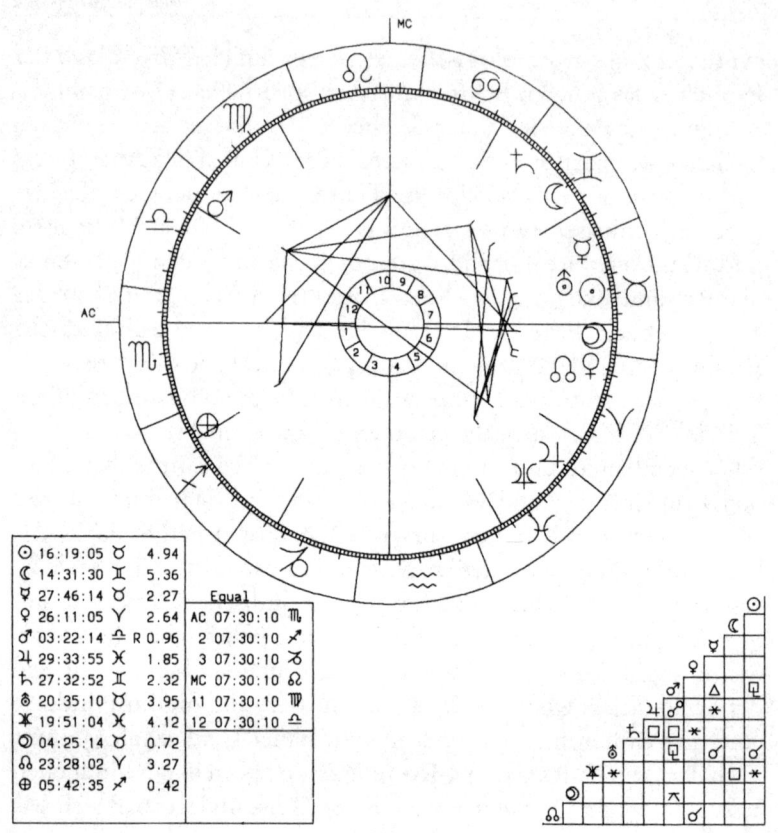

☉ 16:19:05 ♉	4.94		
☽ 14:31:30 ♊	5.36		
☿ 27:46:14 ♉	2.27	Equal	
♀ 26:11:05 ♈	2.64	AC 07:30:10 ♏	
♂ 03:22:14 ♎ R	0.96	2 07:30:10 ♐	
♃ 29:33:55 ♓	1.85	3 07:30:10 ♑	
♄ 27:32:52 ♊	2.32	MC 07:30:10 ♌	
⚷ 20:35:10 ♉	3.95	11 07:30:10 ♍	
⚸ 19:51:04 ♓	4.12	12 07:30:10 ♎	
⚹ 04:25:14 ♉	0.72		
☊ 23:28:02 ♈	3.27		
⊕ 05:42:35 ♐	0.42		

SIGMUND FREUD
Geb. am 6. 5. 1856 um 18.30 Uhr OZ in Freiberg/Mähren

lich die gesellschaftlichen Denkbarierren bezüglich der menschlichen Sexualität nieder. Seine Auffassung, daß es unter dem Lack
der europäischen Kultur eine unbewußte psychische Ebene gab,
die urtümlich, instinktiv und eine Quelle chaotischer Zwänge,
Obsessionen, verborgener Motivationen, sexueller Triebhaftig-
keit und unterdrückter Energien war, führte zum Begriff des Unbewußten – einer Sphäre, die Jung aus einer anderen Perspektive
erkundete, indem er die verborgenen archetypischen Strukturen
freilegte. Freud erklärte offen, daß die bewußte Unterdrückung
und Frustration der libidinösen Energien negative persönliche
Konsequenzen hätte. Diese ärztliche Freisetzungsempfehlung
wurde rasch von der künstlerischen Gemeinde als Rechtfertigung

für ihren eigenen natürlichen Lebensstil aufgenommen und äußerte sich in den zwanziger Jahren in Form liberalerer gesellschaftlicher Haltungen, wodurch die Sexualität ein etwas besseres Ansehen bekam (obwohl Autoren wie D. H. Lawrence wegen ihrer literarischen Themen noch Anfeindungen ertragen mußten). Die Sexualität ist freilich auch heute noch ein umstrittenes Thema.

Es ist, als ob Freud von Neptun die Mission gehabt hätte, solche Lehren zu verkünden, denn die Tiefen des Unbewußten sind Reiche, in denen Neptun herrscht und aktiv ist, verknüpft mit der Neigung des mythischen Neptun zu hemmungsloser sexueller Aktivität wie auch zu Verblendungen und Illusionen. Sein Neptun steht in den Fischen, einer Pforte zum Unbewußten, und Freud war derjenige, der diese Pforte öffnete, die Fluttore einer kollektiven Unterdrückung sexueller Energien aufstieß. Der Radix-Neptun steht im fünften Haus, womit die Kreativität und sexuelle Liebe betont ist, und Freud hat in der Tat diese Themen ausgearbeitet, wenn er sie auch aufgrund der mit ihnen verknüpften assoziativen Verblendungen übertrieben hat. Die Analyse der Neptun-Stellung im fünften Haus macht verständlich, daß Freud durch seine psychologischen Lehren eine neue Auffassung von den Wurzeln und familiären Grundlagen des Menschen schuf und mit seiner Betrachtung der verborgenen sexuellen Dimension beinahe die Eltern-Kind-Beziehungen auf den Kopf stellte. Er transformierte sein eigenes Erbe sozialer Haltungen, Werte und Überzeugungen und entschied sich dafür, seinen eigenen hellen Weg durch das Leben zu gehen, was allein schon eine große Leistung war. Er erkundete die Mysterien des Lebens, lotete seine eigenen inneren Tiefen aus und teilte seine Ergebnisse als allgemeine kollektive Erfahrung mit, die die Psyche aller Menschen erleuchten konnte. Das Sextil zwischen Neptun und Sonne zeigt seinen Wunsch an, schöpferisch zu sein und in der Welt positiv zu handeln, um im Dienst an allen einen nützlichen Beitrag zu leisten.

Seine antiautoritäre Tendenz drückt sich im Sextil Neptun-Uranus aus, wobei er durch seine Lehren die Last sozialer Haltungen und Überzeugungen bekämpfte und er sich an einer gesellschaftlichen »Revolution« beteiligte, indem er seine eigene revolutionäre und evolutionäre Philosophie entwickelte, die schließlich breiten gesellschaftlichen Einfluß gewann. Das Quadrat Neptun-Mond könnte auf Bereiche zielen, in denen die Kindheitserfahrungen Freuds die Grundlage seiner späteren Theorien wurden, da es auf einen irgendwie gearteten emotionalen Konflikt, auf eine unbefriedigende Beziehung zu seinen Eltern, insbesondere zu seiner Mutter, hinweist, vielleicht auch auf eine ödipale Situation. Die Existenz innerer Zwänge und Spannungen drückt sich ebenfalls in diesem Quadrat aus, aus dem sich letztlich eine kreative Reaktion und eine Betonung der in der Stellung Neptuns in den Fischen und im fünften Haus veranlagten Interessen entwickelte.

Als »Vater der psychoanalytischen Bewegung« hatte Freud weitreichenden Einfluß. Er legte die Grundlage für viele spätere Entwicklungen und Weiterführungen der Bewegung zur Förderung des menschlichen Potentials, und er hat sogar eine Kunstrichtung beeinflußt – die surrealistische Bewegung mit ihrer Beschäftigung mit dem Traumleben und der Sichtbarmachung der Inhalte des Unbewußten. Freuds Leben ging im Jahre 1939 zu Ende, als ein Ausbruch des unterdrückten kollektiven Unbewußten in Gestalt eines anderen Österreichers, Adolf Hitler, fast die Welt in den Abgrund gestürzt hätte.

Alice A. Bailey

Zwar ist das Persönlichkeitsprofil von Alice Bailey nicht so markant wie dasjenige anderer okkulter Lehrer, doch ist ihr Einfluß im Reich der esoterischen Lehren außerordentlich groß, da sie als Schreiberin des »Tibeters« fungierte, eines Meisters aus der transhimalayischen okkulten Bruderschaft. Sie war in vielerlei Hinsicht der Sammelpunkt für die Fortführung der Lehren von Madame Blavatsky und eine Vorläuferin der modernen Art, spirituelle Lehren zu »channeln«. In ihrem Fall bestand allerdings der Anspruch, daß der Tibeter kein entkörperlichter innerer Kommunikator war, sondern physisch lebte und bis zur chinesischen Invasion als Abt in einem tibetischen Kloster wirkte. Ihre Durchgaben waren eher eine hochrangige telepathische Kommunikation, und sie widmete ihr Leben dem esoterischen Dienst und der Verankerung visionärer und transformierender Lehren.

Im Geburtsbild zeigt das Sextil zwischen Neptun und Merkur Baileys Eignung für ihre Rolle als Amanuensis an. Die Analyse des

Planetenaspekts ergibt, daß dieses Sextil den Aufbau eines engen Verbindungskanals zwischen dem Bewußten und dem Unbewußten begünstigt, durch den Informationen an den Verstand weitergeleitet werden, wobei Erfahrungen telepathischer Kommunikation möglich sind. Sie wirkte dreißig Jahre ihres Lebens als Schülerin im Dienste einer solchen Kommunikation mit dem Tibeter.

Das Quadrat zwischen Mars und Neptun und dessen negative niedere Ausdrucksformen scheinen durch ihren spirituellen Weg transzendiert worden zu sein, wiewohl zu Beginn ihres Lebens und während ihrer ersten Ehe einige dieser Bereiche affektiver und sexueller Disharmonien vorhanden und aktiv waren. Wie sie in ihrer unvollendeten Autobiographie schreibt, war dies für sie und ihre junge Familie eine Zeit schwerer Prüfungen, und sie mußte sich mit vielen ihrer inneren Tendenzen in oft peinlichen Situationen direkt auseinandersetzen. In dieser Zeit ihres Lebens mußte sie sich vom Ballast ihrer Erziehung befreien, die noch ganz von der viktorianischen Gesellschaft geprägt war, um sich für ihre späteren Aufgaben vorzubereiten. Möglicherweise wurde sie zuzeiten von privaten sexuellen und emotionalen Problemen heimgesucht, doch wurden diese Spannungen später besser integriert, vor allem, nachdem ihre ganze Zeit und Energie in ihrer esoterischen Mission aufgingen. Im Zusammenhang mit ihrer zweiten Ehe mit Foster Bailey wird berichtet, daß sie diesem, als er um ihre Hand anhielt, die Antwort gab, daß sie einwilligen würde, wenn ein in der Nähe stehendes Pferd nicken würde – was das Tier pflichtgemäß tat. Damals war sie jedoch bereits ihren Aufgaben verpflichtet, nachdem die Wiedergeburt, die Mars und Neptun anzeigen, erfolgt war; sie hatte ihre inneren Kämpfe erfolgreich durchgestanden und jene Konflikte aufgelöst. Es scheint, daß dies eine Ehe zum Zweck des »großen Werkes« war, nicht um der persönlichen Bedürfnisse und Begierden willen.

Ihr Trigon Neptun-Uranus trat früher auf als in der Aspektanalyse angegeben, doch ist die Thematik des Brückenschlags zwischen der alten Welt und der aufkommenden neuen Welt durchgängig vorhanden, wie auch der Dienst als Mittlerin in der Gesellschaft. Die Entwicklung einer persönlichen geistigen Vision und Auffassung steht im Vordergrund, wie auch das Bedürfnis, frei im eigenen Licht und Verständnis zu stehen, im Gegensatz zu einer mentalen Kritiklosigkeit und Gutgläubigkeit gegenüber denjenigen, die sich selbst zu Führern erheben. Es ist ein individueller Forschergeist notwendig, verknüpft mit Unterscheidungsvermögen, wenn es um den spirituellen Weg geht, und ein passives Akzeptieren solcher Lehren als Evangelium ist meist nicht der richtige Weg, um die Wahrheit für sich selbst zu entdecken – was man empfängt, ist nichts als widergespiegeltes Licht, das für einen persönlich wahr sein kann oder auch nicht. Wie es in einer Stellungnahme des »Tibeters« heißt: »Ein Meister ist die seltene Blüte einer Generation von Forschern.« Der Schlüssel liegt darin, daß man alle Annahmen und Lehren hinterfragt und nicht etwas für wahr hält, weil es Christus oder Buddha angeblich gesagt haben sollen. Man muß die Wahrheit immer selbst herausfinden, auch wenn dies bei weitem der anstrengendste Weg ist!

Baileys Radix-Neptun im zehnten Haus zeigt an, daß es ihr gelang, sich ganz in den Dienst der Gemeinschaft zu stellen und jene neptunische idealistische Utopie des neuen Zeitalters manifest zu machen. Sie widmete sich der Sache der Meister und opferte ihr Leben ganz ihrer Inspiration. Sie wurde ein Kanal für jenes Größere, das jenseits der Parameter des getrennten Selbst liegt, und wurde Sprecherin ihrer visionären Wahrnehmung. Bailey rang sich durch zur Geburt ihres neuen Selbst (das spirituell Wiedergeborene), und dies war »ein Selbst, das engstens mit dem Wohlergehen einer weiteren Gesellschaft und mit dem Impuls des aufkommenden Wassermann-Zeitalters verknüpft ist«. Bemerkenswert ist, daß alle ihre transpersonalen Planeten Uranus, Neptun und Pluto in Erdhäusern stehen, wie wenn sie ganz sicherstellen wollten, daß die transpersonale Vision auf der materiellen Ebene verankert würde.

Die Bailey-Tibeter-Vision bildet in weiten Teilen die Grundlage des heutigen New-Age-Bewußtseins. Sie ist eine der großen okkulten Pioniere, und ihr Werk hat sich für viele nachfolgende Forscher als unschätzbar erwiesen. Es bildet einen oft nicht erkannten keimhaften Einfluß in heutigen esoterischen und psychologischen Lehren, wie zum Beispiel bei der Schaffung der Psychosynthese.

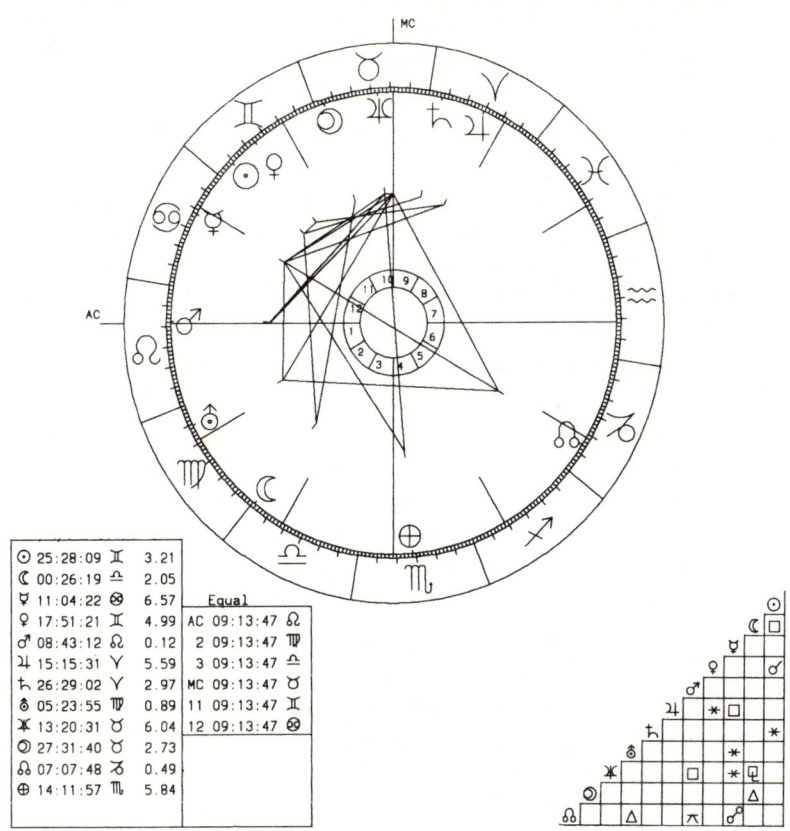

☉ 25:28:09 ♊	3.21			
☽ 00:26:19 ♎	2.05			
☿ 11:04:22 ⊗	6.57	Equal		
♀ 17:51:21 ♊	4.99	AC 09:13:47 ♌		
♂ 08:43:12 ♌	0.12	2 09:13:47 ♍		
♃ 15:15:31 ♈	5.59	3 09:13:47 ♎		
♄ 26:29:02 ♈	2.97	MC 09:13:47 ♉		
⚷ 05:23:55 ♍	0.89	11 09:13:47 ♊		
⚷ 13:20:31 ♉	6.04	12 09:13:47 ⊗		
☋ 27:31:40 ♉	2.73			
☊ 07:07:48 ♐	0.49			
⊕ 14:11:57 ♏	5.84			

ALICE A. BAILEY
Geb. am 16. 6. 1880 um 7.32 Uhr in Manchester/England

Dion Fortune

Eine weitere berühmte charismatische Okkultistin dieses Jahrhunderts war Dion Fortune, das Pseudonym der Violet Mary Firth, das auf ihr Familienmotto *Deo, non fortuna* zurückging und das sie bei ihrer Aufnahme in den berühmten Hermetischen Orden der Goldenen Dämmerung annahm.

Fortune steht fest in der Reihe der modernen Okkultistinnen, die offenbar eine initiatorische Gruppe für die magische Wassermann-Strömung bilden, auch wenn sich ihre eigenen Interessen zunächst der westlichen Mysterientradition und insbesondere der Rolle der Hohenpriesterin und Aspekten des göttlichen Weiblichen zuwandten. Sie war stark parapsychisch und medial veranlagt und gehörte zu den frühen Kanälen für Kommunikationen zur inneren Führung, wie es zum Beispiel ihr Buch *The Cosmic Doctrine* zeigt. Ihr Leben war der Magie gewidmet und nahm in immer stärkerem Maße jenseitige Züge an, wie wenn sie von ihren Aufstiegen auf höhere Ebenen mit Merkmalen ihrer angenommenen Gottesformen und Archetypen zurückgekehrt wäre. Sie selbst sagte einmal: »Ich hatte meinen Traum von Mondmagie und Meerespalästen, und Tag um Tag lebte ich mehr in einer anderen Dimension, wo ich dasjenige hatte, von dem ich wußte, daß ich es auf der Erde niemals würde haben können, und ich war sehr glücklich.«*

Fortune führte mehrere Stränge der Lehren der »Goldenen Dämmerung« zu einem Versuch zusammen, die untergehende westliche Mysterientradition wiederherzustellen, und ein Großteil dieser Tätigkeit konzentrierte sich auf die Gruppe, die sie später als unabhängige Einheit gründete, die *Fraternity of Inner Light*, die ihre Wurzeln in einem Gemeindehaus in London und am Hang des Glastonbury Tor in Chalice Orchard hatte. Fortune war das Herz und der Leitstern dieser Gruppe und zog für ihre Rolle als Mittlerin und Priesterin durch regelmäßige Rituale und »Pfadarbeit« immer neue Kraft auf sich. In verschiedener Hinsicht verkörperte sie schließlich Merkmale ihrer bevorzugten Göttinnengestalten, unter anderem der ägyptischen Isis und von Morgan le Fey aus den Artussagen. Man kann darüber streiten, ob sie sich vielleicht nicht zu sehr mit solchen archetypischen Personae identifizierte, und es weist vieles darauf hin, daß die weiblichen Hauptgestalten ihrer beiden berühmtesten Romane, *Mondmagie* und *Die Seepriesterin*, etwas idealisierte Versionen ihrer selbst waren. Frühere Leben und die Rolle von Atlantis waren andere Hauptthemen, die beide wie auch ihre dramatischen Ritualgewänder und Auftritte und ihre ganze überlebensgroße Persönlichkeit einen neptunischen Einfluß in ihrer Psyche verraten. Wie Aleister Crowley lebte sie als Geist hoher Magie, theatralisch und im Blickpunkt der Öffentlichkeit.

Magisch sah sie einen Teil ihrer Mission in der Wiederanrufung der Macht der Großen Göttin und in der Wiederbelebung der

---

* Vgl. Alan Richardson, *Priesterin*.

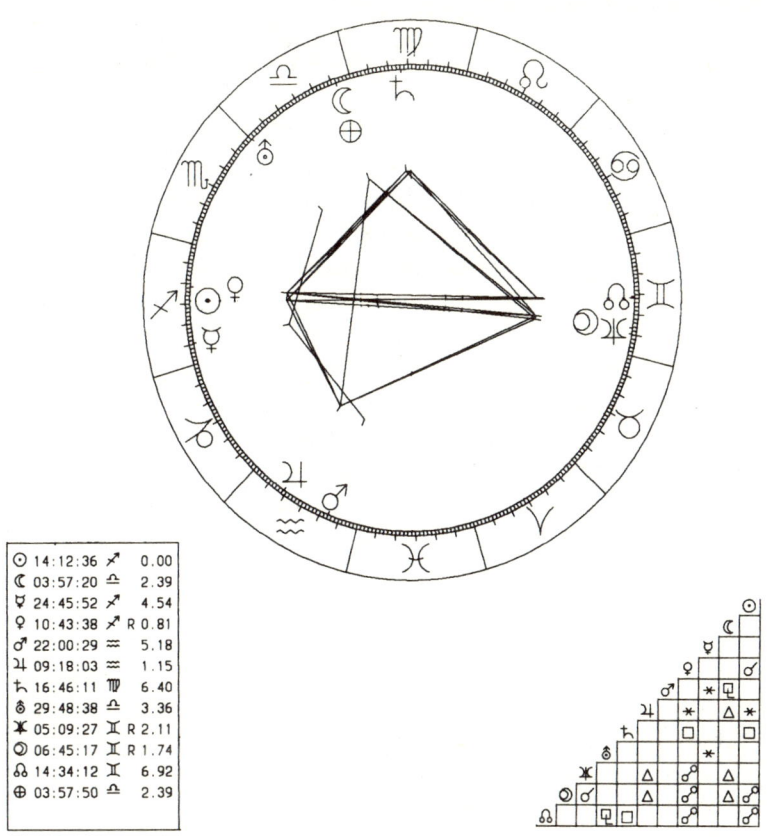

☉ 14:12:36 ♐	0.00
☽ 03:57:20 ♎	2.39
☿ 24:45:52 ♐	4.54
♀ 10:43:38 ♐ R	0.81
♂ 22:00:29 ♒	5.18
♃ 09:18:03 ♒	1.15
♄ 16:46:11 ♍	6.40
⚷ 29:48:38 ♎	3.36
♅ 05:09:27 ♊ R	2.11
♆ 06:45:17 ♊ R	1.74
☊ 14:34:12 ♊	6.92
⊕ 03:57:50 ♎	2.39

DION FORTUNE
Geb. am 12. 6. 1890 in Llandudno/Wales

schlummernden spirituellen Macht des heiligen Avalon. Ihr Werk
und ihr Einfluß leben fort, und sie übt nach wie vor große Anziehungskraft auf diejenigen aus, die ähnliche traditionelle Wege gehen. Wie es heißt, soll sie noch nach ihrem Tode die Entwicklung
ihrer esoterischen Gruppe mehrere Jahre geleitet haben, bis ihre
Gegenwart weitere Änderungen behinderte und ihr nahegelegt
wurde, die Fäden aus der Hand zu geben. Wie viele andere Okkultisten behauptete sie, von inneren Kontrollgeistern inspiriert zu
werden, und aus eingeweihten Kreisen ist zu hören, daß ihre
eigenen inneren Führer nach wie vor kontaktiert werden können.
    Astrologisch haben wir keine Geburtszeit, weshalb Aszendent
und Häuser om Horoskopbild fehlen. Das Trigon Neptun-Mond

zeigt ihre natürlichen schöpferischen Potentiale und ihre parapsychischen und prophetischen Tendenzen an. Ihre Kreativität drückte sich in ihren okkulten Schriften und Romanen aus, und die beiden oben erwähnten Bücher sind eine sehr lohnende Lektüre, da sie den Schlüssel zur Natur ihrer Selbstbilder und persönlichen Antriebe enthalten, die im Kontext magisch-ritueller Arbeit zum Tragen kamen. Die Opposition zwischen Neptun und Venus betont noch diese emotionale imaginative Persönlichkeit, enthüllt aber auch innere Spannungen im Hinblick auf ihre persönlichen Beziehungen und ihre Heirat mit Thomas Penry Evans (»Merlin«), die zwar als magische Partnerschaft zunächst sehr erfolgreich war, sich aber später als Leidensquelle erwies.

Fortune hatte Schwierigkeiten, ihre emotionale und sexuelle Natur richtig zu integrieren, und da sie ihren inneren Animus auf ihre Psyche durchzeichnete, wirkte sie auf andere Menschen oft erstaunlich maskulin. Auch durch die Annahme von Göttinnengestalten im Ritual wurde sie nicht besonders feminin, und es scheint Fortunes Schicksal gewesen zu sein, eine befriedigende menschliche Beziehung für ihre magische Macht und Kraft hingeben zu müssen. In dieser Hinsicht steht sie unter den berühmten Okkultistinnen nicht allein, denn auch Blavatsky, Besant und Bailey leisteten ähnliche Opfer; dies kann zum Teil daran liegen, daß sie so kraftvolle und selbstbewußte Frauen mit einer hohen Mission waren, daß alle persönlichen Bedürfnisse zugunsten des spirituellen Dienstes transzendiert wurden.

Das Trigon zwischen Jupiter und Neptun ist für ihre Hinneigung zum okkulten Weg und zu den Werten der Spiritualität im Leben ebenfalls bedeutsam, denn die emotionale Verzückung führt zu Erfahrungen von einer Intensität ohnegleichen, insbesondere durch Zeremonien und dramatisch-mysteriöse Auftritte. So konnte sie der Versuchung nicht widerstehen, sich in einem der Londoner Häuser mittels eines Aufzugs in den Ritualraum befördern zu lassen, da sie so wie Isis auffahren konnte und einen spektakulären Auftritt hatte. Manchmal können Okkultisten unpersönlich werden, doch ist es gerade jener Hauch Menschlichkeit und Exzentrizität, der sie so faszinierend und hinreißend macht! Trotz ihrer Capes und ihrer Vorliebe für dramatisch bunte Gewänder und breitkrempige Hüte – und warum eigentlich nicht? – war

Dion Fortune eine mächtige Magierin, die sich einen Platz im Pantheon okkulter Heroen und Heroinnen verdient hat.

Die Konjunktion zwischen Neptun und Pluto spielte eine bedeutsame Rolle in ihrem Leben und bildete die Summe ihrer magischen Funktion. Dies ist eine seltene Konjunktion, die letztmals zwischen 1888 und 1890 bestand. Es ist eine der höchsten planetarischen Schwingungen überhaupt, die, wenn sie integriert wird, ein tiefes spirituelles Verständnis für die Natur und die psychischen Grundlagen der menschlichen Seele mit sich bringen kann. Sie ist sehr subtil, aber äußerst wirksam; sie löst alte eingefahrene und überlebte soziale Haltungen und Überzeugungssysteme auf und setzt an ihre Stelle neue und geeignetere Visionen für die nächsten Schritte; oft zeigt sie einen Wendepunkt im Aufstieg und Niedergang von Staaten an. Nicht selten wird der religiöse Status quo durch neue Einstellungen gegenüber dem religiösen Impuls herausgefordert, und es kann zum Tod alter Konzepte kommen; es ist ein Prozeß, wie er sich im Wirken mancher Menschen niederschlägt, die eine »hohe spirituelle Mission« haben. Dion Fortune gehörte zu ihnen, und ihre Pionierarbeit bei der Wiederherstellung von westlichen und Frauenmysterien hat sich für viele als inspirierend erwiesen.

Israel

Ein Staatshoroskop, das aus der neptunischen Perspektive besonders reizvoll ist, ist dasjenige des Staates Israel, der 1948 im Rahmen einer Neufestlegung von nationalen Grenzen nach den Wirren des Zweiten Weltkrieges aus Teilen Palästinas gebildet wurde.

Seit vielen Jahrhunderten wird das hebräische und jüdische Volk unterdrückt, von der ägyptischen und römischen Fremdherrschaft bis zu Verfolgungen und Pogromen in ganz Europa in den verschiedensten Staaten und zu unterschiedlichen Zeiten. Das jüdische Volk ist fast schon traditionell eine getretene Rasse, dem soziale Verbrechen und Untaten angelastet wurden, wann immer ein Sündenbock benötigt wurde, und die ihm zugemessenen Strafen waren grausam und brutal. Seit den biblischen Zeiten Moses, der die Juden durch die Wüste zum Gelobten Land führte, sind sie ein wanderndes Volk; das auserwählte Volk Gottes zu sein hat sich zu keinem Zeitpunkt als leichtes Los erwiesen.

Der heutige Staat Israel stand am Ende jahrelanger internationaler politischer Anstrengungen der Zionistischen Bewegung und ist der erfolgreiche Abschluß des großen visionären Traumes der Zionisten, die sich eine Rückkehr ins Gelobte Land und eine dauerhafte Bleibe im Land der Väter wünschten. Nach dem grauenvollen Genozidversuch der Nazis im Dritten Reich entschlossen sich 1948 viele Juden, in den neugeschaffenen Staat Israel zu gehen und am Aufbau ihrer neuen Gesellschaft mitzuwirken.

Israel ist nach wie vor ein Land der Spannungen und Konflikte mit ständigen Reibungen und kriegerischen Auseinandersetzungen mit Palästinensern und den umgebenden arabischen Ländern wie Jordanien, Syrien und Libanon. Die Friedenstaube ist noch nicht über dem Land erschienen, und die Israelis leben in dem Bewußtsein einer ständigen Bedrohung; ihr Hauptaugenmerk gilt der Verteidigung ihrer Interessen und ihres Heimatlandes, und ihre Auffassung vom Schutzbedürfnis des Staates ist recht weit gesteckt, wie mehrere Aktionen in fremden Ländern belegen.

Astrologisch kann man feststellen, daß diese neptunischen Tendenzen der Opferung und des Märtyrertums in der Tradition der jüdischen Rasse und im kollektiven Bewußtsein des Volkes fest verankert sind. Interessanterweise liegt im Staatshoroskop des heutigen Israel eine starke Betonung von Neptun-Aspekten vor, wie wenn sich hierin ein altes Muster fortsetzte. Neptun bildet ein Trigon mit Merkur, ein Sextil mit Saturn und Pluto, ein Quadrat mit Venus und eine Konjunktion mit dem Aszendenten und steht in der Waage im ersten Haus.

Die Stellung im ersten Haus weist auf Konflikte und Unsicherheit hinsichtlich der nationalen Identität hin, wobei die wirkliche Natur und Definition des nationalen Selbst einer Klärung bedarf. Dies beruht teilweise auf mehreren einander widersprechenden nationalen Auffassungen bezüglich der geeigneten Vorgehensweise zur Schaffung einer festen Grundlage für den Staat Israel und für den Umgang mit der übrigen Welt, insbesondere mit den Nachbarstaaten. Darüber hinaus besteht innerer Widerstreit bezüglich des religiösen Erbes zwischen Gruppierungen, die den alten hebräischen Traditionen und Haltungen anhängen, und der zeitgenössischen säkularen Haltung vieler moderner weltgewandter Juden. Die Tatsache, Jude zu sein, löst sogar bei den Juden selbst

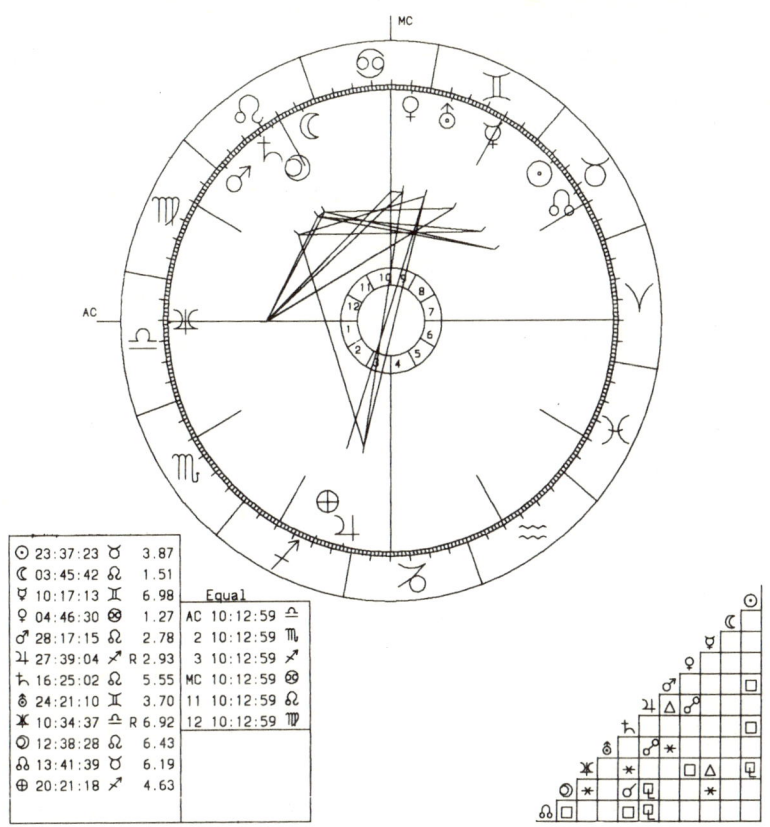

☉ 23:37:23 ♉	3.87	
☾ 03:45:42 ♌	1.51	
☿ 10:17:13 ♊	6.98	Equal
♀ 04:46:30 ♋	1.27	AC 10:12:59 ♎
♂ 28:17:15 ♌	2.78	2 10:12:59 ♏
♃ 27:39:04 ♐ R	2.93	3 10:12:59 ♐
♄ 16:25:02 ♌	5.55	MC 10:12:59 ♋
☊ 24:21:10 ♊	3.70	11 10:12:59 ♌
♆ 10:34:37 ♎ R	6.92	12 10:12:59 ♍
♇ 12:38:28 ♌	6.43	
☊ 13:41:39 ♉	6.19	
⊕ 20:21:18 ♐	4.63	

ISRAEL
14. 5. 1948, 16.30 OZ in Tel Aviv

eine Vielzahl widerstreitender Reaktionen aus, und es besteht oft ein Unbehagen bezüglich dieser rassischen Identität. Wenn aber eine innere Unsicherheit besteht, löst schon die Andeutung einer Bedrohung übertriebene äußere Reaktionen aus, und Israel reagiert äußerst empfindlich und aggressiv auf alle Übergriffe auf sein Gebiet.

Das Trigon Neptun-Merkur äußert sich in Israels intensivem Einsatz für seine nationale Position und Interessen über die Kommunikationskanäle der weltweiten Medien. Israel betreibt heute seine politische Selbstbehauptung in sehr direkter und nachdrücklicher Art; es vertritt eine sehr klare Position nach außen und verteidigt seine Position auch gegen internationalen Druck. Im

Ausland gibt es einflußreiche jüdische Pressure-groups, die dafür sorgen, daß die israelische Position klargestellt wird.

Das Sextil Neptun-Saturn ruft jene starke Empfindung für soziale Verantwortlichkeit und die nationale Identität hervor, durch die dem Aufbau des Staates (und seinem Schutz) höchste Priorität eingeräumt werden. Saturn kann nur in festen und stabilen Grenzen wirken, weshalb die Frage des Territoriums im Vordergrund bleiben wird, wiewohl sich die Tendenz Neptuns, Grenzen zu sprengen, als problematisch erweist und weiterhin erweisen wird. Im Horoskop ablesbar sind Israels strategische Fähigkeiten und seine manipulative Organisation, sowie auch willensstarke Konsequenz und Entschlossenheit bei der Durchsetzung der eigenen Ziele. Heute liegt eines der Haupthindernisse für einen Frieden in Israel in einer übermäßigen selbstzentrierten Wahrnehmung; dies mag im Lichte der jüngeren und älteren Geschichte durchaus verständlich sein, doch behindert es befriedigende Beziehungen mit den Nachbarstaaten.

Diese Tendenz kehrt im Quadrat Neptun-Venus wieder und ebenso in der Konjunktion mit dem Aszendenten und der Stellung in der Waage. Das Quadrat zeigt Probleme in Beziehungen und die Schaffung von Illusionen, Verblendungen und Selbsttäuschungen an, wobei unbewußte Motivationen auf die äußere Welt projiziert werden können, bis dem Staat nur mehr seine eigene negative Widerspiegelung als Bedrohung der Sicherheit entgegenschlägt. Dieser Aspekt der aggressiven Verteidigungsbereitschaft ist deutlich ausgeprägt, und die eigentliche Notwendigkeit besteht darin, diese negativen inneren Muster endlich aufzulösen, damit Klarheit und Harmonie wieder einkehren können und eine Befreiung von jenen Strukturen der Schuld und ständigen Unterjochung möglich wird, die in der jüdischen Psyche dominieren. Die Konjunktion mit dem Waage-Aszendenten und Neptuns Stellung in der Waage sind ein Schlüssel, der die Notwendigkeit anzeigt, gute Beziehungen mit anderen herzustellen, und zwar nicht nur aus Gründen des Selbstschutzes und des eigenen Friedens, sondern auch um des internationalen Machtgleichgewichts und der weltweiten Spannungen willen, vor allem deshalb, weil im Streit miteinander liegende Staaten jeweils bei den rivalisierenden Großmächten USA und Sowjetunion Unterstützung finden.

Es scheint heute für Israel schwierig zu sein, zu einer ausgewogenen Auffassung zu kommen; es ist noch ein junger Staat und neigt aufgrund seiner eigenen Ängste und Unsicherheiten zu extremistischen Haltungen. Es ist ein Sammelpunkt weltweiter Religionen, rassischer und politischer Spannungen und Konflikte, ein kritisches Gebiet für das labile Gleichgewicht im Nahen Osten. Nötig ist ein Abbau der Barieren der nationalen Persönlichkeit, damit ein wirklicher Kontakt mit den Nachbarstaaten zustande kommt. Das Verharren in den Parametern der eigenen oft verzerrten Wahrnehmungen einer getrennten Vision wird fortwährend zusätzliche Schwierigkeiten schaffen; wenn man aber die Stärke aufbringen könnte, über die territorialen Abgrenzungen hinweg die Hand der Freundschaft auszustrecken, könnte dies der Weg nach vorwärts zur nächsten Stufe des Gelobten Landes sein.

Wenn dies nicht geschieht, könnte Israel noch tiefer in die Verstrickung geraten, genauso zu handeln wie seine einstigen Verfolger, indem es eine heimatlose Minderheit wie die Palästinenser rassisch, religiös und territorial unterdrückt. Der befreiende Schock für die israelische Nationalpersönlichkeit könnte eintreten, wenn die Israelis durch die internationale Meinung immer mehr die Widerspiegelung der Tatsache erkennen müssen, daß sie denjenigen nacheifern, deren Opfer sie einst waren. Dies könnte dann den Prozeß einer tieferen Selbsterkundung stimulieren, den Neptun aufgrund seiner Stellung im ersten Haus beinhaltet, eine Erkundung, die, wenn sie erfolgreich ist, auch die internationalen Beziehungen dieses Staates und seine Persona, wie sie von anderen Staaten wahrgenommen wird, transformieren könnte.

V
Neptun in den Geburtshäusern

Die Häuserstellung Neptuns im Geburtshoroskop zeigt meist einen der Bereiche an, in denen die Saturn-Neptun-Polarität hauptsächlich erfahren wird. Es ist die Stelle, an der sich die transpersonalen Auflösungsenergien Neptuns und die saturnischen Strukturen der Ich-Persönlichkeit berühren. Die Hausstellung lenkt die Aufmerksamkeit auf die Art der Lebenserfahrung, die zu einer Transformation der Persönlichkeitsgrenzen und zu mystischen und transzendenten Einsichten führen können. In regelmäßigen Abständen, wenn die Aspekte und Transite Neptuns aktiv sind, vernimmt man über den Kanal des Radix-Hauses jene Einflüsterungen aus dem Jenseitigen, die so quälend sind und so tiefe Sehnsüchte im verborgenen spirituellen Selbst auslösen und die dem Menschen radikale Veränderungen und Konfrontationen bringen.

Durch die Stellung im Radix-Haus wird das Unbewußte des Menschen (wie es durch die Funktion Neptuns gespiegelt wird) z. B. durch Träume, schöpferische Inspiration, die Zielsetzungen und die negativen Merkmale der Verblendung und Illusion nach und nach sichtbar. Das Haus läßt den Weg erkennen, über den Neptun in unser bewußtes Leben eintreten wird, diejenigen Bereiche, die uns anziehen werden und in denen der Keim unserer eigenen transformativen Auflösung zu finden sein wird.

Das Neptun-Haus gilt als die Achillesferse des Menschen, als ungeschützte Stelle in unserer Ich-Schale, über die die getrennte Identität mit der Universalität des Lebens verbunden werden kann, und Neptun ist der Planet, der den Untergang oder die Transzendenz der niedrigeren Identität durch eine Verschmelzung mit dem größeren Ganzen und eine Auflösung der Grenzen in eine formlose Einheit bewerkstelligt. Neptun läßt sich nicht fassen und festhalten; in seinem Radix-Haus wird das Ich zerfallen und durch eine Öffnung zu einer weiter angelegten Lebensperspektive wiedergeboren werden.

Weil Neptun den Menschen in solche Tiefen und Höhen führen kann, ist die persönliche Reaktion auf ihn ganz unterschiedlich und führt oft zu einer starken Polarisierung. Manche ziehen es vor, die Schutzwälle Saturns gegen die neptunische Erosion zu verstärken, während andere bereit sind, unter der Meeresbrise Neptuns zu segeln, wohin immer sie sie führen wird. Der Mensch muß freilich auf festem Boden stehen, bevor er die Psyche bewußt der Neptun-Schwingung öffnet, weil ihre Wirkungen außerordentlich stark sein können, auch wenn man dies vielleicht nicht sofort erkennt, wenn man zum ersten Mal seine verführerische Faszination erfährt. Jede Form einer Auflösung der Persönlichkeit und Psyche kann schwer erträglich sein, und viele brechen in einer chaotischen Panik zusammen, wenn sich die Erfahrung intensiviert und unerbittlich verschärft; dies ist der Grund, warum Neptun mit mentalen und emotionalen Zusammenbrüchen unter inneren Spannungen in Zusammenhang gebracht wird.

Neptun schafft eine Desorientierung in Bereichen der Psyche, die ihren sichtbaren Ausdruck in Planeten und Zeichen haben und durch Aspekte und Transite unter den Einfluß Neptuns geraten. Dies ist seine Funktion, und was immer Neptun anrührt, beginnt sich allmählich zu verändern und verliert seine bisherige Festigkeit; die Sicherheit und Stabilität des Ichs nimmt immer mehr ab, je mehr die bisherigen Strukturen an Schlüssigkeit und Verläßlichkeit verlieren. Durch innere »Breschen«, die durch diesen Prozeß geschlagen werden, beginnt das (individuelle oder kollektive) Unbewußte in das Bewußte auszufließen. Es entsteht eine Gegenreaktion zur Eindämmung dieser Invasion, wodurch man nur zusätzlich Druck erzeugt, statt zu versuchen, diese in die weiter gewordenen Persönlichkeitsstrukturen zu integrieren. Eine unbekannte Welt tut sich auf, die Gefühle intensivieren sich, und die Welt gewinnt einen mystischen Glanz. Die einen lehnen sich hiergegen verängstigt auf, während andere diesen Einfluß begrüßen, sich unterwerfen und zu einer humanitäreren und universelleren Haltung und Perspektive gelangen. Die Herabkunft der Gnade zu empfangen kann manchmal eine dramatische Erfahrung sein; meist trifft sie die Menschen unvorbereitet, doch stimmt uns Neptun durch seine Position im jeweiligen Radix-Haus auf jenes Potential der Transzendenz ein, und in diesem Haus kann das Leben in einem Maße, wie wir es uns nie zuvor hätten vorstellen können, in einer überaus unmittelbaren und köstlichen Art wahrgenommen werden.

Bei denjenigen, die zum transpersonalen Weg neigen, kann die Hausstellung anzeigen, wie der einzelne sich in Form persönlichen schöpferischen Ausdrucks oder persönlicher Transformation in den Dienst höherer spiritueller Interessen stellt. Gefordert ist ein selbstloser unpersönlicher Dienst am Ganzen. Durch dieses Haus kann man Botschaften über das eigene Lebensziel und den eigenen Lebenszweck empfangen; dies kann durch Träume, Intuition oder innere Visionen geschehen. Dem neptunischen Expansionsdrang kann man durch Meditation, Visualisierung, Gebet, Kreativität und Dienst an anderen ungefährdet Ausdruck verleihen.

Nicht selten werden die Themen der Opferung und des Märtyrertums, die mit Neptun verknüpft sind, speziell durch die Hausstellung aktiviert, und viele Menschen erfüllen entsprechende Rollen durch die jeweiligen Lebenssituationen, in denen man gezwungen ist, eine umfassendere Perspektive anzunehmen, vielleicht durch Umstände, in denen man eine Opferhaltung gegenüber anderen oder einer Situation einnehmen muß, die dem eigenen Einfluß entzogen ist. Man kann lernen, unbelastet so zu leben, daß die persönlichen Bedürfnisse und Wünsche nicht mehr bei allen Entscheidungen höchste Prioritäten haben. Man lebt letztlich zum Nutzen des Ganzen.

Das Neptun-Haus ist oft der Ort, wo wir unser eingebildetes Utopia bauen, wo wir das Paradies auf Erden suchen, die Quelle einer reinigenden Erlösung. Hier konkretisiert sich das Bedürfnis nach einem persönlichen Heiland, das Streben nach einem Erretter des Typus Zeus/Jupiter. Dies geschieht oft in Folge wiederholter Desillusionierungen und Enttäuschungen im Leben, gescheiterter Ambitionen oder Beziehungen, durch die eine Umwendung der Aufmerksamkeit und der Zielsetzungen nach innen stimuliert wird. Manchmal transformiert die Absorption und Realisierung der Neptun-Energie das Leben von Menschen zu einer Gruppenrepräsentation eines verkörperten Wunschbilds oder Ideals; Beispiele hierfür sind die »Superstars«, gesellschaftliche Sündenböcke, archetypische Vorstellungen und die Mythen der »Götter/Göttinnen« und »Heroen/Heroinnen« des Films.

Bei vielen wirkt Neptun völlig unbewußt. Das Radix-Haus wird zur Sphäre der Unruhe, eines tiefen Mißbehagens und verschleiert oft ein tiefliegendes Problem in der Psyche des Menschen, das gelöst werden muß. Häufig kommt es zur Auflehnung gegen Neptun, und man versucht immer wieder, sich seiner Anwesenheit zu entziehen und jeglicher Konfrontation mit dieser inneren Gegenwart auszuweichen. Es können tiefsitzende Ängste auftreten, die mit unrealistischen Haltungen, Träumen und Selbstprojektionen einhergehen, wobei man persönliche Phantasien der nackten Realität der Dinge vorzieht. Durch dieses Ausweichen entsteht der Hang zu Drogen, Alkohol und Sex, die ein befriedigendes Leben oder die Beseitigung der Langeweile vorgaukeln. Man weigert sich, persönliche Verantwortung zu übernehmen, und manchmal überläßt man die Mühe des eigenständigen Denkens lieber dem kollektiven Bewußten, indem man vorgeprägte soziale Haltungen und Werte übernimmt oder sich passiv politischen und religiösen Glaubensstrukturen unterwirft. Nicht selten ist die Wurzel einer persönlichen Krise oder eines persönlichen Problems an der Grundbedeutung des Radix-Zeichens Neptuns erkennbar, und der Quadrant des Hauses zeigt den allgemeinen Wachstumstyp an, den das Kollektiv vom einzelnen fordert, seine Grundrichtung im Leben.

Neptun im ersten Haus

Wenn Neptun in diesem Haus steht, kann eine Herausforderung an die Natur und Definition der eigenen Identität gegeben sein. Die Schwierigkeiten hierbei liegen in der auflösenden Wirkung Neptuns, durch die die Empfindung einer einmaligen und getrennten Identität beeinträchtigt wird und es schwerfällt, innerhalb der Persönlichkeit eine feste und dauerhafte Mitte zu schaffen. Das entsprechende Bedürfnis kann sich in einer Suche nach dem Selbst manifestieren und den Menschen schließlich auf einen religiösen oder spirituellen Weg führen, auf dem man sein Dilemma und seine innere Unruhe zu lösen hofft.

Oft fällt es schwer, die eigene innere Natur wahrzunehmen. Sooft man seine Fühler nach innen ausstreckt, scheint es, als ob eine neue innere Landschaft erscheinen würde, durch die man eine neue

Kombination innerer Selbste wahrnimmt. Die Haltungen, Überzeugungen, Werte und Affekte können sich regelmäßig wie Wanderdünen ändern, weshalb es geradezu als Vexierspiel erscheint, die eigene Einmaligkeit auszumachen, geschweige denn sich diese sich wandelnde Komplexität verständlich zu machen. Man könnte aber im Laufe der Zeit zu der Erkenntnis gelangen, daß diese inneren Verlagerungen teilweise durch äußere Einflüsse ausgelöst werden, da man sehr stark auf den persönlichen Ausdruck anderer anspricht und deren Haltungen, Überzeugungen und Meinungen so verinnerlicht und selbst wieder nach außen trägt, als ob es die eigenen wären.

Die Persönlichkeit trägt eine »reflektierende« Qualität an sich, ähnlich den Spiegelungen auf einem stillen Wasser; dies kann sich in Form einer unbewußten Nachahmung anderer ausdrücken, deren Wesensmerkmale man übernimmt. Die eigene Persona (oder »Gesellschaftsmaske«) wird oft von aktuellen Einflüssen und Assoziationen geformt, und man erscheint anderen vielleicht als schillernde oder chamäleonartige Persönlichkeit, die schwer zu durchschauen ist und der es an Berechenbarkeit mangelt. Man hat die Tendenz, allen Menschen alles sein zu wollen, wobei man die eigene Identität entsprechend den Bedürfnissen und Wünschen anderer formt und beständig seine Wesensgrundlage ändert. Es besteht die Neigung, über Grenzen hinauszugehen, da sich die persönliche Empfindung einer getrennten Identität sehr stark verwischt und zu einer umfassenderen Wahrnehmung übergeht, was allerdings nichts mit einer mystischen Haltung zu tun hat; dies könnte sich vielmehr so äußern, daß man sich in Abhängigkeit zu anderen begibt. Da man so sehr für die Bedürfnisse anderer empfänglich ist, kann man bis zur Selbstaufopferung gehen, um diese zu befriedigen, wobei man aber durch eine Hinausverlagerung der eigenen Identität seine Lebensorientierung einbüßt.

Oft spricht man auf sehr subtile und psychische Einflüsse an und wird stark von der Qualität und Gestimmtheit der eigenen Umgebung und der Gesellschaft beeinflußt, mit der man sich zu Hause und in der Arbeit umgibt. Es geschieht immer wieder, daß man verborgene, innere Wirklichkeiten und Motivationen registriert, was zu einiger Verwirrung führen kann, insbesondere, wenn die Art, wie man einen Menschen innerlich wahrnimmt, im Widerspruch dazu steht, wie er sich sozial äußert. Man lernt aber, sich auf die »Schwingungen« zu verlassen. Aufgrund dieser gesteigerten Sensibilität ist man vielleicht in der Lage, als Kanal für spirituelle oder heilende Energien zu wirken, wobei ein empathisches Verständnis hilft, eine Beziehung zu anderen Menschen herzustellen, so daß eine heilende Wirkung übertragen werden kann.

Es können künstlerische Begabungen und eine Neigung zu schöpferischem Tun sowohl als Form einer Selbstverankerung als auch als Möglichkeit vorhanden sein, alle Eindrücke, die durch einen hindurchgehen, auszudrücken und weiterzuleiten. Man kann so zum »Sprachrohr« kollektiver Bedürfnisse, Visionen, Haltungen und Wahrnehmungen werden, wobei die eigenen Schöpfungen viele Menschen als gemeinsame Erfahrung ansprechen; vielen Musikern gelingt es, diesen Bereich universeller menschlicher Erfahrung anzuzapfen und Emotionen und Gefühlen lyrischen Ausdruck zu verleihen, die außerordentlich starke Resonanz finden. Man könnte zu einem künstlerischen Medium werden, einem offenen Kanal vergleichbar, der den Menschen als Stimme dient, denn das Opfer, das Neptun hier vielleicht fordert, besteht darin, daß man seine Identität universalisiert, und aus diesem Grund ist es dann schwierig, eine unabhängige, einmalige und getrennte Persönlichkeit zu behaupten.

Ein Problem, mit dem man sich auseinandersetzen muß, ist die mangelnde Beständigkeit und Konsequenz, das heißt man hat Schwierigkeiten, die einmal eingeschlagene Richtung beizubehalten und seine Energien zu bündeln, bis das Ziel erreicht ist. Da die Sprunghaftigkeit oft mit Unsicherheit und Selbsttäuschungen einhergeht, sind die eigenen Ziele flüchtig und einem beständigen Wechsel unterworfen. Man muß vielleicht darum ringen, in seinem Tun eine gewisse Zielstrebigkeit zu erreichen, was am ehesten durch eine definierte und wirklichkeitsorientierte Identität gelingt. Diese erlangt man freilich nicht dadurch, daß man nur alles abspiegelt, was sich in der eigenen Umgebung tut, sondern dadurch, daß man sich weiter öffnet, damit man zum Kanal für einen höheren Impuls wird, durch den die visionäre Natur aufscheinen und inspirierende Wirkung entfalten kann.

Von Alkohol und Drogen sollte man sich möglichst fernhalten, insbesondere bei bestehenden Exzeßtendenzen, da durch diese eine ohnehin zerbrechliche Identität noch weiter zersplittert wird und Neptun verstärkt sein negatives Antlitz zeigt. Man verfügt vielleicht über ein starkes Charisma, eine rätselhafte und mysteriöse Persona (wegen ihrer scheinbaren Tiefe und reflektiven Natur), die die Neugier vieler anstacheln kann, die die Geheimnisse eines solchen Menschen ergründen wollen. Dies kann zu ungewöhnlichen Beziehungen führen, die im positiven wie im negativen Sinne großen Einfluß haben können, und es ist klug, diesbezüglich eine gewisse Vorsicht walten zu lassen, vor allem, da man sich hier nicht unbedingt auf sein Unterscheidungsvermögen verlassen kann. Manche Menschen könnten sich die eigene Wandelbarkeit zunutze machen, indem sie zum Beispiel versuchen, den Betreffenden nach eigenem Gutdünken zu formen. Wenn man dies zuläßt, könnte man die Tendenzen Neptuns zu spüren bekommen, Menschen zu Opfern und Märtyrern zu machen. Der einzige Weg vorwärts ist der Weg zum Ganzen, nicht der Verlust des Selbst durch bloße Abspiegelung von Bruchstücken des Lebens.

Neptun im zweiten Haus

Der Themenkreis bei dieser Neptun-Stellung umfaßt die Bereiche Geld, Ressourcen und Besitz, Themen, die im heutigen kapitalistischen und Konsumdenken des Westens einen zentralen Platz einnehmen.

Geld ist oft das Hauptsymbol für den Erfolg in der Welt, und die meisten Aktivitäten des Menschen richten sich auf die Beschaffung dieses Guts sowohl zur Befriedigung lebenswichtiger Bedürfnisse wie Essen und Obdach, als auch um zusätzlicher Genüsse willen wie eines luxuriösen und üppigen Lebensstils, zusätzlicher Sicherheit und der Anhäufung von Besitz, der das Leben bereichert.

Neptun kann verschiedene widersprüchliche Haltungen gegenüber Geld und Ressourcen stimulieren. Der rote Faden hierbei ist die Notwendigkeit, ein neues Verständnis für ihre Bedeutung im eigenen Leben zu entwickeln, eine tiefere Wahrnehmung ihres Sinns und Zwecks.

Bei manchen kann ein sehr starker Drang zu Geld, Ressourcen und Besitz bestehen. Geld wird dabei eine außerordentliche Bedeutung zugemessen, und alles wird dem Verlangen nach noch mehr

Geld untergeordnet. Es besteht hier die Tendenz zu übermäßigem Konsum und zu Luxus, das Bedürfnis nach mehr Sicherheit, indem man materielle Güter und Dinge um sich anhäuft, die nach außen hin den eigenen Reichtum demonstrieren. Es besteht eine fortwährende Unzufriedenheit, die nach immer neuen Befriedigungen durch immer neue Beschaffungen und Käufe verlangt, mehr Autos, Fernseher, größere Häuser, Ferienwohnungen usw. Dies führt zum Verlust der Wertschätzung von Dingen. Manche haben einen »Riecher« für Geld; wie bei Midas verwandelt sich ihnen alles, was sie anfassen, zu Gold, und das Geld wird scheinbar mühelos oder durch geschickte Transaktionen immer mehr.

Eine andere Tendenz kann der Mangel eines Gespürs für Geld sein; man vergeudet sein Geld durch unsinnige, untaugliche Pläne und törichte Träume, oder indem man es am notwendigen persönlichen Einsatz fehlen läßt, der ein im Grunde solides geschäftliches Vorhaben zum Erfolg bringen könnte. Es kann zu Fehlspekulationen und zum Verlust von Geld kommen, weil man sich von anderen abhängig macht und von diesen betrogen wird oder unrealistische Erwartungen in diese gesetzt hat.

Manche glauben, daß das Leben alle ihre Bedürfnisse befriedigen muß, ohne daß sie hierfür etwas tun müßten; sie werden zu sozialen Parasiten und leben von der Großzügigkeit des Staates, ohne hierfür eine andere Rechtfertigung zu haben als ihre eigene Faulheit.

Andere haben eine idealistische Vision bezüglich des Themas der Ressourcen. Sie geben überschüssiges Geld und überschüssigen Besitz in einem sozialen Kontext weiter, zum Beispiel in Form von Schenkungen an wohltätige Organisationen, oder sie verschenken nicht benötigten Besitz großzügig an die Bedürftigen in der Welt und schaffen dadurch einen freieren Fluß der Energie, die mit dem Geld verbunden ist. Dies kann manchmal die Form eines »inneren Schuldgefühls des erfolgreichen Liberalen« annehmen, doch ist es ein Antrieb zu sozialer Verantwortlichkeit.

Neptun verlangt, die eigene Haltung zum Geld zu überprüfen. Prägt es das eigene Leben, so daß alles andere zweitrangig wird? Weiß man dasjenige wirklich zu schätzen, was man im Moment besitzt? Könnte man sich von Besitz oder Geld trennen, um anderen zu helfen, die größere Not leiden als man selbst? Empfindet man keinerlei Verantwortlichkeit im Umgang mit Geld, und vergeudet man es? Stützt sich die Empfindung des Eigenwerts und der Identität auf den angehäuften Besitz, und benutzt man diesen als Statussymbol? Was ist einem persönlich wirklich wichtig, und ist das Streben nach mehr Geld nur ein Ersatz für etwas anderes, das wirklich fehlt?

Neptun kann uns alle Formen einer auf äußeren Dingen ruhenden Sicherheit rauben, wenn dies die Lektion ist, die wir zu lernen haben. Notwendig ist eine innere Neubewertung, durch die man materiellen Substituten und Besitz weniger Wert zumißt und persönliche Qualitäten und innere Ressourcen wie Begabungen und Talente wirklich ausnutzt, wodurch das Leben eine tatsächliche schöpferische Bereicherung erfährt. Viele persönliche Haltungen und Überzeugungen spiegeln sich in unserem Umgang mit Geld, und indem man eines von beiden ändert, kann das andere transformiert werden, wenn zum Beispiel die innere Unsicherheit durch äußeren Besitz ausgeglichen werden soll oder wenn man Stabilität im Leben in Zement und Ziegelsteinen sucht. Ein großer Teil der persönlichen Identität hängt für viele an einem statusträchtigen Beruf, wie es sich in der Haltung persönlicher Überlegenheit ausdrückt, die Menschen in leitenden Funktionen oft zur Schau tragen, während in Wirklichkeit diejenigen, die in der Hierarchie ganz unten stehen, oft viel angenehmere Menschen, weniger obsessiv und mehr im Gleichgewicht sind.

Die Macht des Geldes ist erheblich, und sein Einfluß auf die zeitgenössischen Präferenzen ist tief. Dementsprechend ist die gesellschaftliche Transformation an Veränderungen in unserer persönlichen und kollektiven Einstellung zum Geld und zu Ressourcen gebunden, und hierin liegt ein entscheidender Faktor für die künftige Erhaltung unseres Planeten. Die visionären Träume Neptuns können uns helfen, unsere Haltungen klug, mit Augenmaß und Unterscheidungskraft und mit einem Blick für die globalen Auswirkungen zu wählen. Hierin liegt eine Umorientierung von Werten, die alle vornehmen müssen, die das New–Age–Ideal ernst nehmen.

Neptun im dritten Haus

Die Thematik des dritten Hauses umfaßt die Bereiche Geist und Kommunikation und kann sich in ganz unterschiedlicher Weise manifestieren.

Neptun kann in der Weise wirken, daß er die mentale Fähigkeit stört, insbesondere die Konzentration, die Zielstrebigkeit und die Rationalität. So entsteht der verträumte Geist, der in imaginative Phantasien eingetaucht, nach innen gewandt und besorgt ist, dem eine konsistente und beständige Mitte fehlt, wodurch er vage und unpraktisch wird. Es ist eine gewisse Distanz gegenüber der alltäglichen Welt zu beobachten, da die inneren Träume weitaus reizvoller und interessanter sind, weshalb Studium und Lernen oft durch mangelnde Konzentrationsfähigkeit beeinträchtigt werden.

Es können Schwierigkeiten bestehen, geeignete Formen persönlichen Ausdrucks zu finden, weil man die traditionellen verbalen und literarischen Mittel als unzulänglich empfindet, vielleicht als zu grob, um subtile Nuancen darstellen zu können, die man als ebenso wichtig empfindet. Dies kann dazu führen, daß die psychische Einstimmung auf die Neptun-Schwingung mit der auf der physischen Ebene bestehenden Forderung kollidiert, unter Zuhilfenahme der im dritten Haus veranlagten Tendenzen zur Analyse und Unterscheidung das Teil im Ganzen wahrzunehmen. Eine andere Möglichkeit, mit diesem Problem umzugehen, besteht darin, andere, geeignetere Formen der Kommunikation zu finden, zum Beispiel über neptunische künstlerische Kanäle: Film, Fotografien, Schauspielkunst, bildende Künste, Tanz.

Man wird vielleicht feststellen, daß Neptun in der eigenen Seele als überaus empfängliche Qualität wirkt, wobei man alle Einflüsse außerordentlich leicht aufnimmt, so daß die widergespiegelte Natur größte Bedeutung erlangt und man alle dominierenden Einflüsse, die man empfängt, ohne weiteres zurückspiegelt. Im schlimmsten Falle könnte dies bedeuten, daß man keine eigenen Gedanken mehr hat, nur noch diejenigen von Freunden oder kollektive Haltungen und Überzeugungen. Die Unterströmunges des Lebens werden registriert, doch läßt sich nicht ohne weiteres sagen, wie man hierauf reagiert oder wie man sie interpretiert.

Manchmal fällt es schwer, Entscheidungen zu fällen, da man so viele Optionen und mögliche Betrachtungsweisen sieht, daß es schwierig wird, sich ein Urteil zu bilden. Man sollte sich immer vor möglichen neptunischen Verzerrungen hüten, da die Neigung besteht, stets nur das Schöne zu sehen; eine solche mentale Selektion kann eine realistischere Analyse behindern. Man fühlt sich vielleicht sehr zum Lernen und Studieren hingezogen, weil man hofft, daß man durch Anhäufung von Informationen nicht nur die Welt, sondern auch sich selbst besser verstehen lernt. Dies kann zwar hilfreich sein, doch stützt sich wahre Erkenntnis und Einsicht durchaus nicht auf Faktenwissen, und wenn man den Geist zu sehr mit Informationen überlädt, kann dadurch sogar ein echtes Verständnis verhindert werden. Viele Menschen, die sich auf den spirituellen Weg begeben, gelangen nie zu einer echten spirituellen Transformation, weil sie glauben, daß sie »die Antworten« schon wissen, diese aber nur aus zweiter Hand stammen und angelesen sind.

Das Ideal, zu dem Jupiter vielleicht hinführen will, ist eine Neubewertung der eigenen geistigen Verfassung, so daß man zu einem Kanal für kollektive Inspiration werden könnte. Man kann Erkenntnisse anderer mitteilen, und vielleicht erfolgt dies über bestimmte Formen der Massenmedien. Die Zielsetzung hierbei wird das Bemühen sein, die Teile mit dem Ganzen in Verbindung zu setzen, in irgendeiner Weise einen vereinheitlichenden Kontext in der mentalen Wahrnehmung herzustellen, so daß ein verborgener Sinn und verborgene Strukturen des Lebens aufscheinen können. Man verfügt wahrscheinlich über ein bildkräftiges Denken und eine telepathische oder empathische Empfänglichkeit, wodurch es gewisse Probleme geben könnte, dasjenige, was man empfängt, zu integrieren und richtig einzuordnen. Durch die Erkundung dieser Daseinsdimensionen wird man zum Okkultismus und spirituellen Leben hingeführt, auch wenn dies zunächst aus einer intellektuellen oder wissenschaftlichen Perspektive geschieht. Eine solche positive Nutzung dieser Neptun-Energie wird insbesondere für Künstler, Schriftsteller, Filmschaffende und kreative oder mystische Menschen sehr hilfreich sein.

Neptun im vierten Haus

Diese Stellung Neptuns betont die persönlichen Wurzeln und Grundlagen im Leben und kann vielfach auch tief unbewußte Bindungen an Familie, Eltern und gesellschaftliche Traditionen sowie ein Bedürfnis nach Sicherheit und Stabilität anzeigen, dem die neptunische Tendenz der Auflösung und Ausdehnung entgegenwirkt.

Die eigenen Motivationen, Haltungen, Überzeugungen, Wertstrukturen und die persönliche Identität haben ihre Grundlagen vielfach in frühen Lebensphasen. Der Einfluß der Eltern wird beträchtlich sein, und viele der konditionierenden und emotionalen Assoziationen werden eng mit dieser Elternbeziehung und der eigenen Kindheit verflochten sein. In den eigenen Erinnerungen und den familiären Beziehungen sind idealisierende Verzerrungen wahrscheinlich, und möglicherweise sehnt man sich in ein goldenes Zeitalter zurück, in dem man sich im Schoß der Familie sicher und geborgen fühlte.

Es könnte allerdings sein, daß die frühen Lebenserfahrungen unbefriedigend und unerfüllt waren, weil Erwartungen enttäuscht wurden und das Familienleben unruhig und unstabil war, und daß sich diese Erfahrungen noch im Erwachsenenleben prägend auswirken. Das vierte Haus steht in einem Zusammenhang mit dem Vater, und ein Teil der bestehenden Unsicherheit könnte mit dessen Rolle im eigenen Leben zu tun haben. Es könnte sein, daß kindlich-idealistische Projektionen auf ihn später enttäuscht wurden; vielleicht war er auch distanziert und mit Zuwendung zurückhaltend, oder er verließ die Familie oder war selten zu Hause, wenn man ihn brauchte. Diese Stellung Neptuns zeigt irgendeine Art disharmonischer Beziehung an, und in vielen Fällen bedeutet dies eine Scheidungssituation oder daß sich die Partner auseinandergelebt haben.

Neptun verbürgt große emotionale Sensibilität, und es ist möglich, daß man einen erheblichen Teil der grundlegenden psychischen Strömungen im Familienleben zu Hause in sein Unbewußtes aufgenommen hat. Dies können elterliche Frustrationen gewesen sein, weil die Ehe unglücklich war oder Träume einer glücklichen und erfolgreichen Zukunft der Kinder nicht in Erfüllung gegangen sind; dies wirkt sich im eigenen Leben später aus, weil man diese Gestimmtheit in sein sich entwickelndes Wesen aufgenommen hat. Vielleicht war ein Elternteil so sehr dominant, daß man sich niemals von dessen Lebenshaltung lösen konnte, und man hat Schwierigkeiten, sich aus der elterlichen Umhüllung zu befreien und sich abzunabeln, so daß man als eigenständiger Mensch dastehen könnte. Vielleicht schleppt man auch ein »Familienübel« mit, Enttäuschungen und Herausforderungen, die sich von Generation zu Generation vererbten, familientypische Verhaltensmuster und Einstellungen wie zum Beispiel eine bestimmte religiöse Orientierung oder politische Überzeugungen.

Viele der Themen, die im Erwachsenenalter akut werden, werden ihre Wurzeln in der eigenen Kindheit haben. Es ist sehr wahrscheinlich, daß man in irgendeiner Weise dazu neigt, Verfahrensweisen und Tendenzen zu wiederholen, die schon im Leben der Eltern vorhanden waren. Die Aufgabe besteht nun darin, diese zu transformieren, die unbewußte Wiederholung zu durchbrechen und es nicht zuzulassen, daß man Opfer solcher Tendenzen wird. Solche Wiederholungen könnten im späteren Ehe- und Familienleben auftreten. Wenn Neptun im Spiel ist, tritt oft die Notwendigkeit einer Opferung, der Unterwerfung oder des Märtyrertums auf. Man muß vielleicht prüfen, ob man nicht unbewußt die Tendenzen und Fehler der Eltern wiederholt, weil diese die frühen Rollenmuster für das eigene Verhalten waren. Es könnte sein, daß man sich im häuslichen Bereich opfern muß, vielleicht durch die Krankheit eines Kindes oder des Partners, und man ist meist bereit, in der Familie eine schützende und umhüllende mütterliche beziehungsweise väterliche Rolle zu übernehmen, auch gegenüber dem Partner.

Es ist ein neues Verständnis und eine neue Definition der Familie, der Wurzeln und der Grundlagen im Leben notwendig. Neptun kann fordern, daß man seine Familie aufgibt, vielleicht durch die Auflösung einer Ehe, oder vielleicht durch eine Transformation der ererbten Haltungen, Überzeugungen und Werte, durch die man lernt, sich frei und unabhängig in das Leben hineinzustellen und seinem eigenen Lebensweg zu folgen. Das Bedürfnis nach Stabilität, Sicherheit und Verwurzelung muß auf eine weitere Grundlage gestellt werden, so daß man sein Festhalten an einer beschränkten Auffassung transzendiert und man sich von Neptun in weitere Erkundungsräume führen läßt. Für diejenigen, die sich zur spirituellen Dimension hingezogen fühlen und sich auf die Suche nach universellen und ewigen Wurzeln machen wollen, kann die Herausforderung darin liegen, Vertrauen in die weise Führung des Universums zu fassen und über alle Abhängigkeiten von rationalem Denken und eine ängstliche Schutzbedürftigkeit für das beschränkte Selbst hinauszugelangen. Hieraus kann sich eine entschlossene Erkundung der Mysterien des Lebens und des eigenen Ichs ergeben, durch die man immer tiefer in die inneren Tiefen vordringt. Wenn man dieser Herausforderung einer Neubewertung und Transformierung ausweicht, kann dies in späteren Jahren zu psychosomatischen Symptomen und einer statischen regressiven Wiederholung der in der Kindheit aufgenommenen Strukturen führen. Es kann auch zu einem Rückzug aus gesellschaftlichen Aktivitäten und einer Vorliebe für ein isoliertes Privatleben kommen, insbesondere, wenn das Familienleben keine Erfüllung bietet und man versucht, sich in eine innere idealistische Traumwelt zurückzuziehen, in der das Leben so ist, wie man es sich gerne vorstellt.

Neptun im fünften Haus

Diese Position Neptuns hat mit persönlicher Kreativität, Liebesbeziehungen, Lebensgenuß und Kindern zu tun.

Die romantische Liebe dürfte im eigenen Leben eine sehr wesentliche Rolle spielen, und man muß sich vor dem trügerischen Glanz und Glamour der Fassade hüten, die Neptun über andere und über die Klarheit der eigenen Wahrnehmung legen kann. Es ist eine schimmernde Fassade, hinter der nichts so ist, wie es aussieht; wo Neptun im Spiel ist, muß man immer ein wachsames Auge auf Trugbilder haben. Die Liebesbeziehungen sind von Idealismus und einer Suche nach Vollkommenheit geprägt, welche die das tatsächliche Wesen eines Partners verschleiernde Anima- und Animus-Projektionen aus dem Unbewußten hervorruft.

Man fühlt sich wahrscheinlich zu Menschen hingezogen, an denen man eine Aura des Mysteriums und düsterer Faszination wahrnimmt; dieser Eindruck kann richtig sein, doch kann dies alles auch bloßer Schein sein, wenn die inneren Projektionen aktiviert sind. Der Reiz verbotener ud geheimer Beziehungen wie auch solcher, die in irgendeiner Weise Glanz verheißen, ist stark, und man versucht dies durch den Umgang mit Menschen mit hohem gesellschaftlichem Status oder durch einen eleganten und modischen Lebensstil zu erreichen. Man steht gerne im Rampenlicht und spielt vielleicht zu viele Spiele, als daß andere volles Vertrauen haben könnten. Hinter diesem dramatischen Flair verbirgt sich indes ein Mensch, der Liebe und Zuwendung braucht, obwohl man dies oft durch sein Verhalten gerade unmöglich macht. Diesbezüglich hängt viel davon ab, welche Aspekte zum Radix-Neptun bestehen.

In Liebesdingen kann es Schwierigkeiten geben, und es ist möglich, daß eine Kette gescheiterter Liebesbeziehungen im Leben zusätzliche Probleme schafft, vielleicht durch Kinder oder ungelöste emotionale Bindungen. Kinder könnten eine Schwachstelle sein, und Neptun verlangt vielleicht in diesem Bereich ein Opfer, bevor Änderungen im eigenen Leben eintreten können. In diesem Lebensbereich ist größere Klarheit gefordert; damit man zu der wirklich ersehnten Partnerschaft gelangt, muß man lernen, den falschen Lockungen sirenenhafter Liebhaber zu widerstehen. Man darf geliebte Menschen nicht auf ein unrealistisches Podest erheben oder Objekten der Begierde nachjagen, die nicht erreichbar sind; dies kann vergebliche Liebesmühe sein, die vielleicht dramatisch ist, aber letztlich unbefriedigend, wenn man es sich nicht gerade zum Ziel gesetzt hat, zum in seinem Gefühlsüberschwang zerrissenen *artiste* zu werden!

Wie in Liebesdingen kann man auch hinsichtlich der Kreativität blockiert sein. Neptun schenkt eine fruchtbare Phantasie, die sehr schöpferisch eingesetzt werden kann, doch muß erst eine Möglichkeit gefunden werden, diese freizusetzen, bevor sich die Schleusentore öffnen. Es könnten natürliche Begabungen im Bereich der Musik, des Schauspiels und der bildenden Künste vorliegen, die von den Musen inspiriert werden, und man gelangt zu einer größeren Erfüllung, wenn man affektive und imaginative Energien in schöpferischem Selbstausdruck in die Welt freisetzen kann. Hierin könnte der Schlüssel zur Überwindung von Blockierungen liegen. Neptun könnte dazu drängen, sich auf eine höhere Warte zu begeben, auf der die rein persönliche Kreativität zu selbstsüchtigeren Zielen etwas in den Hintergrund tritt und man seine Aufgabe mehr im Dienst an der größeren Gemeinschaft sieht. Solange man nicht in dieser Richtung geht, können die eigenen Zielsetzungen immer wieder scheitern. Wenn man anderen etwas Wertvolles anbietet, bietet man vielleicht gleichzeitig den inneren Göttern ein Opfer dar, das diese in ihrer Weise belohnen – durch eine Transformation und Wiedergeburt als »Wanderer zwischen den Welten«.

Neptun im sechsten Haus

Der Einfluß Neptuns im diesem Radix-Haus betrifft die Themen Arbeit, Dienstleistung und Gesundheit, und möglicherweise sind verschiedene persönliche Anpassungen notwendig, bevor man die positive Dimension Neptuns erfahren kann. Die Aspekte, die zum Radix-Neptun bestehen, geben wichtige Hinweise darauf, wie der persönliche Neptun in dieser Position reagiert, da dies sein Exil ist, in dem er darum ringen muß, die Planetennatur durch den betreffenden Menschen auszudrücken.

Der Beruf wird ein kritischer Bereich sein, und es kommt möglicherweise viel darauf an, daß man einen befriedigenden Arbeitsplatz hat; andernfalls kann dies zu einem Bereich innerer Konflikte werden, insbesondere wenn es sich bei den Aspekten um Quadrate und Oppositionen handelt. Man hat vielleicht keine Freude an seiner Arbeit, weil sie stereotyp, ermüdend und langweilig ist. Man hat das Gefühl, daß das eigene Potential nicht genutzt, sondern nur ständig unterdrückt wird, und man bleibt nur an dieser Arbeitsstelle, weil man keine Alternative sieht. Durch Neptun ist die natürliche Sensibilität intensiviert, wodurch man die Stimmung der Arbeitskollegen und die ganze Arbeitsumgebung sehr intensiv aufnimmt; dies macht die Arbeit keineswegs erfreulicher, weil in den meisten Betrieben die Menschen lieber woanders wären und die Atmosphäre von ständigen Spannungen und Irritationen erfüllt ist.

Es könnte sein, daß man um die Früchte der Arbeit betrogen wird, auf die man Anspruch zu haben glaubt, und weil man soviel Zeit und Mühe investiert hat, fühlt man sich nachgerade verraten, wenn dann einem jungen Senkrechtstarter die ersehnte Stelle angeboten wird. Man ist verstimmt und fragt sich, ob sich die Mühe überhaupt gelohnt hat. Es könnte sein, daß man immer der Sündenbock ist, wenn in der Arbeit etwas schiefgeht, und daß man von anderen die Schuld für ihre eigene Ineffizienz zugeschoben bekommt – der Opfer-Aspekt Neptuns. Man wird vielleicht »wegrationalisiert« und gerät in eine Phase der Arbeitslosigkeit, mit allen Belastungen, die dies für die Finanzen und das familiäre Leben mit sich bringt. Das Berufsleben ist ganz sicher ein Schlüsselbereich der eigenen Erfahrungen, der für die persönliche Entwicklung wichtig ist und wegen eines blockierten Neptuns immer wieder für Unruhe sorgen kann.

Wenn Neptun günstig aspektiert ist, ist die Wahrscheinlichkeit größer, daß man einen geeigneten Arbeitsplatz findet, der einigermaßen interessant ist und an dem man nette Kollegen findet. Dieser Neptun-Energie kommen am ehesten kreative Tätigkeiten und Berufe entgegen, die einen Dienst an anderen Menschen beinhalten.

Wenn man im Berufsleben keine Befriedigung findet, wird man von Neptun mit der Forderung nach einer Veränderung konfrontiert. Wie kann man sich aus einer einengenden Situation befreien? Welche Art von Arbeit möchte man wirklich tun? Ist man auch zu dieser Arbeit befähigt? Muß man eine zusätzliche Ausbildung absolvieren oder eine zusätzliche Qualifikation erwerben? Welche grundsätzlichen familiären Verpflichtungen hat man? Kann man Schritte ergreifen, die zur Verwirklichung der Träume führen? Welche Ressourcen kann man hierfür einsetzen? Welche persönlichen Begabungen kann man nutzen? Wie kann man in einer befriedigenderen Weise seinen Lebensunterhalt verdienen, so daß auch andere davon profitieren? Solche Fragen sollte man sich stellen, bevor man darangeht, sein Leben zu verändern. Alternativen gibt es immer, doch ist uns oft die Überzeugung eingeimpft, daß es keine gäbe, weshalb wir uns weiterhin ganz unnötigen Beschränkungen unterwerfen.

Die neptunische Arbeitsethik dieses Hauses hat etwas ausgeprägt Humanitäres, Altruistisches und Dienendes, und dies hilft in verschiedener Weise, diese Energie umfassender auszudrücken. Hierzu gehört eine Neigung zur sozialen Arbeit, zur Heilung des einzelnen und der Gesellschaft, und dies wird mehr diejenigen Menschen ansprechen, denen die New-Age-Vision etwas bedeutet. Dies geschieht oft aus einer Haltung des Karma-Yoga, bei der das spirituelle Leben voll in die alltägliche Welt integriert ist und alle Lebenserfahrungen als fortwährende »Mysterienschule« empfunden werden, alle Arbeit als Opfer an das Göttliche und Teil der Herabkunft des biblischen Königreichs Gottes gesehen wird. Eine solche Haltung verkörpern etwa Gemeinschaften wie Findhorn.

Die Macht einer spirituellen Vision auf der Erde zeigt sich etwa in Gandhis *Satyagraha*, seiner Philosophie der Gewaltlosigkeit, dem Einsatz der Macht und Kraft der Wahrheit und den gesellschaftlichen Veränderungen, die dies stimulieren kann. Wenn man aus einer spirituellen Perspektive handelt, wird die Arbeit transformiert und erlangt so für den Menschen tiefere Bedeutung und tieferen Sinn.

Wenn es gelingt, die Neptun-Energie freizusetzen, entdeckt man möglicherweise eine natürliche Gabe der Heilung, durch die man auch seinen Lebensunterhalt verdienen könnte. Man ist vielleicht an alternativen Heilweisen interessiert, und die Betrachtungsweise des Körpers als eines lebendigen Tempels Gottes eröffnet eine neue Lebensdimension, die man erkunden möchte. Man erkennt den Einfluß der inneren Verfassung auf die Gesundheit des Körpers und erforscht die psychosomatischen Wirkungen trennender und unintegrierter Haltungen, Überzeugungen und Affekte und versucht, ein wirksames Konzept der Heilung des ganzen Menschen zu entwickeln.

Man wird zu den alternativen Heilweisen vielleicht durch persönliche Krankheit hingeführt, weil diese eine befriedigendere Möglichkeit der Selbstheilung bieten, und Neptun kann diesen Weg einschlagen, um uns zu einer persönlichen Transformation hinzuführen. Man wird erkennen, daß unterdrückte Emotionen entsprechende physische Leiden hervorrufen, und daß innere Arbeit therapeutisch wirken kann, indem sie eine karthartische Reinigung auslöst und blockierte Energien freisetzt.

Um das Beste aus Neptun im sechsten Haus machen zu können, muß man ein diffiziles Gleichgewicht erhalten, da einander widerstrebende innere Tendenzen wirksam sind. Neptun möchte sich ausdehnen und über Grenzen hinausgehen, während das jungfrauhafte sechste Haus lieber eingrenzt, Schranken errichtet und auf Ordnung achtet. Die ideale Antwort, der man zustreben sollte, könnte im Einüben einer spirituellen Haltung und der Transformation des eigenen Lebens und der eigenen Arbeit im Kontext sozialen Wandels liegen.

Neptun im siebten Haus

Neptun in dieser Position zeigt an, daß Beziehungen und Partnerschaften im eigenen Leben eine wichtige Rolle spielen werden. Darüber hinaus bedeutet dies, daß diese Themen von einer Reihe innerer Projektionen und Illusionen umgeben sein könnten.

Man hat wahrscheinlich eine idealisierte Wahrnehmung der Liebe, wobei man jeden Partner durch eine rosa Brille sieht, ihn auf ein romantisches Podest erhebt und in ihm alles findet, was man sich je erträumt hat – den perfekten Partner. Dies muß nicht ganz unmöglich sein, doch sind die Chancen eher gering, daß diese Wahrnehmung richtig ist. Die Klarsichtigkeit ist durch jene aktiven inneren Träume und Illusionen getrübt, weil man seine Traumgestalt erblickt, nicht den unvollkommenen wirklichen Menschen. Dies sind jene Anima-Animus-Projektionen aus dem Unbewußten, die die eigene Wahrnehmung und die Beziehungen zu einem Partner in vielfältiger Weise beeinträchtigen können.

Wenn Neptun disharmonische Aspekte zu anderen Planeten besitzt, dann kann diese Sphäre der Beziehungen durch ungeeignete Liaisonen oder Ehepartner, durch Täuschung, emotionale Traumen und Ungewißheit zu persönlichen Problemen führen. Man läßt sich von seinen Verblendungen bestricken, bis die Wirklichkeit ihr Recht behauptet und alle Illusionen auslöscht; zurück bleibt eine unbefriedigende Beziehung. Durch persönliche Unsicherheit kann eine Partnerschaft der Abhängigkeit entstehen, in der man sich durch emotionale Verwirrung lieber auf die Gegenwart und die Kraft des Partners verläßt; die Gefahr kann in einer möglichen Unzuverlässigkeit des Partners liegen, der vielleicht wie ein Spiegel die neptunische Tendenz der Täuschung auf einen selbst zurückwirft, wodurch man einen Anstoß empfängt, sich mehr auf sich selbst zu verlassen. Eine solche Aufgabe kann nicht dadurch gelöst werden, daß man die fehlenden Eigenschaften durch Anklammern an einen anderen zu erlangen versucht; man muß diese Qualitäten aus der eigenen inneren Natur erzeugen.

Die neptunischen Tendenzen zur Aufopferung und zum Märtyrertum werden möglicherweise bei disharmonischen Aspekten aktiver sein, wenn der Partner zum Beispiel erwartet, daß man etwas zu seinen Gunsten opfert. Dies kann eine Situation sein, die leicht mißbraucht wird, und das Leben ist voller Beispiele für eine passive Aufopferung an einen gleichgültigen Partner, der dies nicht einmal zu schätzen weiß. Es ist hier jener Impuls aktiviert, in etwas Größerem als dem beschränkten Selbst aufzugehen, jener Drang, sich zu unterwerfen, um transformiert zu werden. Vielfach wird der Partner zu einer fast »göttlichen Position« erhöht, in der er im Gewande eines Gottes beziehungsweise einer Göttin wahrgenommen wird. Durch den Zauberbann der eigenen inneren Projektionen wird er stark idealisiert und in einer eigentümlichen Weise als Mittler zu jenem »Größeren« verehrt, in dem sich die neptunischen Strukturen so sprechend ausdrücken.

Es kann ein konditionierendes Ideal selbstloser Liebe aktiv sein, das neben dem Aspekt des Schenkens und Gebens sich oft auf eine Suche nach dem unerreichbaren und ungreifbaren Traumpartner verlegen kann, so daß die Liebe niemals erfüllt wird und eine Verehrung aus der Ferne gepflegt wird. Die obsessive Verehrung von Medienstars ist ein solches Symptom, jedoch können solche persönlichen Faszinationen auch auf Arbeitskollegen oder Freunde projiziert werden. Neptun hat einen speziellen Hang zu Schmerz und Lust in der Liebe, wobei die Intensität des Gefühls das hauptsächlich Gesuchte ist. Aufgrund dieses Märtyrer-Aspekts genießt man die besonderen Emotionen der gemarterten Liebe und sieht dies als einen Weg zur Erlösung und Heilung durch das Leiden. Die Wonnen können sich zu mystischen Verzückungen, zu universeller Schönheit und Gutheit steigern, zu einem Blick auf dasjenige, was jenseits liegt. Manche schlüpfen gerne in eine Erlöserrolle und fühlen sich zu Menschen mit Problemen hingezogen, weil sie glauben, daß sie mit ihrer Unterstützung und Hilfe anderen Erlösung bringen können. Durch einen solchen Weg findet man in der Tat Sinn, Zweck und eine Ausrichtung im Leben, und man kann dadurch auch das Schicksal anderer Menschen außerordentlich verbessern; andererseits kann ein solcher Weg aber auch mit vielen

Illusionen gepflastert sein, und es kann einem Drahtseilakt gleich-kommen, hier das Gleichgewicht zu wahren.

Bei den harmonischeren Aspekten zum Radix-Neptun ist die Wahrscheinlichkeit einer befriedigenden Beziehung größer, wie-wohl die neptunischen Strukturen aktiv bleiben werden. Wahr-scheinlich werden Partnerschaften eine fest umrissene spirituelle und schöpferische Dimension haben, wobei man mit den höheren Werten einer gegenseitigen Beziehung gut umzugehen gelernt hat und eine Umgebung schafft, in der Wachstum und spirituelle Entwicklung möglich sind. Die Partnerschaft kann komplexe Ele-mente enthalten, und sie wird für alle Beteiligten von Phasen fortschreitender Transformation geprägt sein. Der Fortbestand der engen Beziehung wird davon abhängen, ob beide Seiten bereit sind, sich von Illusionen und Verblendungen frei zu machen, sowie auch von der Anerkenntnis der Wirklichkeit des jeweils anderen und einer Gleichberechtigung zwischen den Partnern.

Wenn man Neptun im siebten Haus hat, wird es wichtig sein, zu einer realistischen Einschätzung der Beziehungen zu gelangen, wenn diese befriedigend sein sollen. Man muß sehen, wohin die eigenen inneren Neigungen tendieren – Aufopferung und Märty-rertum, oder aber ein Hang zum Erlösertum – und man muß sich über seine inneren Phantasien und Verblendungen klar werden. Vielleicht fällt es schwer, seine Zuneigung nur auf einen Partner zu richten, und dies kann gewisse Probleme schaffen, da diese Projek-tionen sich unweigerlich auf jemanden richten, den man als ge-heimnisvoll empfindet, statt auf einen Partner, den man schon Jahre kennt. Es muß ein Gleichgewicht in der Beziehung geschaf-fen werden, um zu vermeiden, daß man entweder selbst einen Partner besitzen oder von einem Partner »besessen« sein möchte; beide Situationen können letztlich nicht harmonisch sein, und man muß gegebenenfalls Maßnahmen ergreifen, um eine Beziehungs-form zu schaffen, die für beide vorteilhaft ist. Hierzu könnte zum Beispiel die Integration neuer Beziehungsideale gehören, wie sie in der New-Age-Vision bestehen. Der Dienst an der größeren Ge-meinschaft kann dazu beitragen, einige der positiven Energien der Partnerschaft zu kanalisieren und die eigenen altruistischen Nei-gungen zu befriedigen, sowie auch den Einfluß und die Parameter einer erfolgreichen Beziehung auszudehnen.

Neptun im achten Haus

In dieser Position konfrontiert Neptun mit dem Problem der sexuellen Identität und Aktivität, und dies hängt möglicherweise mit jenem Impuls zusammen, trennende Grenzen des Selbst und des Körpers zu transzendieren und dadurch das Reich des Mystischen und Okkulten zu betreten, das ebenfalls zu diesem Haus gehört.

Wenn Neptun disharmonische Aspekte aufweist, Quadrate oder Oppositionen und in gewissem Umfang auch die Konjunktion, dann kann eine Furcht vorliegen, in der sexuellen Intimität die Kontrolle zu verlieren, eine Blockierung, die die Aufgabe des Selbst in der Leidenschaft und bei physischer sexueller Aktivität verhindert. Aufgrund einer inneren Hemmung kann es zu Enttäuschungen bei dieser Form erwachsenen Sexualverhaltens kommen, wobei die gesellschaftliche Faszination und Betonung des Sex eine Erwartungshaltung schafft, die nur selten erfüllt wird. Es kann auch eine gewisse Unsicherheit bezüglich der eigenen sexuellen Natur bestehen, ein Mangel an Vertrauen oder Erfahrung, eine Unkenntnis der eigenen sexuellen Neigungen und Präferenzen, oder eine ausgebliebene Integration dieses bedeutsamen Aspekts der eigenen Natur in das Selbstbild.

Viele gehen innerlich zu ihrer eigenen Sexualität auf Distanz; sie lassen sie nur in beschränkten »akzeptablen« Umständen zum Vorschein kommen und bekennen sich nicht offen zu dieser Dimension ihres Wesens. Dies ist oft der Fall, wenn in der kindlichen Entwicklung eine massive psychologische Konditionierung stattgefunden hat, wie zum Beispiel in Form von religiösen oder moralischen Lehren oder Vorstellungen, daß Sex »schmutzig und tierisch« ist. Neptun erleichtert es nun nicht gerade, sich Klarheit über die sexuellen Empfindungen zu verschaffen; er ist zu flüssig und wandelbar, einer Vielzahl unterschiedlicher Ausdrucksformen fähig, und zu dem einen Partner kann man in einem völlig anderen Verhältnis stehen als zu dem anderen. Intimität ergreift ganz unterschiedliche »innere Punkte« und löst ganz verschiedene Reaktionen aus, oft zur Überraschung der Beteiligten. Die Herausforderung, vor der Menschen mit einer solchen Neptun-Stellung stehen, besteht unter anderem darin, sich darüber klar zu werden, was man eigentlich von sexuellen Beziehungen erwartet.

Dies kann weiter kompliziert werden durch die Aktivierung neptunischer Phantasie in Themen wie Sexualität, Tod, okkulte Mysterien oder mystische Devotionen, wodurch im Intimleben tiefgründige Unterströmungen erzeugt werden können. Ein Drang nach Gipfelerfahrungen und totaler Intensität (sofern sie zugelassen werden) kann zu Unzufriedenheit führen, weil man glaubt, daß immer noch großartigere Erfahrungen möglich sind, wenn man nur den richtigen Partner finden würde. Dies kann zu sexueller Promiskuität führen oder den Impuls schaffen, sich sexuell zu opfern und ungehemmt hinzugeben, wobei auch das Bedürfnis hereinspielen kann, das Selbst in einem ekstatischen Augenblick zu verlieren, so daß man die irdischen Beschränkungen des alltäglichen Lebens vergißt.

Die menschliche Sexualität ist ein komplexes Thema, in dem sich eine Vielzahl möglicher psychologischer Strukturen spiegelt; soweit Neptun im Spiel ist, ist es letztlich unmöglich, genau vorherzusagen, in welcher Weise sie sich manifestieren wird; zudem können sich die Strukturen im Laufe der Zeit ändern, wobei je nachdem, was ein bestimmter Sexualpartner auslöst, die eine oder die andere Struktur dominant wird. Es kann der beständige Wunsch vorliegen, sich besitzen zu lassen und in Selbsthingabe aufzugehen, oder es kann der Wunsch dominant sein, zu besitzen und den anderen zu beherrschen. In dieser Überschattung durch eine »höhere Macht« und Überlagerung einer mystischen Dimension kann die operative Faszination liegen, durch die Sex als eine mystische Suche nach Einigung begriffen wird, wie zum Beispiel in den tantrischen Traditionen oder in bestimmten Aspekten der westlichen Grals- und Artusmysterien. Ein anderes Extrem könnte der bewußte Verzicht auf sexuelle Aktivität durch Zölibat oder ein mönchisches Leben sein, wobei man die persönliche Sexualität als Opfer für ein Ideal darbringt und für den Lohn einer Reinigung und Erlösung hingibt, die als Transformation empfangen wird. Zweifellos ist ein gewisses Maß an Verständnis und Integration Neptuns in diesem Haus notwendig, um das persönliche Wohlbefinden und die psychologische Gesundheit sicherzustellen.

Vermutlich besteht eine gewisse Neigung zum Okkulten. Möglicherweise gibt es eine mächtige psychische Natur, zu der man Zugang hat, und vielleicht empfängt man Informationen aus einer inneren Führung. Man kann psychisch sehr offen sein, und dies kann gewisse Probleme schaffen, weil man ein Übermaß an Energien und Eindrücken aus seiner Umwelt aufnimmt, doch lassen sich diese mit Hilfe psychischer Schutzmaßnahmen filtern. Es kann zu einem Verlust der Abgrenzungen kommen, wenn sich das individuelle Bewußtsein mit dem universellen Bewußtsein verbindet, insbesondere dann, wenn man mittels Meditation und okkulten Experimenten einen Pfad der bewußten Entwicklung eingeschlagen hat. Man wird zumindest mit einer Ahnung von Dingen vertraut werden, die anders sind als die materielle Welt und über diese hinausgehen, wobei man sich aber vor okkulten Verblendungen und Illusionen hüten muß, durch die man in eine Scheinwelt geführt wird und das Ich sich aufbläht. Unterscheidungskraft ist für eine solche innere Suche lebenswichtig, aber auch ein gewisser ernüchternder Humor und ein kritisches Empfinden für alle Tendenzen zur Selbstüberhöhung.

Eine besondere Faszination kann vom Tod ausgehen, wie auch von den tabuisierten Bereichen des Lebens. Es können auch selbstzerstörerische Tendenzen bestehen, wiewohl diese generell in den eigentümlichen inneren Welten der Mystiker und Okkultisten im Zusammenhang mit dem Impuls häufig sind, intensiv zu leben und »in einem Leben so viele Leben wie möglich zu durchleben«. Der vorhandene Drang zum Tabu läßt sich so ausdrücken: »Wenn mir irgend jemand sagt, etwas nicht anzuschauen, so werde ich der erste in der Schlange der Schaulustigen sein, und ich werde nicht fortgehen, bis ich meinen Hunger nach dem Verbotenen gestillt habe.«

Geld und Erbschaften können sich ebenfalls in dieser Position des Radix-Neptun ausdrücken, und es können in diesem Zusammenhang Verzerrungen, Streitigkeiten und Illusionen oder einfach die Unfähigkeit auftreten, sich über die eigenen persönlichen Werte bezüglich Geld und der materiellen Ebene des Daseins klar zu werden. Hier kann eine größere Klarheit notwendig sein, und man muß darauf achten, die guten verwandtschaftlichen Beziehungen zu erhalten, wenn im Zusammenhang mit einem Erbfall Zwistigkeiten entstehen.

Neptun im neunten Haus

In dieser Position ist Neptun auf der Ebene des Geistes aktiv, insbesondere in den Bereichen der Philosophie, Religion, Moral, Ethik und spirituellen Lehren. Glaubenssysteme sind Menschen mit dieser Neptun-Stellung wichtig, und man möchte sich in demjenigen sicher fühlen, das man sich als Leitlinie im Leben gewählt hat; es kann aber auch sein, daß man erst auf der Suche nach einem System ist, von dem man überzeugt sein kann, daß es befriedigende Antworten auf die brennenden inneren Fragen bereithält.

Es ist möglich, daß man das Bedürfnis empfindet, sich auf irgendeine Form äußerer Lehren zu verlassen, und dies kann zu einer Hinwendung zu bestimmten religiösen Gruppen, zu mystischen Kulten oder Guru-Gestalten führen. Da man geistig sehr offen und empfänglich ist und die neptunische Phantasie hereinwirkt, könnte das Unterscheidungsvermögen bezüglich solcher Gruppen durch den Wunsch getrübt sein, durch die Übernahme einer Glaubensstruktur, die universelle Antworten verheißt, Heil und Erlösung zu finden.

Dies kann zu einer negativen Form der Unterwerfung führen, wobei man durch seine Phantasien, durch sein getrübtes Urteilsvermögen und seine unklaren Wünsche dazu verführt wird, sich einer äußeren Autorität zu unterwerfen oder sich unter ein auferlegtes Glaubenssystem zu fügen. Dabei entsteht eine Situation, in der man sich aller Notwendigkeit enthoben fühlt, selbst zu denken, da schon alle Antworten gegeben sind. Dies ist freilich ein Verzicht auf wirkliche Verantwortlichkeit, und kein echter Lehrer sollte absolute Einhaltung seiner Lehren verlangen oder diejenigen schmähen, die anderer Meinung sind oder es vorziehen, der selbsternannten Elite den Rücken zu kehren. Zu den Gefahren, in die man sich hierbei begibt, gehören spirituelle Aufblähung und Selbsttäuschung, Nachahmung des Gurus und eine obsessive Überzeugung, mit seinen Auffassungen und seiner Weltsicht »recht« zu haben.

Neptun in diesem Haus kann den Menschen aufgrund seiner eigenen Verwirrung und Richtungslosigkeit und durch den Drang zu einer spirituellen Suche nach einer höheren vereinheitlichenden

Erkenntnis auf ein philosophisches Minenfeld führen. Die dahinter liegende Absicht Neptuns kann darin bestehen, den Menschen in einen Zusammenbruch der Illusionen bezüglich dieser äußeren Suche nach Antworten zu führen und ihn zu zwingen, sich nach innen zu wenden und zu entdecken, daß das Gesuchte innerhalb seiner eigenen Natur verborgen liegt.

Bei den Philosophien, Religionen und Glaubensstrukturen, zu denen man sich am ehesten hingezogen fühlt, werden Themen des Opfers, der Erlösung, der Reinigung, des Märtyrertums und der Selbsttranszendenz im Vordergrund stehen: die Themen Neptuns. Wenn man sich auf diesen Weg begibt, ist schärfstes Unterscheidungsvermögen vonnöten, da man sich möglicherweise unbewußt bei seiner Wahl von solchen neptunischen Strukturen leiten läßt. Es kann sehr schwierig sein, das Wahre vom Falschen zu unterscheiden, und man fühlt sich durch nicht integrierte natürliche Neigungen zum Geheimnisvollen und Glamourösen hingezogen; man sollte aber erkennen, daß nicht alles, was glänzt, das Gold des Alchimisten ist.

Der Drang zum Spirituellen wird stark ausgeprägt sein, und man besitzt wahrscheinlich verfeinerte, mystisch orientierte Emotionen, die nach einem transzendenten und allumfassenden geeinten Seinszustand drängen. Aus ähnlichen Gründen kann eine Neigung zu psychedelischen Drogen bestehen, die Türen zu alternativen Wirklichkeiten öffnen, doch ist hier größte Vorsicht geboten, wenn Neptun im Spiel ist, und es ist unklug, diese gemeinsam mit spirituellen Entwicklungstechniken zu benutzen. Meditation, Kontemplation, Yoga und psychische Entfaltung sind Wege, an denen man wahrscheinlich interessiert ist, oder auch jene intellektuellen okkulten Systeme wie die Kabbala und die Sieben Strahlen, von denen eine starke mentale Faszination ausgehen. Es besteht eine Tendenz zum Tagträumen und zu Phantasien, doch wird man andererseits durch eine solche Wendung nach innen für innere Leitung und Intuition empfänglicher. Dies kann sich in manchen Fällen so auswirken, daß man zum Kanal für inspirierte Lehren wird, die in die Welt weitergegeben werden müssen. Heute gibt es eine Vielzahl solcher Lehren von ganz unterschiedlicher Qualität, in denen sich die mediumistische und vermittelnde Natur Neptuns ausdrückt, wobei sowohl hohe und spirituelle Visionen als auch niedrigere astrale und illusorische Visionen einem aufnahmebereiten Publikum präsentiert werden.

Ein Teil der eigenen Herausforderung liegt in der Entwicklung eines eigenen Weges, wobei man sich auf seine eigene Einsicht und sein eigenes Verständnis verläßt, und darin, sich über seine Richtung selbst Klarheit zu verschaffen und das schlummernde geistige Potential zu nutzen. Kreativität durch künstlerischen Ausdruck könnte hierbei hilfreich sein, insbesondere dann, wenn hierdurch spirituelle Werte und Visionen in das Alltagsleben hereingenommen werden. Der wirkliche spirituelle Weg ist niemals ein eskapistischer Weg, auch wenn man vielleicht versucht ist, dies durch Reisen, Pilgerfahrten und Unterwerfung unter eine höhere weltliche Autorität wie z. B. eine Guru-Gestalt zu tun. Neptun in diesem Haus kann zu Höhenflügen des Bewußtseins führen oder aber den Menschen auf die selbstgewählten Reiche der Illusion beschränken; der Grat zwischen beidem kann schmal sein, doch sollte man unbedingt an dem Ziel festhalten, mit beiden Beinen fest auf dem Boden der Tatsachen zu bleiben.

Neptun im zehnten Haus

Die Themen dieser Hausstellung umfassen gesellschaftlichen Status und Einfluß, beruflichen Aufstieg und leitende Positionen. Wie Neptun durch den Betreffenden hinsichtlich seines Lebens in der Öffentlichkeit oder in der Gemeinschaft wirkt, ist unterschiedlich und könnte sich in der Natur der Planetenaspekte ausdrücken, die zum Radix-Neptun bestehen.

Bei negativeren Aspekten finden sich mangelnde Leistung, mangelnde Anerkennung und mangelnder Status. Dies kann auf einer Unfähigkeit beruhen, die Richtung zu finden, in der man gehen soll, einer neptunischen Verwirrung und Entschlußlosigkeit, und darauf, daß die Arbeitsumgebung aus irgendeinem Grund unbefriedigend ist. Möglicherweise mangelt es an einer klaren Orientierung hinsichtlich der eigenen beruflichen Wünsche und an der Zielstrebigkeit und Ausdauer auf dem Weg zu diesem Ziel, oder es gelingt nicht, seine Talente oder Neigungen in geeigneter Weise auszudrücken, wodurch es im Berufsleben zu Frustrationen kommt. Vielleicht mangelt es an praktischer Veranlagung, oder man ist bei der täglichen Arbeit sprunghaft und unzuverlässig, weil man mit jenen wechselnden inneren Gezeiten Neptuns mitschwingt und man zu keiner Beständigkeit in der Arbeit oder auch in seinen Beziehungen mit Arbeitskollegen gelangt. Versuchte Manipulationen oder Täuschungen können gegen einen selbst wirken, oder eine durchsichtige Selbstzentriertheit verhindert es, daß sich Möglichkeiten anbieten. Vielleicht sind auch Skandalgeschichten oder Gerüchte über ungehöriges Verhalten im Umlauf, in die man direkt oder indirekt hineingezogen wird.

Bei harmonischen Aspekten ist ein Beruf im sozialen Dienst möglich, wobei man wegen seiner Leistung und Bemühungen für die Gesellschaft Achtung und Wertschätzung empfängt, und dies ist ein Ausdruck eines neptunischen sozialen Gewissens, das nach jener utopischen Vision strebt. Man widmet sich vielleicht einem bestimmten öffentlichen Anliegen, einer idealistischen gesellschaftlichen Bewegung und opfert seine Zeit für ihre Weiterentwicklung. Dies kann als Dienst an einem höheren Ideal wirksam werden, wobei man sich selbst als Kanal für jenes »Größere« opfert, das jenseits des getrennten Selbst lebt. In dieser Weise kann man zum Sprecher für visionäre Wahrnehmungen spirituellen, ökologischen, humanistischen und altruistischen Gehalts werden. Bei manchen geschieht dies dadurch, daß sie solche Anliegen in künstlerischen Schöpfungen, durch Musik oder Literatur ausdrükken und sie damit als inspirierter Kanal anderen mitteilen. Das Problem kann darin liegen, wie man die zur Botschaft passende Form findet und wie man dabei auch noch seinen Lebensunterhalt verdienen kann; dies herauszufinden, kann allein schon auf einen transformierenden Weg führen.

Er erscheint erstrebenswert, gesellschaftliche Macht und gesellschaftlichen Einfluß zu haben, und man muß sich vielleicht ein Verständnis für die Dynamik einer solchen Position erarbeiten, um sicherzustellen, daß man den Einfluß nicht mißbraucht, den man dadurch erlangt. Man darf nicht vergessen, daß Neptuns Wirkung zu verzerrten Wahrnehmungen führen kann, und man sollte immer das scharfe Schwert der unterscheidenden Urteilskraft griffbereit haben.

Diese Neptun-Stellung kann auch auf eine innere Resonanz zur Mutterfigur hinweisen, der eigenen wie dem archetypischen Bild.

Hiermit im Zusammenhang stehen die typischen Neptun-Themen der Opferung und des Märtyrertums, und es ist möglich, daß die eigene Mutter auf viele ihrer eigenen persönlichen Wünsche verzichten muß, um ihre Kinder aufzuziehen. Viele Erwachsene wissen nichts von den Opfern und Forderungen der Elternschaft, bis sie selbst Eltern werden; dann beginnt die Erkenntnis zu dämmern, und es entsteht ein größeres Verständnis und eine größere Wertschätzung für die eigenen Eltern. Möglicherweise ist eine gewisse Korrektur dieses Mutterbildes und -ideals notwendig, insbesondere, um sich über die eigenen mütterlichen und stützenden Instinkte klar zu werden und um seine Emotionen wirksamer zu harmonisieren. Es kann ein Bedürfnis vorliegen, ein neues Selbst zu gebären (Mutter), das aus dem Inneren auftauchen kann, ein Selbst, das engstens mit dem Wohlbefinden einer breiteren Gesellschaft verknüpft ist und in einem Zusammenhang mit dem Impuls des jetzt heraufziehenden Wassermann-Zeitalters steht.

Neptun im elften Haus

Hier liegt der Schwerpunkt auf der Sphäre der Freundschaften, der Gruppenbildung und idealistischer gesellschaftlicher Zielsetzungen, und es ist wahrscheinlich, daß der mitleidsvolle humanitäre Geist Neptuns bei der Ausbildung der eigenen gesellschaftlichen Aktivitäten sehr großen Einfluß haben wird.

Neptun wird dazu anregen, hohe gesellschaftliche Ideale aufzubauen, die in ihrer Essenz utopisch sind, wobei in den eigenen Träumen nur das Schöne, das Gute und das Wahre vorkommt. Vermutlich empfindet man eine Empathie für das Leben auf der Erde und macht man sich Gedanken über ihr Wohlergehen und ihren Fortbestand; dies kann es mit sich bringen, daß man sich Gruppen anschließt, die sich ähnlichen idealistischen Visionen verschrieben haben.

Man möchte gerne das Gefühl haben, an solchen gesellschaftlichen Bestrebungen beteiligt zu sein, und dies ist Ausdruck jener Empfindung der Verbundenheit mit den Mitmenschen und den anderen Naturreichen. Aus dieser altruistischen Herzensprojektion versucht man, die Ideale der Gruppenbrüderlichkeit zu entwickeln, die in diesem Haus eine so große Rolle spielen und mit dem heraufziehenden Wassermann-Impuls verknüpft sind, auch wenn man vielleicht sein Mitleid hinter einer intellektuellen oder abstrakten Ausdrucksform verbirgt; aber auch dann wird die moralische Entrüstung über die Torheit und das trennende Denken des Menschen deutlich erkennbar bleiben. Dies weist auf eine Empfänglichkeit für die innere spirituelle Natur hin, und wenn diese im eigenen Inneren an Kraft gewinnt, wird sie zu einem Lebensstil hinführen, der auf gesellschaftlichen Einfluß zielt, so daß man als Überträger spiritueller Werte und Visionen wirken kann. Durch diese Sensibilität für die Bedürfnisse des Planeten Erde zieht man auch die Freundschaft von Menschen mit einer ähnlich idealistischen Weltsicht an. Manche schließen sich mystischen oder okkulten Gruppen an, insbesondere zum Zwecke einer weiteren Schulung in bestimmten transformierenden Techniken.

Wenn Neptun sich mehr auf künstlerischem Gebiet äußert, verlagert man seinen Tätigkeitsbereich vielleicht mehr in diese Richtung und setzt bildende Kunst, Musik und Literatur als Kommunikationsmittel ein, um sein soziales Empfinden deutlich zu machen. Das Thema des Heilens kann im Vordergrund stehen, vielleicht durch das Erlernen ganzheitlicher Heiltechniken, wie sie heute durch alternative und komplementäre Therapien vertreten werden, oder in Form eines vereinheitlichten Konzepts zur Synthetisierung der eigenen gesellschaftlichen Aktivitäten: die Heilung des Selbst und der Gesellschaft.

Wenn die Aspektierungen Neptuns disharmonischer sind, werden diese Themen zwar trotzdem vorhanden sein, jedoch werden gewisse Verzerrungen bestehen. Die Ideale sind vielleicht undurchführbar oder zu utopisch, als daß es gegenwärtig Möglichkeiten zu ihrer Verwirklichung geben könnte. Ideale wirken als evolutionärer Ansporn für die Menschheit und werden oft aufgezwungen oder werfen ihre Schatten über den kollektiven Geist, um die Menschheit zum Fortschritt in bestimmte Richtungen zu inspirieren. Das Hindernis zu ihrer Verwirklichung ist leider die Menschheit selbst, die sich entweder gegen eine Veränderung sträubt oder diese aufgrund einer früheren Vermeidungstaktik nur sehr langsam vollzieht. Man kann mit dem Problem zu kämpfen haben, daß man beste Absichten hat, doch wollen diese goldenen romantischen Träume nicht Wirklichkeit werden. Es werden vermehrte Anstrengungen und eine größere Klarheit notwendig sein, damit man wirklich etwas erreicht; andernfalls lösen sich diese undurchführbaren Träume wie Schimären in der Luft auf und verflüchtigen sich vollständig.

Man hat vielleicht Schwierigkeiten, festzulegen und zu klären, in welche Richtung man eigentlich gehen will; man hat zwar eine schöne visionäre Perspektive, doch braucht man jemanden, der irdischer und pragmatischer ist und einen von seinen Höhenflügen der Phantasie wieder auf die Erde zurückholt, der einen Schritt für Schritt zur Verwirklichung dieser Träume hinführt.

Zu Gruppen fühlt man sich lediglich aus einem inneren Opfer- und Fluchttrieb hingezogen, weil die inneren neptunischen Muster nach einem Ventil suchen, und insofern man glaubt, daß man durch eine solche Verbindung entweder sich selbst verlieren oder einen Sinn und Zweck im Leben finden kann. Man sollte sich möglichst davor hüten, nach einer Gruppe Ausschau zu halten, die Erlösung und Heil verheißt, denn wenn man ein wirkliches Bedürfnis danach hat, ist man dem psychologischen Einfluß einer solchen Gruppe sehr stark ausgesetzt. Die Macht der Weltreligionen beruht auf diesem menschlichen Bedürfnis, doch muß man für das Tauschgut der Erlösung einen Preis bezahlen, der meist unterschwellige Schuldgefühle und eine Einschränkung des freien Denkens beinhaltet. Es ist ein verständliches Bedürfnis, Antworten auf die Fragen des Lebens bekommen zu wollen; wenn man aber eine schmerzende Leere nur mit der Glaubensstruktur einer Gruppe füllt, kann dies zwar als wohltuendes Wundermittel wirken, doch ist damit in den seltensten Fällen eine Transformierung des Menschen verbunden, durch die er sein eigenes Licht entdecken könnte. In vielen New-Age-Gruppen sind noch die alten Strukturen des menschlichen Bedürfnisses nach Antworten lebendig, und sie überreden die Menschen, sich in psychologische Abhängigkeit zu begeben und fraglos eine Vielzahl »spiritueller Lehren« zu übernehmen. Eine flexible Weltsicht ist meist gesünder und befreit den offenen, forschenden Geist.

Neben den Kontakten mit solchen Gruppen können auch Freundschaften verzerrt sein, wenn Neptun kritische Aspektwinkel aufweist. Eine kritische Betrachtungsweise ist immer notwendig, da man für starke Einflüsse sehr empfänglich ist, und die Wahl ungeeigneter Freunde kann in die Irre oder in Sackgassen führen. Man sollte sich vor möglichen Täuschungen hüten und allen Versuchungen widerstehen, die in ein abhängiges Verhalten führen könnten.

Neptun im zwölften Haus

Das zwölfte Haus gilt als Neptuns eigenes Haus, weshalb man in dieser Radix-Stellung sowohl die positiven wie auch die negativen Eigenschaften findet. Der Einfluß des Unbewußten ist besonders ausgeprägt, und wie sich dies auswirkt, könnte vom übrigen Geburtsbild und den Aspektierungen Neptuns abhängen.

Bei Menschen, die relativ unintegriert sind oder die in ihrer Selbstentwicklung oder auf ihrem spirituellen Weg noch nicht so weit fortgeschritten sind, kann Neptun in diesem Lebensbereich beträchtliches Unbehagen erzeugen. Es können beunruhigende Unterströmungen, irrationale Ängste, Phobien, Zwangsvorstellungen und Obsessionen entstehen. Die Phantasie ist außerordentlich aktiv, und die Gefühlsnatur ist in hohem Maße stimuliert, für Eindrücke empfänglich und für Stimmungsumschwünge anfällig. Erinnerungen an Vergangenes können noch blockierte Energien oder Unaufgearbeitetes enthalten, das die Gegenwart beeinträchtigt; es kann eine allgemein negative, unsichere und instabile Auffassung des Lebens und des Selbst dominieren. Durch Unsicherheit und Zerstreutheit kann die Fähigkeit, Entscheidungen zu treffen, beeinträchtigt sein, und durch Passivität und Empfindungen der Hilflosigkeit kann man daran gehindert sein, das Leben in vollem Umfang zu erfahren.

Die Empfindung einer persönlichen Identität ist wie von innen ausgehöhlt und aufgelöst, und es gibt kein festes inneres Zentrum, auf das man sich verlassen könnte; dies schwächt die Fähigkeit, die Willenskraft beständig auf selbstgesetzte Ziele zu richten. Möglicherweise weicht man der Verantwortlichkeit aus und es besteht eine Tendenz, sich vom Leben zurückzuziehen. Es kann sich ein seltsames Nebeneinander der äußeren Wirklichkeit mit Störungen aus dem inneren Unbewußten entwickeln. Hieraus können Verwirrungen bezüglich der Wirklichkeitsinterpretation entstehen, da die empfangenen »Botschaften« miteinander kollidieren. Dies wird noch verschärft durch die von Neptun aktivierte psychische Sensibilität, die ungreifbare Empfindungen als wesentlichen Bestandteil der menschlichen Wirklichkeit wahrnehmen läßt.

Man kann einerseits für die Einflüsse der Umgebung und von Menschen außerordentlich empfänglich sein und gerne in einer schönen und harmonischen Welt leben, und andererseits trotzdem bestrebt sein, dieser Welt zu entgehen und sich in private innere Welten zurückzuziehen, die man mit Vorstellungen von Sicherheit, Stabilität und Geborgenheit zu füllen versucht. Man erkennt, daß die Welt – für einen selbst – niemals zur Erfüllung gelangen wird, und es wird auch nie gelingen, die eigenen utopischen Visionen zu verwirklichen, weshalb man sich kompensatorisch in Tagträume und Phantasien zurückzieht. Man gibt sich angeblichen Erinnerungen an frühere Leben hin, insbesondere, wenn man mit dem Gedanken der Reinkarnation vertraut ist; man erliegt dem Reiz und der Faszination, den Wirkungen des Karma nachzuspüren, und versucht herauszufinden, warum man an seinem jetzigen Platz im Leben steht, wobei man sorgfältig darauf bedacht ist, nicht durch unkluges Handeln noch mehr negatives Karma anzuhäufen. Auch dies kann eine Möglichkeit sein, wie man sich selbst an der Lebenserfahrung hindert.

Eine positive Integration Neptuns in die Psyche, die durch harmonische Aspekte begünstigt ist, läßt die positive Dimension dieses Bereichs erkennen, wobei zum Beispiel eine Kanalisierung verborgener Weisheit in irgendeiner Form möglich ist. Parapsychische Sensibilität kann ein Leben ebensosehr zerstören wie bereichern; dies hängt weitgehend von der Reaktion des einzelnen auf ihren Einfluß ab und davon, in welchem Umfang Gleichgewichtfindung und Integration erreicht werden. Die intuitive Annäherung an innere Wissensspeicher wird wieder populärer und kann oft sehr inspirierend sein, doch muß man beim Öffnen innerer Kanäle große Vorsicht walten lassen, da man außerordentlich starke und transformierende Energien und Erfahrungen entfesseln kann. Viele Menschen werden zu Opfern ihres eigenen unterdrückten Unbewußten, das wie bei einem Deichbruch die getrennte Persönlichkeit überflutet und schützende Barrieren fortspült.

Bei dieser Stellung Neptuns treten oft ausgeprägte mystische und religiöse Neigungen auf, möglicherweise ein mönchischer Impuls, wobei der Gedanke eines Rückzugs aus der Welt oder eine teilweise Absonderung sehr reizvoll erscheint. Eine zeitweilige Zurückgezogenheit kann wohltuend sein, insbesondere dann, wenn dies zum Zwecke der inneren Reinigung geschieht und dazu dient, das Selbst mit neuer Kraft zu erfüllen. Das Mitleid wird eine starke Triebfeder sein, und manche Menschen mit dieser Neptun-Stellung widmen sich einem Leben des Dienstes und der Fürsorge an denjenigen, die im Leben benachteiligt sind, die krank oder sozial ausgestoßen sind. Die Übernahme einer dienenden Funktion in der Welt ist möglicherweise die wirksamste Art, diese Energie freizusetzen und sich von unbewußten Strukturen zu reinigen, die sonst das bewußte Leben beeinträchtigen könnten; selbstloses Dienen kann in hohem Maße reinigend wirken, dem Leben Sinn und Zweck geben, und für Menschen mit dieser Radix-Position Neptuns kann es der beste Weg überhaupt sein. Das Leben mit seinen guten und schlechten Seiten, mit seinem Licht und seinem Schatten akzeptieren zu lernen und seinen Frieden mit inneren Konflikten und der Tatsache der Desillusionierung in der Welt zu machen, sind ganz entscheidende Schritte, weil sie das Gleichgewicht wiederherzustellen helfen und eine klarere Wahrnehmung verschaffen. Sich in Kummer zu verzehren, weil die Welt nicht den eigenen Erwartungen entspricht, ist Verschwendung von Zeit und Energie und ein nutzloses Unterfangen. Herauszufinden, wie man seine Gaben am besten einsetzt, damit die Welt dem eigenen Ideal ein wenig näherkommt, ist vielleicht der nützlichste Dienst, den man der Welt erweisen kann.

VI
Neptun-Transite über Häuser und Zeichen

Die Zeitspanne, die Neptun für einen vollen Transit durch alle Zeichen und Häuser benötigt, beträgt 167 Jahre und 5 ½ Monate und ist damit der längste Transitzyklus der Planeten nach demjenigen Plutos. Neptun braucht fast 14 Jahre für einen Transit über ein Zeichen; aus diesem Grund sind die typischen Merkmale der Zeichen relevanter und leichter zu identifizieren, wenn man den Einfluß Neptuns auf die Gesellschaft und die Generationen betrachtet, als wenn man dies an einem einzelnen Menschen prüft. Im Zeitraum eines Jahres ist Neptun jeweils sieben Monate direktläufig und anschließend fünf Monate rückläufig.

Die meisten Menschen erleben höchstens eine Hälfte des vollen Neptun-Zyklus, was immer noch 84 Jahre dauert, weshalb sie auch die Transit-Wirkungen Neptuns nur über einen Bereich von sechs Häusern ab der Radix-Position erfahren können.

Welche Transite gebildet werden können, hängt davon ab, wie die übrigen Planeten im Geburtsbild relativ zum Radix-Neptun stehen. Wenn Planeten in diesem Bereich von sechs Häusern stehen, kann im Prinzip zu jedem Planeten einmal eine Konjunktion entstehen, während in analoger Weise zu Planeten zu den anderen sechs Häusern jeweils eine Opposition gebildet werden könnte. Quadrate, Trigone und Sextile können einmal oder zweimal zu jedem Planeten entstehen, was wiederum davon abhängt, wie der Radix-Neptun relativ zu den Planeten in diesem Bereich von sechs Häusern steht.

Aspekte, die im Bereich der Schleife gebildet werden, wiederholen sich dreimal oder fünfmal in diesem Zeitraum, in dem die Transitbewegung von direktläufig in rückläufig umschlägt. Während dieser Zeit der Schleifenbildung kann Neptun einen Planeten in einem Zeitraum von einem Jahr dreimal oder in einem Zeitraum von zwei Jahren fünfmal aspektieren. Solche Aspekte haben einen Einfluß, der vom Zeitpunkt der ersten Berührung bis zum Ende des letzten wiederholten Aspekts wirksam ist, und sollten daher bezüglich ihrer möglichen Auswirkungen auf den Betreffenden sorgfältig überprüft werden. Wenn Neptun mit größtmöglicher Schnelligkeit transitiert, ist ein Planetenaspekt zwei Monate lang wirksam, wobei beim nahenden wie beim weichenden Aspekt ein Orbis von einem Grad angenommen wird. Während der Schleifenbildung verlangsamt sich die Planetenbewegung, und die Zeit des Aspektorbis dehnt sich auf etwa vier Monate. Bei der Aspektierung ist es oft so, daß ein direktläufiger transitierender Neptun den größten Einfluß auf einen direktläufigen Radix-Planeten hat, und daß ein rückläufiger Radix-Planet am stärksten von einem rückläufigen Transit-Neptun beeinflußt wird.

Wichtige Etappen des individuellen Lebenszyklus im Zusammenhang mit dem transitierenden Neptun sind: 28 Jahre (Transit-Neptun Sextil Radix-Neptun); 44 Jahre (Transit-Neptun Quadrat Radix-Neptun); 56 Jahre (Transit-Neptun Trigon Radix-Neptun) und 84 Jahre (Transit-Neptun Opposition Radix-Neptun). Im Alter von 14 Jahren, in dem die Pubertät beginnt und die Adoleszenz einsetzt, wird ein Semi-Sextil gebildet.

Die Wirkung eines durch die Häuser oder über Aspekte transitierenden Neptun auf einen Menschen kann recht unterschiedlich sein und hängt vielfach von der individuellen Einstimmung auf die subtileren Dimensionen des Lebens und von der Starre der Persönlichkeitsstruktur ab. Auch die persönliche Reaktion auf Transit-Aspekte und ihre Wahrnehmung im Bewußtsein schwankt erheblich. Manche, die ein feines Empfinden für die Regungen ihres inneren Lebens haben, können einen allmählich sich bildenden Aspekt wahrnehmen, während er noch einige Grade von der genauen Gradzahl entfernt ist, was noch ein ganzes Jahr dauern kann; andere mit einer mehr materialistischen Einstellung verspüren vielleicht erst dann eine unbestimmte Unruhe, wenn der Aspekt nur noch einen oder zwei Grade und vielleicht zwei Monate entfernt ist. Eine solche Sensibilität – beziehungsweise ihr Fehlen – hat oft auch mit einer individuellen Affinität zu bestimmten Planeten zu tun, die im jeweiligen Geburtsbild und Leben eine bedeutsame Rolle spielen. Bei Menschen mit spirituellen Neigungen könnte sich jeder Aspekt zu einem der anderen transpersonalen Planeten als bedeutsam und wirkkräftig erweisen. Jeder Planetentransit über den Radix-Neptun ist oft für diejenigen wichtig, die sich auf eine spirituelle Suche begeben haben, da Neptun einen Zustand passiver Ruhe repräsentieren kann, aus dem man durch die Stimulation eines anderen Planeten erweckt werden muß.

Manchmal ergeben sich Schwierigkeiten bei dem Versuch, die Transit-Einflüsse Neptuns genau zu datieren. Natürlich kann man die Zeiten und Phasen von Aspekten angeben, ebenso Transite über die Häuser und Übergänge über die Eckhausspitzen; aber abgesehen von der Feststellung dieser Daten und möglicher Persönlichkeitswirkungen sind die meisten Neptun-Einflüsse subtiler, tiefreichender und umfassender, als man sich oft vorstellen kann. Ähnlich wie Pluto bewegt sich Neptun so langsam, daß es problematisch sein kann, eine bestimmte Neptun-Wirkung auszumachen, da hierbei eine Periode oder Phase des Lebens während des gesamten Zeitraums beeinflußt wird, in dem der Transit durch einen Quadranten beziehungsweise die Hälfte eines Horoskops anhält.

Welcher Art sind die neptunischen Krisen, und wie können sie sich auf den einzelnen Menschen auswirken?

Anders als Uranus, der gern urplötzlich mit einer überraschenden, traumatischen und dramatischen Wirkung hereinbricht, das Leben auf den Kopf stellt und den völlig verstörten Menschen in einen Strudel von Ereignissen hereinreißt, in dem er sich überhaupt nicht mehr zurechtfindet, erscheint Neptun eher in einer unauffälligen Verkleidung. Er durchdringt langsam das innere Bewußtsein und sickert seiner wässerigen Natur gemäß gewissermaßen durch feinste Risse an der Oberfläche des Geistes ein. Die Veränderungen Neptuns sind langsam und nachhaltig; man hat oft einfach das Gefühl, daß »irgend etwas los ist«, das Gefühl einer Verwirrung und Unsicherheit, von Schemen im Geist, die sich in keiner Weise fassen lassen, phantomhafte trügerische Nebel, die sich in Nichts auflösen, sobald man die Aufmerksamkeit auf sie richten möchte. Neptun bereitet den Menschen durch eine langsame Auflösung der vertrauten Persönlichkeits- und Ausdrucksstrukturen auf eine plutonische Wiedergeburt vor, und er ersetzt diese Strukturen durch ein unvertrautes Szenario, sowohl was die persönlichen Gefühle und Beziehungen zu anderen Menschen als auch was die etablierte Lebensstruktur betrifft. Es ist höchst beunruhigend, die bisher solide Grundlage des Selbst und des eigenen Lebens sich von innen her auflösen zu sehen, vor allem, da man nicht herausfinden kann, was diesen Prozeß ausgelöst hat, und da das Leben sich an der Oberfläche kaum geändert zu haben scheint. Man erlebt dies vielleicht wie einen inneren Zusammenbruch, der in überhaupt keinem Verhältnis zu irgendwelchen äußeren Einflüssen steht und immer mit jener Ebene von Emotionen, Gefühlen und Werten zu tun hat, die man oft zur persönlichen Definition der Grenzen der getrennten Identität heranzieht.

Was sich dabei meist verändert, ist die persönliche Wahrnehmung oder Beziehung zu einer äußeren Situation oder einem Partner, und wenn dieser Prozeß einmal begonnen hat, hat man seinen unausweichlichen Wirkungen nur mehr wenig entgegenzusetzen. Manche neigen dazu, die Ursache dieser Krise herauszuverlagern, indem sie einen anderen Menschen für die eigenen Gefühle verantwortlich machen; dies sind oft Menschen, die nach außen orientiert sind, was sich möglicherweise an entsprechenden Aspekten oder Hausstellungen im Geburtshoroskop ablesen läßt. Andere sind von Natur aus eher introvertiert und begraben diese Veränderungen tief in sich selbst, weil sie vielleicht durch persönliche Unsicherheit und Verletzlichkeit mehr zum Rückzug nach innen neigen. Alles, was Neptun berührt, wird vitalisiert, sensibilisiert und geöffnet – Planeten oder Haustransite; dies geschieht durch jenes universelle Lösungsmittel, das alle festgefahrenen und hemmenden Formen des Verhaltens und Denkens und überkommene Einstellungen und Lebensformen auflöst. Bei denjenigen, die mehr auf die transpersonalen Lebenssphären eingestimmt sind, wird die innere Wahrnehmung der unsichtbaren Reiche betont; dies kann zwar das Ziel vieler sein, die den spirituellen Weg erkunden möchten, doch kann es trotzdem beunruhigend sein, tatsächlich in eine Phase geänderter Wahrnehmung zu geraten, statt sich nur Vorstellungen und Träume davon zu machen, wie es sein könnte. Zu lernen, aus einem transformierten Bewußtsein heraus zu handeln, kann in der Anfangsphase eine sehr diffizile und schmerzliche Erfahrung sein, bis Zeit und Gewöhnung die Wunden heilen lassen.

Es kann ebenso aufregend wie erschreckend sein, wenn sich eine Lebenssphäre plötzlich verändert und für einen neuen Impuls öffnet, der von einem transitierenden Neptun ausgeht. Die Lebensbereiche, die die einzelnen Häuser darstellen, haben im Erwachsenenalter meist bereits eine ziemlich feste Struktur, weshalb Veränderungen, die Neptun in einem solchen Bereich auslöst, meist unwillkommen sind. Zunächst kündigt sich die Notwendigkeit einer Veränderung durch Unzufriedenheit, Unruhe, Unsicherheit und den Wunsch an, demjenigen zu entgehen, was uns unterdrückt oder in unserem Leben eine Quelle des Leidens ist. Die Klarheit der Wahrnehmung ist oft das erste Opfer eines Neptun-Einflusses, und Irrationalität ist die Antwort des Geistes auf die widersprüchlichen und verwirrenden Signale, die er von den aufgewühlten Empfindungen und Emotionen empfängt. Manche, die repressiv sind und unter strenger Selbstkontrolle stehen, können psychologisch in Stücke fallen, wenn ihre Phantasien und ihr Geist außer Kontrolle geraten und in neue Bahnen geschleudert werden, was bei solchen Menschen eine Einschränkung der Bewußtheit, der Aufmerksamkeit und der praktischen Effizienz mit sich bringt. In diesem Fall liegen oft Neptun-Transite über den Radix-Merkur, -Mars oder -Saturn vor. Beim Radix-Merkur beginnen die alten geistigen Strukturen zusammenzubrechen; der Geist öffnet sich für neue Erfahrungen und Wahrnehmungs- oder Interpretationsmöglichkeiten, und das Vertrauen in die alten Grundlagen schwindet dahin. Bei der Radix-Venus kann der Einfluß des transitierenden Neptun die Sphäre der Partnerschaft und der Liebesbeziehungen treffen, wobei bestehende Illusionen zerstört werden und die Realität eines Partners enthüllt wird, oder wobei sich eine Möglichkeit ergibt, eine tiefere und realistischere Wahrnehmung der Liebe zu entwickeln. Transit-Aspekte zur Radix-Sonne könnten kraftvollere Wirkungen haben, insbesondere im Bereich der persönlichen Identität, die bei manchen außerordentlich labil ist, bei anderen betont zur Schau getragen werden kann, ob dies realistisch ist oder nicht. Die Natur des Planeten, zu dem Neptun einen Transit-Aspekt bildet, löst die entsprechenden Tendenzen aus, wobei entweder eine Reinigung und Verfeinerung erfolgt, so daß man über eine größere Sensibilität und Wahrnehmungsfähigkeit verfügt, oder aber jene alten Formen aufgelöst werden, die von der Natur des Planeten angezeigt werden, über den der Transit erfolgt.

Meist sind Konjunktion, Quadrat und Opposition diejenigen

Neptun-Aspekte, mit denen man die größten Schwierigkeiten hat oder die kraftvollere Wirkungen haben, insbesondere wenn sie einen der persönlichen Planeten oder den Aszendenten aspektieren. Die stärkste Wirkung und der stärkste Einfluß eines Aspekts tritt auf, wenn der Aspekt applizierend ist (das heißt sich der genauen Gradzahl nähert) und es zur ersten Begegnung mit dem Neuen kommt; wenn die Aspektbeziehung separierend ist (das heißt sich von der genauen Gradzahl entfernt), muß die Wirkung assimiliert werden.

In ähnlicher Weise wie bei den Transiten der anderen transpersonalen Planeten Uranus und Pluto erfahren die meisten Menschen zuerst die dramatischeren Wirkungen Neptuns. Dies muß wahrscheinlich so sein, weil die meisten Menschen eine ziemlich unverrückbare Persona und einen starren Lebensstil auf der Grundlage von Haltungen, Werten, Überzeugungen und persönlichen Begierden aufbauen. Der Schmerz und die Unruhe, die aus diesen inneren Bewegungen Neptuns entstehen, sind Symptome des Widerstands gegen unausweichliche Änderungen und die Notwendigkeit, sich von obsolet gewordenen Verhaltensmustern zu lösen. Empfindungen des »Ausgeflipptseins« sind oft mit den Wirkungen eines aktivierten Neptun verbunden, eine mangelnde Zielbewußtheit und innere Balance.

Manche reagieren auf den neptunischen Einfluß in der Weise, daß sie sich in Träume und Phantasien flüchten; Wunschdenken wird erzeugt als Ersatz für die Frustrationen nicht erfüllter Erwartungen im täglichen Leben, und diese Menschen ziehen es vor, bei solchen Träumen zu bleiben, statt das Risiko einzugehen, diese wirklich zu erleben. Manchmal kann dies persönlich und sozial günstig sein, doch besteht immer die Gefahr, daß solche unerfüllten Träume individuell und kollektiv zu Obsessionen werden können. Die Erkenntnis, daß dies kompensatorische persönliche Phantasien sind, ist nur einen kleinen Schritt von dem Unvermögen entfernt, eine Trennlinie aufrechtzuerhalten, so daß die Phantasien zu hemmenden Verblendungen und Illusionen, Selbsttäuschungen, Verwirrungen und Suchtzuständen verkommen, weil man die Urteilskraft und die Fähigkeit verliert, sich der realen Wirklichkeit zu stellen. Dann kann es zu Persönlichkeitsspaltungen kommen, wobei die nicht akzeptierten Aspekte des Lebens verworfen und in einem solchen Umfang durch die wuchernden Phantasien ersetzt werden, daß eine Verzerrung unausweichlich ist. Diese Phantasien können ein außerordentliches Übergewicht bekommen und allmählich zu einer Degeneration der Persönlichkeit führen, je mehr sich der Drang verstärkt, sie wirklich zu erleben. Eine negative Reaktion auf Neptun wirkt sich immer ausschließend aus, wobei ein Aspekt des Selbst oder des Lebens verleugnet und abgelehnt wird und sich ein abgetrenntes Ich gegen die Herausforderung sträubt, mehr nach den universellen und mitleidsvollen Werten zu leben, die Neptun symbolisiert. Eine positive Reaktion auf Neptun drückt sich in dem Wunsch aus, die ganze Welt zu umschließen. Damit Neptun im Menschen positiv wirken kann, muß man sich bewußt als Teil eines größeren Ganzen fühlen, so daß die Tendenz zur Allumfassendheit zu einer gesteigerten Identifikation mit dem Leben führt. Manche Menschen erweitern ihr Mitleid um eine Identifikation mit dem unnötigen Leid anderer Menschen in ihrem eigenen Land und auf der internationalen Ebene. Diese Entwicklung ist als Fortschritt der menschlichen Evolution seit der Entdeckung Neptuns im Jahre 1846 deutlich erkennbar. Aufgrund dieser Empfindung der Allumfassendheit verstärkt Neptun das Bedürfnis nach Formen kollektiven Handelns und nach einem Gruppenbewußtsein, in dem die Interessen des Ganzen im Vordergrund stehen.

Neptun wurde der »Planet des sozialen Pflichtbewußtseins« genannt, und er gibt einen wichtigen Hinweis darauf, wie der einzelne die soziale und kollektive Gruppe erfährt und auf sie reagiert. Wenn Neptun in einem Geburtsbild dominant ist, dann ist oft das persönliche Leben eng mit dem Leben des Kollektivs verknüpft: entweder ist man negativ Opfer oder Märtyrer, oder positiv Vermittler der neptunischen Transformation, wobei man künstlerisch oder spirituell einer umfassenderen Vision Ausdruck verleiht. Die transpersonalen Planeten arbeiten in einer inneren Harmonie in der Weise zusammen, daß die uranische intellektuelle und intuitive Vision des größeren Lebens als vorbereitender Schritt auf die totale plutonische transformierende Wiedergeburt durch Neptuns Vertrauen und Empfindung einer Verbundenheit ergänzt wird.

Es tritt ein Prozeß auf, bei dem Neptun der Haupteinfluß auf die affektive und Gefühlsnatur ist. Der Transit beeinflußt meist die

Affekte und die motivierenden Werte, wodurch die hemmende alte Ordnung allmählich aufgelöst wird, damit der nächste Schritt getan werden kann (den oft die Vision uranischen Typs anzeigt). Es genügt aber nicht, sich des nächsten Schritts bewußt zu sein, sondern man braucht auch das Vertrauen und den Mut, ihn wirklich zu tun; dies ist nun der Beitrag Neptuns, indem er die saturnischen Beschränkungen unserer Persönlichkeit auflöst. Durch Unsicherheit und Angst hindern wir uns oft selbst daran, Chancen zu ergreifen oder ein Wagnis einzugehen, durch das sich ein langgehegter Wunsch oder Traum erfüllen könnte. Wenn wir Uranus und Neptun in Harmonie miteinander verbinden, kann uns dies den Impuls für die notwendig gewordene Transformation liefern. Wenn wir nicht unsere persönlichen Unsicherheitsängste durch diesen Willensakt überwinden, schwindet unsere Fähigkeit, als integrierter Mensch zu handeln, immer mehr dahin. Dies ist eine der negativen Folgen, wenn man sich zu sehr von kollektiven Haltungen, Überzeugungen und Werten beeinflussen läßt, wenn man zu einem passiven Sklaven des kollektiven Bewußtseins wird und nicht mehr aus sich selbst denken und handeln kann.

Die positive Dimension neptunischer Transite liegt darin, daß sich neue Möglichkeiten eröffnen, insbesondere durch die Erkenntnis, daß es unsichtbare Reiche gibt, daß bestehende Haltungen und Werte erfolgreich verfeinert werden können und Versuche möglich sind, Ideale zu aktualisieren. Oft treten Erfahrungen ein, die »universelle Lektionen« beinhalten, so daß man dasjenige, was man gelernt, realisiert und verstanden hat, über ein breites Lebensspektrum anwenden und damit nachhaltigen Einfluß auf das weitere Leben ausüben kann. Für Menschen mit mystischen oder künstlerischen Neigungen können Neptun-Transite eine Quelle der Inspiration und Kreativität sein, die Türen öffnet und verborgene Schätze zutage fördert, die man positiv einsetzen kann.

Herausforderungen, die dem Menschen bei einem transitierenden Neptun begegnen können, sind unter anderem die folgenden:

– Lernen, die Auflösung hinfällig gewordener Gefühle und Emotionen zu akzeptieren, den Ersatz alter Werte durch neue und umfassendere Wahrnehmungen, das Loslassen von alten verkümmerten Beziehungen, um Raum für neue Beziehungen zu schaffen.

– Lernen, wie man die Zeiten der Verwirrung, Unsicherheit und »Ausgeflipptheit« durchsteht und geduldig wartet, bis das Neue schärfere Konturen annimmt.

– Lernen, wie man Zugang zu seinem inneren schöpferischen Potential erlangt, es in einer äußeren Form manifestiert und die Phantasie in jeder Weise in das Leben einfließen läßt. Unsere Möglichkeiten sind dadurch erheblich beschränkt, daß wir keine Alternativen zu denken wagen und die Gesellschaft ständige Veränderung nicht liebt. Man muß nach Wegen suchen, wie das Leben lebendiger und reicher werden kann.

– Lernen, aus der Perspektive des mitleidvollen Herzens zu leben, aus jenem lebendigen Empfinden für die Verbundenheit mit Menschen und dem Lebensganzen. Man muß zu einer Haltung des Gebens und Dienens finden, statt zu einer trennenden Haltung des Nehmens.

– Lernen, die Phantasie positiv und konstruktiv einzusetzen, um seiner eigenen Persönlichkeit und seinem Leben eine neue Struktur zu geben, die harmonischer und befriedigender ist.

– Lernen, die Phantasie in richtige Bahnen zu lenken und es zu vermeiden, diese Energie in verzerrenden Phantastereien und persönlichen Verblendungen zu vergeuden, damit man sich nicht in einer privaten Traumwelt verliert und einrichtet, die gegenüber der wirklichen Welt immun und unzugänglich ist.

– Lernen, darauf zu vertrauen, daß ein neuer Morgen aufdämmern wird, wenn alles um einen zusammenzubrechen scheint, wenn die Illusionen sich verflüchtigen und man feststellt, daß die eigenen Werte, Ideale und Überzeugungen ungeeignet oder zu eng sind, und wenn man nicht weiß, was man an ihre Stelle setzen soll.

– Lernen, wie man seinen Gefühlen freien Ausdruck geben kann, während man sich gleichzeitig vor der Negativität gewisser Aspekte des Lebens und vor einer Überempfindlichkeit schützt.

– Lernen, wie man sein Leben am Licht umfassender Ideale und einer globalen Vision ausrichtet und wie man mit dem höheren Selbst zusammenwirkt.

Dies sind die Herausforderungen und Lehren, die einem Neptun während seiner Transite zu lernen aufgibt; dies sind auch die positiven Dimensionen der Neptun-Schwingung, die man in sich aufnehmen sollte. Wenn dies gelingt, tritt eine Transformation des eigenen Lebens ein.

Neptun-Transit im ersten Haus

Wenn der transitierende Neptun über den Aszendenten geht, tritt der Einfluß dieses Planeten auf das eigene Leben in einen neuen Zyklus. Es könnte eine innerlich verstörende Periode werden. Empfindungen der Unruhe und Ängstlichkeit treten auf, wiewohl man selbst nicht recht weiß, was diese unbehaglichen Gefühle auslöst. Wenn Neptun über den Aszendenten gegangen ist, das aufsteigende Zeichen ausgelöst hat und sich jetzt im Haus der persönlichen bewußten Identität befindet, tritt in den tiefsten Tiefen der eigenen Psyche Unruhe auf. Dieses Unbehagen entsteht durch die eigenen psychologischen Unterströmungen – den Gezeiten des Meeres vergleichbar –, die sich ändern. Jene Persönlichkeitsfundamente und festgefahrenen Denkstrukturen, die die Essenz des getrennten Selbst bilden, werden langsam aufgelöst. Man fühlt sich in einer seltsamen Weise bedroht und projiziert diese Gefühle vielleicht nach außen auf andere, indem man diese als die Ursache für den eigenen Zustand der Aufgelöstheit betrachtet.

Es könnte in dieser Zeit schwierig sein, sich selbst, seine Beziehungen und das Leben korrekt und mit realistischer Klarheit wahrzunehmen, insbesondere in der Phase der Auflösung vor der nächsten Stufe der Reintegration. Neptun wirkt auf das getrennte Selbst in der Weise, daß er einen Hang zu Phantasien stimuliert, daß er zu Träumereien einer eskapistischen oder unrealistischen Natur verführt. In den Händen einer geschulten, psychologisch ausgebildeten Person kann Neptun außerordentlich positiv und konstruktiv eingesetzt werden, doch erscheint sein Einfluß den meisten Menschen als negativ. Man erkennt Veränderungen nicht, die Neptun durchsetzen möchte, und sperrt sich gegen sie, wodurch im inneren Leben noch mehr Unruhe und Zerrissenheit entstehen, wobei es doch viel klüger wäre, diese Veränderungen anzuerkennen und ihren Impuls zu nutzen, da sie Teil des fortwährenden zyklischen Prozesses des individuellen Lebens sind.

Was beim ersten Eintreten Neptuns in das erste Haus mit immer größerer Deutlichkeit zutage tritt, ist die Erkenntnis eines langsam sich entwickelnden und ausprägenden Antriebs, durch den man gedrängt wird, eine neue Art des Lebens und der Lebenserfahrung zu entdecken. Psychologisch blickt man vielleicht immer noch durch das alte Raster bestehender Persönlichkeits- und Denkstrukturen nach rückwärts. Man steht aber vor der Notwendigkeit, sich auf diesen neuen Zyklus einzuorientieren, der jetzt eingetreten ist. Es werden innere Fragen zur eigenen Natur und zur persönlichen Identität auftreten, und es könnte sein, daß das Vertrauen in die eigene Fähigkeit schwindet, mit dem Leben zurechtzukommen. Das Leben könnte plötzlich Dimensionen und Nuancierungen haben, deren Existenz man bisher nie wahrgenommen hatte. Es könnte sich eine innere Sensibilität erschließen, die Probleme schafft, weil man plötzlich auf Schwingungsfrequenzen eingestellt ist, die zu parapsychischen Fähigkeiten hinführen. Die altvertraute solide und berechenbare Welt beginnt aufzuweichen und zu wanken, denn man fühlt den Blick einer unbekannten Dimension auf sich gerichtet, die langsam in die bisher festgerückte Wirklichkeit einzusickern beginnt.

Worin besteht nun dieser neue »Lebensstil«, auf den dieser Transit zu zielen scheint? Die erste Reaktion auf Gefühle eines persönlichen Unbehagens dürfte wohl sein, daß man Zuflucht zu irgend etwas nimmt, das Stabilisierung verheißt. Dies können Beziehungen sein, insbesondere im Sinne einer Abhängigkeit von anderen; vor allen Dingen richtet sich die Orientierung jetzt auf gesellschaftliche Gruppierungen und die Überzeugungen, Haltungen und Denk- und Lebensgewohnheiten von Gruppen. Solche gesellschaftlichen Gruppierungen bieten auf ihre eigene Weise ein Gefühl der Sicherheit und Zugehörigkeit, und dies sind zwei sehr wichtige Bedürfnisse im gegenwärtigen Zustand des eigenen inneren Lebens. Teil irgendeiner gesellschaftlichen Tradition zu sein, ist oft eine einfachere Möglichkeit, im Leben einen Ankerpunkt zu finden, weil solche Traditionen »Antworten« anbieten, die man als wahr hinnimmt und sich die Mühe spart, nach seinem eigenen

Licht zu suchen. Man macht sich dabei die Auffassung zu eigen, daß die Tatsache, daß Millionen dieselben Tradtitionen oder dieselbe Art des gesellschaftlichen Umgangs pflegen, eine Gewähr für die Richtigkeit dieser Tradition ist. Dies ist der Weg der Mehrheit.

Da Neptun durch den Kanal des kollektiven Geistes wirkt, wird man durch diese ersten Anstöße in der Weise beeinflußt, daß man sich an den vorherrschenden gesellschaftlichen Werten, Haltungen und Überzeugungen ausrichtet, die auch für eine Mehrheit der Menschen als Leitlinien dienen. Dies müssen nicht ausschließlich die Leitlinien der Gesellschaft des eigenen Landes sein, sondern können auch aus der eigenen möglichen Bindung an eine Untergruppe bezogen sein, wie zum Beispiel politische, rassische oder religiöse Gruppierungen. Grundsätzlich zeigt die persönliche Identität eine besondere Empfänglichkeit für solche Einflüsse, die von größeren gesellschaftlichen Gruppierungen ausgehen. Möglicherweise sollte man sich gegen ein falsches Verständnis dieser mächtigen Einflüsse einerseits oder aber dagegen schützen, sie ohne bewußte Prüfung und Bewertung ihres Wahrheitsgehalts und ihrer Relevanz für das eigene persönliche Leben zu akzeptieren, nur weil der Wunsch übermächtig ist, sich vor den inneren Stürmen an einen Ankerplatz und in einen sicheren Hafen zu flüchten.

Durch ein solches Mißverstehen und durch den diesen Idealen, Überzeugungen, Haltungen, Werten und Traditionen anhaftenden Glanz können Illusionen auftreten; man möchte vielleicht die wirkliche Wahrheit nicht sehen, die sich hinter ihnen verbirgt, oder man ist vielleicht hierzu gar nicht in der Lage. Aber auch dann, wenn man die eingefahrenen und gesellschaftlich akzeptierten Traditionen verläßt und sich den New-Age-Auffassungen zuwendet, bleibt das Problem dasselbe. Da viele spirituelle New-Age-Lehren in ihrer Darlegung der »spirituellen Wahrheit« so dogmatisch sind, gibt es auch hier sehr wohl Verblendungen und Illusionen. Nur dadurch, daß man New-Age-Gedankengut in sich aufsaugt, wird man noch nicht transformiert.

Die Inspiration vieler Überzeugungen ist oft reiner als ihr wirklicher Ausdruck im Leben. Da Neptun ein inspirierender Planet ist, wird man innerlich von seiner aktiven Gegenwart beflügelt. Die Tatsache, daß man von spiritueller oder ideologischer Glut entzündet ist, führt jedoch nicht unbedingt zu Klarheit des Geistes. Man findet es während dieses Transits möglicherweise schwierig, den eigenen Selbstwert wahrzunehmen und einzuschätzen, und dies kann entweder zu einem Überlegenheitskomplex führen, wenn man den Weg entdeckt zu haben glaubt, den alle Menschen einschlagen sollten, oder aber zu Minderwertigkeitsgefühlen, wenn man die innere Verwirrung nicht überwindet. Die Wahrheit ist aber, daß man weder überlegen noch minderwertig ist, und daß man letztlich doch derselbe bleibt, auch wenn man durch eine Phase der Veränderung hindurchgeht. Man wird eine unterschwellige Unzufriedenheit mit sich selbst und der Welt erfahren und oft verwirrt und unschlüssig sein, wie man mit diesen Gefühlen umgehen soll. Entscheidungsschwäche und häufig wechselnde Interessen und Bindungen prägen das äußere Verhalten, es sei denn, daß das Gefühl der Ratlosigkeit so übermächtig ist, daß man sich in ein großes Projekt stürzt, um die eigenen Probleme vergessen zu können.

Eine Phase, in der sich alte Strukturen auflösen, ist niemals einfach, und der Zauber Neptuns ist selten von der Art, daß sich eine kristallene Klarheit zeigt. Es ist oft kaum zu begreifen, was eigentlich geschieht, und es fällt schwer, die Dinge klar wahrzunehmen. Es besteht aber die Möglichkeit, daß man mit einem Schatz an Erkenntnissen hinsichtlich der eigenen Wesensart und der Natur der Gesellschaft und ihrer Traditionen aus dieser Phase hervorgeht, wenn man alle Urteilsfähigkeit und alle Selbstbewußtheit heranzieht, deren man fähig ist. Dann könnte dies zu einer befreienden Periode werden, in der man großen Nutzen aus den sich jetzt bietenden Möglichkeiten zieht. Man fühlt sich von irgendeiner gesellschaftlichen Vision humanitärer oder mystischer Art angezogen, durch die man die Herausforderung erfährt, einen objektiven Blick auf sich selbst und andere zu richten. Die eigenen idealistischen Tendenzen erhalten Auftrieb, wiewohl es nötig sein wird, diese durch eine praktische Haltung in allen Dingen zu zügeln. Wenn es gelingt, mit offenen Augen und einer positiven Haltung durch diesen Transit hindurchzugehen, dann wird man weniger leicht der Verblendung einer restriktiven alternativen Struktur mentaler Konditionierung erliegen. Ein Bewußtsein dafür zu haben, in welcher Weise man die Meeresnebel Neptuns erfahren kann, kann der Schlüssel zu einem positiven und konstruktiven Umgang mit dieser Energie sein.

Neptun-Transit im zweiten Haus

In der kapitalistischen und materialistischen westlichen Gesellschaft geht die Hauptzielrichtung der gesellschaftlichen Konditionierung unseres Lebensstils und unserer Ausrichtung im Leben auf Besitz und die Ausbeutung von Ressourcen, insbesondere der äußeren Ressourcen. Wir werden zum Konsum gedrängt, zur Jagd nach beneidenswertem Besitz und nach statusträchtigen Symbolen des Erfolgs und der persönlichen Leistung. Die Anhäufung von Reichtum und das großzügige Ausgeben von Geld wird als sinnvolles Ziel in diesem Leben propagiert. Die meisten Menschen rackern sich in einer unaufhörlichen materiellen Tretmühle ab und laufen immer schneller, um zum Stillstand zu kommen, oder um mehr und mehr zusammenzuraffen, um dadurch den Sinn des Lebens zu finden. Die Frage ist freilich, ob dieser Weg wirklich Befriedigung bringt. Ist Sicherheit und Sinn in größeren Häusern, Zweit- und Drittwagen, einem dicken Bankkonto, immer noch teureren Möbeln und Urlaubsreisen in exotische Länder zu finden?

Natürlich ist ein guter Lebensstandard ein erstrebenswertes Ziel, und es läßt sich auch nicht leugnen, daß die spirituelle Wassermann-Bewegung weltweit von einer Gruppe von Menschen getragen wird, die in relativ wohlhabenden Verhältnissen leben und genügend Zeit und kaum die Sorge haben, wie sie sich das für ihren Lebensunterhalt Nötige beschaffen können. Wir müssen nicht hungern und frieren und sind auch nicht ständig durch Naturkatastrophen bedroht. Diese relative Freiheit von grundlegenden physischen Bedürfnissen gibt uns die Möglichkeit, aber auch die Verantwortung, dasjenige, was wir haben, positiver für unsere eigene Entwicklung und für die Besserung der Lage anderer einzusetzen und diesen zu helfen, über das bloße Existenzminimum hinauszukommen.

Der Transit Neptuns über dieses zweite Haus kann beim Menschen die Frage des persönlichen und sozialen Wertsystems und der daraus resultierenden Haltungen und Philosophien aufwerfen. Dieser Transit kann dazu auffordern, die eigene Lebensrichtung zu überdenken, insbesondere hinsichtlich der Zielsetzungen auf der materiellen Ebene wie auch der inneren Einstellung zu Geld und Ressourcen, und zwar sowohl im persönlichen Sinne wie auch im

Sinne der weiteren globalen Beziehungen. Dies beinhaltet zum Beispiel auch das Problem, daß man äußeren Besitz als Sinn und Sicherheit gebend betrachtet und die persönliche Identität mit dem Besitz statusträchtiger Kultobjekte verknüpft. Wenn man seine »Sicherheit« auf äußere Objekte verlagert, geht man das Risiko der Unsicherheit ein, daß dieses Objekt beschädigt oder gestohlen wird oder abhanden kommt. Neptun geht es darum, den Menschen mit den Konsequenzen seines Wertsystems zu konfrontieren, mit dem konditionierenden Einfluß dieses Systems auf die eigenen Entscheidungen und Lebensoptionen; er fordert dazu auf, eine andere Betrachtungsweise einzunehmen und die eigenen Werte in irgendeiner Weise zu ändern. Oft bleibt es nicht bei der Aufforderung; Neptun zwingt zu einem Umdenken, denn er geht dazu über, diese falschen äußeren Identifikationen aufzulösen und stellt die Auffassung in Frage, daß sich der Wert eines Menschen nach dem Wert seines materiellen Besitzes bemißt.

Durch die Ideale und gesellschaftlichen Einstellungen, die den Westen und seine Kommunikations- und Werbemedien konditionieren, werden wir zur Besitzgier angestachelt, zur Unzufriedenheit mit allem, was wir haben; immer gibt es ein erheblich verbessertes neues Modell, das wir haben müssen, neue technische Fortschritte, durch die die Autos, Videorecorder, Computer und Stereoanlagen immer besser werden. Wir werden angestachelt, mehr und mehr zu wollen, Altes zu ersetzen, die Möbel bald schon uninteressant zu finden, unser Auto zu wechseln; schließlich glauben wir gar, daß der Sinn des Lebens nur im Konsum zu finden ist.

An sich ist Konsum nichts Schlechtes. Die Problematik liegt in der Vergötzung des Konsums als einem sinnvollen Lebensinhalt, wodurch der Schwerpunkt nach außen verlagert wird. Diese Leere im Inneren wird mit immer neuen Objekten und immer neuem Besitz gefüllt; wenn sich Unzufriedenheit einstellt, ist »kaufen, kaufen« das Mantra, das unsere Gesellschaft murmelt. Im Besitz liegt Erfüllung. Ist dieses Besitzenwollen aber nicht schon eine Besessenheit?

Ressourcen sind nicht nur im Äußeren zu finden. Jeder hat innere Ressourcen und Talente, doch liegt in unserer Gesellschaft der Schwerpunkt nicht unbedingt auf persönlicher Entwicklung. Man legt zwar ein Lippenbekenntnis hierzu ab, doch steht dies als Lebensform zur individuellen Entfaltung durchaus nicht im Vordergrund, weil die Schaffung einer Gesellschaft autonomer, schöpferischer, bewußter und eigenständiger Menschen den Status quo gefährden könnte. Deshalb bleibt die Entwicklung vielfach auf gewisse akzeptierte Kanäle beschränkt, die eingängig sind und von den mächtigen etablierten Eliten leicht manipuliert werden können. Die meisten Menschen sind sich über ihren eigenen persönlichen Wert im ungewissen und erkennen vielfach ihre verborgenen Gaben und Potentiale nicht. Eine der wichtigsten Botschaften der Wassermann-Vision ist diejenige des persönlichen Potentials und die Freisetzung von Techniken zur Entfaltung und Zugänglichmachung von verborgenem Potential.

Neptun wirkt als Herausforderung für diese Besitzproblematik und hofft, zu einer Umorientierung und Umverlagerung des Schwerpunkts nach innen ermutigen zu können, so daß man beginnt, diese erfüllenden Qualitäten zu »besitzen«, die in der eigenen Natur liegen. Dies könnte zum Beispiel durch äußere Schwierigkeiten im Zusammenhang mit dem eigenen Vertrauen auf Besitztümer zustande kommen. Es können Geldverluste durch geschäftliche Transaktionen oder durch eine Scheidung eintreten; finanzielle Fehlentscheidungen können zum Zusammenbruch von Firmen mit der Folge von Entlassungen führen. Man muß auf alle Fälle im Zusammenhang mit seinem Vermögen und dem materiellen Besitz wachsam, nüchtern und vorsichtig sein, da man sich sonst selbst künftige Probleme schaffen könnte.

Je nach der Art der Lektion, die man lernen muß, kann man in zwei Extreme bezüglich der Einstellung zu materiellen Werten, Geld und Besitz verfallen. Man kann sich in diesen Dingen noch mehr als zuvor verbinden und die Jagd nach seinen Träumen noch intensivieren. Man ist stark motiviert, möglichst viel Geld zu verdienen, weil man hierin eine Erfüllung erblickt, und man läßt bei diesem Streben möglicherweise auch ethische oder soziale Bedenken außer acht. Das andere Extrem besteht darin, daß man jedes Interesse an materiellen Dingen verliert und das Konsumdenken nicht mehr als Leitmotiv akzeptiert, weil man eine solche Einstellung jetzt als persönlich bedeutungslos betrachtet. Dann kann es geschehen, daß eine Umorientierung nach innen erfolgt. Viel hängt dabei jeweils vom vorhandenen Gleichgewicht des

Menschen und davon ab, wie weit das Wertependel ausschwingen muß, um eine geeignete Konfrontation mit den für den Betreffenden angezeigten Lektionen herbeizuführen. Bei keiner der beiden Extremhaltungen kann man längere Zeit verharren; beide können Probleme schaffen, da keine von beiden eine wirklich gesunde und vernünftige Haltung in der wirklichen Welt ist. Der mittlere Weg zwischen beiden liefert die klarste Schau, da er beide extreme Zustände des Ungleichgewichts vermeidet. Allerdings verzerrt Neptun die Wahrnehmungen und Werte, weshalb es einige Zeit dauern kann, bis Klarheit entsteht.

Zu diesem Zeitpunkt kann es unklug sein, sich auf einem bestimmten sozialen Statusniveau halten zu wollen, insbesondere, wenn die finanzielle Lage angespannt ist, weil auch die Einschätzung der finanziellen Situation den neptunischen Verzerrungen zum Opfer fallen kann. In ähnlicher Weise kann auch die Wahrnehmung des geschäftlichen Potentials beeinträchtigt sein, weil man seine geschäftliche Cleverneß überschätzt. Es könnte ratsam sein, eine objektive Bewertung und Beratung durch unabhängige geschäftliche und finanzielle Berater einzuholen. Vielleicht entdeckt man auch, daß man unfähig ist, die Aktiva optimal zu nutzen, weil man keine klare Zielrichtung hat; man sollte in diesem Fall nichts forcieren und keine unwiderruflichen Entscheidungen treffen, bis man nicht ganz genau weiß, was man vorhat.

Vor allem muß man lernen, in seinem eigenen Wesen nach der Sicherheit Ausschau zu halten, die man in die Welt hineinprojiziert. Man muß seine eigenen verborgenen Schätze ausgraben und wird entdecken, daß in den inneren Welten Reichtümer liegen, die jenseits aller habgierigen Träume liegen, und daß diese innere Schatzkammer das eigene Erbteil ist, das darauf wartet, daß der rechtmäßige Besitzer kommt und es in Anspruch nimmt – man selbst!

Neptun-Transit im dritten Haus

Bei diesem Transit wird man wahrscheinlich feststellen, daß der Intellekt und die mentalen Haltungen sehr stark von mehr sozial orientierten Werten beeinflußt sind. Man nimmt mit wacheren Sinnen die inneren Beziehungen zur Gesellschaft und seine Rolle oder Verantwortlichkeit gegenüber der Menschheit wahr.

Dies kann zu engeren persönlichen Kontakten mit anderen Menschen in der Gesellschaft führen, die sich für das Wohlergehen der Menschheit einsetzen. Es ist ein Schritt hin zu der Bekräftigung, daß man weitergehenden gesellschaftlichen Einfluß haben kann, und daß der einzelne Mensch nicht notwendigerweise passiv und wirkungslos bleiben muß. Hierin kommt in verschiedener Weise die Formel zum Ausdruck, daß »das Persönliche das Politische ist«, daß persönliche Entscheidungen eine tiefer liegende politische Haltung oder Sympathie spiegeln und daß einzelne Menschen kollektive Haltungen beeinflussen können. Es kann ein neues oder neuerwachtes Interesse an solchen Anliegen entstehen; dabei hängt Neptun weniger mit dem Verstand und dem Intellekt zusammen, sondern drückt einen visionären gesellschaftlichen Traum von einem utopischen Leben aus.

Man muß vielleicht darauf achten, im alltäglichen Leben Perspektive und Maß nicht zu verlieren und sich davor zu hüten, aufgrund des Einflusses weitreichender sozialer Probleme Verzerrungen und Illusionen in das verstandesmäßige Denken einzugliedern. Es kann sehr bereichernd und wertvoll sein, Teil nationaler oder internationaler Kampagnen für den sozialen Wandel zu sein, höchst aufregend, sich als Teil von etwas fühlen zu können, das für das Wohlergehen der Menschen notwendig ist; dies kann emotional wie intellektuell sehr befriedigend sein. Grundlegende Veränderungen geschehen allerdings nicht über Nacht; wer in solchen Bewegungen mitarbeitet, muß sich auf einen langen und schwierigen Weg gefaßt machen. Man muß eine Politik der kleinen Schritte betreiben, denn kein einzelner kann die Welt im Handumdrehen verändern. Es kann Zeiten geben, zu denen einzelne in den Vordergrund treten, während sie sich zu anderen Zeiten ein wenig zurückziehen müssen, um sich innerlich neu aufzuladen.

Wenn man unter den neptunischen Einfluß utopischer Träume gerät, kann die Gefahr bestehen, daß man die Fähigkeit des freien und unabhängigen Denkens verliert, der selbständigen Analyse desjenigen, was nötig ist und getan werden muß, insbesondere dann, wenn man sich einer bestimmten Interessengruppe anschließt. Solche Minderheitengruppen oder Pressure-Groups spielen eine außerordentlich wichtige Rolle, wenn es darum geht, die Öffentlichkeit auf weltweite Fehlentwicklungen oder Fehlentscheidungen von Regierungen aufmerksam zu machen. Umwelt-gruppen wie die Grünen und Greenpeace haben die Welt außerordentlich wirksam für die Bedrohung der Umwelt wachgerüttelt. Es kann dabei aber auch geschehen, daß einem »das Denken abgenommen« wird und daß man in die passive Rolle desjenigen gerät, der nur mehr die Ziele eines Vereins nach außen vertritt. Es gibt durchaus spirituelle und okkulte Gruppierungen, die zu dieser Tendenz neigen. »Sei du selbst und denke für dich selbst« – dies sagt sich sehr leicht und liefert einen griffigen Slogan, doch ist es sehr schwierig und manchmal nachgerade unmöglich, dies auch zu praktizieren. Das Ringen darum, dieses Ziel zu erreichen, lohnt sich aber in jedem Fall.

Wenn aber die anfängliche Glut der Begeisterung ein wenig abgekühlt ist, bemerkt man vielleicht, daß das Denken eigentlich recht sprunghaft ist, daß es manchmal inspiriert, dann wieder verwirrt und widersprüchlich ist und sogar Unterströmungen von Angst und Furcht aufweist. Neptun versucht, noch tiefere und subtilere Veränderungen hervorzurufen; die soziale Transformation im Leben des Menschen hat erst begonnen . . .

Man muß sich möglicherweise vor einer Tendenz zur Proselytenmacherei hüten, insbesondere, wenn man zum erstenmal vom »Fieber« der gesellschaftlichen Transformation gepackt ist. Die meisten Menschen überwinden diese Phase, in der sie ihr neues Engagement für eine bedeutende und interessante Sache demonstrativ zur Schau tragen, je mehr es ihnen gelingt, dieses Engagement besser in ihr ganzes Leben zu integrieren, doch könnte es sein, daß man Freunde und Verwandte vor den Kopf stößt, wenn man sein Engagement zu sehr herausstreicht.

Im alltäglichen Leben übernimmt man vielleicht neue Pflichten und Verantwortungen, ob man sie bewußt anstrebt oder nicht, und man wird feststellen, daß einem andere Menschen plötzlich mit neuen Forderungen gegenübertreten, wobei man dann zwischen Pflicht und unbegründeten Ansprüchen unterscheiden muß. In manchen Fällen können Kinder der Gegenstand dieser neuen Verantwortlichkeit sein. Es könnten sich auch Konflikte zwischen der neuen gesellschaftlichen Vision und den Ansprüchen der Familie zu Hause ergeben. Die Gesellschaft und die Welt zu verändern, ist nicht unbedingt eine Aufgabe, die man »draußen« erfüllt; sie kann auch innerhalb der Familie und durch die Erziehung der Kinder geleistet werden. Es gibt viele Wege, sich an der Wassermann-Revolution zu beteiligen; die Opferung der Familie und des häuslichen Lebens gehört nicht notwendigerweise dazu.

Neptun-Transit im vierten Haus

Wenn Neptun in das vierte Haus läuft, wird sich die Empfindung der Permanenz und das Vertrauen in die festverankerten inneren Wurzeln der persönlichen Identität auflösen. Die festen Fundamente, die sich im Laufe der Jahre entwickelt haben und die die Grundlage der inneren Stabilität und Sicherheit bilden, werden brüchig, wenn ihr versprödeter Zusammenhalt unter der Wirkung Neptuns nachzugeben beginnt.

Es kommt dann zu einer Auflösung der »Elternhausstrukturen« in der eigenen Persönlichkeit, derjenigen Haltungen, Überzeugungen, Motivationen und Anschauungen, auf die man durch soziale und elterliche Konditionierung programmiert ist. Es tritt im eigenen Leben eine Erfahrung oder ein Ereignis ein, das den Beginn dieses Prozesses auslöst und spiegelt. In manchen Fällen kann dies eine Krise (Wendepunkt, Zeit der Entscheidungen) in der eigenen häuslichen Umgebung, in der Ehe oder Familie sein. In anderen Fällen mag das auslösende Moment ein Kontakt mit einem mächtigen Ideal oder einer Idee sein, die die bestehenden Strukturen erschüttert, oder ein Kontakt mit einem faszinierenden Menschen, der eine umfassendere Annäherung an die reiche Erfahrung des Lebens verkörpert und dadurch in einem selbst Unzufriedenheit mit der gegenwärtigen Erfahrung hervorruft.

Die Auflösung solcher festgefügter Strukturen kann sehr schmerzhaft sein. Es könnte sein, daß man sein Identitätsgefühl einbüßt. Die alten motivierenden Impulse haben keine Lebenskraft mehr, und man fühlt sich wie eine bloße Schale ohne zusammenhängende Mitte. Es können Gefühle der inneren Ungewißheit, nebulose Besorgnisse und emotionale Ängste und ein innerer Aufruhr auftreten, wenn man von den entfesselten inneren neptunischen Stürmen umhergewirbelt wird; Stimmungen kommen und gehen ohne einen ersichtlichen Grund, und es können Depressionen auftreten, je tiefer man im Schutt der nachgebenden Fundamente versinkt. Manche können das Gefühl haben, daß ihr ganzes Leben in Stücke fällt; sorgfältig errichtete Fassaden des Selbst und des Lebensstils lösen sich auf und verflüchtigen sich wie Träume. Dies ist freilich nur die vorbereitende Phase der neptunischen Transformation. Dies ist der auflösende Teil des alchimistischen Prozesses; so schmerzlich er ist, so notwendig ist er, damit »Blei in Gold verwandelt werden kann«.

Widerstand gegen das Absterben des alten vertrauten Selbst und der alten Lebensstrukturen ist eine verständliche Reaktion, insbesondere, wenn derjenige, dem dies widerfährt, nichts von psychologischen Veränderungen weiß. Dennoch ist dies letztlich ein nutzloses Unterfangen; sich den Absichten der inneren Planetengötter zu widersetzen ist mutig, aber letztlich fruchtlos. Neptun wühlt einfach das Meer noch ein wenig mehr auf, ruft einen noch heftigeren Sturm auf, der den Nachen des Selbst auf noch höhere Wellenkämme emporreißt und in noch tiefere Wellentäler hinabrasen läßt. Wenn sich diese »elterlichen Strukturen« auflösen, beginnt man sich vielleicht zu irgendwelchen idealisierten utopischen Wurzeln des früheren Lebens zurückzuphantasieren, vielleicht in die Kindheit, in der das Leben golden und voller aufregender Verheißungen war und es keine Sorgen oder Verantwortlichkeiten gab.

Dies ist eine Phase, in der man erkennt, daß die alten Fundamente des Selbst und der Identität nicht mehr angemessen oder ausreichend sind. Sie haben nicht mehr die Fähigkeit, eine lebendige und kräftige Empfindung des Sinns im eigenen Leben zu schaffen. Der Einfluß Neptuns besteht darin, daß er diese Erkenntnis mit unausweichlicher Klarheit bringt, daß er die neuen Grundlagen für die möglicherweise auftauchende umfassendere Identität legt, durch die man einen tieferen Sinn und Zweck als einen integralen Bestandteil des Lebens erfahren kann. Diese Phase wird als Anreiz wirken, die eigenen Interessen zu erweitern, dem Leben mehr Tiefe und Dimension zu geben und sich selbst neu zu schaffen. Die Freiheit von auferlegten Denk- und Haltungsstrukturen kann zunächst beunruhigend sein, doch gibt diese Befreiung letztlich die Möglichkeit, mehr sich selbst zu werden, integrierter zu sein.

Es kann eine Suche nach neuen Wegen beginnen. Es gibt eine Vielzahl von Straßen, die man erkunden kann, und es ist erschrekkend zu sehen, wie sehr wir uns während unserer Erdenjahre beschränken. Wir fristen oft freiwillig ein armseliges Dasein mitten in einem überströmenden Leben. Man kann nur hoffen, daß man bereit ist, sich für die Aufnahme neuer Einflüsse, für neue Richtungen zu öffnen. Die Unabhängigkeit des Denkens zu erhalten muß jetzt Vorrang haben. Man muß der Versuchung widerstehen, sich dem ersten Einfluß zu ergeben, der einem einen guten Eindruck macht, nur damit man eine schmerzliche innere Leere ausfüllen kann. Man muß den Fuß in andere Gewässer tauchen und diese gründlich prüfen, bevor man sich näher mit ihnen einläßt; man darf nie vergessen, daß eine Wirkung der neptunischen Schwingung darin bestehen kann, daß sie die Klarheit der Wahrnehmng trübt.

Man kann während dieses Transits Botschaften aus dem Unbewußten empfangen, die auf künftige Pfade verweisen. Es können interessante Träume oder beziehungsreiche und bedeutsame Symbole auftauchen, die lösungsbedürftige Bereiche anzeigen oder neue Richtungen angeben. Der Weg im eigenen Leben wird ausgeschildert sein, doch muß man wach genug sein, um die Wegweiser auch zu erkennen.

Eine größere Empfänglichkeit für neptunische Qualitäten wie Mitmenschlichkeit und Mitleid können helfen, in das Fahrwasser der Zukunft zu steuern. Man kann sich zu so unbestimmten Lebensäußerungen wie Spiritismus, Astrologie und Mystik hingezogen fühlen. Eine extreme Wendung nach innen und ein exzessives Eintauchen in die eigenen Probleme kann zum Rückzug aus dem gesellschaftlichen Umgang führen; eine Wendung nach innen, um seine neue Richtung zu finden, wird dagegen hilfreich sein.

Neptun-Transit im fünften Haus

Während dieses Transits wird der neptunische Einfluß vor allem in den Bereichen der Affekte, der Beziehungen und der Kreativität zu spüren sein. Verzerrungen und Illusionen in den emotionalen Bindungen und im Liebesleben sind wahrscheinlich; möglicherweise muß die eigene Haltung bezüglich der engsten persönlichen Beziehungen transformiert werden.

Das fünfte Haus hat oft mit Liebesdingen und hedonistischen egozentrischen Genüssen zu tun, und es könnte sein, daß man sich jetzt zu solchen Erfahrungen besonders hingezogen fühlt. Die Anwesenheit Neptuns in diesem Haus führt vielfach zu einer Auflösung vorhandener Verhaltensmuster, wodurch eine gewisse allgemeine Unzufriedenheit auftritt. Neptun wirft sein Netz der Verblendungen aus, dringt in die emotionalen oder sexuellen Erfahrungen ein und verleiht ihnen vielleicht den Zug des Ungewöhnlichen oder Extravaganten. Es können plötzliche Vernarrtheiten auftreten, innere Obsessionen oder Phantasien, und es können jene inneren Anima-Animus-Archetypen aktiviert und auf einen geeigneten Empfänger projiziert werden, von dem man dann behext wird. In dessen Augen und Körper scheint eine andere Welt auf, wodurch man in den Bann dieses Menschen und in die Verstrickungen menschlicher Begierden und Leidenschaften gerät. Man fühlt sich wie von einem starken Magneten angezogen und glaubt, keine andere Wahl zu haben. Neptuns Zauberbann ist in der Tat unwiderstehlich.

Wenn man in einer stabilen Beziehung steht, könnte man eine intensivere Öffnung der eigenen Emotionen erfahren, eine neue Dimension der Tiefe, oder es erwachen neue Bedürfnisse und Wünsche. Man muß vielleicht Tendenzen überwinden, einem Partner gegenüber übermäßig besitzergreifend zu sein, damit die gegenseitige Freiheit in der Beziehung gewahrt bleibt. Ein Nebeneffekt des neptunischen Einflusses kann darin bestehen, daß man sich fester an den Partner klammert und ihn als Anker gegen den Sturm der inneren Gezeiten zu benutzen versucht; dies wird oft nicht akzeptiert, was wiederum durchaus in Neptuns subtile Strategie paßt.

Man hat möglicherweise Schwierigkeiten, die eigenen Emotionen zu definieren und zu begreifen, da sie sich unter dem Druck der inneren Verwirrung ständig wandeln. Es kann ein unterschwelliges Gefühl der persönlichen Unruhe und Unzufriedenheit auftreten, wodurch der Blick kritisch auf alle aktuellen Beziehungen gelenkt wird. Dies kann zum Teil in einem Wunsch nach einer idealisierten perfekten Beziehung begründet sein; Neptun kann gelegentlich mehr oder weniger unmögliche Träume stimulieren, die man wegen ihrer Realitätsferne auf dieser Ebene kaum Wirklichkeit werden lassen kann, die aber doch faszinieren. Dies hat zur Folge, daß man ständig Ausschau hält, aber seine Emotionen vor einer wirklichen Bindung an einen anderen Menschen zurückhält, weil man hofft, daß die Erfüllung nicht mehr weit sein kann.

Man erkennt vielleicht, daß man dasjenige, was man hat, nicht zu schätzen weiß, und daß man seinen Partner nicht aus ganzem Herzen liebt. Dabei verspürt man ein schmerzliches Verlangen nach Liebe, fürchtet aber, dies zu offenbaren, solange man nicht ganz davon überzeugt ist, daß die Liebe erwidert und geschätzt wird. Man erwartet gewissermaßen von anderen, was man ihnen selbst nicht gewähren will. Dabei ist man selbst derjenige, der lernen muß, jene Form selbstloser opferbereiter Liebe aufzubringen, die man von einem Partner erwartet und verlangt.

In dieser Phase treten oft Illusionen in der Wahrnehmung der Beziehungen auf. Die Bewertung der eigenen Bedürfnisse kann verzerrt sein, weshalb man sehr sorgfältig auf übertriebene und unrealistische Erwartungshaltungen achten sollte, da man sich dadurch um die Chance einer erfolgreichen Beziehung bringen kann. Grundsätzlich bietet Neptun die Chance, das emotionale Leben und die Erfahrungen durch eine Reinigung von solchen Haltungen und Illusionen zu transformieren und gibt die Möglichkeit gesünderer und im Intimsten befriedigenderer Beziehungen, die eine reale Basis haben.

Bei diesem Transit fühlt man sich besonders stark zu ausgeprägt neptunischen Erfahrungen hingezogen – Musik, Theater, Film, Mystik, Astrologie, ideale Liebesbeziehungen – und ist versucht, mit den Sinnessensationen von Drogen oder anderen Stimulantien zu experimentieren. Sie öffnen Türen in »alternative Welten« und beinhalten das Potential des Vergessens wie auch der Bereicherung, wenn diese bunteren Alternativen aus Phantasiereichen in die aktuelle Realität eindringen. Der ambivalente Einfluß solcher Wirkungen äußert sich bei jedem Menschen anders; viele benutzen solche Neigungen als Mittel, der Konfrontation mit unterentwickelten Bereichen in ihrem eigenen Leben auszuweichen, indem sie sich in eine reichere Bilderwelt und phantasievolle Träume begeben. Manche geraten auf den Irrweg des Drogenmißbrauchs; sie suchen Vergessen und ertrinken in den Tiefen ihrer eigenen inneren Meere, werden zu Opfern der neptunischen Wasser, die über ihrem Kopf zusammenschlagen. Manchen gelingt es, die Farbigkeit und Vitalität der kreativen Imagination erfolgreich zu integrieren und sich so durch magische Rituale und innere »Pfadarbeit« auf den Weg der Selbstentwicklung zu bringen. Wie bei allen Geschenken der Götter, ist das Potential zum Guten ebenso groß wie das mögliche Desaster, wenn man sie mißversteht und mißbraucht. Die Menschheit wird freilich oft nur durch Schaden klug.

Neptun-Transit im sechsten Haus

Neptun fühlt sich im sechsten Haus nicht besonders behaglich, da in diesem Bereich die irdischen Lebensaufgaben ein zu starkes Übergewicht haben. Thema des sechsten Hauses ist das Wirken des einzelnen Menschen im Gesamtzusammenhang der ihn umgebenden Welt. Im Gegensatz zum fünften Haus, das persönlicher, selbstzentrierter und schöpferischer ist, oder auch zu der Betonung der intimen Partnerschaftlichkeit in Beziehungen des siebten Hauses, betrifft das sechste Haus den Dienst im sozialen Bereich. In diesem erdverhafteten Zusammenhang kann die neptunische Stimmung nicht gut gedeihen.

Dieser Transit führt den Prozeß der Transformation der eigenen emotionalen Natur fort, und Neptun versucht jetzt, die selbstsüchtigeren Einstellungen bezüglich der Arbeit und des Dienstes an der Gesellschaft als ganzer aufzulösen. Es können Erfahrungstypen auftreten, durch die man mit der Forderung konfrontiert wird, grundlegende Bedürfnisse anderer zu befriedigen. Man ist aufgefordert, über den eigenen Tellerrand hinauszublicken und sich anderen Menschen zuzuwenden, die Unterstützung brauchen. Dies kann innerhalb des engeren Rahmens der Familie sein, wobei man durch die familiäre Verpflichtung und die gemeinsame gegenseitige Verantwortlichkeit sich um jemanden kümmern muß, der krank wird, vielleicht ein Partner oder ein betagter Elternteil. Da Neptun oft als Teil des Transformationsprozesses irgendeine Art von Opfer verlangt, kann eine solche zeit- und energieaufwendige Verpflichtung verlangt werden, auch wenn dies den persönlichen Planungen zuwiderläuft.

Neptun kommt mit dem jungfrauhaften sechsten Haus nicht zurecht und gerät mit den natürlichen Eigenarten dieses Hauses aneinander. Die Tendenz Neptuns ist es, aufzulösen, damit eine Reintegration stattfinden kann, während das jungfrauhafte sechste

Haus bestrebt ist, alles mit festeren Strukturen und Klassifikationen zu versehen, um das Leben in einem analytischen Prozeß in einzelne »Schubläden« zu kategorisieren. Vermutlich erlebt man jetzt diesen Konflikt in sich selbst; ein Teil möchte vor den Anforderungen der irdischen Lebensdisziplinen in ein undefiniertes nebulöses Reich der Freiheit fliehen, während ein anderer Teil gerade versucht, durch feste Strukturen, Konformität und Vorhersagbarkeit in der Lebensweise Stabilität zu schaffen. Nach welcher Seite das innere Pendel ausschwingen wird, hängt von der allgemeinen Tendenz des eigenen Geburtsbildes ab. Viele, die auf die Wassermann-Vision ansprechen, ziehen es vor, dem Meeresrauhen Neptuns zu folgen, sich den beengenden Fesseln irdischer Forderungen zu entziehen.

Es könnte sein, daß eine solche innere Reibung zu Phasen schlechter Gesundheit führt – eine Folge psychosomatischer Reaktionen auf die Belastungen, die beim Durchgang Neptuns durch diese Sphäre entstehen. Man sieht sich vor der Notwendigkeit, sich mit der Gesundheit, dem Wohlbefinden und der Integration des ganzen Leib-Gefühle-Seele-Komplexes auseinanderzusetzen, möglicherweise durch eine Umorientierung der eigenen Haltungen und des Lebens hinsichtlich des Berufs und des Dienstes am Nächsten. Die innere Beziehung zum eigenen Beruf könnte zu dieser Zeit zerbrechen, entweder durch »äußere« Ereignisse wie zum Beispiel Arbeitslosigkeit, Firmenübernahmen, fehlende Aufstiegsmöglichkeiten und den damit verbundenen Verlust an Arbeitsfreude und Motivation, oder indem man überhaupt das Interesse an seiner Tätigkeit verliert, weil man den Beruf innerlich »an den Nagel hängt« und man keine Beziehung mehr zu ihm hat. Dadurch bekommt man das Gefühl, gestrandet zu sein, an einer unwirklichen Insel an Land gespült worden zu sein, auf der man keine Heimat findet und man nicht weiß, woher die Rettung kommen soll. Man sehnt sich vielleicht nach einer anderen Tätigkeit oder möchte eine andere Laufbahn einschlagen. Auf alle Fälle ist die Sphäre des Berufs nachhaltig betroffen, da Neptun feste Bindungen auflöst.

Dies kann sich auch in der Form äußern, daß man einen Drang zum selbstlosen Dienen verspürt und sich möglicherweise einer Tätigkeit zuwendet, die spirituellen Zielen dient. Man kann dienen, indem man weltliche, aber wichtige Arbeiten zu Hause übernimmt, oder um »Gottes Lohn« arbeitet. So könnte man zum Beispiel unter neptunischem Einfluß große Befriedigung dabei empfinden, für eine internationale Wohltätigkeitsorganisation eine einförmige geistliche Tätigkeit zu verrichten, während eine ähnliche Arbeit für eine Industriefirma keineswegs befriedigt. Der Unterschied liegt im visionären Ideal der Nächstenliebe, das den neptunischen Mitleidsempfindungen entgegenkommt und einem das Gefühl gibt, daß die eigene Arbeit wertvoll, wichtig und persönlich sinnvoll ist.

Es könnte dadurch eine Änderung eintreten, daß man jegliche Art von Hilfe, die man anderen geben kann, als befriedigend empfindet, und daß man immer zur Verfügung steht, wenn irgendeine Aufgabe Handeln erfordert. Wenn man in eine solche Richtung geht, kann man entdecken, daß gewisse alte Haltungen transformiert werden und daß der Neptun-Einfluß allmählich zu einer toleranteren und mitleidsvolleren Haltung hinführt. Es können neue Aspekte der eigenen Natur aufbrechen, Eigenschaften, die das Leben anderer bereichern, Talente, die hilfreich sind; wenn man sich bezüglich seiner Fähigkeit und Bereitschaft zu helfen keinen Illusionen hingibt – die aus einem egozentrischen Standpunkt entstehen würden –, dann kann man einen weiteren Schritt hin zur Verwirklichung der persönlichen Ideale tun, und dies wäre die Richtung, in der man Erfüllung finden kann.

Neptun-Transit im siebten Haus

Wenn Neptun in das siebte Haus eintritt, besteht die Notwendigkeit, sich durch gesellschaftliche und enge persönliche Beziehungen wieder mehr an andere Menschen anzuschließen. Wenn es beim Transit über das sechste Haus um die Geburt einer unpersönlicheren Ebene sozialen Dienstes ging, steht bei diesem Transit mehr die Qualität und der Wert der eigenen Beziehungen im Vordergrund, insbesondere die Frage, inwieweit sie befriedigender Ausdruck der eigenen neptunischen Ideale sind. Dies beinhaltet eine Intensivierung und Vertiefung des eigenen Bewußtseins für andere, und zwar sowohl in der engen intimen Partnerschaft der Ehe und Familie wie auch in bezug auf die Menschheit im allgemeinen. Wie verhält man sich anderen Menschen gegenüber? Welche konditionierenden Haltungen pflegt man? Sind es rassistische, sexistische, herablassende, antagonistische und antisoziale Haltungen, oder sind sie zusammenführend, kooperativ, freundschaftlich, unterstützend und ausgeprägt konstruktiv?

Im unmittelbaren Kontext können sich Situationen und Umstände entwickeln, die die Aufmerksamkeit darauf lenken, wie man mit anderen Menschen umgeht. Dadurch empfängt man die Anregung, tiefer zu blicken, zu prüfen, inwieweit die eigenen Beziehungen befriedigend sind, zu fragen, ob sie ihren Zweck erfüllen und ob nicht bestimmte Änderungen sie verbessern könnten, und zu untersuchen, ob Veränderungen in der eigenen Haltung nicht positive Ergebnisse haben könnten und für alle Beteiligten nutzbringend wären. Es wäre wohl sehr ungewöhnlich, wenn jemand aufrichtig von sich behaupten wollte, daß seine Beziehungen nicht in dieser oder jener Hinsicht verbesserungsfähig wären, und er würde wohl mit Recht kaum Glauben finden.

Wer aber seine Beziehungen in einem so unerbittlichen Licht zu sehen vermag, hat allerdings schon eine gewisse Einsicht in die Beschränkungen einer jeden Beziehung und ist fähig, sie leidenschaftslos zu prüfen. Dies kann immer noch schwierig sein, weil egozentrische Wahrnehmungen ins Spiel kommen und der neptunische Einfluß die Klarheit verzerren kann. Möglicherweise wird man durch die Umstände gezwungen, einen genauen Blick auf die engste Partnerbeziehung zu werfen; dies könnte durch die neptunische Unzufriedenheit geschehen oder das Nachlassen einer wirklichen Verbundenheit mit einem Partner, wenn die Leidenschaft und die gegenseitige Attraktion schwinden. Ein solcher analytischer Prozeß kann recht unpersönlich erscheinen, doch kann er, wenn man es richtig anpackt, sehr wertvoll sein, weil man dadurch mehr Klarheit und Einsicht in den ganz persönlichen Lebenszweck und die ganz persönlichen Zielsetzungen gewinnt.

Neptun könnte das eigene innere hohe Ideal der Liebe reaktivieren, das Ideal jener vollkommenen Romanze, die absolut erfüllend und befriedigend ist, perfekt auf der sexuellen, emotionalen, mentalen und möglichst sogar noch der spirituellen Ebene. Es ist durchaus nicht ausgeschlossen, daß die derzeitige Beziehung diesem Ideal nicht entspricht und deshalb als relativer Fehlschlag erscheint, doch könnte man sich hierin auch täuschen. Es ist ein Trugschluß zu glauben, daß die Kirschen in Nachbars Garten immer etwas köstlicher sind. Ganz gewiß könnte man die eigene Beziehung noch verbessern. Warum sollte man nicht auf seiner Seite der Partnerschaft damit beginnen? Man versuche, die Beziehung dem Ideal etwas näherzubringen und zugleich besser auf die Bedürfnisse des Partners abzustimmen. Man strebe danach, zuerst sich selbst zu ändern, statt darauf zu bestehen, daß der Partner derjenige ist, bei dem sich zuerst etwas ändern muß.

Die Triebfeder hierfür sind Gefühle der Ungewißheit und Unsicherheit in den eigenen Beziehungen, insbesondere, wenn man bereits eigene Aspekte nach außen auf den Partner projiziert hat, Wesenselemente, die man bisher nicht in seine eigene Natur integriert oder akzeptiert hat. Dies kann dazu führen, daß man seine eigene Kraft und Sicherheit nur aus dem Partner bezieht und daher von ihm abhängig ist. Hieraus kann eine Verwirrung bezüglich der Motive oder Absichten des Partners entstehen, weil dasjenige, was man wahrnimmt, eine seltsame Mischung aus diesen Motiven und zurückgespiegelten eigenen projizierten und nicht integrierten Aspekten ist. Man muß diese projizierten Aspekte zurücknehmen und in sich selbst entwickeln, damit man »ganzer« wird.

Es können gegenseitige Mißverständnisse auftreten, und man kann das Gefühl haben, daß sich etwas in der engsten Beziehung ändert, oder daß sich etwas ändern muß, wenn die Beziehung Bestand haben soll. Da Neptun daran arbeitet, alte Strukturen aufzulösen, um neue, lebenskräftigere Verhaltensweisen zu schaffen, könnte es nützlich sein, in einen Prozeß der Analyse und Bewertung einzutreten, durch die man gezwungen wird, einen kritischen Blick auf die eigenen Beziehungen zu werfen und einen Kontext zu schaffen, aus dem man mehr Sinn, Richtung und Klarheit gewinnen kann. Wenn dies gelingt, wird man sich ergebende Möglichkeiten in ihrem ganzen Umfang und in einer Weise nutzen können, die für einen selbst wie für andere vorteilhaft ist. Es ist möglich, daß bei diesem Transit eine radikale Änderung in den eigenen Haltungen und in der Art eintritt, wie man Beziehungen ausdrückt. Wenn diese Änderungen positiv und kreativ orientiert sind, kann dies zu einer neuen Lebensdimension führen, weil sich plötzlich Beziehungen anbieten, die man erkunden und genießen kann.

Im weiteren gesellschaftlichen Kontext muß man möglicherweise Vorsicht im Umgang mit Geschäftspartnern walten lassen, da Neptun eine Anfälligkeit für Versprechungen oder Vorspiegelungen bewirkt und es geschehen läßt, daß man mangels eines kritischen Bewußtseins auf Betrügereien hereinfällt, weil man das Gespinst der Täuschung nicht durchschaut. Man muß ein waches Auge auf alle Tendenzen haben, Verblendungen zu erliegen, da man sonst die Erfahrung machen muß, daß sich ein Mangel an Kritik und Einsicht rächt.

Neptun kann zur Selbstaufopferung geneigt machen. Natürlich gibt es viele, die sich solche Tendenzen bei anderen Menschen gerne zunutze machen. Man sollte zwar anderen helfen, wenn sie in Not sind, doch sollte man auch darauf achten, daß man sich nicht durch unbedingte Unterwerfung zum passiven Sklaven macht, der sich ausnützen läßt. Damit ist letztlich niemandem gedient. Man sollte Hilfe anbieten, damit andere sich selbst zu helfen lernen; auch sie haben im Leben eine Lektion zu lernen, und manchmal nimmt man ihnen gerade durch übermäßige Hilfsbereitschaft die Chance, sich selbst etwas zu erarbeiten. Menschen beizustehen kann eine unendliche Aufgabe sein, durch die man sich möglicherweise selbst rasch verschleißt. Hilfe zur Selbsthilfe ist eine langsamere, aber dafür um so wirksamere Vorgehensweise. Man darf nicht vergessen, daß es Neptun bei diesem Transit auch darum geht, Klarheit in Beziehungen zu schaffen. Wenn man sich in den Abgründen des Leidens der Welt verliert, ist damit niemandem gedient; Klarheit dagegen hilft, die positivsten und kreativsten Seiten der eigenen Beziehungen herauszuarbeiten, und hierin liegt die Chance eines Nutzens und einer Heilung für alle Beteiligten.

Neptun-Transit im achten Haus

Bei diesem Transit bewegt sich Neptun durch eine Sphäre, die eng mit Sexualität, Tod und Wiedergeburt zu tun hat und dadurch außerordentlich starke Kräfte anrührt, die den Kern des Lebens und der eigenen Natur ausmachen. Vielen Menschen fällt es schwer, Sexualität und Tod – die beiden Pole der Daseinsenergie –

als wesentliche Aspekte des Lebens ganz zu integrieren. Beide Aspekte rangieren im Bereich des Tabus: die Sexualität durch eine nicht integrierte gesellschaftliche Abwehrhaltung, der Tod als eine praktisch inakzeptable und peinliche Tatsache der menschlichen Hinfälligkeit. Der Gedanke der Wiedergeburt ist in den Gesellschaften der westlichen Länder nicht wirklich akzeptiert, – während in vielen östlichen Ländern die Philosophie der Reinkarnation gilt –, und dies wurde jahrhundertelang als Mittel der gesellschaftlichen Kontrolle eingesetzt. Die potentielle Wiedergeburt des achten Hauses betrachtet man am besten nicht als Wiedergeburt nach dem Leben, sondern als eine Verwandlung und als persönliches Wachstum in diesem Leben. Dieses Leben ist schließlich das einzige, von dem wir mit absoluter Sicherheit etwas wissen, und eine Mañana-Philosophie ist letztlich doch nicht befriedigend. Irgendwann erkennt man, daß Morgen niemals ist – es ist immer Heute. Freilich kann man manche Menschen auch mit seligen Träumereien darüber glücklich machen, wie herrlich morgen alles sein wird, sofern sie nicht aus Unzufriedenheit Ärger machen und dadurch mehr »negatives Karma« anhäufen.

Es ist die Natur Neptuns, Grenzen und Beschränkungen zu sprengen und die einengende Empfindung der Getrenntheit aufzulösen. In diesem achten Haus kann sexuelle Aktivität einer der Kanäle sein, derer er sich bedient, das heißt man erfährt die Verbindung und Verschmelzung mit einem anderen Menschen, mit seinem Sexualpartner. Manchmal können Menschen nur durch Sex zu einer Erfahrung des Verlustes der Steuerung gelangen, zu einer leidenschaftlichen Hingabe an die Intensität des Augenblicks im Kontakt mit jenen mächtigen Energien der Sexualität. Die physische Aktivität schließt aber einen ganzen Komplex persönlicher Reaktionen auf verschiedenen Daseinsebenen ein: emotionale, physische und mentale Reaktionen, aus denen eine Vielzahl individueller Bedürfnisse, Wünsche und obsessiver Verhaltensmuster hervorgeht.

Für manche Menschen kann der neptunische Drang, Beschränkungen zu durchbrechen, zu einer Intensivierung des Geschlechtstriebs führen, der die Persönlichkeit zu dominieren beginnt und den Lebensstil verändert, indem man zum Beispiel mehrere Partner hat oder danach strebt, sich in immer mehr gesteigerter sexueller Intensität zu verlieren. Bei anderen Menschen kann Neptun die persönliche sexuelle Ausrichtung verwirren, indem man sich mehr auf sein Inneres konzentriert, was zu einer Neubewertung der sexuellen Identität und in manchen Fällen vielleicht auch zu einer wachsenden Ablehnung der persönlichen sexuellen Bedürfnisse führt, insbesondere, wenn bestimmte religiöse Ideale an Einfluß gewinnen.

In den intimen Beziehungen werden Verwirrungen und Täuschungen auftreten, und es könnte sein, daß man jetzt Mühe hat, seiner Emotionen Herr zu werden, insbesondere, da Neptun über ein Wasserhaus geht. Man neigt möglicherweise dazu, von seinen Beziehungen zuviel zu erwarten und die Einhaltung irgendeines Idealzustandes zu fordern. Wenn man dem Partner die Last aufbürdet, die eigenen Erwartungen zu erfüllen, während man selbst vielleicht zu passiv ist und wenig zum Gelingen der Beziehung beträgt, könnte man sich vielleicht bald mit zorniger Ablehnung konfrontiert sehen.

Die Absicht Neptuns ist es, daß man mehr über die eigene geschlechtliche Natur in Erfahrung bringt und sie in sein Gesamtwesen integriert, statt sie an der Peripherie auf Distanz zu halten und ihr nur periodisch Ausdruck zu gestatten. Die Integration dieser Energie kann zu einer Durchdringung des ganzen Wesens mit persönlicher Kraft führen, wobei alle Ebenen sensibilisiert werden und man zu einer sinnlicheren Lebenserfahrung gelangt, die mehr Vitalität und Gesundheit bringt. Neptun wird die anderen Dimensionen und Tiefen aufzeigen, zu denen man durch seine geschlechtliche Natur Zugang hat, wodurch diese vielleicht verfeinert wird, so daß man jene subtileren, höheren Schwingungsebenen wahrnimmt.

Der Tod ist eine Lebenstatsache, die wir möglichst lange vermeiden und umgehen, da mit ihr das Dasein und unsere Träume enden, oder jedenfalls das einzige Leben, von dem wir definitiv etwas wissen. Bei diesem Transit kann es zu einer Begegnung mit dem Tod kommen; vielleicht muß man lernen, sich in Unvermeidliches zu schicken. Die Erfahrung des Verlustes trennender Grenzen und das Eintreten in das neptunische Reich ist eine sehr reale und starke Erfahrung des »Todes im Leben«. Immer wieder endet etwas in unserem Leben und beginnt etwas neu; dies sind alles kleine Tode und Wiedergeburten, wie zum Beispiel der Abgang von der Schule und das Eintreten in das Erwachsenenalter, das Scheitern von Ehen und die Aufnahme neuer Beziehungen. Weil Neptun danach strebt, durch die Auflösung hemmender Schranken ein umfassenderes Leben zu erfahren, kann der Tod die Durchgangspforte zur Befreiung sein. Den Tod zu akzeptieren kann ein persönliches Leben intensivieren, indem man sich von allem Unwesentlichen trennt und aufhört, seine Zeit zu vergeuden, wodurch eine völlig neue und radikale Transformation des Wesens und der Lebensführung eines Menschen eintreten kann. Dies könnten die Wirkungen einer positiven Integration sein. Eine negative Reaktion auf innere Veränderungen und Impulse kann die Entwicklung selbstzerstörerischer Phantasien sein, die Wiederaufrichtung von Schranken und die Leugnung eines größeren Lebens. Es kann zu morbiden Depressionen kommen, und der Mensch zieht sich tiefer und tiefer in die inneren Wasser zurück und unterwirft sich der Gegenwart Neptuns als Opfer. Der Gott erwartet immer ein gewisses Opfer, aber niemals die völlige Selbstaufopferung; damit mißversteht man die Natur des geforderten Todes. Wer sich auf diesen Weg begibt, kann auf die trügerischen Auswege des Alkohols und der Drogen verfallen, Auswege, die ihn ruinieren und ihn in den Strudel immer tieferen Niedergangs und immer größeren Leids reißen.

Das achte Haus hat daneben mit Geld, Finanzen und Erbschaften zu tun. Man sollte im Umgang mit Geld hinsichtlich finanzieller Verpflichtungen, die man eingeht, vorsichtig sein, da man getäuscht oder schlecht beraten werden kann oder man jetzt seine wirkliche Lage falsch einschätzt. Manche geraten in Rechtsstreitigkeiten, die in irgendeiner Form mit einer Erbschaft zusammenhängen. Möglicherweise zieht man Nutzen aus einer Erbangelegenheit, entweder indem einem Geld oder Grundbesitz aus einer Erbschaft zufällt oder indem eine solche Erbschaft in naher Zukunft zu erwarten ist. Man sollte auf Klarheit und Wachsamkeit hinsichtlich der eigenen Ideen und Werte achten, insbesondere im Zusammenhang mit Geschäften und Beziehungen, wobei man in allen Partnerschaften nach größerer Produktivität streben sollte. Man darf sich keine Leichtgläubigkeiten leisten und sollte die eigenen Beziehungen realistisch betrachten, vor allem auch die eigene Erwartungshaltung gegenüber anderen. Man muß sicherstellen, daß in der Ehe oder in der intimen Partnerbeziehung wirkliche Liebe und Kommunikation herrschen, damit man nicht eines Tages feststellen muß, daß die genannten Rechtsstreitigkeiten und finanziellen Probleme sich als Folge einer sich auflösenden Beziehung ergeben.

Neptun-Transit im neunten Haus

In dieser Phase erfährt man einen neptunischen Einfluß auf den eigenen Verstand und die eigenen Glaubensstrukturen, deren bisherige Festigkeit aufgeweicht wird. Man fühlt sich verwirrt und unsicher bezüglich der Gültigkeit der eigenen Glaubensvorstellungen und Haltungen, der persönlichen Werte und der etablierten religiösen Überzeugungen, insbesondere derjenigen, die unbewußt aufgenommen und durch soziale oder elterliche Konditionierung verinnerlicht wurden. Neptun weckt Zweifel; dies kann durch ein Ereignis in der äußeren Welt ausgelöst werden, durch das man erheblich beeinflußt wird. Neptuns Plan ist es, durch Einleitung eines Prozesses innerer Fragestellungen dem Menschen die Chance zu geben, die Einsicht und die Wahrnehmung der Tiefen des Lebens zu vertiefen. In dieser Weise macht sich die neptunische Tendenz zur Auflösung starrer Schranken bemerkbar, und es ist gut, daß dies geschieht, weil der Geist dazu neigt, sich mit bestimmten Funktionsmodi zufrieden zu geben, immer wieder dasselbe Programm abzuspulen, wodurch es letztlich zu einer geistigen Stagnation kommt. Neptun untergräbt die Gewißheit, daß man sich jetzt »genug geplagt« hätte, und erregt Unzufriedenheit, ein vages Mißbehagen und verwirrende Träume, um den Menschen aus seiner Gewißheit und Behaglichkeit zu reißen.

Es könnte jetzt ein Schlaglicht darauf fallen, daß der persönliche Lebenssinn und der Wert der Beziehungen unter einem neuen Blickwinkel betrachtet werden müssen, insbesondere im Hinblick auf die idealen Maßstäbe, die man im Umgang mit anderen Menschen anlegt. Die Fähigkeit, Urteile zu fällen, könnte beeinträchtigt sein, möglicherweise dadurch, daß man entschlußunfähig wird oder sich entweder auf allgemeingültige gesellschaftliche Haltungen oder allgemeingültige religiöse und moralische Überzeugungen verläßt. Man entscheidet jetzt vielleicht weniger aus dem eigenen individuellen Licht, sondern hauptsächlich konform mit einer bestehenden Gruppenhaltung. Da dies ein Bereich ist, der von Neptun transformiert werden muß, kann sich der Rückzug auf bestehende Strukturen in einer sich ändernden Situation als unzureichend erweisen. Man muß sorgfältig darauf achten, in welcher Form sich diese Tendenz äußert, da eine starre Haltung in vielen Situationen völlig unangemessen ist und möglicherweise nur um so größere Probleme schafft.

Durch die Bereitschaft sich zu ändern oder die Anerkenntnis einer inneren Forderung, dies zu tun, erblickt man Erlösung und Heil oft in Glaubenssystemen. Man sucht nach einer idealen Philosophie, Religion oder einem spirituellen Weg, durch den man sich mit etwas Höherem verbinden kann, als man selbst ist. Es könnte der Wunsch auftreten, sich für ein bevorzugtes Ideal zu opfern. Umgekehrt kann auch eine Auflösung alter Ideale auftreten, da Neptun vorhandene Bindungsstrukturen an eine bestehende Religion oder ein bestehendes Ideal zerbricht; durch eine tiefgehende Desillusionierung entzieht er einem solche Stützen und läßt einen haltlos zurück, so daß man doch sein eigenes inneres Licht suchen muß und sich nicht mehr im abgespiegelten Licht der Glaubensstruktur einer Gruppe behaglich einrichten kann.

Man könnte sich zu umfassenderen Theorien, Haltungen, Werten und Ideen hingezogen fühlen und eine Tendenz zu ungewöhnlichen und psychischen Phänomenen haben. Was jetzt geschieht, ist eine Dehnung der eigenen Lebenswahrnehmung, wodurch man die Freiheit gewinnt, neue Reiche zu erkunden und die innere Intention Raum erhält, die grundsätzliche geistige Einstellung gegenüber dem Leben zu revidieren. Man wird letztlich feststellen, daß Entwicklungen eingetreten sind, die zwar die bisherigen Strukturen zur Grundlage haben, diese aber zu neuen Horizonten geöffnet haben, die umfassender, persönlicher und für einen selbst bereichernder sind.

Es könnte jetzt die Entscheidung fallen, ein Studium in irgendeiner Form in Angriff zu nehmen, auch wenn man noch nicht genau weiß, zu welchem Zweck es dienen soll. Der physische Horizont kann durch Auslandsreisen erweitert werden, wodurch der Blick und der Geist für fremde Kulturen und gesellschaftliche Strukturen frei wird und man lernt, über den eigenen Kirchturm

hinauszublicken. Man begegnet jetzt vielleicht Leuten mit ungewöhnlichen und ausgefallenen Ideen, die einen Beitrag dazu leisten
können, daß man eine neue Richtung findet und sich eine neue
persönliche Weltschau aufbaut.

Dies kann potentiell eine sehr positive Phase sein, in der man die
Grundlagen für künftige Erkundungen und Entdeckungen in seinem Leben legt, in der man die Freiheit zu einer größeren geistigen
Unabhängigkeit erlangt – dies im Gegensatz zur allgemeinen Tendenz, die vorgegebenen gesellschaftlichen Haltungen und Werte
ohne bewußte und individuelle Wertung unterwürfig zu übernehmen und nachzuahmen.

Neptun-Transit im zehnten Haus

Beim Transit Neptuns über das zehnte Haus, das Haus des Berufs,
des öffentlichen Ansehens und der sozialen Geltung, wird sich
unter anderem erweisen, wie erfolgreich man die neptunischen
Lektionen früherer Phasen gelernt hat. Man wird mit mehr äußerlichen Resultaten konfrontiert, durch die man etwas über seinen
persönlichen »Wert« im Kontext der weiteren sozialen Gemeinschaft erfährt. Dies beinhaltet sowohl eine Kulmination der bisherigen Anstrengungen wie auch eine Konfrontation mit den Konsequenzen früherer Entscheidungen und Handlungen.

Hiermit könnte ein wachsender persönlicher Einfluß entweder
in einem öffentlichen Amt oder im Beruf verbunden sein, und man
könnte zum Sprecher eines öffentlichen Anliegens oder einer Ini-
tiative im sozialen, politischen oder religiösen Bereich werden.
Dies dürfte vom eigenen bisherigen Fortschritt, dem bisher Erreichten und davon abhängen, inwieweit man die eigene Geltung
und Effektivität richtig einzuschätzen vermag.

Wenn man hier Illusionen hat, dann ist es wahrscheinlich, daß
während dieses Transits Umstände eintreten werden, durch die
man hierüber aufgeklärt wird. Es könnte schwierig sein, den individuellen Wert für die Gesellschaft richtig wahrzunehmen und
einzuschätzen, und vielfach besteht eine natürliche Neigung, den
möglichen persönlichen Beitrag zu überschätzen oder zu leugnen.
Selbstüberschätzung gerät zum Komplex der Inflation des Ich, ein
Einfluß, dem jeder in unterschiedlichem Maße unterworfen ist.

Die Frage ist, wie lange dies Bestand haben kann, da andere hierfür meist ein sehr feines Gespür haben, während es in der Selbstwahrnehmung ein blinder Fleck ist.

Dieser Transit intensiviert entweder die Entwicklung der eigenen »Geltung und Bedeutung« durch die Erzeugung von Situationen, die einen raschen Fortschritt ermöglichen, oder er durchkreuzt gerade das Fortschreiten durch Hervorbringung von Situationen, in denen man wie vor einer Betonwand steht. Auf alle Fälle steht jetzt der persönliche berufliche Aufstieg oder ein bewußtes Arbeiten am eigenen Leben auf der Tagesordnung. Wenn ein Fortschritt eintritt, muß man möglicherweise darauf achten, daß man rasch zu einer korrekten Perspektive und Selbsteinschätzung gelangt, damit es nicht zu einer Inflation des Ich kommt, durch die ein positiver Schritt vorwärts in negative Auswirkungen auf einen selbst und andere umschlägt. Wenn ein scheinbares Scheitern auftritt und man vor besagter Betonwand steht, sollte man bemüht sein, dies zu akzeptieren und zu erkennen versuchen, worin die bevorstehende Lektion besteht, und ob man insbesondere nicht in bezug auf den bisherigen Erfolg an einer Inflation des Ich gearbeitet hat.

Dieses Scheitern kann in vielerlei Hinsicht sehr heilsam sein, wenn man dadurch den Impuls empfängt, sich selbst und seine Illusionen, seine Haltungen, Werte und die Lebensrichtung zu prüfen. Ein solcher Prozeß kann einen beträchtlichen Wandel zur Folge haben oder sogar den Beginn einer neuen Lebensform markieren. Wenn sich später während dieses Transits infolge einer solchen Neubewertung der Erfolg einstellt, wird man besser darauf vorbereitet sein, mit ihm in einer reiferen und realistischeren Art umzugehen.

Es kann eine Konfrontation mit dem gegenwärtigen Beruf und den aktuellen Lebenszielen auftreten sowie eine Desillusionierung hinsichtlich der beruflichen Stellung oder des sozialen Status. Neptun könnte hier den Impuls geben, das Heil in einem passenderen Beruf oder im Dienst an anderen in der Gemeinschaft zu suchen. Es könnte in dieser Phase sehr wichtig und ein wesentlicher Bestandteil der weiteren Reintegration sein, den richtigen Ausdruck für die tatsächlichen eigenen Bedürfnisse und Talente zu finden. Manche fühlen sich zu einem höheren Ideal hingezogen und möchten ihre eigene getrennte Identität freiwillig einer hohen Vision opfern; sie versuchen Prinzipien zu verwirklichen, die für sie persönlich außerordentlich bedeutungsvoll und wichtig sind. Manche Menschen mit gesellschaftlicher Macht könnten sich übernehmen und die Aufmerksamkeit der Götter für ihre egozentrischen Haltungen fordern; sie lösen vielleicht durch vermeidbare Skandale und Indiskretionen Krisen aus, die ihren Sturz herbeiführen und ihnen ihre gesellschaftliche Macht rauben.

Man sollte es vermeiden, Problemen durch eine Flucht in die Traumwelt der Illusionen und des Idealismus auszuweichen, da man durch beides daran gehindert wird, sich den Herausforderungen des Erfolgs wie des Mißerfolgs zu stellen.

Das innere Leben wird von diesem Gedanken des sozialen Erfolgs und Mißerfolgs beherrscht werden. Viele sind vielleicht in ihrem Leben hinter Dingen hergejagt, deren Besitz man als lebenswichtig erachtete – Güter, eine Stelle, Beziehungen –, weil dies die Träume sind, zu denen uns die Gesellschaft ermuntert. Es kann geschehen, daß etwas Erstrebtes, nachdem man es erreicht hat, plötzlich seine Faszination verliert, nicht mehr attraktiv ist und keine Befriedigung bietet. Der Erfolg kann oft in eine Erfahrung des inneren Scheiterns umschlagen, durch die das erjagte Gold in der Hand zu Staub zerfällt und einem die Erkenntnis dämmert, daß man seine Zeit und Mühe nutzlos aufgewandt hat. Das Scheitern kann zu einem Erfolg werden, wenn wir lernen, was für uns persönlich wichtig, wahr und sinnvoll ist. Alles ist relativ – man könnte sagen, daß dies eine der Lehren ist, die Neptun bei diesem Transit erteilen möchte. Das Fortschreiten von einem selbstsüchtigen Standpunkt zu einer selbstloseren Haltung ist die wertvollste Transformation, eine, die der ganzen Gesellschaft nützt.

Neptun-Transit im elften Haus

Die Themen des Transits über das zehnte Haus werden bei Neptuns Übergang über das Haus der gesellschaftlichen Brüderlichkeit und der Gruppenaktivität besonders betont. Zu erwarten ist eine Tendenz zu einer stärkeren Beteiligung an gesellschaftlichen Aktivitäten, vielleicht durch den Glanz eines umtriebigen gesellschaftlichen Lebens oder durch ein Engagement in idealistischen Gruppen. Manchmal verbirgt sich hinter einem solchen Wirbel von Aktivität eine innere Unsicherheit, besonders, wenn man sich den leichtfertigeren und oberflächlicheren Aspekten des gesellschaftlichen Lebens zuwendet. Diese haben natürlich insofern ihren Wert, als sie Spaß und Entspannung verschaffen, doch können sie auch als ablenkender Faktor wirken und als Mittel dienen, um der Konfrontation mit bestimmten persönlichen Problemen auszuweichen. Neptun kann ganz generell die Wahrnehmungen verzerren, und hinter Erfahrungen und Erscheinungen verbirgt sich nicht immer dasjenige, was man wahrzunehmen glaubt. Man erliegt zudem leicht aktuellen gesellschaftlichen Trends und Moderströmungen.

Neptuns Absicht ist es, das eigene Herz mitleidsvoll für andere zu öffnen, so daß Brüderlichkeit nicht nur ein intellektuelles Schlagwort oder ein schönes Ideal ist, sondern eine aus dem Herzen kommende Hinwendung zu allen Menschen. Es könnte allerdings sein, daß die Beziehungen zu anderen in eine unbefriedigende Phase geraten, daß die unterschiedlichsten Verwirrungen auftreten und man vielleicht sogar den Zweck dieser Beziehungen und den Wert der eigenen sozialen Interaktion in Frage stellt. Man könnte geneigt sein, bestimmte gesellschaftliche Kontakte versanden zu lassen, weil man vielleicht glaubt, daß der Zweck dieser Beziehungen weggefallen ist, oder weil man vielleicht sogar dem Wahn erliegt, daß die Freunde sich gegen einen gewendet haben. Neptun erwartet jetzt, daß man anfängt, seinen eigenen künftigen Weg bewußt zu gehen und sich dabei weniger auf andere Leute zu verlassen. Bestimmte Aspekte des eigenen sozialen Lebens lösen sich auf, wodurch man einen Anstoß empfängt, sich einen erneuerten und weiteren sozialen Ausdruck zu schaffen. Die augenblickliche gesellschaftliche Einbindung kann jetzt beengend und beschränkend sein, und es ist Zeit, in der eigenen Natur und in der Gesellschaft einen größeren Wirkungsbereich und einen weiteren Horizont zu entdecken.

Dies kann in mancherlei Hinsicht unangenehm sein, doch kann es sich letztlich zum eigenen Vorteil auswirken, vor allem dann, wenn dadurch im Laufe der Zeit die eigene Lebenswahrnehmung bereichert und man befähigt wird, sich ein humaneres und mitleidvolleres Denken anzueignen. Neptun legt den Gedanken nahe, daß

Dienst an der Menschheit dem Leben einen tiefen Sinn geben kann. Dieser Altruismus und diese utopische Vision im Hinblick auf gesellschaftliche und humanitäre Anliegen schafft eine Ausdehnung des Selbst, die nicht egoistisch inflationär, sondern umfassend und letztlich spirituell ist.

Dies kann zu einer neuen oder vertieften Hinwendung zu Ideen oder Gruppen führen, die ihre Aufgabe darin sehen, die nächsten notwendigen Schritte nach vorn für die Zukunft der Menschheit zu enthüllen, Inspirationen zur Schaffung eines konstruktiven sozialen Wandels. Zu welchem Aspekt dieser internationalen Bewegung man sich hingezogen fühlt, spielt keine Rolle; da alle darauf hinarbeiten, ein besseres Leben für alle auf der Erde zu schaffen, ist dies jedenfalls ein hohes Ideal, an dem man sich zu beteiligen gebeten wird, indem man seinen eigenen persönlichen und einmaligen Beitrag leistet. Der Einfluß Neptuns zielt darauf ab, daß man ein egozentrisches Leben dem Zweck des Gruppenstrebens unterordnet; eine solche Aktivität verleiht Sinn, Zweck und eine Ausrichtung im Leben und kann ein befriedigendes schöpferisches Ventil für die eigenen Energien bieten, sofern man der Neigung widerstehen kann, den eigenen Beitrag in allzu hellem Licht zu sehen.

Neptun-Transit im zwölften Haus

Dies ist die letzte Phase des aktuellen Neptun-Transits durch das Rad der Häuser. Sie repräsentiert zum einen eine Auflösung der Vergangenheit und verweist zum anderen auf den nächsten Zyklus. Wenn Neptun über das zwölfte Haus geht, das wässerige Haus der Fische, erreicht er ein Höchstmaß an subtiler Desintegration und Beeinflussung. Dies ist meist keine angenehme Erfahrung, da die Bindungen an bestehende gesellschaftliche Ideale und Aktivitäten erschüttert werden, Zweifel und Ängste bezüglich der eigenen persönlichen Effektivität wach werden und die innere Unsicherheit zunimmt – eine Tendenz, die sich beim Transit über das erste Haus wiederholen wird.

Während man sich vielleicht auf einen Rückzug aus Teilen seiner eigenen gesellschaftlichen Aktivität eingestellt hat, um bei seinen Lieblingstagträumen oder -illusionen verweilen zu können, fordert Neptun einen klaren und unbestechlichen Blick auf einen selbst und das Leben. Im Idealfall wird es gelingen, sich von Elementen zu lösen, die offensichtlich illusorisch sind. Andernfalls wird deren Einfluß nur zusätzliche Probleme schaffen. Es ist unvermeidlich, daß jeder in seinem Leben bestimmte Illusionen hat; die am schwierigsten zu zerstreuende Illusion ist jedoch die des getrennten Selbst, und die Funktion der transpersonalen Planeten ist es, diese Illusion zu zerstören. Nicht integrierte Teile der eigenen Natur können als Aspekte des »Schattens« wirken, die man lieber nicht wahrnimmt, Aspekte von Beziehungen, die nicht befriedigend sind, aber ebenfalls ignoriert werden. Oft kann indes ein direktes Angehen solcher Problembereiche aus einem positiven schöpferischen Geist Wunder wirken. Licht wird in dunkle Bereiche gesandt, und die Tatsache, daß das Problem als solches (an)erkannt ist, ist schon der erste Schritt zu einer positiveren Auflösung. Auf dieser letzten Stufe dieses Neptun-Zyklus kann ein solcher Prozeß außerordentlich nutzbringend und von den Erlösungsenergien dieses Hauses gestützt sein; es ist zu hoffen, daß hiermit alte Probleme endgültig bereinigt sind und der im ersten Haus beginnende neue Zyklus ohne die Altlast dieser negativen Einflüsse eintreten kann.

Man sollte auf eine Konfrontation mit den Konsequenzen des vorangegangenen Zyklus von Neptun-Transiten gefaßt sein. Man kann in eine Krisenstimmung geraten, wenn man mit den gebündelten Konsequenzen seiner Entscheidungen konfrontiert wird. Für manche ist dies die Last des Karmas, die durch Akte der Wiedergutmachung ausgeglichen werden muß. Man beginnt vielleicht zu erkennen, daß man sein Potential nicht voll genutzt hat, oder man zweifelt an seinen tatsächlichen Fähigkeiten; man hat vielleicht das Gefühl, daß der eigene persönliche Beitrag in Beziehungen nicht so aufrichtig und vorbehaltlos war, wie er hätte sein können. Jeder Teil des eigenen Lebens, den man sich erfüllender hätte vorstellen können, muß – insbesondere, wenn man selbst für die mangelnde Effektivität verantwortlich ist – als »Versagen« akzeptiert werden, und zwar ohne unnötige Schuld- oder Reuegefühle, sofern man nur ernsthaft beschließt, seine Energien in Zukunft bewußter und wacher einzusetzen.

Manche Menschen können eine Empfänglichkeit für psychische Unterströmungen im Leben erfahren, ungreifbare Intuitionen, die ungeahnte Tiefen offenbaren. Manche fühlen sich von Emotionen und unterirdischem Aufruhr in den ozeanischen Tiefen des Unbewußten geradezu fortgespült. Bei einigen wenigen reißt Neptun alle Ich-Schranken nieder und löst die Illusion der Getrenntheit auf; er öffnet die Tür zu einem inneren Reich und gewährt Zugang zu innerer Weisheit und Führung. Manche Menschen schlingern bei dem Versuch, sich selbst zu entgehen, in einen Nervenzusammenbruch, weil sie sich krampfhaft bemühen, den inneren Druck und die inneren Bewegungen niederzuhalten, um die in ihrem Inneren heranbrandende Dunkelheit nicht wahrnehmen zu müssen. Die Wirkungen der transpersonalen Planeten Uranus, Neptun und Pluto können negativ und positiv sein, je nachdem, wie der einzelne mit den transformierenden Schwingungen umgeht und wie er auf die Aufforderung zum persönlichen Wandel reagiert.

Man sollte nicht vergessen, daß die Entscheidung, wie man mit dieser letzten Phase umgeht, den nächsten Neptun-Zyklus konditionieren kann, so daß die Zeit, die man jetzt dafür aufwendet, sein Leben, seine Bedürfnisse, seine Intentionen, seine Werte und Haltungen zu ordnen, gut investiert sein kann.

Es gibt in jedem Leben Bereiche, die man durch bewußte Anstrengung verbessern kann, aus denen man mehr Genuß ziehen kann und in denen eine größere Selbstbestimmung des Lebens möglich ist. Dies ist das Potential, das Neptun bereithält, wenn man die Hand des Gottes ergreifen und seinen geflüsterten Weisungen folgen will.

Neptun in den Zeichen

Der Durchgang der transpersonalen Planeten durch die Zeichen beeinflußt die zu dieser Zeit geborene Generation und fördert notwendige Veränderungen und Fortschritte in den betreffenden Kulturen, Gesellschaften und Zivilsationen, so daß veraltete und beschränkende gesellschaftliche Strukturen und eingefahrene Denkweisen, Haltungen, Werte und Überzeugungen transformiert werden können und nicht stagnieren. Der Transit Neptuns über zwei Zeichen (28 Jahre) und die Transite Plutos (zwischen 12 und 30 Jahren) umspannen jeweils das Auftreten einer neuen Generation, die im Evolutionsplan eine neue kollektive Rolle zu übernehmen hat. Jede Generation besitzt mögliche Lösungen für vor ihrer Zeit geschaffene gesellschaftliche Herausforderungen und hinterläßt den Nachfolgenden wiederum künftige Herausforderungen. Oft drücken sich in diesen sowohl die niedrigen, negativeren Qualitäten eines Planeten aus, die als unbewußtes »Schicksal« über das gesellschaftliche Kollektiv hinwegfegen, als auch die höheren, positiveren Qualitäten, die durch kleinere, hierfür empfängliche Gruppen vermittelt werden, die als Keimgruppen für einen neuen, in der Welt zu verankernden Impuls dienen. Zu dieser Gruppe gehören Künstler aller Art, Wissenschaftler, Gesellschaftsplaner, Okkultisten, einige wenige Politiker und radikale Initiativen.

Die Zeichen, in denen Neptun und Pluto bei ihrem Transit stehen, zeigen an, wie die zu diesem Zeitpunkt geborene Generation – und diejenigen Erwachsenen, die für höhere Energien empfänglich sind – versuchen könnte, gesellschaftliche Probleme zu lösen. Dies wirkt sich oft in der Weise aus, daß Menschen häretische, zukunftsweisende und kontroverse Ideen zur Lösung sozialer Probleme verkünden, die zunächst abgelehnt werden, aber dann, wenn die entsprechende Generation herangewachsen ist, Bestandteil des allgemeinen Denkens geworden sind. Ein Beispiel hierfür ist Annie Besants frühes soziales Engagement im Zusammenhang mit der Notwendigkeit einer Empfängnisverhütung und für die Frauenrechte. Als sie mit ihren gesellschaftlichen Idealen an die Öffentlichkeit ging, wurde sie diffamiert und wegen der Veröffentlichung ihrer Schriften sogar vor Gericht gebracht, doch hat der Gang der Geschichte gezeigt, daß ihre Vision dem Geist der evolutionären gesellschaftlichen Vorhut entstammte.

Neptun im Widder (1861/62 bis 1874/75)

Hier beginnt der aktuelle Transit-Zyklus; Neptun fängt allmählich an, das überkommene Gesellschaftssystem in den westlichen Ländern aufzulösen. Staat und Monarchie waren bereits seit dem Auftauchen Uranus' im vorangegangenen Jahrhundert dem Untergang geweihte Begriffe, und die Entdeckung Neptuns im Jahre 1846 beschleunigt diese Veränderungen. Die Entdeckung eines Planeten entspricht einer Aktivierung des entsprechenden Archetypus in der kollektiven und individuellen Psyche, dessen Einfluß möglicherweise erst nach einiger Zeit sichtbar wird. Neptun hat eine besonders schwer zu fassende Natur, von der aber eine so mächtige und subtile Schwingung ausgeht, daß Fundamente schon aufgeweicht sind, bevor man registriert hat, daß überhaupt etwas geschieht; dies erkennt man erst, wenn der ganze Bau zusammenbricht.

Widder ist eine »bahnbrechende« Energie, voranstürmend, nach Führerschaft und Erlebnisfülle strebend; was sich im Westen zu dieser Zeit ereignete, war eine Untergrabung des Establishment, des Staates, der Kirchen und traditioneller Denkstrukturen. Dies wurde hauptsächlich aus bahnbrechenden wissenschaftlichen Forschungen und spirituellen Erkundungen impulsiert.

Darwins Arbeiten über die Entwicklung der Arten begannen das traditionelle Vertrauen in die Faktizität der Bibel und der christlichen Lehre aufzulösen, wodurch der Zusammenbruch der kirchlichen Macht über die Menschen eingeleitet wurde, von denen viele jetzt wieder begannen, ihre eigene Vernunft zu gebrauchen und ihre eigenen spirituellen und ethischen Haltungen zu entwickeln.

Der aufkommende Spiritismus und mediumistische Jenseitskontakte faszinierten viele Menschen; mit dem Auftreten der Fox-Schwestern in Amerika wurden schließlich die Grundlagen für spätere Gruppierungen okkultistischer Ausrichtung wie die Theosophische Gesellschaft geschaffen.

Ein anderer Faktor der Auflösung war das Erscheinen von Karl Marx' Werk *Das Kapital;* seine politischen und ökonomischen Theorien wurden zur Grundlage für einen neuen Impuls eines modernen politischen Denkens. Die Bekräftigung der Macht und der Rolle des Proletariats kündigte gewaltige Umwälzungen im innerstaatlichen Kräftegleichgewicht an, als die Arbeiterschaft mehr Einfluß und bessere Entlohnung für die Hingabe ihrer Arbeitskraft forderte. Alle diese drei vorgenannten Strömungen besaßen transformierende Kraft, und ihre Nachwirkungen sind noch heute zu spüren, auch wenn diese zukunftsträchtigen und kontroversen Impulse heute reif sind für eine weiter fortgeschrittene Neudefinition.

Neptun im Stier (1874/75 bis 1887/88)

Neptun leitete zu dieser Zeit in einer westlichen Welt, die im Kern materialistisch war und in der das Hauptinteresse der weiteren Industrialisierung und den neuen Verbraucherbedürfnissen in den Städten galt, einen Widerstand gegen den herrschenden Trend ein. Damit sollte dem westlichen Denken ein neuer spiritueller Anstoß gegeben werden. Das viktorianische Reich näherte sich dem Höhepunkt seiner Macht; ein kultureller Austausch war dadurch unausweichlich, wodurch im Westen die Phantasie der Öffentlichkeit durch den Glanz des Orients beflügelt wurde.

Die vertrauten Fundamente einer Gesellschaft, die auf Sicherheit, Stabilität und die Wahrung der überkommenen Werte und Überzeugungen baute, lösten sich unbemerkt unter ihren Füßen auf. Madame Blavatsky und die Theosophie machten im Westen eine ungeheure Fülle von Material und neuen Lehren bekannt, die in krassem Widerspruch zum christlichen wie zum naturwissenschaftlichen Denken standen. Der Hermetische Orden der Goldenen Dämmerung, der 1887 entstand, hatte große Ausstrahlungskraft auf intellektuelle und künstlerische Talente jener Zeit. Solche okkulten Gruppen spielen in der Gesellschaft eine eigentümliche Rolle, die weit über ihren scheinbar begrenzten Einfluß hinausgeht. Sie öffnen Kanäle im kollektiven Bewußtsein, so daß neue und andersartige Eindrücke auf die Seele des Menschen wirken können; sie spiegeln bevorstehende evolutionäre Veränderungen wieder und geben dem Bedürfnis der Menschen nach Regenerierung und Wandel bedeutsamen Ausdruck. Diese Gruppen und viele andere, die sich in ihrem Gefolge bildeten, öffneten Türen für eine Wiederbelebung der zeitgenössischen spirituellen Haltung jener Zeit und schufen freie Bahn für religiöse Überzeugungen aus aller Welt: Buddhismus, Hinduismus, Zen und Taoismus fanden ihren Weg in das westliche Denken. Unsere Generation ist mit einer enormen Fülle schon vorhandener Denkformen aufgewachsen, die wir oft für selbstverständlich halten, doch war dies noch vor einem Jahrhundert keineswegs der Fall. Die Wiedereinsetzung alter Götter, die von der »Goldenen Dämmerung« angerufen wurden, läßt an die christliche Überzeugung denken, daß am Ende der Zeiten die Toten wiederauferstehen werden.

In dieser Phase wurde der Keim für unsere moderne Welt gelegt. Die Fortschritte, die in der Erschließung von Ressourcen und in der Anwendung des wissenschaftlichen Materialismus zur Schaffung etwa der Grundlagen unserer Elektrotechnik erzielt wurden, die Befruchtung des religiösen Denkens durch andere Kulturen und die Erkenntnis, daß das Christentum in Mythos und Lehre Parallelen zu östlichen spirituellen Wegen besaß und daß es auch in anderen Kulturen Söhne Gottes gab, nagten immer mehr an westlichen Gewißheiten. Die Aufnahme östlicher Spiritualität ging der Aufnahme rassischer und ethnischer Minderheiten durch Einwanderung voraus, die selbst wiederum unsere Gesellschaft und Welt in eine kosmopolitischere und repräsentativere Mischung der einen Menschheit verwandelt hat und noch verwandelt. Es scheint, daß die Idee der Wirklichkeit vorausgehen mußte.

Neptun in den Zwillingen (1888/89 bis 1901/02)

Durch die Konjunktion im Jahre 1888 markiert dieser Transit auch den Beginn des 500jährigen Zyklus Neptun-Pluto. Diese Konjunktion bezeichnet einen Wendepunkt in den Gesellschaften und Kulturen der Welt, wobei durch den Tod alter, behindernder Konzepte eine Sequenz fortschreitender gesellschaftlicher Desintegration und Konflikte eingeleitet wird. In den Zwillingen war der Schauplatz der Auseinandersetzungen vor allem die geistige Ebene, und zwar teilweise infolge der Stimulierung der wissenschaftlichen Erforschung früherer Phasen und des Rückgangs des betimmenden religiösen Einflusses auf das kollektive Bewußte.

Die Naturwissenschaft wurde zum Reich der neuen Priesterkaste, die die Logik und das rationale objektive Denken auf den Altar erhob und als den Weg nach vorne für die Menschheit pries. Das kollektive Denken empfing einen mächtigen Impuls zu suchen, zu erforschen und zu begreifen, und die bevorzugten Erkundungsobjekte waren die menschliche Natur und das Universum. Der Intellekt rückte im Westen an eine hohe Rangstelle, und parallel hierzu wuchs das Bewußtsein für die Bedeutung der Erziehung und Bildung.

Zu den wichtigsten gesellschaftsverändernden Momenten, die aus diesem geistigen Einfluß und dem Einsatz der Phantasie zur

Entdeckung neuer Richtungen hervorgingen, gehören die Quantentheorie von Max Planck, Einsteins Vorarbeiten zur Relativitätstheorie, die das bisher gültige Newtonsche Konzept eines mechanistischen Universums zerstörte und die Grundlagen für das Atomzeitalter legte, und Sigmund Freuds Entwicklung der Psychoanalyse und Erforschung der Grundstrukturen der menschlichen Natur und Psychologie. Dies war die Keimphase für Entwicklungen, die während des Krebs-Transits und in späteren Phasen ihren Höhepunkt erreichten. Geist und Intellekt erstrahlten in hellem Glanz, freilich mit einem Anflug von Glamour und Verblendung, weil einfach andere, ebenso wichtige Aspekte der menschlichen Natur ignoriert wurden, insbesondere im Hinblick darauf, wie man von der aufstrebenden naturwissenschaftlichen Erkenntnis Gebrauch machen sollte.

Neptun im Krebs (1901/02 bis 1914/15)

Es scheint, daß die hauptsächlichen Entwicklungs- oder Transformationsschritte während der letzten Jahre von Neptuns Durchgang durch ein Zeichen auftreten. Es dauert offenbar eine gewisse Zeit, bis die beschränkenden Grundlagen aufgelöst sind und am Ende des Prozesses plötzlich der nächste Schritt erfolgt. Während dieses Transits über den Krebs löste Neptun die emotionale und physische Sicherheit der westlichen Staaten auf, was schließlich im Ausbruch des Ersten Weltkriegs gipfelte.

Hierbei werden alle alten Grundannahmen des sozialen Gewebes zerstört, das bisher errichtet wurde, und es wird daran erinnert, daß es im Leben keine wirkliche Sicherheit gibt; wenn die Natur nicht gelegentliche Anstöße gibt, dann rüttelt sich die Menschheit in regelmäßigen Abständen durch Leid wach, das sie sich bewußt selbst zufügt. Die Macht des viktorianischen Reiches war an ihrem Höhepunkt angelangt, doch war hierdurch ein Modell für andere ehrgeizige Nationen geschaffen. Familien, Gesellschaften und Nationen taumelten wie Schlafwandler in die furchtbare Schändung ihrer Träume und Ideale in den Schützengräben Europas, weil Nationen in einem Ausbruch nationalistischer Gier und Besessenheit übereinander herfielen. Hier war Neptun am Werk, der die kollektive Emotionsnatur durch den Krebs in die Raserei trieb.

Dies war die erste Kulmination der von Neptun geforderten Veränderungen, durch die im ganzen Westen Millionen von Menschen zu Opfern und Märtyrern wurden; es war eine internationale kathartische Reinigung und Auflösung der überkommenen Gesellschaftsordnung, bei der die traditionellen Werte mit den als Kanonenfutter dienenden loyalen Menschen starben und die alten sozialen Herrschaften und Klassenunterschiede zusammenbrachen und sich auflösten.

Es gab kein Schneckenhaus, in das man sich hätte zurückziehen können; die Veränderungen waren unausweichlich geworden. Ein wichtiges Ergebnis dieser Kulmination am Ende des Übergangs über den Krebs und beim Eintreten in den Löwen war die Tatsache, daß in gewissem Umfang die soziale Macht der Frauen wiederhergestellt und der gesellschaftliche Einfluß wieder ausgeglichen wurde; diese Phase ist noch nicht abgeschlossen, da es manchmal lange dauert, bis überkommene Haltungen beseitigt werden.

Neptun im Löwen (1914/15 bis 1928/29)

Sobald das Trauma der Kriegsjahre vorübergegangen war, versuchten die westlichen Länder zu den alten Strukturen zurückzukehren, mit denen sie vertraut waren. Manches davon war unwiederbringlich untergegangen, doch glomm in manchen dieser kollektiven Verhaltensstrukturen noch Leben. Es war eine unangenehme Zeit, in der man oft nicht wußte, welche Richtung man einschlagen sollte, und in der man zur Wiederherstellung der nationalen Stabilität und Identität noch auf alte Impulse zurückgreifen mußte. Der Prozeß der Auflösung ließ sich aber nicht aufhalten, und die noch aus der viktorianischen Phase herübergeretteten Strukturen fielen endgültig in Trümmer.

Der kollektive Wegfall der Anspannung und eine fehlende gesellschaftliche Klarheit führten zu einer Lockerung bisher straffer Haltungen, und im künstlerischen und kulturellen Tun entwickelte sich ein Laissez-faire, während sich in der Gesellschaft eine relative Freizügigkeit ausbreitete. Der Löwe, das Zeichen der Individualität, begünstigte diesen Hang zum hedonistischen Genuß, nach dem die Menschen verlangten, zum Spiel und Spaß nach der Bedrückung des Krieges. Die Jugend neigte zu Eskapismus und Ver-

gnügungssucht und fühlte sich auch von der Faszination der Bo-
hème wie auch dem romantischen Idealismus angezogen, der wieder zum Leben erwachte. Dies äußerte sich zum Beispiel im Bereich der Musik mit dem Aufkommen des Jazz. Okkulte Führer
wie Crowley, Gurdjieff, Steiner, Bailey und Fortune traten auf, die
diejenigen Intellektuellen und Sucher anzogen, die einen befriedigenderen Sinn und Zweck im Leben suchten und die erkannt
hatten, daß die überkommene Wertestruktur zerbröckelte und ein
neuer Weg gefunden werden mußte. Der künstlerische und kulturelle Ausdruck, Schauspiel, Theater und Literatur profitierten
von dieser gesellschaftlichen Entspannung. Es gab Fortschritte in
der Überwindung alter Restriktionen, insbesondere im Bereich
der sexuellen Moral und in der Entwicklung eines neuen politischen Denkens.

Das gesellschaftliche Machtgleichgewicht verlagerte sich –
Frauen bekamen im Gefolge der Suffragetten- und Frauenrechts-
bewegungen wie auch wegen ihrer kollektiven Rolle zur Zeit des
Krieges, als sie viele berufliche Tätigkeiten übernehmen mußten,
die bisher eine Domäne der Männer waren, das Stimmrecht. Die
Veteranen, die von den Schlachtfeldern Europas heimkehrten, hatten ebenfalls eine andere Perspektive bezüglich des Lebens und
ihrer gesellschaftlichen Stellung. Sie waren nicht mehr bereit, sich
dem Status der Oberschicht unterzuordnen, und begannen, mit
dem Aufkommen der kollektiven Gewerkschaftsbewegung allmählich die wirkliche Kraft ihres vereinten Willens zu erkennen.

Der Weltkrieg hatte die Macht der Klassenunterschiede gebro-
chen und einige europäische Länder an den Rand des Ruins gebracht und deren weltweite Macht beschnitten. Dies führte dazu,
daß andere Länder selbstbewußter und unabhängiger wurden, insbesondere im wirtschaftlichen Bereich; dies galt insbesondere für
Amerika, das vom europäischen Kampf relativ unberührt geblieben war. Die alten nationalistischen Haltungen zeigten Anzeichen
eines – und sei es erzwungenen – Wandels, und in verschiedenen
Staaten erhielt die nationale Identität ein neues Profil. Dies führte
auch dazu, daß neue politische Richtungen wie Sozialismus, Kommunismus und Faschismus an Kraft gewannen und in Ländern wie
der UdSSR bzw. Italien zu den herrschenden Ideologien wurden.

Im psychologischen Selbstverständnis des Menschen gab es

durch die Verbreitung der Theorien Freuds und die von Adler und Jung geschaffenen Zweige neue Entwicklungen.

Schließlich mußte das schrankenlose Streben nach Veränderung in einem nicht integrierten sozialen Kollektiv, das nach den Spannungen des Krieges entfesselt, aber ohne Kontrolle und Richtung war, wieder zur Erde niederstürzen. Der wirtschaftliche Zusammenbruch am Ende der goldenen zwanziger Jahre und der Börsenkrach führten zur Weltwirtschaftskrise, zum ökonomischen Niedergang und zu Arbeitslosigkeit. Die neptunischen Veränderungen waren noch im Gange, manchmal still und subtil, jedoch mit verheerender Wirkung.

Neptun in der Jungfrau (1928/29 bis 1942/43)

Neptun ist in der Jungfrau im Exil, und dies ist eine problematische Phase des Transit-Zyklus. Es ist gewissermaßen ein direkter Zusammenprall mit dem Versuch, in der Gesellschaft Kontrolle und Ordnung aufrechtzuerhalten, wobei Illusionen in Schutt und Asche sinken oder die Keime für ihren eigenen Untergang aussäen. Es war dies eine Zeit wenig überzeugender Hoffnungen, die gegen die sich zusammenballenden Gewitterwolken sozialer Spannungen und den unterschwellig sich aufstauenden Druck aufgeboten wurde.

Diejenigen, die zu jener Zeit lebten oder geboren wurden, wurden durch das gesellschaftliche Klima daran gehindert, die höheren neptunischen Qualitäten zum Ausdruck zu bringen. Viele litten materielle Not; oft ging es um das nackte Überleben, und vielen jungen Menschen war die Möglichkeit versagt, ihrer Phantasie freien Lauf zu lassen. Die Weltwirtschaftskrise, Arbeitslosigkeit und wirtschaftliche Fluktuation lasteten wie ein schwerer Schatten über vielen Ländern. Es schien dies das höhnische Lachen eines finsteren Gottes zu sein, der die Nationen, die in den zwanziger Jahren hart daran arbeiteten, ihr soziales Gewebe zu erneuern, letztlich nur zum besten haben wollte.

Mißtrauen unter den Völkern vermischte sich mit realistischen Hoffnungen. Soziale Visionäre tauchten auf, die ihre Panazeen für die gesellschaftliche Transformation anboten, politisch aktive Initiativen buhlten um die Gunst des Publikums, während die einzelnen Staaten unter der Last der rasch aufeinanderfolgenden Katastrophen von einer Serie innerer Unruhen erschüttert wurden. In Deutschland kamen die Nationalsozialisten, in Italien die Faschisten an die Macht, und es tauchten pseudowissenschaftliche Lehren auf, die den Herrenmenschen und rassische Überlegenheit verkündeten. Die Reinheit der arischen Rasse wurde zur politischen Richtschnur und führte zum Genozid an verachteten Minderheiten. Fanatismus gewann die Oberhand und beherrschte in vielen Ländern den politischen Dialog, und durch den geschickten Einsatz der Medienpropaganda gelang es, viele Hörer auf die jeweils eigene Argumentation einzuschwören.

Im Zusammenprall zwischen Neptun und Jungfrau stob Gischt wie von einem Wasserfall auf, durch den die Wahrnehmung der plötzlichen Höhenveränderung verwischt wurde, die das Wasser über die Kante hinabstürzen ließ. Die Menschen hatten ihre Lektion immer noch nicht gelernt. Das kollektive separatistische Denken herrschte immer noch vor und weigerte sich, die Tatsache zur Kenntnis zu nehmen, daß jeglicher nationalistischer Antagonismus ebenso gefährlich wie nutzlos ist und daß Fortschritt nur durch internationale Zusammenarbeit möglich ist. Die Diktatoren Italiens und Deutschlands und die aufgehende Sonne Japans stürzten die Welt durch ihren Expansionismus und ihr Machtstreben über einen weiteren Abgrund. Die Illusionen und Verblendungen waren nach wie vor mächtig.

Neptun in der Waage (1942/43 bis 1956/57)

Der Zweite Weltkrieg war für einen größeren Teil der Welt noch verheerender als der Erste. Er erfaßte außer Europa noch viele weitere Länder der Welt und markierte einen Wendepunkt im Gang der Dinge des 20. Jahrhunderts. Waage als das Zeichen des Gleichgewichts zeigt eine Verschiebung in der Funktion Neptuns an. Fast 80 Jahre einer langsamen Erosion der traditionellen Gesellschaftsstrukturen hatten jetzt einen Höhepunkt erreicht und drückten sich äußerlich im physischen Kampf des Weltkriegs aus. Was sich nunmehr geltend machte, war eine positivere Energiedimension, die den Weg zu demjenigen wies, was man als Neptuns zugrundeliegende Vision und Absicht betrachten könnte.

Zwar spielte das auflösende Element in der Wiederherstellung eines neuen Gleichgewichts immer noch eine wichtige Rolle, doch offenbarte sich jetzt auch der schöpferische visionäre Aspekt Neptuns. Dies geschah durch die Nachkriegsgeneration, die die Gesellschaft in das nächste Jahrtausend führen wird. Es ist eine Übergangsphase, in der es große soziale Verwirrungen, Konflikte und Ungewißheiten gibt; das Thema der Menschenrechte und der menschlichen Freiheiten befand sich in einem Zustand der Ungewißheit, nachdem der Krieg mit der furchtbaren Zerstörungsgewalt der Atombomben von Hiroshima und Nagasaki zu Ende gegangen war. Seit dieser Zeit hängt die Drohung des nuklearen Holocaust wie ein Damoklesschwert über der Welt, weil die Technik zur Herstellung der Waffen weitergegeben und von verschiedenen Ländern weiterentwickelt wurde.

Die Vision Neptuns offenbarte sich in der Betonung der gesellschaftlichen Beziehungen, einem Waage-Thema. Es hat zwar diesbezüglich einige Verwirrung gegeben, und die Auffassungen von zwischenmenschlichen und internationalen Beziehungen haben sich gewandelt, doch ist dies der Weg nach vorne. In dieser Phase bestand die Tendenz, internationale Bündnisse zu schaffen – NATO, SEATO, Warschauer Pakt, EG, die Vereinten Nationen und deren Unterorganisationen wie UNESCO und WHO – zum Zwecke gegenseitiger Sicherheit und Unterstützung, größerer Wirtschaftsmärkte und um Ländern in Not auf einer internationalen Ebene helfen zu können. Auf der individuellen Ebene wurden die Bürgerrechte zum Thema gesellschaftlicher Gruppen wie der Bürgerrechtsbewegung in den Vereinigten Staaten, die Gleichberechtigung für gesellschaftliche Minderheiten forderten.

Unter der Jugend entwickelte sich eine hedonistische und idealistische Subkultur, die während des Skorpion-Transits als die Hippie-Generation zur Blüte gelangte.

Es war eine »politische« Generation, für die das Persönliche das Politische war. In der Anfangsphase des Rock'n'Roll wurde die Jugendkultur geboren, die heute ein festes Faktum des modernen Lebens ist und alljährlich durch einen neuen rebellischen Stil und eine neue Lebenshaltung der Jugend abgelöst wird. Vieles davon hat jedoch durch den Mißbrauch von Drogen und Alkohol einen negativen Beigeschmack; dies ist die Schattenseite des nicht in das

Kollektiv integrierten Neptun, ein Symptom für die fehlende Sinngebung und Ausrichtung im Leben.

Die alten Beziehungsstrukturen wurden in Frage gestellt, und die Gesellschaft sieht sich mit einer um sich greifenden Auflösung traditioneller Vorstellungen von Ehe und Partnerschaft konfrontiert, was Folgen für Familien und Kinder hat. Die Menschen sehen sich gezwungen, ihre gesellschaftlichen Beziehungen in ihrer ganz persönlichen Weise zu begreifen und zu gestalten, weil ein blindes Festhalten an den alten Formen Reibungen und immer größere Schwierigkeiten erzeugt. Zudem ist dies die Generation der »narzißtischen Suchenden«; sie streben nach besserem Selbstverständnis, blicken in den Spiegel ihrer eigenen Natur und versuchen herauszufinden, ob es dort etwas zu entdecken gibt; sie legen Schicht um Schicht ihre eigene Natur frei, wie man eine Zwiebel schält. Die ist die New-Age-Generation, die optimistische Träume für die Zukunft hegt und sich Illusionen und Verblendungen hingibt, aber auch vieles unternimmt, um durch gesellschaftliche und politische Aktivitäten eine bessere Welt zu schaffen.

Die Neptun-Waage-Vision ist eine Vision des globalen Zusammenhalts und der globalen Verantwortlichkeit, wie sie sich im Symbol der Vereinten Nationen ausdrückt, ein großes Ideal der Einheit und der gemeinsamen Ziele, ein Ideal, von dem wir freilich noch weit entfernt sind. Und doch steht am Anfang immer die Idee; indem wir ihrer leuchtenden Verheißung zustreben, wandeln wir auf dem Pfad der Transformation. Diese Vision ist ein globales Idealbild der Zukunft der Menschheit, so wie sich auch der einzelne Suchende zu seiner persönlichen Erleuchtung hingezogen fühlt.

Neptun im Skorpion (1956/57 bis 1970/71)

Der Transit Neptuns über den Skorpion fiel mit der Nachkriegsphase in den westlichen Gesellschaften zusammen, in der viele gesellschaftliche Haltungen, die sich vor dem Krieg ausgebildet hatten, von einer neuen Generation in Frage gestellt wurden, und der Begriff des Generationskonflikts wurde wieder aktuell.

Ein großer Teil dieser konfrontativen Energie war in der sich ausbreitenden Jugendkultur gebündelt, die ihre Mitte in der

Rock-'n'-Roll-Musik fand. Die jungen Leute hatten durch bessere Chancen auf dem Arbeitsmarkt mehr Geld und strömten auf den sich aufblähenden Konsummarkt, der jegliches Bedürfnis zu stillen verhieß. In Deutschland waren dies die Jahre des Erhardschen Wirtschaftswunders.

Die Sphären, die Neptun jetzt auflöste, waren die traditionellen Skorpion-Assoziationen. Die sexuelle Moral wurde mit der zunehmenden Promiskuität in den »Swinging Sixties« auf den Kopf gestellt; die Pornographie hatte Hochkonjunktur und erlangte als Symbol der »Befreiung« geradezu Respektabilität. Die Homosexualität trat weltweit aus dem Schatten der Ächtung, und man bekannte sich offen zu seinen Neigungen. Mit dem wachsenden gesellschaftlichen Einfluß des Fernsehens nahm der Glanz des Medienruhms zu, und viele wurden durch ihre Auftritte im »Pantoffelkino« über Nacht zu Stars.

Drogen wurden im Westen populär, insbesondere solche psychedelischer Art, und Learys Botschaft des »Anturnen, Einsteigen und Ausflippen« war für viele die höchste und endgültige Weisheit. Für viele spielten Drogen damals eine außerordentlich wichtige Rolle, weil sie Türen zu Wahrnehmungen öffneten und Einsichten in Wirklichkeitsebenen erschlossen, wie man sie bisher nicht gekannt hatte. Musiker schlüpften in die Rolle von Sprechern für die aufblühende Jugendkultur und agierten als Rollenmodelle, die eine ganze Generation nachahmte. Die Reibungen zwischen der Jugend und dem »Establishment« nahmen in Amerika und Europa zu, und die Hippies und Yippies, die sich zusammentaten, um einander zu helfen, schufen allmählich eine Gegenkultur.

In echt neptunischer Manier trugen Image-Symbole zu einer Differenzierung gegenüber ihren Eltern und Zeitgenossen bei: Musik, Haartracht, Mode, Einstellungen und der Konsum von Drogen. Der Traum von »Frieden und Liebe« und die Ausbreitung elektronischer Musik schufen eine neue kollektive Gruppe und international berühmte Heldenfiguren von Popstars bis hin zu Anführern von Bewegungen. Die Drogengeneration – ein neptunisches Phänomen – gewährte vielen eine persönliche Erfahrung alternativer innerer Wirklichkeiten, insbesondere diejenige einer gesteigerten Einheit mit allem Leben, und die künstliche gewaltsame Öffnung psychischer Kanäle führte zu einer Wahrnehmung der sublimen Schwingungen des äußeren Planeten. Viele erfuhren mystische Wahrnehmungszustände, durch die sie ihr Leben änderten und ihm eine neue Richtung gaben. Sie schufen damit zum großen Teil die Grundlagen für das moderne Interesse an Transformationstechniken, die der sich entwickelnden Person potentiell weniger Schaden zufügen.

Das politische Bewußtsein schärfte sich in dem Maße, wie die Jugend oft als Minderheitengruppe bedroht und in mancherlei Hinsicht von der nüchternen älteren Generation wegen ihrer Weigerung, so wie sie zu denken, zu handeln und sich zu kleiden, diskriminiert wurde. Die Jugend bejahte das Leben, die forschende Neugierde und den Genuß und empfand die etablierte Gesellschaft als das Bollwerk saturnischer Beschränkungen und Verbote. Es kam zu Demonstrationen, Sit-ins und zum Ausbruch von Rassenunruhen; die Gesellschaft geriet in eine Phase großer Wirren, weil das Alte mit dem Impuls der Jugend zusammenprallte. Die Freiheit wurde eingefordert, und der Protest gegen das amerikanische Engagement in Vietnam weitete sich aus. Der Mord wurde in den sechziger Jahren wieder als Mittel des politischen Wandels eingesetzt; die Ermordung der Kennedy-Brüder und Martin Luther Kings erschütterte die gesellschaftlichen Strukturen und die gesellschaftliche Stabilität.

Die Gefahr einer nuklearen Auseinandersetzung erreichte mit der Schweinebucht-Affäre und der Kraftprobe zwischen Kennedy und Chruschtschow einen Höhepunkt. Terroristische Anschläge häuften sich, die einen gesellschaftlichen Wandel oder die Erzwingung einer Änderung der internationalen Politik zum Ziel hatten.

Dies war eine ausgeprägt neptunische und skorpionische Phase; Mystik und okkulte Lehren traten ihren Siegeszug in der Jugendkultur an, und Leary stellte einen Zusammenhang her zwischen den Wahrnehmungen unter dem Einfluß psychedelischer Drogen und indischen und tibetischen spirituellen Erfahrungen. Eine Massenwallfahrt nach Indien auf der Suche nach Gurus setzte ein, und östliche Lehrer gründeten im lukrativeren Amerika Niederlassungen. Selbsterkenntnis war das Schlagwort, und die Jugend konnte den exotischen östlichen Lehren mehr abgewinnen als den gesetzteren christlichen Lehren, womit sie sich von ihrer ursprünglichen gesellschaftlichen Konditionierung löste. Gegenkulturelle Gruppen bildeten sich und gewannen an Einfluß, und es herrschte der allgemeine Eindruck, daß ein wirklicher und radikaler Wandel im Gange war; die Träume kannten keine Grenzen mehr, je mehr ein trügerischer Enthusiasmus sich über die Notwendigkeit hinwegsetzte, auch in idealistischen Inspirationen praktisches Denken walten zu lassen.

Es war dies eine außerordentlich kraftvolle Keimphase, die das Leben vieler Menschen veränderte, die in die Nachkriegsgeneration hineingeboren wurden. Es entstanden gesellschaftliche Spaltungen, die neue Möglichkeiten eröffneten wie auch neue Gefahren heraufbeschworen, mit denen wir heute noch zu kämpfen haben. Das Ausmaß des Drogenproblems, wie wir es heute haben, ist eine Folge davon, daß jene Tür aufgestoßen wurde, und dies um so mehr, als die Drogen heute körperlich schädlicher und suchterzeugender sind und zu einem Anstieg der Straßenkriminalität geführt haben. Und doch wurde in dieser Zeit das Bedürfnis nach einer spirituellen Regenerierung stimuliert, das noch heute aktiv ist und nach Weiterentwicklung drängt, wie verzerrt es auch inzwischen geworden sein mag. Neptun im Skorpion wühlte jene unbewußten Tiefen auf und setzte wie Pandora eine ungezügelte Transformationsenergie frei, über deren Folgen wir uns heute erst noch völlige Klarheit verschaffen müssen.

Hieraus entstand später die Grundlage für die New-Age-Generation, die als Minderheitengruppe auf die Schwingungen der transpersonalen Planeten Uranus, Neptun und Pluto anspricht. Charakteristisch für diese Gruppe ist, daß sie eine Mittlerrolle zwischen Kulturen und Gesellschaften übernommen hat, zwischen unserer zeitgenössischen Welt und der Welt, die uns nach der Jahrtausendwende erwartet. Die meisten dieser Menschen gehören der Nachkriegsgeneration des »Baby-Booms« an und waren Teil der einflußreichen Jugendbewegung oder Gegenkultur seit Anfang der sechziger Jahre. In ihren Geburtsbildern findet sich ein mächtiger Einfluß von Uranus, Neptun und Pluto, und sie bilden die planetarische Brücke zwischen der alten geistigen Verfassung der Fische und der auftauchenden Wassermann-Vision.

Neptun im Schützen (1970/71 bis 1984/85)

Die urgewaltige Energie, die mit dem Skorpion-Transit zum Ausbruch kam, hatte Anfang der siebziger Jahre ihren Höhepunkt erreicht, und die Seifenblase des Idealismus war geplatzt, nachdem die Studentenunruhen des Jahres 1968 ihr Ziel verfehlt hatten, die totale gesellschaftliche Revolution zu entzünden. Was aber dann während des Schütze-Zeitraums eintrat, war die Verfeinerung dieses Impulses. Die Tendenzen waren unverändert, doch trat jetzt eine Art Denkpause ein, in der die Natur der gesellschaftlichen Transformation und die geforderte Rolle des einzelnen und der Gruppe analysiert, neu bewertet und sorgfältiger überdacht wurden. Nach der extravertierten Leidenschaft und dem Freiheitstaumel der sechziger Jahre mußte eine reifere introvertierte Phase assimiliert werden.

Der materialistische Konsumrausch steigerte sich mit ungebrochener Kraft und wurde als der Weg zur Erfüllung im Leben gepriesen; die Ressourcen und die Umwelt galten immer noch als Selbstbedienungsladen für die menschliche Ausbeutung und Besitzgier. Der wissenschaftliche und technische Fortschritt beschleunigte sich; der Umfang an Wissen und Information begann in dem Maße weltweit zu explodieren, wie das menschliche Forschen mit Hilfe moderner wissenschaftlicher Instrumente immer effektiver wurde, und die Quantenmechanik erwies sich als der Schlüssel der zeitgenössischen Forschung zur Enträtselung der Natur der Welt. Neue Wissenschaftsdisziplinen entstanden, oft aus einer Verschmelzung bisher getrennter Disziplinen, und die Entschlüsselung des menschlichen Genoms wurde möglich.

Es war dies eine Phase höheren Schütze-Denkens, in der die Notwendigkeit einer spirituellen, philosophischeren und bewußteren Gesellschaft offenkundig wurde. Die Erkundung des Geistes durch Gehirnforschung einerseits und durch individuelle Meditation andererseits intensivierte sich, und die Psychoanalyse oder persönliche Psychotherapie wurden popularisiert. In dem Maße, wie die Gesellschaften kosmopolitischer wurden und mit den Herausforderungen einer gesellschaftlichen Integration konfrontiert wurden, nahm auch der Ferntourismus und der Austausch von interkulturellem Gedankengut zu. Die »Suche« wurde akzeptabel;

die Suche nach dem Selbst, die Suche nach einem neuen Gesellschaftssystem, die Suche nach einem ökologischen Gleichgewicht und einer Haushalterschaft für das Leben auf der Erde entwickelten sich zu erkennbaren Strukturen im menschlichen Leben. Die Möglichkeit einer persönlichen Erfahrung der spirituellen Dimension oder Gottes stand allen offen, die sich für alte Wege und Techniken interessierten; die Notwendigkeit einer vermittelnden Priesterschaft war weggefallen. Auch hier konnten allerdings durch die anfängliche Notwendigkeit eines Führers und Lehrers Verzerrungen auftreten, so daß viele in die Abhängigkeit von Guru-Gestalten und dubiosen Kulten gerieten.

Neptun/Schütze-Ideale regten sich in denjenigen, die in der Gesellschaft hierfür empfänglich waren, wobei sich allmählich die Erkenntnis durchsetzte, daß die globale Vision die einzig brauchbare Lösung für die zeitgenössischen Probleme ist. Für viele Menschen nahm die Lebensqualität einen höheren persönlichen Rang ein als bloßer materieller Besitz und physische Existenz. Revolutionäres Gedankengut war nicht mehr gefragt; an seine Stelle trat die Idee einer Transformation der Gesellschaft von innen, durch gesellschaftlichen Aktivismus und Mitarbeit in radikalen Gruppen oder durch innere spirituelle Arbeit in der Meditation. Utopische Träume wurden wiedererweckt, auch wenn ihr praktischer Wert oft fraglich war; wenn aber ein Finger die Richtung weist, dann läßt sich immer ein Weg nach vorne finden. Dem Gewebe der sozialen Verwirrung ist ein goldener Faden einverwoben, der auf das Konzept der Einheit verweist; allmählich erkennen immer mehr Menschen, daß er vorhanden ist, und sie versuchen, diese Einheit auf der Erde Wirklichkeit werden zu lassen.

Neptun im Steinbock (1984/85 bis 1998/99)

Steinbock ist ein Erdzeichen, und diese Phase unterscheidet sich erheblich von den vorangegangenen Transiten, die im Skorpion ein emotionaleres Freiheitsbedürfnis im Kollektiv erregten und im Schützen sich auf die geistige Ebene auswirkten.

Die Menschheit steht jetzt am Scheideweg. Die gesellschaftlichen Strukturen lösen sich in wesentlichen Bereichen zusehends auf, und es wird uns in zunehmendem Maße bewußt, was wir auf der Erde anrichten: Die ökologische Katastrophe scheint nicht mehr fern, die Ozonschicht erschöpft sich, tagtäglich verschwinden riesige Waldflächen, und die Weltwirtschaft krankt an einem schweren Ungleichgewicht der Güter. Die Unumgänglichkeit eines grundlegenden Wandels dämmert allmählich auch den widerstrebenden westlichen Regierungen, die ein zunehmender gesellschaftlicher Druck anzuerkennen zwingt, daß Probleme wie die Umweltverschmutzung sehr konkrete Probleme sind, auch wenn sich diese Regierungen noch sträuben, das Problem ernsthaft anzugehen.

Je konkreter die Möglichkeit eines Chaos wird, desto mehr scheint man seine Zuflucht zu alten Verhaltensformen und alten gesellschaftlichen Sicherheiten nehmen zu wollen. Fundamentalistische Haltungen kehren wieder, von reaktionären Tendenzen genährt. Bigotterie und Rassismus regen sich unter der Oberfläche, und viele der gesellschaftlichen Freiheiten, die man sich unter den beiden vorangegangenen Transiten erobert hat, sind bedroht; so scheint zum Beispiel die Homosexualität im Gefolge gesellschaftlicher Reaktionen auf die Gefahren von Aids erneut geächtet zu werden. Autoritäre staatliche Tendenzen erhalten neuen Auftrieb, weil die Menschen glauben, daß sich durch straffe diktatorische Führung Dämme gegen die Flut der Permissivität errichten lassen, die unangenehme Änderungen stimulieren kann.

Die Umweltproblematik hat jetzt die Schlagzeilen erobert, und der bloße Überlebenstrieb wird möglicherweise die Öffentlichkeit darauf drängen lassen, daß ihre Regierungen endlich die notwendigen Maßnahmen zur Lösung der weltweiten Herausforderungen ergreifen. In einer globalen Kultur müssen wir aber immer erst noch lernen, was dies hinsichtlich einer kooperativen internationalen Politik heißt. Es muß eine Form praktischer Spiritualität entstehen; der Verweis auf eingebildete geheimnisvolle Meister ist ungenügend und überflüssig; was wir brauchen, ist eine ernsthafte, von der Vision globaler Einheit inspirierte Auseinandersetzung mit den Herausforderungen der Menschheit. Neptun im Steinbock wird dieses Konzept der Weltregierung wiederum stimulieren, allmählich sich herausbildende Konzeptionen einer neuen Politik wie das Ideal der Pneumatokratie mit neuem Leben erfüllen, in der die Politik vom inneren Geist inspiriert ist.

Anzeichen hierfür gibt es, und ein Beispiel hierfür ist die Arbeit von Michail Gorbatschow. Er versucht, einerseits eine darniederliegende und unterdrückte Nation von vielen Staaten und Minderheitsgruppen zu transformieren, und andererseits durch seine öffentlichen Erklärungen zur Abrüstung und zur Intensivierung der internationalen Zusammenarbeit auch weltweite Probleme zu lösen. Dies ist eine ungeheure Aufgabe, doch müssen Veränderungen eintreten, wenn wir nicht in den Abgrund stürzen wollen.

Wie der einzelne dabei ist, sich in das Gruppenbewußtsein des Wassermanns auszudehnen, so ist das Kollektiv dabei, universellere Arten gesellschaftlicher Organisation zu entwickeln. Dieser Trend begann mit den aktuellen Pluto- und Neptun-Zyklen und dürfte in den nächsten 70 Jahren einen Höhepunkt erreichen, wenn sowohl Pluto als auch Neptun ihren Tierkreiszyklus vollenden. 1992 könnte ein bedeutsames Jahr sein, wenn Uranus und Neptun im Steinbock in eine Konjunktion eintreten, wodurch zusätzliche inspirierende und visionäre Energien frei werden könnten. Die Verschmelzung von Materie und Geist ist das verborgene Thema für den einzelnen wie für das Kollektiv, und je näher das nächste Jahrtausend rückt, desto dringender müssen wir uns darüber klar werden, in welcher Welt wir nach der Jahrtausendwende leben wollen. Jeder einzelne von uns kann etwas dazu beitragen, daß die überschattende Vision stärker in das Bewußtsein der Menschheit rückt.

Neptun im Wassermann (1998/99 bis 2011/12)

Neptun wurde während des letzten Transit-Zyklus im Zeichen des Wassermanns entdeckt, so daß diese Phase von erheblicher Bedeutung sein dürfte, zumal sich Neptun 1998–1999 zu Uranus in diesem Zeichen gesellt. Der Übergang in das neue Millenium könnte durchaus den Anbruch des Wassermannzeitalters markieren.

Während dieses Transits werden Idealismus und geistige Aktivität stimuliert werden, wenn sich die kollektive Tendenz Neptuns mit den Ideen einer universellen gesellschaftlichen Brüderlichkeit verbindet, wie sie Wassermann ausdrückt. Die Notwendigkeit eines Gruppenbewußtseins wird auf der kollektiven Ebene des Geistes beherrschend sein, und das weltweite Bewußtsein für die

Notwendigkeit neuer Kulturen, Zivilisationen und eine transformierte Menschheit wird sich intensivieren. Damit wird eine weitere Windung der Spirale durchlaufen sein, die mit der Entwicklung früher Stammesgesellschaften begann, bei der kleine Gruppen von Menschen ihr Überleben sicherten, indem sie sich zusammenschlossen, um sich gegenseitig Schutz und Unterstützung zu gewähren. Im Prinzip stehen wir heute vor derselben Situation, nur daß es jetzt um eine globale Zusammenarbeit geht. Auch wenn die Veränderung letztlich aus rein pragmatischen Gründen des Überlebens eintritt, wird die Notwendigkeit eines altruistischeren menschlichen Denkens unumgänglich werden. Durch das weltweite Mediennetz können wir das Leiden in anderen Teilen der Welt nicht mehr ignorieren; wir haben keinen Vorwand mehr, die Augen zu verschließen und nichts sehen zu wollen, uns behaglich in unseren Häusern in eine illusorische Geborgenheit wie auf Mutters Schoß zurückzuziehen.

Möglicherweise werden während dieses Transits wissenschaftliche Durchbrüche erzielt, die sowohl das sich verdichtende Geflecht direkter Kommunikationsmöglichkeiten betreffen als auch möglicherweise neue Formen der Energieerzeugung, die für die Weltökologie weniger gefährlich sind. Die Sonnenenergie und die Kernfusion sind Bereiche möglicher Weiterentwicklungen. Die Satelliten- und Raumfahrttechnik wird an Bedeutung gewinnen. Die Naturwissenschaft und Technik und insbsondere die Medizin werden effektiver werden, und es werden ernsthafte Anstrengungen unternommen werden, einige der hauptsächlichen Gesundheitsprobleme in der Dritten Welt zu lösen, wenn die Rüstungsausgaben gesenkt werden und das Geld statt dessen für humanitäre Zwecke eingesetzt werden wird.

Neptun in den Fischen (2011/12 bis 2024/25)

Dies ist die letzte Phase des aktuellen Neptun-Zyklus, in dem, wie zu hoffen ist, die positiveren Qualitäten der Neptun-Schwingung einen Höhepunkt erreichen werden. Die Phase der notwendigen Auflösung wurde während des Wendepunkts im Waage-Transit erreicht, der sich der Einfluß der visionären und positiveren Qualitäten auf empfängliche Mcnschen anschloß.

Jedes Ende eines Zyklus ist die Keimphase für einen neuen Zyklus, und Neptun kann seine Wirkung in den Fischen gut entfalten. Natürlich wird es auch in dieser Phase Unsicherheit und Unschlüssigkeit geben; der Welt werden noch viele radikale Änderungen bevorstehen, und die Kluft zwischen den modernen Staaten und denjenigen, die noch einen langen Weg vor sich haben, bevor der Fortschritt gesichert ist, wird noch nicht geschlossen sein. Es wird Spannungen zwischen den Ländern großer Wirtschaftskraft und den strukturschwächeren Gebieten in der Welt geben, auch wenn die Verteilung der Güter etwas gerechter und weniger ausbeuterisch sein wird.

Man wird immer mehr erkennen, welche Fortschritte in der Welt seit der Entdeckung Neptuns erzielt werden, und man wird Klarheit über die Richtung gewinnen, die die Menschheit eingeschlagen hat. In vielen Ländern wird sich ein planetarisches Bewußtsein und Verantwortungsgefühl für die Umwelt durchgesetzt haben, und man wird große Anstrengungen zur Rettung der Erde unternehmen. Länder, die weiter einen ökologischen Raubbau betreiben, werden großem internationalem Druck ausgesetzt sein, und die Bedeutung der globalen und internationalen Zusammenarbeit zur Lösung der Weltprobleme wird einen hohen Stellenwert einnehmen, weil man erkannt haben wird, daß einzelne Länder die Aufgabe alleine nicht lösen können.

Wahrscheinlich werden neue Formen einer imaginativen Kreativität auftauchen, die von einer erhebenden und majestätischen Qualität sind und die Einheit unter den Menschen und die Heilung des Planeten zum Ziel haben. An diesem Punkt angelangt, werden soziale Visionäre noch großartigere Träume träumen, die die Menschheit verwirklichen könnte, und utopische Ideale werden in noch hellerem Licht erstrahlen und die Menschheit impulsieren.

VII

Der esoterische Neptun

Bei der Erkundung der Natur des astrologischen Neptun ist es oft sehr lehrreich, sich auch mit damit zusammenhängenden esoterischen Lehren zu befassen, insbesondere solchen, bei denen der Nachdruck auf der transpersonalen Funktion und der Auswirkung der neptunischen Energien auf Mensch und Gesellschaft liegt.

Besonders ergiebig ist in dieser Hinsicht das System okkulter Lehren, das allgemein als »Die Sieben Strahlen« bezeichnet wird. Diese Vorstellung von sieben schöpferischen Energiestrahlen, die die Grundlage des in diesem Sonnensystem manifesten Lebens sind, taucht erstmals in Madame Blavatskys Büchern *Die entschleierte Isis* und *Die Geheimlehre* auf. Diese Bücher waren die Basis für die Gründung der Theosophischen Gesellschaft im Jahre 1875 und ihre spätere Weiterentwicklung. Eine weitere Ausarbeitung dieser Lehren erfolgte durch Alice Bailey, die als »Amanuensis« des tibetischen Lehrers D. K. aus der transhimalajischen okkulten Bruderschaft wirkte. Der breiteren Öffentlichkeit wurden ihre Werke durch die Arbeit der von ihr gegründeten Gruppen bekannt, des Lucis Trust, der Arkanschule, World Goodwill und Triangels. Die Bücher von Alice Bailey sind ein bedeutsames Vermächtnis, das in dieser Phase, in der die neue Wassermann-Vision verankert wird, von großem Einfluß ist; allerdings sind diese Bücher eher für den fortgeschrittenen Schüler des Okkultismus oder der Astrologie geeignet. Trotzdem können gewisse Grundkenntnisse dieser Lehren sehr nützlich sein.

Der sechste Strahl

Im System der »Sieben Strahlen« ist Neptun dem sechsten Strahl des Idealismus und der Devotion zugeordnet. Esoterisch regiert dieser Strahl die Astralebene; die hiermit verbundenen Bilder sind diejenigen Neptuns als »Gott der Gewässer«, des »Ozeans des Lebens« und der »Wasser der Substanz«. In diesem Zusammenhang meint »Wasser« die esoterische Weisheit und bezieht sich, wie wir im folgenden sehen werden, insbesondere auf die reinigende Wirkung des Wassers wie zum Beispiel in der Erfahrung der spirituellen Taufe bei der zweiten Initiation.

Man stellt sich die Astralebene oft als ein wässeriges Reich vor, in dem die Materie weniger »fest« und durch die Einflüsse von Wünschen und Gedanken stärker formbar ist. Sie ist flüssig wie Wasser, Stürmen anheimgegeben, und spiegelt alles wider, was auf ihre Oberfläche einwirkt; als Reaktion auf solche Einwirkungen können Dunstschleier und Nebel (Verblendungen und Illusionen) auftreten. Dies ist die Welt der Träume, Visionen, Begierden und machtvollen Affekte, die oft das heimliche Schlachtfeld der Menschheit ist. Wir brauchen uns keinen Illusionen darüber hinzugeben, daß heute die Macht der Emotionen direkter und unmittelbarer wirkt als das Denken oder das intellektuelle Urteilen; der größte Teil der Menschheit wird von seinen affektiven Reaktionen auf Erfahrungen und Umstände beherrscht, nicht von einer wirklich intelligenten Reaktion auf das tatsächliche Leben. In der lateinischen Wurzel des Worts »Emotionen« ist der Grundbegriff der »Bewegung« enthalten, das Bewegtwerden, und wir alle kennen die Erfahrung, daß uns eine Gefühls»bewegung« fortreißt, das Eintauchen in das ganze Spektrum angenehmer und schmerzhafter Gefühlsregungen. Begierden lösen eine Emotion aus, einen Drang, das Objekt unserer Begierde zu besitzen oder zu erfahren, und sie geben uns den motivierenden Impuls, unsere Aufmerksamkeit auf die äußere Welt zu richten, die uns alle Erfüllung verheißt.

Für eine Menschheit, die so stark ihrer Begierdennatur verhaftet ist, sind die Wirkungen des sechsten Strahls außerordentlich stark; sie haben sich seit dem Eintreten der äußeren Planeten in die bewußte Wahrnehmung durch die Entdeckung von Uranus und insbesondere von Neptun im Jahre 1846 noch verstärkt. Dies läßt sich ablesen an den von der Industriellen Revolution bewirkten Umwälzungen einerseits – dem Bau von Fabriken, in denen Konsumartikel in Massenproduktion gefertigt werden, die die Gesellschaft für wichtig und für ihre Erfüllung und Befriedigung notwendig hält (ob sie nun für das Wohlbefinden im Leben tatsächlich wichtig sind oder nicht) –, und der Verkündung politischer Ideologien wie des marxistischen Kommunismus andererseits.

Der Einfluß dieses sechsten Strahls auf die Menschheit hat sich seit der Entdeckung Neptuns in verschiedener Hinsicht verstärkt. Grundsätzlich ist dieser sechste Strahl mehr auf das ausgehende Fische-Zeitalter abgestimmt, in dem sich die großen Weltreligionen des Christentums und des Islams ausgebreitet und viele Kulturen und Gesellschaften geprägt haben. In diesem Fische-Zeitalter haben viele erkannt, daß »die Menschen wie Fische sind, die im Meer der Emotionen schwimmen«, ein Satz, der an die älteren Bildinhalte der frühen Christen und des Christus als »Menschenfischer« oder auch an den Fischerkönig der Gralssagen erinnert. In der gegenwärtigen Übergangsphase vom Zeitalter der Fische in dasjenige des Wassermanns tritt eine Verschmelzung der Energien ein, die gewissermaßen als Brücke zur globalen Vision des Wassermann und seiner Betonung der Tugenden des Gruppenbewußtseins wirkt. Es ist ein interessanter Gedanke, daß nicht nur die Fische mit Wasser zu tun haben, sondern auch der Wassermann als Repräsentant des wiederkommenden Christus, der das Wasser trägt und aus der Schale ausgießt: »Ich bin das Wasser des Lebens, das für die Dürstenden ausgegossen wird.«

In den vergangenen 150 Jahren haben wir das Aufkommen machtvoller Ideologien erlebt, die versuchen, Gefühl und Verstand miteinander zu vereinen, so daß beides im Menschen zu voller Geltung kommt. Von solchen Ideologien sind potente Gruppen aktiver Menschen und Idealisten befeuert, die es als ihre Aufgabe ansehen, eine »alte Ordnung« zu transformieren und negative gesellschaftliche Spaltungen zu überwinden. Beispiele hierfür sind Kommunismus, Sozialismus, Humanitarianismus, die Gewerkschaftsbewegung, die Frauenbewegung, die Bürgerrechtsbewegung, die Bahai-Religion, die sich in Ansätzen zeigende New-Age-Politik und die Bereitschaft der breiten Massen zu einem altruistischen Miteinanderteilen.

Da der sechste Strahl der Strahl des Idealismus und der Hingabe ist, haben diese Lehren ein großes Engagement seitens ihrer Anhänger gefunden und einen mächtigen Impuls für einen sozialen Wandel geliefert, der zur Geburt einer neuen globalen Vision führte. Die idealistische neptunische Zielstrebigkeit wirkt jetzt über den mit neuem Leben erfüllten sechsten Strahl, wodurch die Hingabe an ein bestimmtes Ziel für viele zu einer bestimmenden

Leitlinie geworden ist. Die latenten ideologischen Tendenzen der Menschheit sind durch eine Entfaltung der Vernunft des Menschen in der Welt offenbar geworden und haben aus dem Drang zu gesellschaftlichen Verbesserungen breitenwirksame Konzepte zur Erzielung sozialen Fortschritts hervorgebracht.

Der individuell oder spirituell Suchende wird feststellen, daß die Merkmale des sechsten Strahls denjenigen Neptuns ähneln. Zu den positiven Merkmalen gehören Hingabe, spiritueller Idealismus und religiöse Instinkte, Gebete, visionäre Mystik, Empfindungen der Einheit und der Immanenz des Göttlichen im Leben, Ehrfurcht, Loyalität, hohe Ziele, wohltätige Sensibilität und herzliches Mitgefühl. Zu den ambivalenten Merkmalen gehören Zielbewußtheit, sensibilisierte persönliche Empfindungen und Affekte, Entsagungstendenzen. Zu den negativeren Merkmalen aufgrund mißverstandener, falsch angewendeter und abspalterischer individueller Ausdrucksformen gehören: eifersüchtige Liebe, Parteilichkeit, Sektierertum und Vorurteile, Selbsttäuschung, fanatischer Eifer, fehlgeleitete Hingabe, Unbestimmtheit, übermäßige Empfänglichkeit für äußere Einflüsse, emotionale und Begierdenphantasien, einsiedlerischer Eskapismus, mediumistischer Psychismus auf einer niedrigeren und täuschenden Ebene, besitzergreifende und abhängige Liebe.

Das Problem, mit dem ein Mensch mit einer ausgeprägten Grundstimmung im Sinne des sechsten Strahls zu tun hat, liegt darin, die höheren Qualitäten kontinuierlich zum Ausdruck zu bringen, ohne sich im miasmischen Chaos der Astralebene und seiner eigenen emotionalen Reaktionen zu verlieren. Jener zielstrebige visionäre Eifer und der unbedingte Wille zur Erlangung des hohen Ideals ist ein Hauptmerkmal des sechsten Strahls. Neptun hilft dem Menschen, dieser idealistischen und tiefempfundenen Vision verbunden zu bleiben, indem er die geistige Orientierung auf das übergeordnete Ziel fixiert und dann sowohl Mars als auch Jupiter als die Energien aktiviert, die notwendig sind, um die eigenen Aspirationen auf der Erde Möglichkeit werden zu lassen.

Zu diesem sechsten Strahl gehören zwei Planeten, nämlich Neptun und Mars, insbesondere im Zusammenhang mit den Zeichen Jungfrau, Schütze und Fische. Die Verbindung von Neptun und Mars spielt im Zusammenhang mit den sich ergebenden Tendenzen des sechsten Strahls eine bedeutsame Rolle; es hängt letztlich vom Geburtsbild des Menschen ab, welcher der beiden Planeten überwiegt. Bei den weniger entwickelten Menschen hat die Mars-Energie das Übergewicht und färbt die vermittelnde Qualität dieses Strahls. Sie führt zu einem aggressiveren, extremeren, direkteren und kämpferischeren Ausdruck; dies belegen etwa die kriegerischen Tendenzen im Christentum und Islam im Zusammenhang mit den Kreuzzügen in das Heilige Land oder auch die Phase der Inquisition im europäischen Katholizismus. Beim höheren Aspekt setzt sich die Neptun-Energie durch, der pazifistischere Aspekt dieser Religionen. Es ist die christliche Haltung, bei der man »auch die andere Wange darbietet«, der Dienst an der Gemeinschaft und die Nächstenliebe – eine universelle Herzensvision, die immer noch nicht Wirklichkeit geworden ist.

Der Aspirant, der auf diesen Einfluß Neptuns bzw. des sechsten Strahls anspricht, fühlt sich den höheren spiritualisierten Werten und dem Wohlergehen der Menschheit verpflichtet. Dies kann in Form einer Unterwerfung unter ein spirituelles Ziel geschehen, was persönliche Loyalität und Hingabe erfordert, vielleicht selbstlosen Dienst am anderen und persönliche Opfer. Die mystische Dimension Neptuns stimuliert stets eine Empfänglichkeit und Intuition für eine ideale Wirklichkeit, die als Potential in Materie und Form schlummert und auf den geeigneten Zeitpunkt zur Manifestation wartet. Dieses Streben nach einer Verwirklichung des Ideals nimmt oft die Form an, daß man sagt: »Meine Wahrheit, mein Friede, mein Traum, meine Vision der Wirklichkeit, mein begrenztes Ideal, meine beschränkten Gedanken über Gott – hierfür kämpfe, streite und sterbe ich.«*

Die Gefahr, die hierin liegt, besteht in einer kritiklosen Unterwerfung unter ein Ideal oder einen Menschen, ob dies nun von einem Staat oder einer Religion gefordert oder aber selbst erzeugt und selbst auferlegt ist. Wir haben in der Vergangenheit gesehen, wie extremistische Tendenzen in Völkern aufgetreten sind, wo-

---

* Alle so gekennzeichneten Zitate sind mit freundlicher Genehmigung entnommen aus Alice A. Bailey, *A Treatise on the Seven Rays,* Band III, *Esoteric Astrology,* und *A Treatise on the Seven Rays,* Band V, *The Rays and the Initiation* (Lucis Trust).

durch ein dualistisches Bewußtsein und mächtige persönliche Emotionen zur Spaltung zwischen Völkern und Nationen geführt haben. Haltungen wie »wir sind heilig und gerecht, Gott ist auf unserer Seite, und die anderen sind böse und des Teufels«, oder »wir sind moralisch und rechtschaffen, die anderen unmoralisch und müssen bestraft werden«, sowie ideologische und religiöse Streitigkeiten sind die unausweichliche Folge abspalterischer Reaktionen auf diese Energie.

Die meisten Menschen sind sich der vorherrschenden Illusionen nicht bewußt, die die klare Wahrnehmung verzerren, insbesondere, wenn es bei diesen Auseinandersetzungen um theologische oder spirituelle Streitfragen geht, und daß dies ein Grund zu Auseinandersetzungen ist, hängt immer noch mit dem negativen Aspekt des Fische-Zeitalters zusammen. Der sechste Strahl wurde als der »Strahl des blinden Vorgehens, durch das der Mensch durch die Fragmente des Ganzen verblendet wird und diese für das Alleinige und Ausschließliche hält« bezeichnet.*

Der Mensch, der auf die neptunische Schwingung anspricht, wird stärker nach innen gewandt, sanfter und möglicherweise überempfänglich. Er neigt zu einem empathischen Miterleben der Gefühle und Emotionen anderer, wie sich dies auch im traditionellen Konzept der psychischen Sensitivität der Fische ausdrückt. Wenn man hiermit nicht umzugehen versteht, kann es geschehen, daß der Betreffende sich durch eine unkluge Identifikation zu sehr in die Probleme anderer Menschen verstrickt; dies hat wiederum eine Unfähigkeit zu helfen zur Folge. Was nötig ist, ist in der Regel »hartes Mitleid«, nicht »sentimentales Mitleid«; das »harte« Mitleid der Seele richtet sich nach dem Prinzip des größtmöglichen Nutzens für die größtmögliche Zahl und zieht die langfristigen Auswirkungen und Effekte viel stärker in Betracht. Manchmal sind die Lektionen, die auf einer seelischen Ebene zu lernen sind, recht schmerzhaft, doch möchte die seelische oder spirituelle Liebe im Menschen und in der Gesellschaft ein wirkliches spirituelles Leben erwecken, nicht nur der individuellen Persönlichkeit schmeicheln.

Im sechsten Strahl drückt sich der ewige Konflikt zwischen dem niedrigeren und dem höheren Selbst aus, zwischen dem getrennten Selbst von Leib, Emotionen und Verstand und dem umfassenden

Selbst der Seele und des Geistes; im Widerstreit liegen hier die Emotionsnatur und die Astralebene. In *Esoteric Astrology* heißt es, daß im Massenbewußtsein Neptun sowohl von Krebs wie dem Mond verschleiert wird, wobei die erzeugten Schleier den Menschen daran hindern, die Vielzahl höherer Einflüsse und Wirkungen zu erfahren, für die der »wahre Mensch« empfänglich ist. Man muß sich von den Zwängen des Massendaseins des Krebses und von der persönlichen instinktiven Vergangenheit des Mondes befreien, damit die Ausrichtung auf Neptun erfolgen kann. Dann erschließt sich ein mystischeres Bewußtsein, eine Sensitivität des Herzens, durch die eine fühlende Wahrnehmung der höheren Vision möglich wird, eine Erkenntnis der zugrundeliegenden Verbundenheit innerhalb des Weltprozesses der manifesten Individualität. Die persönliche Rolle besteht dann darin, diese wahrere Welt als Vermittler deutlich und sichtbar zu machen. Esoterisch wurde dies als die Auslösung der Macht des Mondes, der Einflüsse von Krebs und Neptun durch die Macht und das Ich der Seele beschrieben. »Der Initierte wird nicht mehr von der Mutter der Formen oder dem Gott des Wassers beherrscht; wenn sich das Wasser ergießt und ausströmt, gebiert die Mutter den Sohn, und die individuelle spirituelle Entität ist in die Freiheit entlassen«.*

Die Wirkung des sechsten Strahls auf die erregte Astralebene (erzeugt durch die Begierden, Emotionen und Träume der Menschheit) besteht in der Schaffung eines Kraftsogs, der die höhere mentale Energie magnetisch herabzieht. Dies gilt sowohl für die Gesellschaft wie für den einzelnen Aspiranten, und die verfeinerte mentale Energie provoziert die Erfahrung widerstreitender Ideologien und Gruppenträume. In unserem Jahrhundert haben wir die Konsequenzen auf der physischen Ebene nicht nur durch die Spannungen und Krisen der beiden Weltkriege erlebt, sondern auch durch begrenztere lokale Auseinandersetzungen und Konflikte. Auf der mentalen Ebene fördert der sechste Strahl eine Verhärtung des Denkens; er schafft eine fanatische Hingabe an ein obsessives Massenideal und die Unterwerfung unter eine Ideologie, bis ein freies Denken unmöglich wird und der Geist sich gegenüber alternativen Wahrnehmungen und Interpretationen verschließt.

Die zweite Initiation: Die Taufe

Im System der Sieben Strahlen hängt Neptun mit der zweiten Initiation zusammen, die meist als die Taufe bezeichnet wird. Ein Beispiel hierfür ist der biblische Bericht, wie Jesus bei seiner Eintauchung in den Jordan durch Johannes den Täufer den überschattenden Christus empfing. Dies ist eine weitere Stufe der Transformation des Massenbewußtseins zur umfassenden Sensibilität des spirituellen »Jüngers« oder Initiierten.

Im Sinne der esoterischen Astrologie bündelt der in der Sonne verkörperte Logos höhere Energie und Einflüsse durch die transpersonalen Planeten Neptun und Uranus und benutzt sie als reduzierende Kraftüberträger und Sammellinsen, die sich auf das Leben der Erde auswirken. Neptun wurde als das »Herz der Sonne« bezeichnet, die über Neptun spirituelle Energien auf die Menschheit ausgießt. Hiermit soll eine Transformation der Emotionen und Begierden in Liebe und Aspiration bewirkt werden, die an der inneren Seele orientiert ist. Wenn die Empfindungsnatur des Aspiranten auf die vom »Herzen der Sonne« ausgehenden Energien anspricht, weist dies darauf hin, daß der Suchende bereit ist, in die zweite Initiation einzutreten, die die Sublimierung der Einflüsse von Mond und Krebs beinhaltet. Der sechste Strahl kommt von und durch Neptun, der mit Jupiter der Mitherrscher der Fische ist. Jupiter hängt ebenfalls mit dem Kanal des sechsten Strahls zusammen und regiert ebenfalls den Schützen; er hat die Tendenz, die Energie dieses Strahls in einer aktiveren und dynamischeren Weise auszudrücken als der kontemplative Neptun. Neptun wie Jupiter sind im Krebs erhöht, dem Zeichen der Masseninkarnation, in dem das Inkarnationsverlangen schließlich Erfüllung findet. In *Esoteric Astrology* heißt es, daß beim gewöhnlichen, von der Masse geleiteten Menschen die üblichen astrologischen Beziehungen der vom Mond regierte Krebs, vierter Strahl, und die von Jupiter regierten Fische, zweiter Strahl, sind. Bei Schülern und Initiierten wird Krebs von Neptun regiert, sechster Strahl, und Fische von Pluto, erster Strahl.

Der Einfluß Neptuns wirkt so, daß er einerseits aus der Massenmenschheit echte Individuen erzeugt, und diese andererseits befähigt, ihren Platz innerhalb des Gruppenbewußtseins des Wassermanns zu finden, das sich allmählich entwickelt. Dies ist das Konzept der Weltdiener, die als Mittler zwischen der inneren spirituellen Vision und den Bedürfnissen und Wünschen der Massenmenschheit auftreten. »Schüler« sind diejenigen Menschen, die von einem progressiven und humanitären Gruppenideal inspiriert sind und lernen, dieses in sich aufzunehmen, zu übertragen und auszudrücken, um den Weg für andere hell zu machen. Meist wirken solche Gruppen unter der initiierenden Ägide und der organisatorischen Leitung des »Ashrams eines Meisters« in vollem Einklang zwischen ihrer eigenen Zielsetzung und derjenigen der Gruppe.

Während dieser Übergangsphase in der Weltrevolution und insbesondere im Hinblick auf die westliche Welt wird Neptun esoterisch als der Initiator bezeichnet: »In gewissen alten Formulierungen wird der große Lehrer des Westens und der gegenwärtige Weltinitiator Christus als Neptun bezeichnet, der den Ozean regiert, dessen Dreizack und astrologisches Symbol die manifestierte Trinität darstellen, und der der Herrscher des Fische-Zeitalters ist.«

Während der ersten Initiation wird der innere Christus (Seele oder spirituelles Leben) im Menschen geboren; dies habe ich in *Phoenix Rising: Exploring the Astrological Pluto** erörtert. Die zweite Initiation ist der Krisenpunkt, an dem man fähig wird, die astralische Begierdennatur zu kontrollieren.

Als Folge der ersten oder Geburts-Initiation gab es eine Neuorientierung des persönlichen Lebens in Richtung des Geistes und hoher Ideen. Die zweite Stufe wird erreicht durch eine Intensivierung der Energie der hohen Ziele und humanitären Träume. Der Suchende ist oft vom Glanz seines eigenen mächtigen und fast fanatischen Strebens nach Verwirklichung seiner Ideale und seiner Hingabe an dasjenige verblendet, was er als »Gott« wahrnimmt. Er möchte dienen. Sein Ideal ist die Transformation der Welt. Auf seinem Weg warteten freilich der Schrecken und das Grauen seiner eigenen inneren Astralnatur auf ihn, und die Einsicht in die Komplexität der Astralebene der Welt.

Er sieht, daß die Astralebene unaufhörlich von beständigen sepa-

---

* Liegt bisher nicht in Deutsch vor.

ratistischen Wünschen aufgewühlt wird, daß Stürme über das Wasser toben, die durch den Zusammenprall gegensätzlicher Wünsche und Träume erregt werden, daß trügerische Gedankenformen in den Geist der Menschen eingespiegelt werden, und daß die formbare astrale Materie auf jeden Impuls, jede Begierde und jede magnetische Anziehung von guten wie bösen Quellen reagiert, von Visionen der Einheit und solchen der Getrenntheit. Selten ist die Oberfläche ruhig; die Natur der Astralebene ist Instabilität, weil das Wasser von verborgenen Strömungen und der Gewalt des Windes aufgewühlt wird. Er sieht, daß diese Energien flüssig, treibend, oft ohne scharfe Konturen sind, und daß das Wasser das naheliegendste und passendste Symbol aus der physischen Ebene ist.

Er erkennt auch, daß er selbst durch seine eigenen unkontrollierten und unintegrierten Affekte und Begierden dieses chaotische Reich mitverursacht; daß auch er Opfer seiner eigenen persönlichen Verblendungen und Illusionen ist. Es dämmert ihm, daß er selbst Verantwortlichkeit hat, daß auch er seine eigene Natur von überschießenden und unkontrollierten emotionalen Reaktionen reinigen muß. Er begreift seinen eigenen Anteil an den »von seiner Emotionsnatur erregten Stürmen, an den dunklen Wolken und Nebeln, in denen er beständig wandelt.«* Eine heilsame und ernüchternde Erkenntnis ist es, die den Suchenden erwartet. Von den mystischen Verblendungen war in Kapitel 3 die Rede; an diesem Punkt des Prozesses der zweiten Initiation erblickt jedoch der Suchende die Tür, die die elektrische Energie der Gesamtsumme aller seiner Verblendungen geschaffen hat. Diese Verblendungen haben jetzt an Stärke und Intensität zugenommen, und dies dürfte sich im äußeren Leben spiegeln. Seine Wahrnehmung und Klarheit wird getrübt und verzerrt durch diese trügerischen und illusorischen Energieformen, die zum Hindernis werden und den weiteren Fortschritt aufhalten. Er versucht letztlich, sich seine eigenen Umwege zu schaffen, die ihm seine alten Verhaltensmuster vorgeben, und oft wählt er Formen des Selbstausdrucks, die seine eigenen Intentionen blockieren und seinen eigenen Zielsetzungen zuwiderlaufen.

Er erkennt, daß das Opfer seiner eigenen trennenden Antriebe gefordert ist, und daß er sich darauf konzentrieren muß, nur das

Gute des Ganzen zu betonen. Duch einen großen persönlichen Kampf zwischen seinem niedrigeren und höheren Selbst wie auf dem Schlachtfeld von Kurukshetra zwischen Arjuna und Krishna in der *Bhagavad Gita* erzielt er allmählich Fortschritte bei der Klärung, Integration und Neuorientierung seiner Emotionsnatur. Es muß ein gewisser Grad von emotionaler Anpassung und Steuerung und ein Wissen davon bewiesen werden, wie man spirituelle Energien zur Zerstreuung solcher Verblendungen einsetzt. Er muß den Übergang von einer auf Emotionen basierenden Haltung hoher Zielsetzungen zur Anwendung praktischer Intelligenz auf der Grundlage einer klaren Wahrnehmung schaffen. Alte Begierden, Gewohnheiten und automatische Reaktionsmuster verlieren ihre Macht über ihn, und er lernt, die Forderungen der Seelenmitte in immer stärkerem Maße zu berücksichtigen. Durch den Einsatz mentaler Erleuchtung, die sich auf die ruhigere astrale Natur richtet und das innere Seelenlicht zum Vorschein bringt, entdeckt er, daß man Verblendungen zerstreuen kann und daß »die Menschheit nach der ersten Initiation mit dem Kampf um eine Einigung der Weltatmosphäre konfrontiert sein wird«.

Sobald dieser innere Kampf um die Vorherrschaft zugunsten der spirituellen Natur entschieden ist, beruhigen sich die Wasser der Emotionen und der persönlichen Astralnatur, wodurch sie zu einem Spiegel der höheren Impulse und der universellen Vision werden können. Emotionen werden im Feuer des selbstgeschaffenen Leidens und Sträubens geläutert, und seine niedrigere getrennte Natur unterwirft sich seinem höheren Selbst.

Die Befreiung von der Verhaftung an Verblendungen öffnet die Tür zu höheren Einsichten. Seine Fähigkeit zu dienen ist gestärkt, sein innerer Einfluß als transpersonaler Kanal intensiviert, und er ist beständig von kraftvolleren Energien durchströmt, während sein Leben zu einem Opfer wird. Es entsteht eine umfassendere Einsicht in den Evolutionsplan, und die Bedürfnisse der Welt werden schärfer wahrgenommen. Es wird in zunehmendem Maße von ihm erwartet werden, seine eigenen persönlichen Bedürfnisse denjenigen der Welt unterzuordnen; das Dienen in jeder nur denkbaren Art wird sein Leitstern sein. Er wird zum *Kama-Manas*-Initiierten, in dem sich das Bewußtsein für den inneren Zusammenhang fortwährend vertieft, für die Einheit in dem einen Leben, eine Tatsache, die er in der Welt deutlich machen möchte. Das Menschheits- oder Gruppenbewußtsein steht stark im Vordergrund, und er ist von einer gesteigerten kreativen Vision und seiner Rolle durchdrungen, die er im Dienst an der Welt zu spielen hat. Je mehr er zur größeren Klarheit der mentalen Ebene vordringt, desto deutlicher wird ihm, daß eine beständige Aufgabe die Reorganisation des astralen-psychischen Lebens der Menschheit ist, damit diese Ebene gereinigt werden und das spirituelle Licht heller aufleuchten kann, damit die Energie des guten Willens freigesetzt wird, die einer Verbesserung der Beziehungen zwischen den Menschen dient.

Diese Phase der zweiten Initiation steht unter dem esoterischen Einfluß von Vulkanus, Neptun und Jupiter und betrifft unmittelbar die Energiezentren (Chakras) des Sonnengeflechts, des Herzens und des Halses im menschlichen Ätherleib. Sie beinhaltet eine besondere Läuterung durch »Feuer«, das durch das Licht erzeugt wird, welches durch die mentale Ebene in die astrale Ebene eindringt; dies ist die okkulte Anwendung »Feuer zu Wasser«. Das Wasser wird zu Dampf verwandelt, und der Initiand wird, wie wir vorgesehen haben, in »Nebel und Miasmen, Verblendungen und Dünste eingehüllt«.*

Dies wird als »Taufe« bezeichnet, und der biblische Bericht über die Waschung und Reinigung durch Wasser spiegelt offenbar eine alte atlantische Tradition innerhalb des Initiationsprozesses wider, bei dem der Kandidat in das Wasser steigt und in Verbindung mit einem Wort von okkulter Macht wiedergeboren wird. Eine buddhistische Analogie zu dieser Phase findet sich in dem sogenannten »Betreten des Stroms«. Der Schritt in das Taufwasser beinhaltet eine intensive Reinigung, da der Kandidat im okkulten Sinne dadurch »befähigt wird, stets wieder aus dem Wasser zu steigen« und er nicht mehr Gefahr läuft, zu ertrinken oder unterzugehen; er kann jetzt »›auf der Oberfläche des Meeres wandeln‹ und gefahrlos auf dem Weg zu seinem Ziel fortschreiten«.* Dies wurde den Jüngern in symbolischer Weise gezeigt, als Christus auf dem Wasser wandelte und den Sturm stillschweigen hieß, womit er sich als Herrscher über die Ozeane des Lebens und als eine höhere Manifestation des neptunischen Ideals erwies.

Atlantis

In Madame Blavatskys *Geheimlehre* wird Neptun/Poseidon als mächtiges Symbol für die atlantische Magie betrachtet. Poseidon galt als die Personifikation des Geistes oder der Rasse von Atlantis, der positiven wie der negativen Tendenzen. Man stellt sich Atlantis heute als große Insel oder vom Meer umspülten Kontinent vor, der entweder durch eine große Flut oder durch Erdbeben unterging, wobei schließlich ein Vulkanausbruch die Insel in Stücke riß. Traditionell gehen Kontinente entweder durch Feuer oder durch Wasser »zugrunde«, durch eine Absenkung und Überflutung oder durch Erdbeben oder Vulkanausbrüche, die die Gestalt der Landmassen unter dem Druck von Verschiebungen tief im Erdinneren verändern.

Bezüglich Atlantis gibt es eine große Fülle an okkultem Wissen und okkulter Spekulation, und die Insel gilt oft als Quelle archaischer Weisheit und esoterischer Lehren. Das atlantische Zeitalter wird als das »Goldene Zeitalter« betrachtet, in dem Magie, Harmonie und Mysterium herrschten. Das alte Ägypten soll einer der Aufbewahrungsorte von atlantischem Wissen gewesen sein, das nach dem Untergang der Insel erhalten blieb, und es gibt sehr lebenskräftige Hinweise darauf, daß ein großer Teil der alten westlichen magischen Traditionen seine Wurzel in atlantischen Wanderungen hat. Dion Fortune und ihre Gruppe versuchten bei ihrer Arbeit an einer Neuformulierung der westlichen Tradition immer wieder, solchen Zusammenhängen nachzuspüren.

Zu den atlantischen Symbolen magischer Kraft und Autorität gehört der Drache, ein altes, mit der Schlange verwandtes Symbol, das in vielen alten Religionen auftaucht. Poseidon wurde als Drache gesehen und war Schutzgottheit der späteren Stadt Poseidonis auf Atlantis. Platon beginnt seinen Bericht über Atlantis mit der Teilung des Kontinents durch Poseidon, den Urenkel des Uranus. Der Status der Drachenschlange wurde den »Initiatoren« verliehen, und dies erinnert an jene gegenwärtige Funktion Christi, die der Tibeter erwähnte.

Der Begriff der Drachen- und Schlangenweisheit findet sich in vielen alten Religionen auf der ganzen Welt. Dies ist entweder ein Archetypus, der zu jener Zeit aktiv war und unabhängig voneinander in der ganzen Welt registriert wurde, oder die Symbole und Lehren kamen aus einer einzigen Quelle. Die babylonischen und ägyptischen Hierophanten hießen »Söhne der Schlange«, »Söhne des Drachen«, und die westlichen Druiden beanspruchten einen ähnlichen Titel: »Ich bin eine Schlange, ich bin ein Druide.« In Mexiko wurde in Fortführung der aztekischen Traditionen Quetzalcoatl, die gefiederte Schlange, zum nationalen Gottheitssymbol erhoben, das der Menschheit die Kultur gebracht haben soll, indem es den Menschen früherer Zeiten etwas von seinem Wissen mitteilte. Die Symbole der Schlange und des Drachen hatten immer etwas mit den Weisheitslehren und der Unsterblichkeit und der Erhöhung des Menschen zum Göttlichen zu tun; an eine Verbindung mit dem Bösen, wie dies unser christliches Erbe behauptet, wurde nicht gedacht. Im Alten Testament wird im Buch Genesis vom Baum der Erkenntnis berichtet, wobei sich hinter der Schlange der Teufel verbirgt, der Eva dazu überredet, Adam von der verbotenen Frucht anzubieten, was zur Verbannung aus dem Paradiesgarten führte. Die Schlange spielt auch hier die Rolle des Initiators, der die Weisheit entdecken hilft, die jedem auf dem Weg der Selbsterkenntnis zugänglich ist. Leider zeigen die späteren christlichen Lehren vielfach die Tendenz, das Streben nach einer persönlichen Gnosis zu untersagen, und sie lassen grundsätzlich die individuelle Verwirklichung außerhalb der Grenzen der westlichen Theologien nicht zu.

Kabbala und Alchimie

Im esoterischen System der Kabbala steht Neptun oft in einem Zusammenhang mit der höchsten Sephirah Kether. Diese wird auch die »Krone der Schöpfung« genannt und hat ihren Platz am kabbalistischen Baum des Lebens auf der mittleren Säule des Gleichgewichts. Kether steht zwar in einem primär spirituellen Kontext, doch gibt es Parallelen zu der Theorie, nach der das Leben aus den physischen Meeren auf der Erde hervorgegangen ist. Es ist die Quelle der Schöpfung, der Punkt, an dem das Leben aus den Tiefen des nichtmanifesten ursprünglichen Chaos entspringt. In der Mythologie steht Kether in einer Reihe mit jenen Urschöpfern, die aus den scheinbaren Abgründen weiter Wasserflächen oder des Raums in ein aktives Sein treten, und in diesem Sinne besteht ein Zusammenhang mit der Rolle Poseidons. Ein kabbalistisches Bild, das sich auf Kether und Poseidon bezieht, ist dasjenige des »Großen Antlitzes«, ein gewaltiges Haupt, das aus den Tiefen eines ruhigen Meeres aufsteigt, bis es den ganzen Raum über dem Horizont ausfüllt und sich das Bildnis auf der Oberfläche des Meeres spiegelt. Für den individuellen Suchenden ist Kether ein Punkt, an dem die Einheit mit der Gottheit erlangt und die salbende Krone empfangen wird. Weil Kether formlos ist, führt die Berührung mit jener Energie zu einer allmählichen Auflösung der Getrenntheit und Verschmelzung mit dem inneren Funken des Göttlichen.

Dieser Aspekt der Auflösung ist es, der Neptun, Kether und die spirituelle Dimension der alchimistischen Suche im Begriff des »universellen Lösungsmittels« miteinander verbindet. Hier werden alle Schleier entfernt, alle Konkretionen in der lichten Materie, bis die Essenz enthüllt wird. Der Stein der Weisen ist das Ziel vieler Alchimisten, ein Symbol für ein Geheimnis, das nur in der Psyche des Menschen entdeckt werden kann, das aber oft hinter Bildern, die sich auf die Verwandlung unedlerer Metalle in Gold beziehen, verborgen ist. Dieser Stein ist etwas, das niemals verloren gehen oder aufgelöst werden kann und dadurch der Wirkung von Kether oder Neptuns entzogen ist. Der entsprechende Prozeß beinhaltet die Zurückführung der getrennten Form auf die *Materia prima,* die ihrem Wesen nach unteilbar und ganz ist. Die Grenzen der Zeit werden gesprengt, und der Besitzer des Steins tritt in die Ewigkeit ein. Für den Alchimisten, der auf der Suche nach den spirituellen Geheimnissen war, beinhalten diese Vorstellungen die mystische Erfahrung der Begegnung mit Gott in der eigenen Seele, und hierin fanden viele lange Versuche ihren Abschluß, all jene hemmenden Schleier, Verblendungen und Illusionen der getrennten Identität im eigenen Inneren auszulöschen. Wenn dies gelang, erstrahlte der Stein in hellem Licht, und das unedle Metall war zu Gold verwandelt. Bei diesem Prozeß hatte sich auch der Alchimist selbst aufgelöst und hatte eine flüssigere Natur angenommen, wenn sich diese Schranken unter der intensiven Hitze eines spirituellen Schmelztiegels verflüchtigt hatten.

VIII
Neptun und das erwachende Herz
der Menschheit

Seit der Entdeckung Neptuns im Jahre 1846 gab es eine bemerkenswerte Verlagerung im menschlichen Bewußtsein und der sozialen humanitären Entwicklung, die begleitet war von dem allmählich aufdämmernden Bewußtsein für die planetarische Einheit der Menschheit. Während Uranus das Zeitalter der vernunft- und verstandesmäßigen Entfaltung einläutete, stimulierte Neptun die Geburt des geöffneten und mitleidsvollen Herzens, um sicherzustellen, daß das Wissen der Menschheit weise und zielvoll eingesetzt wird. Wir stehen noch am kulturellen Scheidewege: Die nationalen Führungen sehen sich mit der Notwendigkeit konfrontiert, eine kooperative und international nutzbringendere Politik an die Stelle älterer, etablierter Verfahren zu setzen, die mächtige gesellschaftliche und politische Eliten begünstigte oder trennenden Partei- und internationalen Interessen diente.

Neptun gilt als die höhere Schwingungsoktave der Energie, die im Planeten Venus verkörpert ist; er repräsentiert die universellere Liebesschwingung, die die Welt und die Menschheit mitleidsvoll in die Arme schließt – eine einschließendere Weiterentwicklung von Venus, die mehr auf die Liebe zu einem Partner oder zum engeren Familienkreis beschränkt ist. Neptun ist die Liebe, die die Schranken zwischen dem Individuum und dem Kollektiv auflöst: Er ist im sozialen Sinne eine umfassendere Energie, die durch die Transformation illusorischer Grenzen und trennender Haltungen zusammenführen und integrieren möchte. Neptun symbolisiert eine mögliche Erfüllung, die der Menschheit als Ziel vor Augen steht, die Suche nach Brüderlichkeit und Herzensverbundenheit.

Mitte des 19. Jahrhunderts traten die ersten Zeichen eines Wandels des gesellschaftlichen Bewußtseins auf. In der englischen viktorianischen Gesellschaft begann die Mittelschicht ihr Mitgefühl für die weniger Glücklichen in der Gesellschaft zu entdecken, und es entstanden humanitäre und philanthropische Projekte, die den Lebensstandard der verarmten Bevölkerungsteile heben sollten. In

diesem Erwachensprozeß spielte das Werk von Charles Dickens
eine nicht unwesentliche Rolle; seine sozialkritischen Romane
weckten das Gewissen der Leser seiner Zeit. Dickens wirkte durch
seine Romane als Gesellschaftskritiker; er hatte durch seinen scharfen Blick für das Klima der Zeit Einfluß auf die Menschen und
enthüllte die Heuchelei eines großen Teils seiner Gesellschaft und
die Auswirkungen der Armut und gesellschaftlicher Entfremdung
auf die benachteiligten Bevölkerungsschichten. Viele schöpferische Menschen machten soziale Anliegen zum Grundgedanken
ihres persönlichen Ausdrucks und versuchten, die gesellschaftliche
Aufmerksamkeit auf die dunkleren Winkel des Lebens zu richten
und das christliche Gewissen wachzurütteln. Den Impuls einer
künstlerischen Bewegung, der Präraffaeliten, in dieser Phase haben
wir bereits besprochen. Diese gegenseitige Durchdringung von
schöpferischem Ausdruck und Gesellschaft hat sich seither noch
vertieft; in ihr drückt sich eine sensitive, empfindsame Hinwendung zum Mitmenschen aus, ein Bewußtsein für die Ungleichheit
des gesellschaftlichen Loses und dafür, daß es angeblich nur eine
Frage des Glücks ist, wo und in welche Familie man geboren wird.

Der philanthropische Geist verwurzelte sich fest in dieser Zeit,
und im menschlichen Herzen und Denken faßte die Idee Fuß, daß
liebevolle Brüderlichkeit der Weg war, der in die Zukunft führte.
Das Internationale Rote Kreuz wurde 1864 in Genf gegründet, um
eine internationale Organisation zur Behandlung und Versorgung
Kranker und Verwundeter zu schaffen; es setzte sich aus Kranken-
schwestern und Ärzten zusammen, die die Verletzten von den
Ambulanzen des Roten Kreuzes übernahmen. Ein anderer sozialer
Orden sind die Johanniter, die 1877 gegründet wurden und Not-
fall-, Pflege- und Wohlfahrtsdienste durchführen. Sogar viele Fa-
brikbesitzer begannen sich für die Nöte ihrer Arbeiter zu öffnen,
auch wenn dies im Vergleich zu heute sehr wenig war und sie
wohl auch hauptsächlich ihre eigenen Interessen im Auge hatten,
doch führte dies letztlich doch zu einer Verbesserung der Arbeits-
bedingungen und des Lebensstandards der Arbeiter. Leute wie
Robert Owen gingen sogar noch weiter und entwickelten Vorstellungen von utopischen Gemeinschaften, die erheblichen Einfluß
auf spätere sozialistische und genossenschaftliche Bewegungen
hatten. Kernpunkt dieser Entwicklungen ist das wachsende Be-

wußtsein für den Nächsten, die Auflösung eigensüchtiger Interessen und Wahrnehmungen und eine sensible Reaktion auf das Leid anderer Menschen in Verbindung mit dem Wunsch, dieses Leiden in einem gewissen Umfang zu lindern.

Auf dem Gebiet der internationalen Politik kämpften Abraham Lincoln und die nördlichen Staaten Amerikas im Zusammenhang mit der Befreiung der aus Afrika verschleppten Negersklaven gegen die südliche Konföderation, ein Konflikt, der letztlich die Rolle und Position einer Minderheitengruppe in den Vereinigten Staaten grundlegend änderte, auch wenn der Kampf immer noch nicht ausgestanden ist und zum Beispiel in der Bürgerrechtsbewegung zur Zeit von Martin Luther King eine bedeutsame Bündelung der Kräfte fand. In Rußland trat mit den Bemühungen von Zar Alexander II. zur Befreiung der Leibeigenen ein ähnlicher sozialer Wandel ein. Ihren Einsatz zur Befreiung gesellschaftlich mißbrauchter Menschen und ihr Bekenntnis zu ihrem inneren Rechtsempfinden mußten Lincoln und Zar Alexander mit dem Tod durch Mörderhand bezahlen. Zwei internationale politische und wirtschaftliche Bewegungen entstanden ebenfalls in dieser zweiten Hälfte des 19. Jahrhunderts, in denen sich eine intellektuelle Äußerung sozialen Mitgefühls ausdrückte, nämlich der Marxismus und der Sozialismus. Auch wenn die ursprünglich dahinterstehenden Gedanken heute vielleicht verfälscht sind, waren sie in ihrem Kreis visionär und Ausdruck der Neptun-Schwingung im Kollektiv.

In diesem Jahrhundert stellen wir eine fortgesetzte Entwicklung größerer internationaler Bewegungen fest, denen allen eine Vision der Einen Menschheit zugrunde liegt. Das wichtigste Beispiel hierfür sind die Vereinten Nationen, die zwischen 1945 und 1946 entstanden. Die ursprüngliche Zielsetzung bestand in der Wahrung des Friedens und der Sicherheit auf der internationalen Ebene; dies hat sich heute erweitert auf die Deklaration der Menschenrechte, die die dem Menschen eingeborenen Rechte unabhängig von Rasse, Glaubensbekenntnis, Nationalität, Geschlecht, Alter oder Religion definiert und für wirtschaftliche und religiöse Freiheit sowie für die Rechte der Frauen und Kinder eintritt. Hierin liegt eine Vision für die Menschheit, an Hand deren sie ihren Fortschritt überprüfen kann, und ein ständiger Verweis auf das Ziel, das wir anstreben sollten. Die Vereinten Nationen spielen auch eine wichtige Rolle für die Organisation internationaler Hilfe. Durch die Weltgesundheitsorganisation und die von der Unesco durchgeführten Bildungsprogramme versuchen sie, armen Ländern zu helfen und auf der ganzen Welt den Lebensstandard von Millionen Menschen zu verbessern.

Solche Beispiele verfehlen nicht ihre Wirkung auf sozial bewußte Menschen in der ganzen Welt. Überall sind sogenannte »Basisgruppen« entstanden, die gesellschaftlichen Einfluß und Druck auf die Regierungen ausüben. Dies ist Ausdruck der Entwicklung jener erleuchteten öffentlichen Meinung, die für die Entfaltung der Wassermann-Vision so wesentlich ist; die Zukunft der Menschheit ist zu wichtig, als daß man sie den Politikern allein überlassen könnte.

Jüngste Beispiele hierfür sind etwa die Wohltätigkeitskonzerte von Popgruppen. *Band Aid, Live Aid* und *Cosmic Relief* haben viele Barrieren beseitigt und vermitteln einen Eindruck davon, was in der Öffentlichkeit an finanziellen Mitteln und Unterstützung aufgebracht werden kann, wenn das Herz hilfsbereiter Menschen angesprochen ist. Der Organisation *Save the Children* fließen Millionen für die Finanzierung ihrer Hilfsprogramme zu, und die Medien haben eine globale Wächterfunktion übernommen, die eine Herzensreaktion auf das weltweite Leid fordert. Gruppen wie *Oxfam, War on Want* und das Hungerprojekt bemühen sich, den Hungertod in den Ländern der Dritten Welt zu bekämpfen. Amnesty International kümmert sich um Gefangene, die zu Unrecht inhaftiert sind, und tritt auf der ganzen Welt für die Wahrung der Menschenrechte ein. CND und END haben es sich zur Aufgabe gemacht, die Öffentlichkeit über die Gefahren eines weltweiten Atomkriegs aufzuklären, und in jedem Land gibt es zahlreiche Antikernkraftgruppierungen wie etwa DAGG oder die Mütter gegen Atomkraft. Organisationen wie *Friends of the Earth, Greenpeace* und der *World Wide Fund for Nature* widmen sich dem Umweltschutz und der Erhaltung gefährdeter Pflanzen- und Tierarten; die einst belächelten und verspotteten Umweltschützer bilden heute angesehene und sozial etablierte Gruppen, deren Sachkenntnis nicht nur von den Medien geschätzt wird. Ihre Warnrufe haben sich als Prophezeiungen erwiesen, die sich längst bewahrheitet haben. So gibt es noch eine große Vielzahl engagierter Gruppen, die wertvolle und wichtige Arbeit in der Welt leisten.

Alle diese Gruppen arbeiten aus einem Antrieb des Herzens und teilen die Vision der transpersonalen Planeten. Die Rolle Neptuns ist es dabei, das Herz der Menschheit zu erwecken. Dadurch wird die Liebe stimuliert, die als unbewußter Trieb vorhanden ist, als biologischer Instinkt, als physische und psychologische Leidenschaft, die in eine bewußte sozialisierte Form eines spirituellen Dienstes am Ganzen transformiert wird. Liebe ist die aufkeimende konditionierende Energie, die die Menschheit drängt, die wesentliche Verbundenheit des Lebens anzuerkennen und Schritte hin zu einer harmonischeren Welt zu unternehmen. Vielleicht ist dieser Traum und diese Vision unerfüllbar, doch ermöglichen wir konstruktive und positive Veränderungen, wenn wir sie anstreben, wodurch wir ihrer Erfüllung wenigstens einen Schritt näherkommen.

Liebe hat etwas von der Natur des Feuers, und Gott wurde als »verzehrendes Feuer« bezeichnet. Beschränkungen werden aufgehoben, Schranken und Grenzen transzendiert, wenn die Liebe hinter die oberflächliche Erscheinung blickt und zum verborgenen Zentrum des Herzens vordringt, an dem die Liebe zur spirituellen Seele ihren Ursprung hat. Wir haben im 20. Jahrhundert durch die Naturwissenschaft das atomare Feuer freigesetzt; wir müssen jetzt das spirituelle Feuer der transformierenden Liebe freisetzen, damit durch die Wärme der einzelne Mensch wie das Kollektiv transfiguriert werde. Das christliche Ideal der *Agape* muß wiederbelebt werden, das die unbedingte Liebe zum Ziel hat, und durch das wir durch gegenseitige Unterstützung, Zusammenarbeit und Vertrauen Träume wahr werden lassen.

Das Herz ist der Ort einer sensitiven, fühlenden Antwort auf die Welt; ein offenes Herz ist der Ort der Ausrichtung, an dem die integrierende vereinigende Kraft als mitleidsvoller Akt der unpersönlichen Liebe zur Menschheit ausströmt und Vielfalt und Unterschiedenheit zu einer verwirklichten Einheit synthetisiert werden. Die transpersonalen Planeten öffnen den Menschen für den Geist, der das individuelle Leben mit innerem Sinn und Kraft durchströmt. Es können Brücken gebaut werden, die rassische, politische, religiöse, kulturelle, ideologische und psychologische Spaltungen durch das Leuchten des Herzens überbrücken.

Visionen

Was ist es, das den Menschen zum Handeln drängt, zur Aufbietung seiner Lebensenergie, um etwas zu erreichen, das ihn motiviert? Es können der Wunsch nach Reichtum und Ruhm oder vielleicht auch gewöhnlichere und irdischere Bedürfnisse sein, doch entspringt die vitalisierende Energie, die die Inspiration zu allen Anstrengungen gibt, aus persönlichen Träumen und Visionen. Diese sind es, die die Welt in Bewegung halten, die Quelle einer individuellen und kollektiven evolutionären Entwicklung.

Neptun ist der Planet der Träume wie der Visionen, und der Grat zwischen diesen beiden Formen innerer Bilder kann schmal sein. Zwischen dem Reich der Illusion und demjenigen der Erleuchtung werden viele spirituelle Aspiranten von jenem universellen Lösungsmittel aufgelöst, um mit einer visionären Einsicht in die zugrundeliegende universelle Wirklichkeit wiederzukehren.

Jeder Mensch hat persönliche Träume von Erfüllung und Vollendung, Bedürfnisse und Wünsche, die er befriedigen möchte; dies ist das Streben nach der idealen, interessanten und gut bezahlten Arbeitsstelle oder leitenden Funktion, nach dem schönsten Eigenheim und dem attraktivsten Ehepartner, die Suche nach physischer und spiritueller Ganzheit, das Verlangen nach öffentlicher Anerkennung, Ehrungen und Ruhm. Die heimlichen Sehnsüchte sind Legion, und viele Menschen arbeiten unaufhörlich an ihrer Verwirklichung, in der Hoffnung, sich dann zurücklehnen und sich im Glanz des Erreichten sonnen zu können.

Die Menschen können die unterschiedlichsten Träume und Visionen hegen, von denen viele an der Realität des Lebens scheitern. Vielleicht reicht der persönliche Einsatz nicht aus, um jene unvermeidlichen Hindernisse zu überwinden, die sich in den Weg stellen; vielleicht weiß man es selbst nicht ganz genau, was man eigentlich möchte; vielleicht ist man aufgrund seiner Wesensart und seiner Talente gar nicht geeignet, einen utopischen Traum zu verwirklichen. Und doch wird viel menschliche Energie für Träume und die

Jagd nach solchen Träumen aufgewandt, die man manchmal sogar erfolgreich verwirklicht; in der Regel aber lösen sie sich in Nichts auf, und alle ehrgeizigen Vorhaben zerplatzen wie Seifenblasen. Für den einzelnen Menschen erfüllen Träume den Zweck, einen Anstoß zum Handeln zu geben. Sie sind der Drang und Impuls, die Aufmerksamkeit des Selbst auf die Verwirklichung eines bestimmten Traums zu richten. Zunächst erscheint der Traum vielleicht unrealisierbar, doch besteht immer die Möglichkeit, daß er durch Entschlußkraft, Energie und zielstrebiges Bemühen doch verwirklicht wird. Der Traum ist das »Vielleicht«, das Sonne, Merkur, Venus und Mars zu konzentrierter Aktion aktiviert, wenn die Phantasie die Hoffnung beflügelt, daß ein Wunsch befriedigt werden kann. Dies wird der Weg zur Schaffung einer neuen Wirklichkeit im persönlichen Leben, durch den sich neue Chancen und neue Horizonte eröffnen und der die Hoffnung nährt, daß das Leben in eine ideale Lebensform umgeschaffen werden kann, die man sich schon so lange erträumt. Es ist eine Anerkennung der Tatsache, wie wichtig es ist, im Leben Entscheidungen zu fällen, die Einsicht, daß Türen nur verschlossen sind, weil man sich dafür entschieden hat, sie nicht zu öffnen, nicht deshalb, weil sie einem für alle Zeiten verschlossen bleiben sollen. Im Leben gibt es eine Vielfalt von Optionen und Wegen; wir selbst sind es, die sich beschränken, indem wir uns Träume und Visionen versagen. Wir müssen das Vertrauen haben, sie verwirklichen zu können. Wir haben es selbst in der Hand; wir entscheiden, mit wem wir leben wollen, wie wir unser Leben einrichten wollen, wo wir leben wollen; wenn unser Leben unbefriedigend ist, steht es uns frei, es zu ändern – aber nur dann, wenn wir uns entschließen, den transformierenden Weg zu gehen.

Es kommt wesentlich darauf an, daß wir Verantwortung für unser Leben übernehmen. Wenn wir die Technik der konstruktiven schöpferischen Visualisierung anwenden, können wir unsere Lebensfreude wiedergewinnen und unserem Leben einen neuen Sinn und Zweck geben. Eine positive Lebenshaltung gewinnt man aus der neptunischen Qualität der Phantasie und emotionalen Öffnung, die durch die höhere mentale Qualität von Uranus gebündelt wird.

Die Berührung Neptuns stimuliert zwar *Träume,* doch ist die wahre Absicht, daß diese in eine positivere und konstruktivere *Vision* umgewandelt werden, die primär die Lebensqualität für das größere Ganze vermehrt, für die kollektive menschliche Rasse und die Reiche der Natur auf der Erde.

Träume verwandeln sich allmählich in eine visionäre Haltung, wobei die Vision der erste Schritt zum Aufbau einer vorrealen Struktur ist, die sich zu gegebener Zeit manifestieren wird. Diejenigen, die auf die positive Schwingung Neptuns ansprechen, werden feststellen, daß dies ihre Geschenke an die Welt formt, ihren Beitrag zur Qualität des Lebens, ihre Inspiration und Botschaft, ganz gleich, durch welchen Kanal sie jeweils wirken. Stets geht die inspirierende Vision dem schöpferischen Akt und der Manifestation auf der physischen Ebene voraus.

Neptun führt uns durch die innere Traumlandschaft auf einen magischen Weg zur Suche nach einer Vision. Er inspiriert das menschliche Bedürfnis, jene Dimensionen des Lebens zu imaginieren, zu empfinden und herbeizuwünschen, die die Fülle des Lebens zu bieten haben, und er läßt dadurch jene neuen Wahrnehmungen, Werte, Formen, Strukturen und Potentiale wahr werden, die uns helfen, über unsere selbstauferlegten Schranken hinauszugelangen und uns auf die ganzheitliche Vision einzustimmen. Das Streben nach hohen Zielen intensiviert sich, das Leben wird bereichert und vitalisiert, schöpferisches Potential wird frei, und der Weg nach vorwärts ist uns wie durch ein Leuchtfeuer scharf umrissen vorgezeichnet. Die persönliche Klarheit und Zielstrebigkeit nimmt zu, und der Glaube an die Möglichkeit eines positiven Wandels inspiriert den Willen, voller Vertrauen und Gewißheit zum schließlichen Erfolg fortzuschreiten. Visionen beinhalten die Kraft der Hoffnung, durch die auch in der Dunkelheit die kleine Flamme des Lichts flackert und an die inspirierte Überzeugung glauben läßt, daß es einen Weg aus dem Dunkel nach vorwärts gibt, der die Notwendigkeit eines transformierenden Leidens nachträglich rechtfertigen wird.

Neptun kann eine soziale Vision bieten, die Vision einer Welt, wie sie sein könnte, die darauf wartet, daß wir unseren Beitrag zu ihrer Verwirklichung leisten, eine vorgeformte Wirklichkeitsstruktur einer potentiellen künftigen Welt der Einheit. Um aber diesen Schritt zu tun, muß der Mensch über die Grenzen des getrennten Denkens hinausgehen und ein einschließenderes Bewußtsein entwickeln. Viele berühmte politische Gestalten haben dieses Thema der Vision zum Ausdruck gebracht und geschichtlichen Ruhm erlangt; John F. Kennedy, Ghandi und Martin Luther King sind Beispiele hierfür aus der jüngeren Geschichte. Kings Rede, die mit den berühmten Worten begann: »Ich habe einen Traum ...« ist ein Klassiker geworden und nach wie vor ein Sammelruf für alle unterdrückten und benachteiligten Minderheiten. Michail Gorbatschow hat heute die Welt ebenfalls mit der Vision einer Beseitigung des internationalen Kalten Krieges und der nuklearen Waffenarsenale konfrontiert; er strebte ein stärker geeinigtes Europa und einen Abbau der Kontrolle der UdSSR über Satellitenstaaten an; er ist ein im Sternzeichen der Fische Geborener, deren Herrscher Neptun ist.

Die Neptun-Vision ist eine Vision des Herzens, die dem Dienst am Kollektiv verpflichtet ist. Sie möchte allen Gutes tun, ist beständig expansiv, bereichernd, einschließend und inspirierend und möchte all denjenigen, die in ihren Bann geraten, helfen, mutig den Weg ihrer eigenen Vision zu beschreiten.

Welches ist die höhere Lehre Neptuns für die Menschheit? Es ist die Vision eines großen Traums, durch den die Menschheit lernt, mit allen Reichen des Lebens in Frieden und gegenseitiger Harmonie zusammenzuleben, und deren Leitstern eine universelle mitleidsvolle Liebe ist. Es ist ein großer Traum und eine große Vision. Es liegt bei uns, ob wir den Versuch unternehmen wollen, sie zu verwirklichen.

Wie aber können wir mit Neptun zusammenarbeiten, wenn wir uns dafür entscheiden, seine Vision zu teilen?

Hierauf gibt es eine einfache Antwort, die uns Ghandi als lebendes Beispiel vor Augen geführt hat:

Ich bin ... ein praktischer Träumer. Ich möchte meine Träume Wirklichkeit werden lassen.

Register